Thonfeld

Eigenkapitalersetzende Gesellschaftersicherheiten und der Freistellungsanspruch der Gesellschaft

Rechtsfragen der Handelsgesellschaften

Band 123

Eigenkapitalersetzende Gesellschaftersicherheiten

und der Freistellungsanspruch der Gesellschaft

von

Dr. Henning Thonfeld

2005

Verlag Dr. Otto Schmidt Köln

Bibliografische Information Der Deutschen Bibliothek

Die Deutsche Bibliothek verzeichnet diese Publikation in der Deutschen Nationalbibliografie; detaillierte bibliografische Daten sind im Internet über <http://dnb.ddb.de> abrufbar.

Verlag Dr. Otto Schmidt KG
Gustav-Heinemann-Ufer 58, 50968 Köln
Tel.: 02 21/9 37 38-01, Fax: 02 21/9 37 38-9 43
e-mail: info@otto-schmidt.de
www.otto-schmidt.de

ISBN 3-504-64675-6

Das verwendete Papier ist aus chlorfrei gebleichten Rohstoffen hergestellt, holz- und säurefrei, alterungsbeständig und umweltfreundlich.

Umschlaggestaltung: Jan P. Lichtenford, Mettmann

Textformatierung: A. Quednau, Haan

Druck und Verarbeitung: Druck Partner Rübelmann, Hemsbach

Printed in Germany

Vorwort

Diese Abhandlung hat im Sommersemester 2004 der Rechts- und Staatswissenschaftlichen Fakultät der Rheinischen Friedrich-Wilhelms-Universität Bonn als Dissertation vorgelegen. Für die Veröffentlichung konnten Rechtsprechung und Literatur bis September 2004 berücksichtigt werden.

Meinem verehrten Doktorvater Herrn Prof. Dr. Dres. h.c. Karsten Schmidt danke ich für die Betreuung meiner Arbeit und die lehrreichen Jahre als Mitarbeiter an seinem Bonner Lehrstuhl. Herrn Prof. Dr. Daniel Zimmer danke ich für die Erstellung des Zweitgutachtens.

Einblicke in die praktische Relevanz des Eigenkapitalersatzrechts und eine großzügige Förderung während der Erstellung der Arbeit verdanke ich der Rechtsanwaltssozietät Landwehr, Himmelsbach & Kollegen (Köln). Schließlich danke ich dem Verlag Dr. Otto Schmidt für die Aufnahme der Arbeit in die Schriftenreihe „Rechtsfragen der Handelsgesellschaften".

Bonn, im November 2004 Henning Thonfeld

Inhaltsübersicht

Inhaltsverzeichnis

Abkürzungsverzeichnis

a.A.	andere Ansicht
aaO.	am angegebenen Ort
abl.	ablehnend
Abs.	Absatz
abw.	abweichend
a.E.	am Ende
a.F.	alte Fassung
AktG	Aktiengesetz
Anh.	Anhang
Anm.	Anmerkung
Aufl.	Auflage
BayObLG	Bayerisches Oberstes Landgericht
BB	Betriebs-Berater
Begr.	Begründung
BFH	Bundesfinanzhof
BFHE	Entscheidungen des Bundesfinanzhofes
BGB	Bürgerliches Gesetzbuch
BGBl.	Bundesgesetzblatt
BGH	Bundesgerichtshof
BGHZ	Entscheidungen des Bundesgerichtshofes in Zivilsachen
BT-Drs.	Bundestagsdrucksache
DB	Der Betrieb
d.h.	das heißt
ders.	derselbe
dies.	dieselbe
Diss.	Dissertation
Drs.	Drucksache
DStR	Deutsches Steuerrecht
DZWIR	Deutsche Zeitschrift für Wirtschafts- und Insolvenzrecht
ebd.	ebenda
EStG	Einkommensteuergesetz
EWiR	Entscheidungen zum Wirtschaftsrecht
f. / ff.	folgende
Fn.	Fußnote
FS	Festschrift

GmbH	Gesellschaft mit beschränkter Haftung
GmbHG	Gesetz betreffend die Gesellschaften mit beschränkter Haftung
GmbHR	GmbH-Rundschau
h.M.	herrschende Meinung
Hrsg.	Herausgeber
InsO	Insolvenzordnung
InVo	Insolvenz & Vollstreckung
jew.	Jeweils
JR	Juristische Rundschau
KG	Kammergericht, Kommanditgesellschaft
KO	Konkursordnung
krit.	kritisch
KTS	Zeitschrift für Insolvenzrecht
KWG	Gesetz über das Kreditwesen
LG	Landgericht
LM	Lindemaier-Möhring, Nachschlagewerk des BGH
LS	Leitsatz
m. Anm.	mit Anmerkung
MDR	Monatsschrift für Deutsches Recht
m. krit. Anm.	mit kritischer Anmerkung
m.w.N.	mit weiteren Nachweisen
m. zust. Anm.	mit zustimmender Anmerkung
n.F.	neue Fassung
NJW	Neue Juristische Wochenschrift
NJW-RR	NJW-Rechtsprechungsreport
n. rkr.	nicht rechtskräftig
NZG	Neue Zeitschrift für Gesellschaftsrecht
NZI	Neue Zeitschrift für das Recht der Insolvenz und Sanierung
OLG	Oberlandesgericht
RefE	Referentenentwurf
RegE	Regierungsentwurf

Rev.	Revision
RG	Reichsgericht
RGZ	Entscheidungen des Reichsgerichts in Zivilsachen
rkr.	rechtskräftig
Rn.	Randnummer
S.	Seite
st. Rspr.	ständige Rechtsprechung
str.	streitig
Syst. Darst.	Systematische Darstellung
teilw.	teilweise
Urt. v.	Urteil vom
vgl.	vergleiche
WM	Wertpapier-Mitteilungen
WuB	Entscheidungssammlung zum Wirtschafts- und Bankrecht
ZGR	Zeitschrift für Unternehmens- und Gesellschaftsrecht
ZHR	Zeitschrift für das gesamte Handelsrecht und Wirtschaftsrecht
ZInsO	Zeitschrift für das gesamte Insolvenzrecht
ZIP	Zeitschrift für Wirtschaftsrecht
ZPO	Zivilprozessordnung
zust.	zustimmend

Wegen abgekürzt zitierten Handbüchern, Kommentaren, Festschriften u.ä. wird auf das Literaturverzeichnis verwiesen.

Andere Abkürzungen folgen – soweit nicht allgemeinverständlich – den Vorgaben von Kirchner, Hildebert/Butz, Cornelie, Abkürzungsverzeichnis der Rechtssprache, 5. Auflage, Berlin 2003.

Einleitung

I. Thema der Arbeit

Eigenkapitalersetzende Gesellschaftersicherheiten haben als Kategorie des Eigenkapitalersatzrechts eine große praktische Bedeutung, die nicht zuletzt durch eine Vielzahl von Gerichtsurteilen belegt wird.[1] Ein Grund dafür dürfte auch darin liegen, dass diese Art der mittelbaren Gesellschafterfinanzierung für den Gesellschafter liquiditätsschonend ist, weil er „nur" eine Haftung übernimmt, während ein Drittgläubiger das eigentliche Darlehen gewährt.

Umso mehr bringt eine Krise der Gesellschaft häufig auch ihren Gesellschafter in Probleme. Es geht dann nämlich nicht nur – wie beim Gesellschafterdarlehen – um das Verbot der Rückzahlung eines aus dem Gesellschaftervermögen bereits aufgebrachten Darlehens. Vielmehr wird die zunächst oft bilanz- und ergebnisneutrale Haftungsübernahme in der Krise der Gesellschaft erstmals zu einer spürbaren Belastung im Vermögen des Gesellschafters. Er muss nicht nur eine Forderung abschreiben, sondern selbst Vermögen bzw. Liquidität zur Erfüllung der übernommenen Haftung aufwenden. Die besondere Wirkung des Eigenkapitalersatzrechts zeigt sich darin, dass neben die bestehende sicherungsrechtliche Haftung gegenüber dem Darlehensgeber eine besondere gesellschaftsrechtliche Haftung nach den Regeln des Eigenkapitalersatzrechts tritt. Letztere betrifft aber eben nur das Gesellschaftsverhältnis und beschränkt sich deshalb – von wenigen Ausnahmen abgesehen – in ihren Wirkungen auf das Innenverhältnis von Gesellschafter und Gesellschaft.[2]

Gleichwohl ist die Beteiligung eines gesellschaftsfremden Dritten an dem Finanzierungsvorgang von erheblicher Bedeutung. Auf der Tatbestandsseite ergeben sich besondere Fragen hinsichtlich der Umqualifizierungsvoraussetzungen u.a. deshalb, weil die eigenkapitalersatzrechtliche Haftung nur im „Zusammenwirken" zweier Finanzierungsleistungen entstehen kann (Darlehensgewährung und Sicherheitenbestellung). Andererseits stellt sich die Frage, inwieweit sich nachträgliche Veränderung im Verhältnis von Dar-

---

1 Vgl. nur BGHZ 67, 171, 182 = NJW 1977, 104, 106; BGHZ 81, 252, 255 = NJW 1981, 2570, 2571; NJW 1985, 858 = ZIP 1985, 158 = EWiR 1985, 105 (Kübler); NJW 1986, 429 = ZIP 1986, 30; NJW-RR 1986, 834; NJW 1988, 824 = EWiR 1988, 67 (Fleck); NJW 1990, 2260; NJW 1992, 1166; GmbHR 1994, 50, 52; ZIP 1995, 646 = EWiR 1995, 475 (v. Gerkan); NJW 1997, 3171, 3172; NJW 1998, 3273, 3274; GmbHR 2004, 898 = WM 2004, 1075 sowie die Nachweise bei Hommelhoff/Goette/Kleindiek, Rn. 80 ff.

2 Vgl. nur Karsten Schmidt, ZIP 1999, 1821, 1822 f.

lehens- und Sicherungsgeber auf dessen Haftung gegenüber der Gesellschaft auswirken. Außerdem ist der Begriff der Sicherheit selbst sehr umfassend, so dass es Grenzfälle gibt, in denen sowohl die Einordnung einer Gesellschafterleistung als Sicherheit als auch die Bestimmung des konkreten Haftungsumfangs Probleme bereiten kann.

Bedeutsamer sind aber die Rechtsfolgen der eigenkapitalersetzenden Gesellschaftersicherheit. Denn im Verhältnis zwischen Gesellschafter und Gesellschaft entsteht mit dem *Freistellungsanspruch der Gesellschaft* gegen den Gesellschafter ein besonderer Anspruch, der die Gesellschaft vor der Inanspruchnahme durch den Darlehensgeber schützen soll.[3] Dieser ist zugleich Ausdruck der Verpflichtung des Gesellschafters, für einen Verbleib des Darlehens im Vermögen der Gesellschaft zu sorgen, was im Normalfall des Gesellschafterdarlehens bereits durch die Rückzahlungssperre der §§ 30 Abs. 1, 32a Abs. 1 GmbHG gewährleistet wird.

Freistellungs- oder Befreiungsansprüche sind auch im allgemeinen Zivilrecht (z.B. bei § 257 BGB) sowie im Arbeitsrecht bekannt. Sie sind regelmäßig dadurch gekennzeichnet, dass der Befreiungsgläubiger von dem Befreiungsschuldner endgültige Befreiung von einer gegenüber einem Drittgläubiger bestehenden Verbindlichkeit verlangen kann. Im Eigenkapitalersatzrecht ist hingegen die Fortdauer der eigenkapitalersatzrechtlichen Umqualifizierung z.B. von einer Fortdauer der Krise der Gesellschaft abhängig, so dass für den eigenkapitalersatzrechtlichen Freistellungsanspruch stets die Möglichkeit bedacht werden muss, dass dieser wieder entfallen kann.[4] Ansprüche des Gesellschafters werden dagegen nicht ausgeschlossen, sondern nur für die Dauer der Umqualifizierung durch das Eigenkapitalersatzrecht überlagert. Schon diese Überlegungen zeigen, dass bei der Untersuchung des eigenkapitalersatzrechtlichen Freistellungsanspruchs Erkenntnisse zu anderen zivilrechtlichen Befreiungsansprüchen nicht ungeprüft auf den Freistellungsanspruch der Gesellschaft aufgrund eigenkapitalersetzender Gesellschaftersicherheit übertragen werden können. Vielmehr wirken sich Besonderheiten des Eigenkapitalersatzrechts in verschiedener Hinsicht auf Entstehung, Inhalt und Rechtsfolgen des Freistellungsanspruchs aus. Ein wesentliches Ziel der Arbeit ist es daher, diese Besonderheiten im Vergleich zu anderen Befreiungsansprüchen aufzuzeigen und dort, wo etwa die zu § 257 BGB entwickelten Lösungen nicht ohne weiteres übertragbar sind, prakti-

---

3 Grundlegend BGH NJW 1986, 429, 430 = ZIP 1986, 30, 31; NJW 1992, 1166 = ZIP 1992, 108, 109.

4 Vgl. Karsten Schmidt, ZIP 1999, 1821, 1823.

sche Lösungsmöglichkeiten für die Handhabung des eigenkapitalersatzrechtlichen Freistellungsanspruchs aufzuzeigen.

Die Darstellung beschränkt sich grundsätzlich auf die Situation in einer GmbH. Eigenkapitalersetzende Gesellschaftersicherheiten sind eine besondere Art der Gesellschafterfinanzierung, die als solche keine rechtsformspezifischen Besonderheiten aufweist. Soweit das Eigenkapitalersatzrecht dem Grunde nach auf Gesellschafter anderer Gesellschaftsformen[5] wie etwa der GmbH & Co KG[6] oder der Aktiengesellschaft[7] angewendet werden kann, sind auch die hier für die GmbH entwickelten Grundsätze zu eigenkapitalersetzenden Gesellschaftersicherheiten entsprechend übertragbar.

II. Gang der Untersuchung

Im ersten Teil der Arbeit werden zunächst die Grundsätze der eigenkapitalersetzenden Besicherung dargestellt. Nach einem allgemeinen Überblick über die Voraussetzungen nach Rechtsprechungs- bzw. Novellenregeln und einer kurzen Darstellung der Entwicklung des Eigenkapitalersatzrechts in Rechtsprechung und Gesetzgebung werden wichtige Tatbestandsvoraussetzungen der eigenkapitalersetzenden Gesellschaftersicherheiten untersucht. Wegen der großen praktischen Bedeutung sollen außerdem noch die Grundzüge der Darlegungs- und Beweislast im Eigenkapitalersatzrecht dargestellt und in diesem Zusammenhang auch die Bedeutung des „gewohnheitsmäßigen Verlangens" nach Gesellschaftersicherheiten (insbesondere Bürgschaften) von Seiten der Banken geklärt werden.

Im zweiten Teil der Arbeit folgt zunächst eine nach den verschiedenen Rechtsverhältnissen differenzierende Darstellung der Rechtsfolgen eigenkapitalersetzender Gesellschaftersicherheiten. Dabei wird im Innenverhältnis von Gesellschaft und Gesellschafter zunächst nur die Erstattungspflicht des Gesellschafters (§§ 31 Abs. 1, 32b GmbHG) nach Darlehensrückzahlung durch die Gesellschaft sowie die Nachrangigkeit bzw. Undurchsetzbarkeit von Regressansprüchen des Gesellschafters behandelt.

Vor der Darstellung des eigenkapitalersatzrechtlichen Freistellungsanspruchs der Gesellschaft und dessen Einordnung in das Rechtsfolgensystem eigen-

5 Überblick bei Orth, S. 159 ff.

6 Dazu etwa Scholz/Karsten Schmidt, §§ 32a, 32b Rn. 206 ff.; speziell zum „Nur-Kommanditisten" einer GmbH & Co KG vgl. BGHZ 110, 342, 356 f. = NJW 1990, 1725, 1729.

7 Dazu BGHZ 90, 381, 387 ff. „BuM/WestLB"; Hüffer, § 57 Rn. 16 ff.

kapitalersetzender Gesellschaftersicherheiten werden zunächst Inhalt und Rechtsfolgen von Befreiungs- bzw. Freistellungsansprüchen im allgemeinen Zivilrecht im Überblick dargestellt und danach die Begründungsansätze für den eigenkapitalersatzrechtlichen Freistellungsanspruch in Rechtsprechung und Literatur untersucht. Dabei soll aufgezeigt werden, dass der Freistellungsanspruch aus einer Zusammenschau von Erwägungen des zivilrechtlichen Befreiungsanspruchs wie des Eigenkapitalersatzrechts begründbar ist und auf denselben Grundlagen beruht wie Erstattungsansprüche oder das Rückzahlungsverbot nach §§ 30, 31 GmbHG.

Voraussetzungen, Inhalt und Durchsetzung des Freistellungsanspruchs werden auf dieser Grundlage und insbesondere im Vergleich mit der Rechtsprechung und Literatur zum Befreiungsanspruch gemäß § 257 BGB behandelt.

Den Abschluss der Arbeit bildet die Untersuchung der rechtsgeschäftlichen Vereinbarungen und Verfügungen über den Freistellungsanspruch, deren Einschränkungen sich zum einen – wie auch im Zivilrecht bei § 257 BGB – aus dem besonderen Anspruchsinhalt („Befreiung" bedeutet nicht ohne weiteres „Zahlung") sowie aus dem zwingenden Charakter des Eigenkapitalersatzrechts ergeben. Besondere praktische Bedeutung hat ferner die Frage der Behandlung des Freistellungsanspruchs in Bilanz und Überschuldungsstatus der Gesellschaft. Denn ein Rangrücktritt des „sichernden" Gesellschafters beeinträchtigt die Durchsetzbarkeit der Darlehensforderung des Drittgläubigers nicht, sondern kann allenfalls unter Berücksichtigung des Freistellungsanspruchs der Gesellschaft im Überschuldungsstatus die Belastung durch die Darlehensverbindlichkeit gegenüber dem Dritten ausgleichen.[8]

8 Vgl. BGH NJW 1987, 1697, 1698; Karsten Schmidt, ZIP 1999, 1821, 1825; Wittig, in: K.Schmidt/Uhlenbruck, Rn. 522.

Teil I: Grundsätze der eigenkapitalersetzenden Besicherung

§ 1 Die Gesellschaftersicherheit als eigenkapitalersetzende Leistung nach Rechtsprechungs- und Novellenregeln

I. Die Anerkennung eigenkapitalersetzender Gesellschaftersicherheiten bereits unter Geltung der Rechtsprechungsregeln

Bereits vor der GmbH-Novelle von 1980[9], mit der die eigenkapitalersetzende Gesellschaftersicherheit erstmals in den neu eingeführten §§ 32a und b GmbHG ausdrücklich erwähnt wurde, hatte der BGH in mehreren Entscheidungen anerkannt, dass die für das Darlehen eines Dritten an die Gesellschaft von einem Gesellschafter gewährte Sicherheit im Falle der Rückzahlung des Darlehens in der Krise an den Gläubiger oder den z.B. als Bürgen in Anspruch genommenen Gesellschafter zu einer Erstattungspflicht des Gesellschafters analog §§ 30, 31 GmbHG führt.[10]

Denn auch die Bürgschaftsübernahme durch einen Gesellschafter könne wie eine Einlageleistung zu behandeln sein, wenn sie nichts weiter als ein Weg ist, einer vor dem wirtschaftlichen Zusammenbruch stehenden Gesellschaft durch persönlichen Vermögenseinsatz – aber unter Vermeidung einer sonst gebotenen Kapitalerhöhung – neue Mittel zuzuführen, und wirtschaftlich also derselbe Erfolg eintritt, wie wenn der Gesellschafter in gleicher Lage unmittelbar ein Darlehen gewährt.[11] Dabei macht es nach Auffassung des BGH keinen Unterschied, ob der Gesellschafter aus der anstelle von Eigenkapital gegebenen Bürgschaft vom Gläubiger in Anspruch genommen wird oder die Gesellschaft von sich aus den Gläubiger befriedigt und dadurch den Gesellschafter von seiner Bürgschaft befreit, sofern dies zu Lasten des Stammkapitals geschieht. In beiden Fällen werde der Gesellschaft das not-

---

9 Gesetz zur Änderung des Gesetzes betreffend die Gesellschaften mit beschränkter Haftung und anderer handelsrechtlicher Vorschriften v. 4.7.1980, BGBl. I S. 836.

10 BGHZ 67, 171, 182 = NJW 1977, 104, 106 m. Anm. Karsten Schmidt ebd., S. 107 = LM Nr. 6 zu § 30 GmbHG (Fleck); BGHZ 81, 252, 255 = NJW 1981, 2570, 2571.

11 BGHZ 67, 171, 182 = NJW 1977, 104, 106 m. Anm. Karsten Schmidt = LM Nr. 6 zu § 30 GmbHG (Fleck).

wendige Kapital wieder entzogen, das ihr der bürgende Gesellschafter unter persönlichem Vermögenseinsatz verschafft hatte.[12]

Die analog §§ 30, 31 GmbHG entwickelten Rechtsprechungsregeln sind auch hinsichtlich kapitalersetzender Gesellschaftersicherheiten neben den §§ 32a und 32b GmbHG weiter anwendbar.[13]

II. Tatbestandsvoraussetzungen im Überblick

Die Tatbestandsvoraussetzungen einer eigenkapitalersetzenden Gesellschaftersicherheit orientieren sich grundsätzlich an den von der Rechtsprechung entwickelten Kriterien für Gesellschafterdarlehen. Den Rechtsprechungsregeln unterliegen solche Gesellschafterdarlehen oder wirtschaftlich entsprechende Leistungen, die ein Gesellschafter der GmbH (oder in einer typischen GmbH & Co KG der Kommanditgesellschaft) anstelle von Eigenkapital zur Verfügung stellt. Das ist der Fall, wenn die Gesellschaft von Dritter Seite zu marktüblichen Bedingungen keinen Kredit mehr erhält und eine Rückgewähr nur zu Lasten des Stammkapitals der GmbH möglich ist oder deren Überschuldung noch vertieft.[14] Übertragen auf die Situation der Gesellschafterbürgschaft für Drittdarlehen ist diese eigenkapitalersetzend,

12 BGHZ 81, 252, 260 = NJW 1981, 2570, 2572.

13 Grundlegend zum eigenkapitalersetzenden Gesellschafterdarlehen BGHZ 90, 370, 380 = NJW 1984, 1891, 1893; Goette, § 4 Rn. 9; Hachenburg/Ulmer, § 32a,b Rn. 14; Lutter/Hommelhoff, § 32a,b Rn. 10; Michalski/Heidinger, §§ 32a, 32b Rn. 19; Roth/Altmeppen, § 32a Rn. 107; Rowedder/Schmidt-Leithoff/Pentz, § 32a Rn. 214; Scholz/Karsten Schmidt, §§ 32a, 32b Rn. 11, 76 (h.M.);vgl. zur Gesellschaftersicherheit BGH NJW 1985, 858 = ZIP 1985, 158 = EWiR 1985, 105 (Kübler); NJW-RR 1986, 834; GmbHR 1994, 50, 52; ZIP 1995, 646 = EWiR 1995, 475 (v. Gerkan); NJW 1997, 3171, 3172; NJW 1998, 3273, 3274; OLG Düsseldorf ZIP 1995, 465 f.; Beck'schesHdB-GmbH/Jung, § 8 Rn. 277; HandbuchKapErsR/Fleischer, Rn. 6.3; krit. Baumbach/Hueck/Fastrich, § 32a Rn. 74; Fastrich, FS Zöllner, S. 143, 158 f.; T. Bezzenberger, FS Bezzenberger, S. 23, 34; Heinert, S. 166.

14 BGHZ 81, 252, 255 = NJW 1981, 2570, 2571; vgl. BGHZ 76, 326, 332 ff. = NJW 1980, 1524, 1525. Die Anwendung dieser Grundsätze auch auf sog. Nur-Kommanditisten einer typischen GmbH & Co KG (vgl. BGHZ 110, 342, 356 = NJW 1990, 1725, 1729) zeichnete sich bereits damals ab (vgl. die Anm. Karsten Schmidt, NJW 1977, 107) und wurde durch die mit der GmbH Novelle eingeführten §§ 129a und 172a HGB in der Sache auch vom Gesetzgeber sanktioniert (vgl. Begr. RegE, BT-Drs. 8/1347 S. 58; Scholz/Karsten Schmidt, §§ 32a, 32b Rn. 206, 209; Hachenburg/Ulmer, § 32a,b Rn. 195; zurückhaltend Bitter, S. 264, der jedoch im unmittelbaren Anwendungsbereich der §§ 30, 31 GmbHG die Anwendbarkeit auf Nur-Kommanditisten bejaht, vgl. Bitter, S. 269).

wenn unter gleichen Voraussetzungen das Darlehen von einem Gesellschafter als Kapitalersatz zu betrachten wäre.[15]

Danach ergeben sich – schlagwortartig – folgende Voraussetzungen:

(1) Gewährung oder Verlängerung[16] eines Darlehens durch einen Dritten;

(2) Besicherung durch einen Gesellschafter;[17]

(3) Das Darlehen (1) wäre als Gesellschafterdarlehen kapitalersetzend, dass heißt es wurde gewährt (bzw. belassen), als die Gesellschaft kreditunwürdig war.[18] Dabei ist insbesondere darauf abzustellen, ob die Gesellschaft den Kredit auch ohne die Besicherung durch einen Gesellschafter von einem außenstehenden Dritten zu marktüblichen Bedingungen erhalten hätte.[19]

(4) Die Besicherung (oder das „Stehenlassen“[20] einer noch vor einer Krise bzw. Kreditunwürdigkeit gestellten Sicherheit) erfolgt zu einem Zeit-

15 BGHZ 67, 171, 182 = NJW 1977, 104, 106 m. Anm. Karsten Schmidt = LM Nr. 6 zu § 30 GmbHG (Fleck); BGHZ 81, 252, 255 f. = NJW 1981, 2570, 2571.

16 Vgl. zum zeitlichen Zusammenhang zwischen Sicherheitenbestellung und Kreditverlängerung Hachenburg/Ulmer, § 32a, b Rn. 138; Rowedder/Schmidt-Leithoff/Pentz, § 32a Rn. 179; Scholz/Karsten Schmidt, §§ 32a, 32b Rn. 151.

17 Dies kann auch noch nach dem Ausscheiden eines Gesellschafters zu bejahen sein, wenn z.B. spätere Bürgschaften noch in unmittelbarem Bezug zu früheren Sicherheitsleistungen als Gesellschafter stehen (Umschuldung/Sanierung). Vgl. BGHZ 81, 252, 258 f. = NJW 1981, 2570, 2571 f.

18 BGHZ 81, 252, 255 f. = NJW 1981, 2570, 2571; vgl. OLG Hamburg ZIP 1980, 911, 912; Lutter/Hommelhoff, §§ 32a, b Rn. 113. Allein das Vorliegen einer Unterbilanz soll dafür nach h.M. aber nicht genügen; vgl. BGHZ 119, 201, 212 f. = NJW 1992, 2891, 2893; GmbHR 1999, 973, 974 m. Anm. Brauer; OLG Dresden NZG 1999, 347, 348; Baumbach/Hueck/Fastrich, § 32a Rn. 46; Hachenburg/Ulmer, § 32a, b Rn. 60; Scholz/Karsten Schmidt, §§ 32a, 32b Rn. 41 m.w.N.; aA Geßler, ZIP 1981,228,232. Vgl. zur Beseitigung einer buchmäßigen Überschuldung und Annahme der Kreditwürdigkeit aufgrund Vorhandenseins stiller Reserven BGH NJW-RR 2001, 1043 = GmbHR 2001, 473.

19 BGH NJW 1988, 824; 1998, 1143 = NZG 1998, 223 m. Anm. v.Reinersdorff; HandbuchKapErsR/Fleischer, Rn. 6.12; Michalski/Heidinger, §§ 32a, 32b Rn. 139.

20 Dazu und zum Erfordernis der Erkennbarkeit der Krise für den Gesellschafter eingehend BGHZ 127, 336, 345 ff. = NJW 1995, 326, 329 f.; ZIP 1995, 646, 647 f. m. zust. Anm. v.Gerkan, EWiR 1995, 475; NJW 1996, 722 m. zust. Anm. v.Gerkan, EWiR 1996, 171; zur Kritik der Literatur vgl. Saenger, GmbHR 1999, 837, 840.

punkt, in dem die Gesellschaft kreditunwürdig und nach (3) eine Kapitalersatzfunktion zu bejahen ist;[21]

(5) Im Zeitpunkt der Rückzahlung des Darlehens durch die Gesellschaft[22] ist diese kreditunwürdig[23] und würde im Sinne von § 30 GmbHG das Stammkapital beeinträchtigt[24] oder eine Überschuldung vertieft.[25]

Die Umqualifizierungsvoraussetzungen sind für Rechtsprechungs- und Novellenregeln (§§ 32a, 32b) grundsätzlich identisch.[26] Die Anwendbarkeit der Novellenregeln ist jedoch nicht von einer Stammkapitalbeeinträchtigung

21 BGHZ 81, 252, 256 f. = NJW 1981, 2570, 2571; NJW 1992, 1764, 1765; BGHZ 127, 336, 340 = NJW 1995, 326, 328; NJW 1996, 722 = EWiR 1996, 171 (v. Gerkan); vgl. HandbuchKapErsR/Fleischer, Rn. 6. 20; Geißler, GmbHR 1996, 565, 568; Scholz/Karsten Schmidt, §§ 32a, 32 Rn. 150, 151 (zu § 32 a GmbHG).

22 Die Reichweite der kapitalersetzenden Bindung wird der Vollständigkeit halber bereits unter den Voraussetzungen mit aufgeführt, auch wenn diese im Schrifttum meist als Teil der Rechtsfolgen behandelt wird (vgl. nur Baumbach/Hueck/Fastrich, § 32a Rn. 76 f.; Lutter/Hommelhoff, §§ 32a, b Rn. 18; Scholz/Karsten Schmidt, §§ 32a, 32b Rn. 76 f.; zum Verständnis als Tatbestandsmerkmal neuerdings aber Michalski/Heidinger, §§ 32a, 32b Rn. 42).

23 Vgl. BGHZ 76, 326, 335 = NJW 1980, 1524, 1526. Die Beseitigung einer Unterbilanz genügt zur Wiedererlangung der Kreditwürdigkeit allein nicht (vgl. BGHZ 119, 201, 212 f. = NJW 1992, 2891, 2893), würde aber schon die Anwendung der Rechtsprechungsregeln ausschließen (BGHZ 90, 370, 378 = NJW 1984, 1891, 1892 f.; GmbHR 1994, 50. 52; Scholz/Karsten Schmidt, §§ 32a, 32b Rn. 77 Fn. 353 m. w. N.; offen geblieben in BGHZ 67, 171, 178 f. (insoweit nicht in NJW 1977, 104, 106) vgl. die Anm. Fleck, LM Nr. 6 zu § 30 GmbHG a. E.); umgekehrt soll aber bei Wiedererlangung der Kreditwürdigkeit nicht zusätzlich auch noch die Wiederherstellung des Stammkapitals abgewartet werden müssen (so Scholz/Karsten Schmidt, §§ 32a, 32b Rn. 54; HandbuchKapErsR/v. Gerkan, Rn. 3. 101; Roth/Altmeppen, § 32a Rn. 51; Michalski/Heidinger, §§ 32a, 32b Rn. 92; a. A. wohl BGHZ 140, 147, 153; WM 1990, 182, 184; ähnlich BGHZ 81, 365, 367; 95,188, 194). Zur verbotenen Kreditgewährung an Gesellschafter vgl. BGHZ 157,72 = NJW 2004, 1111.

24 Hierfür soll bereits das Bestehen einer Unterbilanz bei Rückzahlung genügen; Bormann, S. 118 ff. (mit dem Hinweis, dass eine Darlehensrückzahlung an einen Gesellschafter zu einer Bilanzverkürzung führt, mithin bilanziell eine Unterbilanz nicht „vertiefen“ kann); vgl. Michalski/Heidinger, §§ 32a, 32b Rn. 20; Stimpel, FS 100 Jahre GmbHG, S. 335, 340, 361; Roth/Altmeppen, § 30 Rn. 9; Karsten Schmidt, DB 1992, 1917; missverständlich HandbuchKapErsR/Hommelhoff, Rn. 1.9; zu § 30 Abs. 1 GmbHG s. auch BGH NJW 1987, 1194, 1195.

25 BGHZ 67, 171, 175 ff. = NJW 1977, 104, 105 m. Anm. Karsten Schmidt; vgl. BGHZ 76, 326, 335 = NJW 1980, 1524, 1526; BGHZ 81, 252, 261 = NJW 1981, 2570, 2572; Geißler, GmbHR 1996, 565, 573.

26 Vgl. nur die einheitliche Darstellung der Tatbestandsvoraussetzungen bei HandbuchKapErsR/Fleischer, Rn. 6.8 ff.; Scholz/Karsten Schmidt, §§ 32a, 32b Rn. 145 ff.

der Gesellschaft abhängig,[27] so dass es für die fortdauernde Umqualifizierung nach der o.g. Ziffer (5) genügt, wenn die Gesellschaft bei Darlehensrückzahlung noch kreditunwürdig (oder sogar insolvenzreif) ist. In dem eher theoretischen Fall einer fehlenden Beeinträchtigung des Stammkapitals bei Darlehensrückzahlung durch die Gesellschaft würden sich dann allerdings Rechtsfolgen nur aus § 32b GmbHG und nicht aus § 31 GmbHG ergeben.[28]

III. Entstehungsgeschichte der Bestimmungen über eigenkapitalersetzende Gesellschaftersicherheiten

1. Gesetzgebung und Rechtsprechung bis zum GmbHG-Entwurf von 1939

Das GmbHG von 1892 enthielt nur die Bestimmungen der §§ 30, 31 GmbHG zum Schutz des Stammkapitals[29] aber keine Regelungen über kapitalersetzende Gesellschafterdarlehen geschweige denn kapitalersetzende Gesellschaftersicherheiten für Darlehen Dritter. Auf die Tilgung von Darlehensforderungen eines Gesellschafters war § 30 GmbHG nach der Vorstellung der Gesetzesverfasser nicht anwendbar.[30] Die Begründung zu § 30 des Gesetzentwurfes des GmbHG lautet insoweit:[31]

> „Selbstverständlich ist aber das Verbot des Absatzes 1 nur auf solche Zahlungen zu beziehen, welche sich rechtlich als eine Minderung des Gesellschaftsvermögens darstellen; die Tilgung einer rechtsgültig begründeten Verbindlichkeit fällt daher niemals unter diese Bestimmung."

Nach der Vorstellung des GmbH-Gesetzes von 1892 sollte zusätzlicher Kapitalbedarf der Gesellschaft von Seiten der Gesellschafter durch Nachschusskapital (§§ 26 ff. GmbHG) aufgebracht werden, doch konnte sich diese Finanzierungsform in der Folgezeit nicht gegen die vergleichsweise einfach und schnell abzuwickelnde Finanzierung durch Gesellschafterdarlehen durchsetzen.[32]

---

27 Vgl. HandbuchKapErsR/Fleischer, Rn. 6.62; Scholz/Karsten Schmidt, §§ 32a, 32b Rn. 76 f.

28 Vgl. allgemein Scholz/Karsten Schmidt, §§ 32a, 32b Rn. 77 a.E.

29 Gesetz betreffend die Gesellschaften mit beschränkter Haftung v. 20.4.1892, RGBl. S. 477, 485.

30 Vgl. Mosthaf, S. 95; Schouler, S. 113 ff.

31 Entwurf eines Gesetzes, betreffend die Gesellschaften mit beschränkter Haftung, Stenografische Berichte über die Verhandlungen des Reichstages, 8. Legislaturperiode – I. Session 1890/92, Fünfter Anlagenband (Drs. 660), S. 3745.

32 Dazu eingehend Vervessos, S. 39.

Die „Doppelrolle" des Gesellschafters als Eigenkapitalgeber und Darlehensgläubiger mit ihren möglichen Konsequenzen für dritte Gläubiger, die in der Insolvenz mit den Darlehensansprüchen des Gesellschafters um eine ohnehin meist geringe Quote konkurrieren, beschäftigte bereits das Reichsgericht in den 1930er Jahren. Das Reichsgericht versagte in mehreren Urteilen den Gesellschaftern jeweils die Geltendmachung ihrer Forderungen und stützte sich neben der Erwägung einer planmäßigen Fremdkapitalfinanzierung (bzw. unzureichender Eigenkapitalausstattung) unter Inkaufnahme einer Schädigung von Drittgläubigern in der Insolvenz (§ 826 BGB)[33] auch auf einen damit verbundenen Missbrauch der Rechtsform der GmbH (§ 242 BGB).[34]

Parallel dazu verlief die Diskussion über eine Reform des GmbHG u.a. betreffend die Finanzierung durch Gesellschafterdarlehen und Gesellschaftersicherheiten im Ausschuss für GmbH-Recht der Akademie für Deutsches Recht,[35] deren Anregungen 1939 in den Reformentwurf für ein GmbHG des Reichsministeriums der Justiz eingingen[36] und dessen §§ 36, 37 GmbHG-Entwurf 1939 in Struktur und Wortlaut bereits in weiten Teilen den späteren Gesetzesvorschlägen seit dem Referentenentwurf 1969 bis zum Regierungsentwurf von 1977 entsprachen.[37] Schon damals wurde in der Diskussion auch auf die mittelbare Finanzierung durch Gesellschafterbürgschaften und auf die Praxis von Banken, „aus grundsätzlichen Erwägungen" derartige Bürgschaften zu verlangen, hingewiesen. Dabei wurde durchaus kritisch hinterfragt, ob es in diesen Fällen immer richtig sei, wenn die Regressforderung des „anständigen Bürgen" hinter die übrigen Gläubiger zurücktrete.[38]

---

33 Eingehend zu den Bedenken hinsichtlich der Eignung von § 826 BGB als Legitimationsgrundlage des Eigenkapitalersatzrechts Schouler, S. 70 ff.

34 RG JW 1938, 862, 864; RGZ 166, 51, 57; vgl. RGZ 158, 302, 310 = JW 1938, 1939, 229, 231 (Betriebsaufspaltung AG und KG); deutlich RG JW 1939, 355 f. (zur AG): „Der Geldgeber und wirkliche Inhaber und Beherrscher des Unternehmens gibt dann nach seinem Belieben das weiter erforderliche Kapital als Darlehen, um sich im Falle eines Mißerfolgs die Rolle des Gläubigers zu verschaffen und mit den anderen Gläubigern Anspruch auf das Gesellschaftsvermögen zu erheben, während er als Gesellschafter hinter den eigentlichen Gläubigern zurücktreten mußte. Der Senat hat solchen Versuchen, da sie einen Mißbrauch darstellen, den Erfolg versagt und die angeblichen Darlehen als das behandelt, was sie in Wirklichkeit sind, nämlich Gesellschaftereinlagen …".

35 Vgl. Protokoll der Sitzung des Ausschusses für GmbH-Recht v. 11.12.1937, abgedruckt bei: Schubert, Protokolle, S. 244 ff.

36 Eingehend Vervessos, S. 40 f. m.w.N.

37 Einzelheiten bei Schubert, Entwurf, S. 93; vgl. allg. zur Bedeutung des Entwurfs von 1939 für die spätere Reformdiskussion auch Mosthaf, S. 19 f., 26.

38 Protokoll der Sitzung des Ausschusses für GmbH-Recht v. 11.12.1937, abgedruckt bei: Schubert, Protokolle, S. 246.

Dessen ungeachtet lautete die Bestimmung zu kapitalersetzenden Bürgschaften in § 36 Abs. 4 Satz 1 des GmbHG-Entwurfs von 1939:[39]

> „(4) Hat ein Dritter, obwohl nach der Sachlage die Erhöhung des Stammkapitals geboten war, der Gesellschaft ein Darlehen gewährt, und hat ein Gesellschafter für das Darlehen eine Sicherung bestellt oder haftet er als Bürge, so kann der Darlehensgläubiger im Konkursverfahren über das Vermögen der Gesellschaft nur für den Betrag verhältnismäßige Befriedigung verlangen, mit dem er bei der Inanspruchnahme der Sicherung oder des Bürgen ausgefallen ist. (...)"

In § 36 Abs. 4 Satz 3 GmbHG-Entwurf 1939 war außerdem die Nachrangigkeit des Regressanspruchs des Gesellschafters angeordnet. Zur Inanspruchnahme des Gesellschafters, dessen Sicherheit durch vorzeitige Darlehensrückzahlung der Gesellschaft frei geworden ist, bestimmte § 37 Abs. 3 GmbHG-Entwurf 1939:[40]

> „(3) Hat die Gesellschaft im Falle des § 36 Abs. 4 Satz 1 das Darlehen in den letzten zwei Jahren vor der Konkurseröffnung zurückgezahlt, so hat der Gesellschafter, der die Sicherung für das Darlehen bestellt hatte oder als Bürge haftete, der Gesellschaft den zurückgezahlten Betrag zu erstatten. Die Verpflichtung besteht nur bis zur Höhe des Betrages, mit dem der Gesellschafter als Bürge haftete oder, wenn in anderer Weise Sicherheit geleistet war, bis zu dem Betrage, der dem Wert der Sicherung im Zeitpunkte der Rückzahlung des Darlehens entspricht. Der Gesellschafter wird von der Verpflichtung frei, wenn er die Gegenstände, die dem Gläubiger als Sicherung gedient hatten, der Gesellschaft zu ihrer Befriedigung zur Verfügung stellt."

Damit entsprach diese Regelung (abgesehen von der auf ein Jahr verkürzten Frist) im Kern bereits dem § 32b GmbHG in der Fassung der Novelle von 1980.[41]

2. Von den Anfängen der BGH-Rechtsprechung zum Eigenkapitalersatzrecht bis zur GmbH-Novelle von 1980

Der BGH hat sich in seiner grundlegenden Lufttaxi-Entscheidung vom 14.12.1959 zwar auch auf die ältere Rechtsprechung des Reichsgerichts zu § 826 BGB bezogen, wollte aber im konkreten Fall einen Schädigungsvorsatz des vom geschäftlichen Erfolg der Gesellschaft fest überzeugten Gesell-

39 § 36 Abs. 4 Satz 1 GmbHG-Entwurf 1939, abgedruckt bei Schubert, Entwurf, S. 104.
40 § 37 Abs. 3 GmbHG-Entwurf 1939, abgedruckt bei Schubert, Entwurf, S. 104.
41 Vgl. Schubert, Entwurf, S. 93.

schafters nicht bejahen.[42] Stattdessen stellte er auf den mit der Darlehenshingabe verfolgten Zweck der Abwendung der Konkursantragspflicht wegen Zahlungsunfähigkeit ab. Bevor dieser nicht nachhaltig erreicht sei, setze sich der Gesellschafter im Falle einer Rückforderung zur Unzeit mit seinem vorherigen Finanzierungsverhalten in Widerspruch (§ 242 BGB) und müsse es sich deshalb gefallen lassen, dass auf die Darlehensrückzahlungen § 31 Abs. 1 GmbHG angewendet wird, mithin sein „Darlehen" wie haftendes Kapital behandelt werde.[43] Damit legte der BGH den Grundstein zur Herausbildung der Rechtsprechungsregeln zum Eigenkapitalersatzrecht.[44]

Der Referentenentwurf des Bundesjustizministeriums von 1969 verfolgte nach der Aktienrechtsreform von 1965 einen ähnlich umfassenden Reformansatz für das GmbHG, u.a. durch am Aktienrecht angelehnte Neuregelungen zum GmbH-Konzernrecht.[45] Die §§ 47, 48 RefE 1969 lehnten sich an die Bestimmungen des Entwurfs von 1939 zu Gesellschafterdarlehen an, enthielten aber zusätzlich etwa in § 47 Abs. 2 RefE 1969 diverse Fiktionen und Vermutungsregeln für die Umqualifizierung von Gesellschafterdarlehen, die in der anschließenden Diskussion in der Literatur teilweise als widersprüchlich oder als zu weitgehend kritisiert wurden.[46] Der Referentenentwurf wollte insoweit der Rechtssicherheit dienen,[47] hebt in der Begründung aber zugleich hervor, dass die Regelungen nur gewährte Gesellschafterhilfen erfassen sollen, nicht jedoch das Problem der materiellen Unterkapitalisierung[48] im Sinne einer prinzipiellen Pflicht des Gesellschafters zur angemessenen Ausstattung der Gesellschaft mit Eigenkapital lösen können.[49] Die Bestimmungen über die Gesellschafterbürgschaften dienten dem Schutz gegen „naheliegende Umgehungsversuche."[50]

---

42 BGHZ 31, 258, 271.

43 BGHZ 31, 258, 272 f.; zur damaligen Kritik an der Entscheidung in der Literatur vgl. Mosthaf, S. 97 m.w.N.

44 Vervessos, S. 43, 46 f.

45 Mosthaf, S. 26 ff., 140 ff.

46 Eingehend zur Diskussion Mosthaf, S. 101 ff.

47 Allerdings sollten nach der Begründung die Fälle der Umqualifizierung mit § 47 Abs. 2 RefE 1969 nicht abschließend geregelt werden; vgl. Referentenentwurf 1969, S. 186.

48 Dazu eingehend Eckhold, S. 11 ff., der auch für den Tatbestand der materiellen Unterkapitalisierung an das Merkmal der Kreditunwürdigkeit anknüpfen will (aaO. S. 58 f.).

49 Referentenentwurf 1969, S. 184 f. (Begründung); vgl. ebenso die Begr. RegE 1973, BT-Drs. 7/253, S. 110.

50 Referentenentwurf 1969, S. 187 (Begründung).

Der mit dem Entwurf von 1971[51] identische Regierungsentwurf von 1973[52] verzichtete auf die Vermutungsregeln des § 47 Abs. 2 RefE 1969 und bestimmte in § 49 Abs. 1 RegE 1973 als Voraussetzung für die Umqualifizierung kapitalersetzender Gesellschafterleistungen den Zeitpunkt, „in dem ihr die Gesellschafter als ordentliche Kaufleute Eigenkapital zugeführt hätten." Diese Definition findet sich auch in § 49 Abs. 4 RegE 1973, der ansonsten zum gesellschafterbesicherten Drittdarlehen entsprechend § 47 Abs. 5 RefE 1969 vorsah, dass der Dritte (Darlehensgeber) im Konkurs der Gesellschaft nur für den Betrag verhältnismäßige Befriedigung verlangen kann, mit dem er bei Inanspruchnahme der Gesellschaftersicherheit ausgefallen ist. Außerdem findet sich auch in § 49 Abs. 4 Satz 3 RegE 1973 die ausdrückliche Anordnung, dass Regressansprüche des Gesellschafters, der den Dritten befriedigt, von diesem im Konkurs der Gesellschaft nicht geltend gemacht werden können. Dieses bedeutet aber, worauf die Begründung zu § 49 des Regierungsentwurfs von 1973 hinweist,[53] rechtlich nicht automatisch den Verlust seiner Forderung. Können in der Insolvenz alle Forderungen von Drittgläubigern befriedigt werden, so kann der Gesellschafter seinen Darlehens- oder Regressanspruch vorrangig vor den Einlagen der Gesellschafter zurückverlangen.[54]

Hinsichtlich der Regelung kapitalersetzender Gesellschafterleistungen unterschied sich der Regierungsentwurf von 1977[55] inhaltlich kaum von seinem Vorgänger aus dem Jahre 1973.[56]

Allerdings wurden die nunmehr in §§ 32a und 32b des Entwurfs enthaltenen Bestimmungen in den Beratungen des Rechtsausschusses gekürzt. Sie galten als zu umfangreich und zu kasuistisch. Stattdessen wurde in § 32a Abs. 3 des Gesetzentwurfs in der Beschlussfassung des 6. Ausschusses eine Gene-

51 Entwurf eines Gesetzes über Gesellschaften mit beschränkter Haftung (GmbHG), BT-Drs. 6/3088.

52 Entwurf eines Gesetzes über Gesellschaften mit beschränkter Haftung (GmbHG), BT-Drs. 7/253.

53 Begr. RegE 1973, BT-Drs. 7/253, S. 110; vgl. ebenso schon Referentenentwurf 1969, S. 185 f.; deutlicher hinsichtlich des Vorrangs vor Einlagenrückgewähransprüchen bereits die Begründung des GmbHG-Entwurfs 1939, abgedruckt bei Schubert, Entwurf, S. 163.

54 Zur Behandlung der Forderung nach der InsO näher Karsten Schmidt, ZIP 1999, 1821, 1828. Auch nach Aussage des BGH im „Rangrücktrittsurteil" BGHZ 146, 264, 272 = NJW 2001, 1280, 1282 entsprach dieses bereits der Rechtslage vor Einführung der Insolvenzordnung (§ 39 Abs. 1 Nr. 5 InsO).

55 Entwurf eines Gesetzes zur Änderung des Gesetzes betreffend die Gesellschaften mit beschränkter Haftung und anderer handelsrechtlicher Vorschriften, BT-Drs. 8/1347.

56 Mosthaf, S. 107.

ralklausel eingefügt, um die im Regierungsentwurf enthaltenen einzelnen Sachverhalte zu erfassen und es zugleich der Rechtsprechung zu ermöglichen, weitere Fallgestaltungen entsprechend zu beurteilen.[57] Dass der Regressanspruch des in Anspruch genommenen Bürgen in Konkurs (Insolvenz) der Gesellschaft nur nachrangig geltend gemacht werden kann, war im Gesetzestext – anders als noch in § 32a Abs. 4 Satz 2 des Regierungsentwurfs (1977)[58] – ebenfalls nicht mehr ausdrücklich erwähnt, ohne dass sich damit an dieser an sich selbstverständlichen Rechtsfolge einer kapitalersetzenden Besicherung etwas geändert hätte.[59]

3. BGH-Rechtsprechung und Gesetzgebung nach der GmbH-Novelle von 1980

Die Begründung zum Regierungsentwurf von 1977 nahm ausdrücklich Bezug auf die bisherige Rechtsprechung zu eigenkapitalersetzenden Gesellschafterdarlehen.[60] Die neuen Bestimmungen der §§ 32a, 32b GmbHG wiesen jedoch allgemein (auch bezüglich Gesellschaftersicherheiten) im Vergleich zu dem bereits durch die Rechtsprechung erreichten Schutzniveau Lücken auf, weshalb der BGH in dem Grundsatzurteil vom 26.3.1984 von der parallelen Fortgeltung seiner bisherigen Rechtsprechungsregeln ausging.[61]

Durch das Einführungsgesetz zur Insolvenzordnung[62] wurden die Novellenbestimmungen an das neue Insolvenzrecht insoweit angepasst, als Forderungen aus kapitalersetzenden Gesellschafterleistungen im Insolvenzverfahren nur nachrangig geltend gemacht werden können (vgl. § 39 Abs. 1 Nr. 5 InsO).[63] Im übrigen sorgte der Gesetzgeber für Regelungen im Hinblick auf die Behandlung solcher Forderungen im Insolvenzplanverfahren.[64] In § 32b GmbHG wurde die Jahresfrist bereits ab Insolvenzantrag – nicht erst ab Verfahrenseröffnung – zurückgerechnet[65] und außerdem auch Rückzahlungen

57 Beschlußempfehlung und Bericht des Rechtsausschusses (6. Ausschuß), BT-Drs. 8/3908, S. 74; zustimmend (abgesehen vom Wegfall der Rangrücktrittsregelung in § 32a Abs. 1 Satz 5 RegE 1977) Karsten Schmidt, NJW 1980, 1769, 1772.

58 Vgl. Beschlußempfehlung und Bericht des Rechtsausschusses (6. Ausschuß), BT-Drs. 8/3908, S. 16.

59 Karsten Schmidt, ZIP 1999, 1821, 1824.

60 Begr. RegE 1977, BT-Drs. 8/1347, S. 39.

61 BGHZ 90, 370, 376 ff. = NJW 1984, 1891, 1892 f.

62 Einführungsgesetz zur Insolvenzordnung (EGInsO) v. 5.10.1994, BGBl. I 2911, Art. 48.

63 Vgl. Begr. RegE EGInsO, BT-Drs. 12/3803, S. 86 f.

64 Dazu eingehend Vervessos, S. 413 ff.

65 Begr. RegE EGInsO, BT-Drs. 12/3803, S. 87 f.; zustimmend Roth/Altmeppen, § 32b Rn. 3; Scholz/Karsten Schmidt, §§ 32a, 32b Rn. 12.

nach Stellung des Insolvenzantrags bzw. Verfahrenseröffnung in den Anwendungsbereich der Vorschrift einbezogen.[66]

Die Änderungen durch das in 1998 eingeführte Kleinanteils- und Sanierungsprivileg in § 32a Abs. 3 Sätze 2[67] und 3[68] GmbHG wirken sich zwar in persönlicher Hinsicht auch auf die kapitalersetzende Besicherung durch Gesellschafter aus; sie enthalten diesbezüglich aber keine besonderen Regelungen für Gesellschaftersicherheiten. Ein danach privilegierter Gesellschafter fällt weder mit einem Gesellschafterdarlehen noch mit einer Gesellschaftersicherheit für ein Drittdarlehen unter das Eigenkapitalersatzrecht.[69]

Fraglich könnte allenfalls sein, ob das Kleinanteils- und Sanierungsprivileg auch auf Ansprüche nach den Rechtsprechungsregeln zu §§ 30, 31 GmbHG analog anzuwenden ist, da es im Bereich des Stammkapitalschutzes keine vergleichbare Sonderreglung gibt.[70] Schon Wortlaut und Gesetzesbegründung[71] machen allerdings deutlich, dass das Sanierungs- und Kleinanteilsprivileg auch im Bereich der Rechtsprechungsregeln Geltung beansprucht.[72] Etwas anderes wäre auch mit den Zwecken der Neuregelung nicht vereinbar, die ihre Privilegierungswirkung ansonsten in der Praxis weitgehend verfehlen würde.[73] Folglich ist ein Gesellschafter im Anwendungsbereich des Klein-

---

66 HandbuchKapErsR/Fleischer, Rn. 6.55; Roth/Altmeppen, § 32b Rn. 8, 10; Scholz/Karsten Schmidt, §§ 32a, 32b Rn. 171; im Ergebnis auch v. Gerkan, FS Ulmer, S. 1293, 1301.

67 Gesetz zur Verbesserung der Wettbewerbsfähigkeit deutscher Konzerne an Kapitalmärkten und zur Erleichterung der Aufnahme von Gesellschafterdarlehen (Kapitalaufnahmeerleichterungsgesetz – KapAEG) v. 20.4.1998, BGBl. I S. 707. Auf vor dem Inkrafttreten am 24.4.1998 abgegebene eigenkapitalersetzende Bürgschaften soll das Kleinanteilsprivileg nach OLG Brandenburg WM 2003, 132, 136 nicht anwendbar sein (vgl. BGH GmbHR 2001, 106, 107 wonach es auf den Zeitpunkt der Umqualifizierung ankommt; a. A. Scholz/Karsten Schmidt, §§ 32a, 32b Rn. 190).

68 Gesetz zur Kontrolle und Transparenz im Unternehmensbereich (KonTraG) v. 27.4.1998, BGBl. I S. 786.

69 OLG Düsseldorf GmbHR 2004, 564, 565 = ZIP 2004, 508, 509; vgl. Dörrie, ZIP 1999, 12, 15.

70 Vgl. T. Bezzenberger, FS Bezzenberger, S. 23, 33 f.; Habersack, ZHR 162 (1998), 201, 204, 209 jew. m. w. N.

71 Vgl. Begr. RegE KapAEG, BT-Drs. 13/7141, S. 12 (zum Kleinanteilsprivileg in § 32a Abs. 3 Satz 2 GmbHG). Dieses wird in dem wenig später beschlossenen § 32 a Abs. 3 Satz 3 GmbHG (Sanierungsprivileg) offenbar vorausgesetzt (vgl. Lehner, S. 187 f.; Heinert, S. 213; Beschlußempfehlung und Bericht des Rechtsausschusses zum RegE KonTraG, BT-Drs. 13/10038, S. 28).

72 Eingehend Lehner, S. 187 ff.; HandbuchKapErsR/Dauner-Lieb, Rn. 4.21 ff.

73 Altmeppen, ZGR 1999, 291, 299; Habersack, ZHR 162 (1998), 201, 211; Heinert, S. 213; Lehner, S: 188; BankR-Handbuch/Stodolkowitz, § 84 Rn. 18.

anteils- und Sanierungsprivilegs sowohl von §§ 32a, b als auch von den Rechtsprechungsregeln freigestellt.[74] Als Darlehensgläubiger wie als Sicherungsgeber (z.B. Bürge) ist er eigenkapitalersatzrechtlich ein „Dritter."[75]

IV. Die gesetzliche Regelung eigenkapitalersetzender Gesellschaftersicherheiten in §§ 32a, 32b GmbHG

Gesellschafterbesicherte Drittdarlehen sind in den gesetzlichen Bestimmungen in § 32a Abs. 2 und § 32b GmbHG ausdrücklich erwähnt. Dabei setzt der Erstattungsanspruch des § 32b GmbHG – wie die Verweisung auf § 32a Abs. 2 GmbHG zeigt – das Vorliegen einer eigenkapitalersetzenden Gesellschaftersicherheit voraus, ohne sie selbst zu definieren. Aus dem Wortlaut des § 32a Abs. 2 GmbHG lässt sich der gesetzliche Tatbestand der eigenkapitalersetzenden Gesellschaftersicherheit zwar ableiten;[76] andererseits enthält dieser selbst keine unmittelbare Regelung des für das Eigenkapitalersatzrecht maßgeblichen Innenverhältnisses zwischen Gesellschaft und Gesellschafter.[77] Die im Gesetzentwurf von 1977 noch vorgesehene ausdrückliche Anordnung der Nachrangigkeit der Regressforderung des aus der Sicherheit in Anspruch genommenen Gesellschafters,[78] erweist sich nach dem „Kürzungsprogramm" des Rechtsausschusses in der Tat als entbehrlich. Durch die Generalklausel des § 32a Abs. 3 Satz 1 GmbHG wird selbstverständlich auch für (Regress-)Ansprüche des Gesellschafters aus eigenkapitalersetzenden Sicherheiten (vgl. den Verweis auf Absatz 2) auf die Grundsatznorm in Absatz 1 verwiesen und damit auch für diese die Nachrangig-

---

74 Baumbach/Hueck/Fastrich, § 32a Rn. 75; Dörrie, ZIP 1999, 12, 15; Früh, GmbHR 1999, 842, 847; Rowedder/Schmidt-Leithoff/Pentz, § 32a Rn. 84, 217; Scholz/Karsten Schmidt, §§ 32a, 32b Rn. 189, 190 f.; BankR-Handbuch/Stodolkowitz, § 84 Rn. 18, 95; HandbuchKapErsR/v. Gerkan, Rn. 3.17; Lehner, S. 188 Fn. 812 m.w.N.; Schouler, S. 232, 246; zur Erstreckung des Privilegs auf den Rückgriffsanspruch gegen Mitgesellschafter aus § 31 Abs. 3 GmbHG im Falle eigenkapitalersetzender Gesellschafterleistungen vgl. Bormann, S. 43.

75 Hat er sich z.B. von einem nicht privilegierten Gesellschafter ein Darlehen besichern lassen, so unterliegt er bei der Geltendmachung in der Insolvenz – wie jeder „normale" Drittgläubiger – dem § 32a Abs. 2 GmbHG; vgl. HandbuchKapErsR/Dauner-Lieb, Rn. 4.24.

76 Vgl. nur HandbuchKapErsR/Fleischer, Rn. 6.8 ff. (vgl. ebd. Rn. 6.5 mit dem zutreffenden Hinweis, dass ungeachtet der Regelung des § 32a Abs. 2 GmbHG der Gesellschafter und nicht der Dritte Kreditgeber die Zentralfigur der Novellenvorschriften ist und bleibt).

77 Vgl. Karsten Schmidt, ZIP 1999, 1821, 1823.

78 § 32a Abs. 4 Satz 2 RegE 1977, BT-Drs. 8/1347, S. 9 f.:; vgl. Beschlußempfehlung und Bericht des Rechtsausschusses (6. Ausschuß), BT-Drs. 8/3908, S. 16.

keit im Insolvenzverfahren angeordnet.[79] Die aus diesem Normzusammenhang abzuleitenden Voraussetzungen für eigenkapitalersetzende Gesellschaftersicherheiten nach den Novellenregeln lassen sich danach wie folgt zusammenfassen:[80]

(1) Gewährung oder Belassung eines Darlehens durch einen gesellschaftsfremden Dritten;

(2) Eigenkapitalersetzende Funktion des Darlehens;

(3) Besicherung durch einen (nicht nach § 32a Abs. 3 privilegierten) Gesellschafter oder einen nach § 32a Abs. 3 Satz 1 einem Gesellschafter gleichgestellten Dritten;

(4) Eigenkapitalersetzende Funktion der Besicherung.

Die Novellenregeln knüpfen ihre Rechtsfolgen (Nachrangigkeit des Anspruchs, Rückforderungsanspruch) stets an die Insolvenz der Gesellschaft. Sie kommen daher erst mit Eröffnung des Insolvenzverfahrens über das Vermögen der Gesellschaft zur Anwendung. Der Sache nach handelt es sich bei § 32b GmbHG, wie auch die Verweisung auf die Verjährungsregel in § 146 InsO zeigt, um einen im GmbHG geregelten besonderen Insolvenzanfechtungstatbestand.[81] Zudem sind Erstattungsansprüche nach § 32b GmbHG zeitlich auf Rückzahlungen der Gesellschaft innerhalb des letzten Jahres vor dem Insolvenzantrag oder nach der Antragstellung beschränkt.[82] Eine Beeinträchtigung des Stammkapitals ist dagegen anders als nach den Rechtsprechungsregeln nicht erforderlich.

Außerhalb eines Insolvenzverfahrens können sich – abgesehen von der Individualanfechtung nach § 6 AnfG[83] – eigenkapitalersatzrechtliche Rechtsfolgen allein aus den Rechtsprechungsregeln nach §§ 30, 31 GmbHG ergeben.[84] Dies gilt auch im Falle der Insolvenzabweisung mangels Masse (§ 26 Abs. 1 InsO).[85]

79 Statt aller Baumbach/Hueck/Fastrich, § 32a Rn. 71 m.w.N.

80 Vgl. Michalski/Heidinger, §§ 32a, 32b Rn. 135.

81 Roth/Altmeppen, § 32b Rn. 2; Karsten Schmidt, ZIP 1999, 1821, 1822.

82 HandbuchKapErsR/Fleischer, Rn. 6.54 ff.; Roth/Altmeppen, § 32b Rn. 9 ff.; zur Jahresfrist nach § 6 Nr. 2 AnfG bei der Individualanfechtung vgl. auch Huber, § 6 Rn. 13, 16 f.; Roth/Altmeppen, § 32b Rn. 12.

83 Vgl. Huber, § 6 Rn. 4 ff.

84 HandbuchKapErsR/v. Gerkan, Rn. 3. 102; Baumbach/Hueck/Fastrich, § 32a Rn. 76; Rowedder/Schmidt-Leithoff/Pentz, § 32a Rn. 10, 31.

85 Baumbach/Hueck/Fastrich, § 32a Rn. 54; Michalski/Heidinger, §§ 32a, 32b Rn. 255; Scholz/Karsten Schmidt, §§ 32a, 32b Rn. 68 m.w.N.

§ 2 Einzelne Tatbestandsvoraussetzungen eigenkapitalersetzender Gesellschaftersicherheiten

I. Darlehensgewährung durch einen Drittgläubiger an die Gesellschaft

Grundsätzlich setzt die eigenkapitalersetzende Gesellschafterbesicherung voraus, dass der Darlehensgeber selbst nicht Gesellschafter ist. Ist er Gesellschafter und nicht gemäß § 32a Abs. 3 Satz 2 und 3 GmbHG privilegiert[86] oder ist der Darlehensgeber gemäß § 32a Abs. 3 Satz 1 GmbHG einem Gesellschafter gleichzustellen, so unterfällt er selbst mit seinem Darlehen unmittelbar dem Eigenkapitalersatzrecht.[87] Ein Fall des § 32a Abs. 2 GmbHG liegt dann nicht vor, zumal sich ein (weitergehendes) Rückzahlungsverbot hinsichtlich des Darlehens beim Vorliegen der sonstigen Voraussetzungen unmittelbar aus § 32a Abs. 1 bzw. § 30 Abs. 1 GmbHG ergibt.

Nach § 32b Satz 4 GmbHG gilt die Rückerstattungspflicht des aus seiner Haftung als Sicherungsgeber befreiten Gesellschafters sinngemäß für andere Rechtshandlungen, die der Darlehensgewährung wirtschaftlich entsprechen. Daraus folgt allgemein, dass auch eine andere darlehensgleiche Finanzierungsleistung des Dritten (z.B. Bankbürgschaft) ein „Darlehen“ im Sinne von § 32a Abs. 2 GmbHG ist.[88]

II. Umqualifizierungsgründe für Gesellschaftersicherheiten

1. Die Kreditunwürdigkeit der Gesellschaft und deren Verhältnis zum Begriff der „Krise“ in § 32a GmbHG

Der Grundsatz der Finanzierungsfreiheit gestattet Gesellschaftern, ihrer Gesellschaft auch Darlehen zu gewähren oder Drittdarlehen zu besichern.[89] Erst unter besonderen Voraussetzungen kommt es zur Umqualifizierung der Gesellschafterleistungen, d.h. diese dürfen nicht mehr abgezogen oder müssen

---

86 Vgl. dazu insbesondere Dörrie, ZIP 1999, 12, 15; HandbuchKapErsR/Dauner-Lieb, Rn. 4.24.

87 HandbuchKapErsR/Fleischer, Rn. 6.9; Michalski/Heidinger, §§ 32a, 32b Rn. 138; Scholz/Karsten Schmidt, §§ 32a, 32b Rn. 145. Übernimmt ein anderer Gesellschafter dafür die Mithaftung, kann er sich nach BGH ZIP 2004, 1303, 1305 f. im Zweifel nicht unter Berufung auf die Eigenkapitalersatzfunktion des Darlehens seiner Inanspruchnahme entziehen.

88 Michalski/Heidinger, §§ 32a, 32b Rn. 137; Scholz/Karsten Schmidt, §§ 32a, 32b Rn. 146.

89 Baumbach/Hueck/Fastrich, § 32a Rn. 2–3; HandbuchKapErsR/Hommelhoff, Rn. 2.10, 2.14 ff.; Scholz/Karsten Schmidt, §§ 32a, 32b Rn. 4.

der Gesellschaft zurückerstattet werden. Wichtigster Umqualifizierungsgrund ist die „Kreditunwürdigkeit" der Gesellschaft. Diese liegt dann vor, wenn die Gesellschaft von Dritten zu marktüblichen Konditionen keinen Kredit mehr erhält und ohne die Leistung des Gesellschafters liquidiert werden müsste.[90] Die eigenkapitalersetzende Besicherung eines Drittdarlehens durch einen Gesellschafter ist dadurch gekennzeichnet, dass der Gesellschafter der Gesellschaft das Darlehen durch seine Sicherheit verschafft.[91] Die fehlende Kreditwürdigkeit der Gesellschaft wird gewissermaßen durch die (noch) vorhandene Kreditwürdigkeit des Gesellschafters ersetzt. Bei der direkten wie der indirekten Darlehensgewährung kommt es folglich gleichermaßen entscheidend auf die *fehlende Kreditwürdigkeit der Gesellschaft* an. Diese wird anhand einer Reihe von Indizien ermittelt, die in Rechtsprechung und Lehre entwickelt wurden.[92] Von besonderer Bedeutung ist dabei das Vorhandensein freier und werthaltiger Sicherheiten im Vermögen der Gesellschaft.[93] So hat der BGH wiederholt entschieden, dass eine bilanzielle Überschuldung für die Insolvenzreife oder Kreditunwürdigkeit einer Gesellschaft allenfalls indizielle Bedeutung habe und diese durch konkrete Hinweise auf stille Reserven (z.B. Hinweise im Jahresabschluß auf stille Reserven bei Immobilien) entkräftet werden könne.[94] Auch das Vorhandensein einer nicht ausgeschöpften Kreditlinie ist ein Indiz gegen die Kreditunwürdigkeit.[95]

Der Gesetzeswortlaut der *Novellenregeln* von 1980 stellt in § 32a Abs. 1 für die Umqualifizierung von Gesellschafterleistungen auf den Zeitpunkt ab, in

90 Vgl. BGHZ 76, 326, 330 = NJW 1980, 1524, 1525; speziell zur Besicherung BGHZ 81, 252, 255 = NJW 1981, 2570, 2571; NJW 1988, 824; NJW 1992, 1169; NJW 1998, 1143 = NZG 1998, 223 m. Anm. v. Reinersdorff; HandbuchKapErsR/Fleischer, Rn. 6.12; Michalski/Heidinger, §§ 32a, 32b Rn. 139.

91 BGHZ 67, 171, 182 = NJW 1977, 104, 106 m. Anm. Karsten Schmidt = LM Nr. 6 zu § 30 GmbHG (Fleck); BGHZ 81, 252, 260 = NJW 1981, 2570, 2572 („unter persönlichem Vermögenseinsatz verschafft").

92 Überblick bei Baumbach/Hueck/Fastrich, § 32a Rn. 46; Beck'schesHdB-GmbH/Jung, § 8 Rn. 221; HandbuchKapErsR/v. Gerkan, Rn. 3.42 ff.; Scholz/Karsten Schmidt, §§ 32a, 32b Rn. 41.

93 BGH NJW 1988, 824 m.w.N.; NJW 1992, 1169, 1170; ZIP 1995, 646, 647 = EWiR 1995, 475 (v. Gerkan); NJW 1996, 720 = EWiR 1996, 217 (Fleck); NJW 1996, 722 = EWiR 1996, 171 (v. Gerkan); Goette, § 4 Rn. 42; Rowedder/Schmidt-Leithoff/Pentz, § 32a Rn. 43.

94 BGH GmbHR 1999, 973, 975 m. Anm. Brauer = NJW 1999, 3120, 3121; NJW-RR 2001, 1043, 1044 = GmbHR 2001, 473.

95 OLG Dresden NZG 1999, 347, 348 m. Anm. Michalski/Barth ebd.; Hachenburg/Ulmer, § 32 a,b Rn. 55; Rowedder/Schmidt-Leithoff/Pentz, § 32a Rn. 43; Michalski/Barth, NZG 1999, 348, 349.

dem ihr (der Gesellschaft) „ordentliche Kaufleute Eigenkapital zugeführt hätten". Durch die Verwendung derselben Definition in Absatz 2 wird zugleich deutlich, dass auch für die Novellenregeln von einem einheitlichen Umqualifizierungsmaßstab für *Gesellschafterdarlehen* und *Gesellschaftersicherheiten* auszugehen ist. Durch das Gesetz zur Kontrolle und Transparenz im Unternehmensbereich (KonTraG) vom 27. April 1998 wurde in Absatz 1 noch der Klammerzusatz „Krise der Gesellschaft" angefügt.[96] Der Wortlaut dieser Definition geht auf § 49 Abs. 1 des Regierungsentwurfs von 1973 zurück.[97] Die Begründung zu dem insoweit identischen Wortlaut in § 32a Abs. 1 des Regierungsentwurfs von 1977 entsprach derjenigen von 1973.[98]

Die Regierungsbegründung von 1977 lautete:[99]

> „Die Feststellung, ob die Gesellschafter als ordentliche Kaufleute im Zeitpunkt der Darlehensgewährung statt dessen Eigenkapital zugeführt hätten, wird im Einzelfall zwar nicht einfach zu treffen sein, jedoch nicht auf unüberwindliche Schwierigkeiten stoßen. Anhaltspunkte werden sich insoweit aus den bisher schon in der Rechtsprechung gefundenen Abgrenzungskriterien finden lassen. Außerdem hat das Schrifttum auch andere Wege aufgezeigt, die das Problem einer Lösung zuführen können. Um allen diesen Entwicklungen Raum zu lassen, verzichtet der Entwurf auf eine genauere Abgrenzung und beschränkt sich grundsätzlich auf eine Generalklausel. (...)"

Mit seiner Definition umschreibt der Gesetzgeber einen Grundsatz ordnungsgemäßer Unternehmensfinanzierung.[100] Auch die ältere Rechtsprechung stützte die Rechtsprechungsgrundsätze zum Eigenkapitalersatzrecht in den Entscheidungsgründen ergänzend z.T. auch auf eine an sich gebotene Zuführung neuen Eigenkapitals.[101] Wesentliches Abgrenzungsmerkmal war

---

96 Gesetz zur Kontrolle und Transparenz im Unternehmensbereich (KonTraG) v. 27.4.1998, BGBl. I S. 786, Art. 10.

97 § 49 RegE 1973, BT-Drs. 7/253, S. 15.

98 Vgl. Begr. RegE 1973, BT-Drs. 7/253, S. 110 f.

99 Begr. RegE 1977, BT-Drs. 8/1347, S. 39.

100 Scholz/Karsten Schmidt, §§ 32a, 32b Rn. 38; Lutter/Hommelhoff, §§ 32a,b Rn. 3; krit. Hachenburg/Ulmer, § 32a Rn. 44.

101 Vgl. BGHZ 67,171, 175 („... Gesellschafter, der die sonst konkursreife Gesellschaft anstatt durch die wirtschaftlich gebotene Zufuhr neuen Eigenkapitals durch Darlehen zu stützen sucht, ..."); 81, 252, 255 („... der notleidenden Gesellschaft unter Vermeidung einer sonst gebotenen Kapitalerhöhung neue Mittel zuzuführen; ..."); in neuerer Zeit z.B. BGHZ 142, 116, 120 = NJW 1999, 2809, 2810.

nach den Rechtsprechungsgrundsätzen aber stets die Kreditunwürdigkeit, also wenn die Gesellschaft Kredite zu marktüblichen Bedingungen nicht mehr erhalten kann und ohne die Kapitalhilfe der Gesellschafter liquidiert werden müsste.[102] Diese bestimmte sich nach objektiven Maßstäben und nicht allein nach dem Verhalten eines konkreten Kreditgebers.[103]

Die Gesetzesformel steht hierzu auch nicht im Widerspruch; denn ist die Gesellschaft nicht mehr kreditwürdig, so bleibt dem „ordentlichen Kaufmann" regelmäßig nur die Wahl einer Kapitalerhöhung oder der Liquidation. Die Kreditunwürdigkeit stellt sich damit – auch nach der Gesetzesbegründung – als eine sachgerechte Konkretisierung des Finanzierungsverhaltens ordentlicher Kaufleute dar.[104]

Die Gesetzesformel von dem Verhalten „ordentlicher Kaufleute" ist dagegen in der Literatur überwiegend als sachlich unangebracht,[105] irreführend[106] oder zumindest unklar[107] kritisiert worden. So könnte der Wortlaut („ordentlich") etwa zu Unrecht als Hinweis auf ein Verschuldenserfordernis gedeutet werden, obwohl es bei der Umqualifizierung auf einen normativen Beurteilungsmaßstab ankommt.[108] Das Darlehen muss im Zeitpunkt der Gewährung eine (objektiv) eigenkapitalersetzende Funktion haben.[109] Dieses kam in der Formulierung von § 47 Abs. 1 des Referentenentwurfs von 1969 noch eher zum Ausdruck. Dieser lautete noch:[110]

102 BGHZ 76, 326, 330; 81, 252, 255; 81, 311, 314 f.; 81, 365, 367; 90, 381, 390; 95, 188, 194; 105, 168, 175; 106, 7, 11; 119, 201, 206; 121, 31, 38; NJW 1999, 3120, 3121 = GmbHR 1999, 973, 974; st. Rspr.

103 BGHZ 119, 201, 207 f.; NJW 1992, 1169 f.; 1998, 1143 = NZG 1998, 223, 224 m. Anm. v. Reinersdorff; Scholz/Karsten Schmidt, §§ 32a, 32b Rn. 41.

104 Baumbach/Hueck/Fastrich, § 32a Rn. 43; Hachenburg/Ulmer, § 32a, b Rn. 46; HandbuchKapErsR/v. Gerkan, Rn. 3.5; Michalski/Heidinger, §§ 32a, 32b Rn. 44; Lutter/Hommelhoff, §§ 32a,b Rn. 18; Rowedder/Schmidt-Leithoff/Pentz, § 32a Rn. 33; vgl. Hachenburg/Ulmer, § 32a Rn. 46; Scholz/Karsten Schmidt, §§ 32a, 32b Rn. 38; BGH NJW 1992, 1764, 1765.

105 Flume, Jur. Person, S. 85.

106 Roth/Altmeppen, § 32a Rn. 16.

107 HandbuchKapErsR/v. Gerkan, Rn. 3.3; Rowedder/Schmidt-Leithoff/Pentz, § 32a Rn. 32; Scholz/Karsten Schmidt, §§ 32a, 32b Rn. 38; ders., GesR, S. 1154.

108 Hachenburg/Ulmer, § 32a, b Rn. 43; Michalski/Heidinger, §§ 32a, 32b Rn.41; Roth/Altmeppen, § 32a Rn. 17; Rowedder/Schmidt-Leithoff/Pentz, § 32a Rn. 32; Scholz/Karsten Schmidt, §§ 32a, 32b Rn. 38; h.M.

109 Rowedder/Schmidt-Leithoff/Pentz, § 32a Rn. 31 f.; Scholz/Karsten Schmidt, §§ 32a, 32b Rn. 31, 38; Roth/Altmeppen, § 32a Rn. 16, 19.

110 § 47 Abs. 1 RefE 1969, Referentenentwurf 1969, S. 18; vgl. ähnlich bereits § 36 Abs. 1 GmbHG-Entwurf 1939, abgedruckt bei Schubert, Entwurf, S. 103.

„(1) Hat ein Gesellschafter der Gesellschaft ein Darlehen gewährt, obwohl nach der Sachlage im Zeitpunkt der Darlehensgewährung eine Kapitalzuführung zum Eigenkapital der Gesellschaft geboten war, so kann er den Anspruch auf Rückgewähr ..."

Durch die Hinzufügung des Klammerzusatzes „Krise der Gesellschaft" in § 32a Abs. 1 GmbHG im Jahre 1998 hat der Gesetzgeber nur verdeutlichen wollen, dass die umständliche Beschreibung des Tatbestands eine Legaldefinition der Krise darstellen sollte.[111] Eine sachliche Änderung sollte damit nicht verbunden sein.[112] Somit kann entsprechend der ständigen Rechtsprechung für die Umqualifizierung eigenkapitalersetzender Gesellschaftersicherheiten auch nach den gesetzlichen Kapitalersatzbestimmungen auf das Kriterium der Kreditunwürdigkeit zurückgegriffen werden.[113]

2. Insolvenzreife der Gesellschaft

Die Kreditunwürdigkeit liegt zeitlich regelmäßig noch vor dem Eintritt der Insolvenzgründe Überschuldung und Zahlungsunfähigkeit[114] (§§ 17, 19 InsO). In diesen beiden Fällen ist die Rückzahlung eines Kredites – auch im Hinblick auf die laufende Insolvenzantragsfrist nach § 64 Abs. 1 GmbHG – hochgradig gefährdet, so dass eine Kreditvergabe zu „marktüblichen Konditionen" selbst dann ausgeschlossen erscheint, wenn im Vermögen der Ge-

111 Goette, § 4 Rn. 18; krit. HandbuchKapErsR/v. Gerkan, Rn. 3.4.

112 Vgl. Beschlußempfehlung und Bericht des Rechtsausschusses (6. Ausschuss), BT-Drs. 13/10038, S. 28: „Der Begriff Krise der Gesellschaft bezeichnet den von Rechtsprechung und Literatur umfassend zum Absatz 1 Satz 1 ausgearbeiteten Zeitpunkt." In diesem Sinne auch Goette, § 4 Rn. 18; Michalski/Heidinger, §§ 32a, 32b Rn. 17; Scholz/Karsten Schmidt, §§ 32a, 32b Rn. 13; teilweise abweichend Baumbach/Hueck/Fastrich, § 32a Rn. 42.

113 Vgl. Baumbach/Hueck/Fastrich, § 32a Rn. 43; Michalski/Heidinger, §§ 32a, 32b Rn. 44; Rowedder/Schmidt-Leithoff/Pentz, § 32a Rn. 33; Scholz/Karsten Schmidt, §§ 32a, 32b Rn. 38; BGHZ 105, 168, 185 ff. = NJW 1988, 3143, 3147 m. Anm. Karsten Schmidt ebd., S. 3148, 3149; NJW 1992, 1764, 1765.

114 BGHZ 76, 326, 329 = NJW 1980, 1524; Goette, § 4 Rn. 39 ff.; Pape, ZIP 1996, 1409. 1415; vgl. BGH NJW 1996, 720, 721; GmbHR 1997, 501,503; BGHZ 133, 298, 302 = NJW 1996, 3203, 3204 = JR 1997, 290, 291 f. m. Anm. Fleischer ebd., S. 293; GmbHR 2004, 898, 900 = WM 2004, 1075, 1077; OLG Köln ZIP 1989, 523, 526 m. krit. Anm. Johlke, EWiR 1989, 589, 590; Eckhold, S. 59; Rowedder /Schmidt-Leithoff/Pentz, § 32a Rn. 36, 40, 42; Weisang, WM 1997, 197, 200. Eine Insolvenzreife ohne vorherige „Kreditunwürdigkeitsphase" ist in Ausnahmefällen vorstellbar, z. B. wenn die Insolvenz auf einem Einzelereignis (Schaden, Forderungsausfall o. ä.) beruht.

sellschaft möglicherweise noch freie Sicherheiten vorhanden wären.[115] Die Rechtsprechung sieht in den „zwingenden" Insolvenzgründen eigenständige Umqualifizierungsgründe (neben der Kreditunwürdigkeit) für kapitalersetzende Gesellschaftersicherheiten.[116]

Für die gesetzlichen Kapitalersatzbestimmungen sah bereits der Referentenentwurf eines GmbH-Gesetzes (RefE) von 1969 in § 47 Abs. 2 RefE[117] eine Umqualifizierung vor, wenn „das Darlehen dazu dienen sollte, die Zahlungsunfähigkeit der Gesellschaft abzuwenden oder hinauszuschieben." Entsprechende Formulierungen finden sich auch noch in § 49 Abs. 1 des Regierungsentwurfs (RegE) von 1973[118] sowie in § 32a Abs. 1 des Regierungsentwurfs von 1977.[119] Die Kürzungen des Gesetzeswortlauts in den Beratungen des Rechtsausschusses bezweckten insoweit keine sachliche Änderung.[120] Sicherheiten, die der Gesellschafter im Stadium der Überschuldung oder Zahlungsunfähigkeit der Gesellschaft bestellt, werden somit nach Rechtsprechungs- wie nach Novellenregeln umqualifiziert, ohne dass es auf eine hypothetische Kreditvergabebereitschaft eines Drittgläubigers ankäme.[121]

---

115 Vgl. Rowedder/Schmidt-Leithoff/Pentz, § 32a Rn. 42 wonach im Falle von Überschuldung oder Zahlungsunfähigkeit stets von Kreditunwürdigkeit auszugehen sei; vgl. BGHZ 31, 258, 272; 67, 171, 174 f.; NJW 1985, 2719, 2720; NJW-RR 1990, 230, 232; NJW 1996, 720, 721 = EWiR 1996, 217 (Fleck); NJW 1997, 3171, 3172 = ZIP 1997, 1648, 1650; OLG Dresden NZG 1999, 347, 348 m. Anm. Michalski/Barth ebd., S. 348 (für Überschuldung); Beck'schesHdB-GmbH/Jung, § 8 Rn. 218; Fleck, EWiR 1988, 67, 68; Früh, GmbHR 1999, 842, 844; offen gelassen für Illiquidität von Eckhold, S. 56 f. (im Zweifel könne Kreditunwürdigkeit unabhängig von der Illiquidität bestimmt werden).

116 BGH NJW 1996, 720, 721 = EWiR 1996, 217 (Fleck) – noch zur KO –; vgl. BGHZ 67, 171, 174 f.; 75, 334, 337 f.; 76, 326, 329 = NJW 1980, 1524; NJW 1985, 858 = ZIP 1985, 158 = EWiR 1985, 105 (Kübler); NJW-RR 1990, 230, 232; BGHZ 133, 298, 302 = NJW 1996, 3203, 3204 = JR 1997, 290, 291 f. m. Anm. Fleischer; GmbHR 1997, 501, 503; NJW 1997, 3171, 3172 = ZIP 1997, 1648, 1650 = EWiR 1997, 893 (Pape); NJW-RR 2001, 1043, 1044 = GmbHR 2001, 473; OLG Hamm, NZG 1999, 1163, 1164; OLG Stuttgart GmbHR 2002, 1072, 1073; Michalski/Barth, NZG 1999, 348; Pape, ZIP 1996, 1409, 1415; unklar BGH NJW 1985, 2719, 2720; anders wohl BankR-Handbuch/Stodolkowitz, § 84 Rn. 39 (nur kaum widerlegbares Indiz für Kreditunwürdigkeit).

117 Referentenentwurf 1969, S. 18.

118 RegE 1973, BT-Drs. 7/253, S. 15.

119 RegE 1977, BT-Drs. 8/1347, S. 9.

120 Beschlußempfehlung und Bericht des Rechtsausschusses (6. Ausschuß), BT-Drs. 8/3908, S. 15, 73 f.

121 Diese könnte ausnahmsweise gegeben sein, wenn sich eine Bank von einem „Sanierungskredit" die Überwindung der Insolvenzgefahr und letztendlich die Stabilisierung ihrer (schlecht besicherten) Altkredite erhofft.

Bei der drohenden Zahlungsunfähigkeit nach § 18 InsO besteht für die Geschäftsführung bekanntlich die Möglichkeit – aber keine Pflicht – zur Stellung eines Insolvenzantrags.[122] In dieser Lage erscheint es, unabhängig von der Länge des „Prognosezeitraums", den man für die Beurteilung der Liquiditätssituation hier anlegt,[123] kaum vorstellbar, dass eine solche Situation aus der Sicht eines dritten Kreditgebers nur als „harmloser" vorübergehender Liquiditätsengpass angesehen und deshalb marktüblich finanziert wird. Grundsätzlich wird es sich deshalb auch bei drohender Insolvenz um eine Sanierungsfinanzierung handeln, so dass eine solche Situation regelmäßig für eine „Kreditunwürdigkeit" der Gesellschaft sprechen wird.[124] Vor dem Hintergrund der Verschärfungstendenzen beim Begriff der Zahlungsunfähigkeit[125] durch die Legaldefinition in § 17 Abs. 2 InsO einerseits und einer restriktiven Kreditvergabepolitik der Kreditinstitute andererseits könnten sich langfristig auch die Anforderungen an die Annahme einer Kreditwürdigkeit tendenziell erhöhen.

III. Eigenkapitalersatzfunktion von Drittdarlehen und Gesellschaftersicherheit

Bei einer kapitalersetzenden Gesellschaftersicherheit sind die (hypothetische) Kapitalersatzfunktion des Drittdarlehens sowie die Kapitalersatzfunktion der Gesellschaftersicherheit im Zusammenhang zu würdigen.[126] Für die Beurteilung einer Gesellschaftersicherheit kommt es darauf an, ob der Kredit eines Dritten auch ohne die Gesellschaftersicherheit zu marktübli-

122 Braun/Kind, § 18 Rn. 1; Himmelsbach/Thonfeld, NZI 2001, 11, 12 m.w.N.; Uhlenbruck, § 18 Rn. 2.

123 Vgl. dazu MünchKommInsO/Drukarczyk, § 18 Rn. 41 ff.; Braun/Kind, § 18 Rn. 6 ff.

124 HandbuchKapErs/v.Gerkan, Rn. 3.49; ähnlich Hachenburg/Ulmer, § 32 a,b Rn. 58 (noch zur KO); Scholz/Karsten Schmidt, §§ 32a, 32b Rn. 40; zurückhaltend BankR-Handbuch/Stodolkowitz, § 84 Rn. 39; Beck'schesHdB-GmbH/Jung, § 8 Rn. 218; differenzierend für Sanierungsfinanzierung, die auch ein Nichtgesellschafter zur „Rettung" seiner bestehenden Altkredite mitgetragen hätte Fleck, FS Werner, S. 107, 118. Überwiegend wird dem Verhalten eines bereits engagierten Kreditgebers jedoch allenfalls indizielle Bedeutung zugemessen; vgl. HandbuchKapErsR/v.Gerkan, Rn. 3.42; Lutter/Hommelhoff, §§ 32a,b Rn. 19; BGH NJW 1992, 1169; OLG Hamburg, ZIP 1990, 791, 794.

125 Vgl. (auch zu den Konsequenzen für das Sanierungsprivileg nach § 32a Abs. 3 S. 3 GmbHG) Himmelsbach/Thonfeld, NZI 2001, 11, 14. Nach Meinung von Bormann, GmbHR 2004, 902, 903 habe das Merkmal der Kreditunwürdigkeit mit Einführung der InsO wesentlich an eigenständiger Bedeutung verloren.

126 BGH NJW 1996, 722; Michalski/Heidinger, §§ 32a, 32b Rn. 139 (Fn. 379); Scholz/Karsten Schmidt, §§ 32a, 32b Rn. 150.

chen Konditionen gewährt worden wäre.[127] Hätte die Gesellschaft den Kredit ohne die Gesellschaftersicherheit nicht erhalten, so folgt daraus zugleich die (hypothetische) Kapitalersatzfunktion des Darlehens, denn dieses wäre als Gesellschafterdarlehen selbst eigenkapitalersetzend im Sinne von § 32a Abs. 1 GmbHG bzw. nach den Rechtsprechungsregeln.

1. Nachträgliche Besicherung bestehender Kredite

Im Normalfall eigenkapitalersetzender Gesellschaftersicherheiten erfolgen (Dritt-)Darlehensgewährung und dessen Besicherung durch einen Gesellschafter in der Krise der Gesellschaft gleichzeitig, so dass die Gesellschaftersicherheit von Anfang an eigenkapitalersetzend ist.[128] Der Gesellschafter kann aber auch einen bereits bestehenden Kredit nachträglich eigenkapitalersetzend besichern.[129] Erfolgt dieses dadurch, dass die für den späteren Kredit übernommene Bürgschaft aufgrund entsprechender Klausel „alle gegenwärtigen und künftigen Ansprüche" einer Bank gegen die Gesellschaft sichert, so führt dieses noch nicht automatisch dazu, dass eine Kapitalersatzfunktion in Bezug auf den neuen Kredit auch „automatisch" für den mitgesicherten alten Kredit eintritt.[130]

Jede einzelne Gesellschafterleistung ist hinsichtlich ihrer Umqualifizierung grundsätzlich separat daraufhin zu beurteilen, ob sie zu entsprechenden Bedingungen von einem Außenstehenden gewährt worden wäre.[131] Ist dieses

127 BGH NJW 1988, 824 = EWiR 1988, 67 (Fleck); NJW 1998, 1143 = NZG 1998, 223 m. Anm. v. Reinersdorff = EWiR 1998, 179 (v. Gerkan); HandbuchKapErsR/Fleischer, Rn. 6.12; Michalski/Heidinger, §§ 32a, 32b Rn. 139.

128 Vgl. Häuselmann/Rümker/Westermann, S. 83; Lutter/Hommelhoff, §§ 32a,b Rn. 117; OLG Hamm ZIP 1999, 1101, 1103 = GmbHR 1999, 917, 919 m. zust. Anm. v. Gerkan, EWiR 1999, 605, 606 (h. M.); einschränkend Habersack, ZHR 162 (1998), 201, 207 (wenn Gesellschafter die Krise der Gesellschaft erkennen konnte).

129 Baumbach/Hueck/Fastrich, § 32a Rn. 67; Hachenburg/Ulmer, § 32a,b Rn. 138; Meyer-Landruth, § 32a Rn. 9; Rowedder/Schmidt-Leithoff/Pentz, § 32a Rn. 179; Scholz/Karsten Schmidt, §§ 32a, 32b Rn. 151; vgl. OLG Stuttgart WM 1984, 835.

130 Vgl. OLG Stuttgart WM 1984, 835, 836; Hachenburg/Ulmer, § 32a,b Rn. 138; Rowedder/Schmidt-Leithoff/Pentz, § 32a Rn. 179; Scholz/Karsten Schmidt, §§ 32a, 32b Rn. 151.

131 Vgl. BGHZ 119, 201, 212; Hachenburg/Ulmer, § 32a,b Rn. 51; Scholz/Karsten Schmidt, §§ 32a, 32b Rn. 41. Teilweise abweichend davon nimmt der BGH (NJW 1995, 457, 458 = ZIP 1995, 23, 24) bei andauernd verspäteten Zahlungen auf Lieferungen des Gesellschafters – unabhängig von einer etwaigen Stundungsabrede – eine eigenkapitalersetzende Kapitalzufuhr in Höhe des durchschnittlichen offenen Forderungssaldos an; im Ergebnis zustimmend Altmeppen, ZIP 1995, 26 f.; vgl. aber Fleck, EWiR 1995, 367, 368 (Umqualifizierung auch der Einzelforderungen ab Insolvenzreife).

für eine Leistung zu verneinen und damit eine Kreditunwürdigkeit zu bejahen, so wird entsprechendes häufig auch für spätere Gesellschafterleistungen anzunehmen sein; dies ist aber nach der Rechtsprechung des BGH keineswegs zwingend.[132] Für den Fall der Gesellschafterbesicherung in der Krise wirkt die Sicherheit nur dann kapitalersetzend auch in Bezug auf den mitgesicherten Altkredit, wenn dieser im Hinblick auf die Besicherung weiter gewährt wird.[133] Dieses wird in der Regel dann nicht anzunehmen sein, wenn der Altkredit bereits ausreichend aus Gesellschaftsvermögen besichert war und die Gesellschaft nur den Neukredit nicht mehr aus eigenem Vermögen besichern konnte und insoweit auf die Gesellschaftersicherheit angewiesen war.[134]

2. „Stehenlassen" von Gesellschaftersicherheiten

Davon abgesehen können aber sowohl zugleich mit der Kreditgewährung gestellte Gesellschaftersicherheiten als auch solche für Altkredite dann kapitalersetzend werden, wenn sie der Gesellschafter in einer späteren Krise (oder bei Insolvenzreife) „stehenläßt". Dieses war bereits nach den Rechtsprechungsregeln anerkannt[135] und fällt nach den Novellenregeln als eine der Darlehensgewährung entsprechende Rechtshandlung auch unter § 32a Abs. 3 Satz 1.[136] Gerät die Gesellschaft in die Krise, so trifft den Gesellschafter die Obliegenheit, die von ihm gewährte Leistung abzuziehen (z.B. Befreiung von einer Bürgschaft nach § 775 Abs. 1 Nr. 1 BGB zu verlangen oder bei Bestellung einer anderen Sicherheit den Befreiungsanspruch aus §§ 670, 257 BGB geltend zu machen[137]) oder die Gesellschaft (notfalls durch Insolvenzantrag) zu liquidieren; ansonsten wird die Gesellschafter-

---

132 BGHZ 119, 201, 212.

133 Rowedder/Schmidt-Leithoff/Pentz, § 32a Rn. 179 („faktische Verlängerung"); enger wohl Hachenburg/Ulmer, § 32a,b Rn. 138 („konkludente Vereinbarung über Kreditverlängerung"); ähnlich Scholz/Karsten Schmidt, §§ 32a, 32b Rn. 151; OLG Stuttgart WM 1984, 835, 836 („Voraussetzung für das Stehenlassen des Altkredits"); Geißler, GmbHR 1996, 565, 568; vgl. BGH NJW-RR 1986, 834, 835; NJW 1998, 1143, 1144 = EWiR 1998, 179 (v. Gerkan) = NZG 1998, 223, 224 m. Anm. v. Reinersdorff.

134 OLG Stuttgart WM 1984, 835, 386.

135 BGHZ 81, 252, 256 f.; vgl. BGHZ 75, 334, 337 ff.; BGH NJW 1992, 1764, 1765; ZIP 1995, 646, 647 = EWiR 1995, 475 (v. Gerkan).

136 BGH NJW 1985, 2719, 2720; Baumbach/Hueck/Fastrich, § 32a Rn. 65; Lutter/Hommelhoff, §§ 32a,b Rn. 119, 45; Roth/Altmeppen, § 32a Rn. 136, 35.

137 BGH NJW 1987, 1080, 1081 f.; NJW 1992, 1764, 1766; Häuselmann/Rümker/Westermann, S. 83 f.; vgl. allg. Palandt/Sprau vor § 662 Rn. 8, § 670 Rn. 2; OLG Karlsruhe WM 1991, 1161, 1163.

leistung als eigenkapitalersetzend behandelt.[138] Voraussetzung hierfür ist nach allgemeiner Ansicht, dass der Gesellschafter zumindest objektiv die – rechtliche – Möglichkeit hat, seine Gesellschafterleistung abzuziehen oder die Gesellschaft zu liquidieren.[139] Für die Entscheidung räumt die Rechtsprechung dem Gesellschafter – abgesehen von Ausnahmefällen[140] – eine kurze an der Drei-Wochen-Frist des § 64 Abs. 1 GmbHG orientierte Überlegungsfrist ein.[141]

a) Besonderer Maßstab für die Kreditunwürdigkeit beim „Stehenlassen“ von Gesellschaftersicherheiten?

Beim „Stehenlassen“ von Gesellschaftersicherheiten für bereits gewährte Kredite befinden sich Gesellschafter und Drittgläubiger in einer besonderen Situation, die sich auch auf die Beurteilung der Kreditwürdigkeit auswirkt. Dies wird besonders deutlich durch einen Vergleich mit der Situation beim Stehenlassen eines *Gesellschafterdarlehens*. Dort wird der Beurteilungsmaßstab für die Kreditunwürdigkeit angepasst, weil es nicht um die Gewährung eines Neukredits, sondern um die Stundungsbereitschaft für ein bereits gewährtes Darlehen geht.[142] Ein Drittgläubiger wird hierzu häufig auch bei fehlender „Neukreditwürdigkeit“ bereit sein, wenn er mittelfristig auf eine

---

138 BGHZ 81, 252, 257; 105, 168, 186; 121, 31, 35 f.; NJW 1985, 2719; WM 1987, 284, 285; NJW 1992, 1169, 1170; NJW 1992, 1764, 1766; NJW 1993, 2179, 2180; NJW 1995, 658; NJW 1996, 722 f. = ZIP 1996, 273, 275 = EWiR 1996, 171 (v. Gerkan); NJW 1998, 3200, 3201; OLG Düsseldorf GmbHR 2001, 474, 475; OLG Koblenz ZInsO 2004, 1037, 1039; vgl. Geißler, GmbHR 1996, 565, 569; v. Gerkan EWiR 1995, 475 f.; EWiR 1996, 171, 172; Habersack, ZHR 161 (1997), 457, 470 ff.; HanbuchKapErsR/Johlke/Schröder, Rn. 5.95 ff.; Häuselmann/Rümker/Westermann, S. 83 f.; Michalski/Heidinger, §§ 32a, 32b Rn. 112 ff.; Rowedder/Schmidt-Leithoff/Pentz, § 32a Rn. 147.

139 BGHZ 121, 31, 35 ff.; 127, 336, 345; OLG Frankfurt a.M. NZG 2000, 546, 548; Beck'schesHdB-GmbH/Jung, § 8 Rn. 232 ff.; v. Gerkan, ZGR 1997, 173, 185 f.; Habersack, ZHR 161 (1997), 457, 469; HandbuchKapErsR/Johlke/Schröder, Rn. 5.95; Saenger, GmbHR 1999, 837, 839; krit. zur Liquidationskompetenz Scholz/Karsten Schmidt, §§ 32a, 32b Rn. 50.

140 Vgl. BGH NJW 1998, 3200, 3201 (erfolgversprechende Sanierungsverhandlungen, unverhofftes Zusammentreffen von Gläubiger- und Gesellschafterstellung).

141 BGH NJW 1995, 658, 659; NJW 1996, 722, 723 m. Anm. v. Gerkan, EWiR 1996, 171, 172; NJW 1998, 3200, 3201; OLG München NZG 1999, 603; OLG Düsseldorf GmbHR 2001, 474, 475 („etwa 2 Wochen“); Baumbach/Hueck/Fastrich, § 32a Rn. 38; Lutter/Hommelhoff, §§ 32a,b Rn. 49; Pape, ZIP 1996, 1409, 1416; Rowedder/Schmidt-Leithoff/Pentz, § 32a Rn. 147; Saenger, GmbHR 1999, 837, 840; Scholz/Karsten Schmidt, §§ 32a, 32b Rn. 52; großzügiger für einen nichtgeschäftsführenden Gesellschafter Geißler, GmbHR 1996, 565, 570.

142 Vgl. Lehner, S. 215 m. w. N.

Kreditrückführung hoffen kann und der drohende Schaden bei sofortiger Durchsetzung der Forderung ungleich höher wäre.[143] Dies kann – außer bei Insolvenzreife[144] – tendenziell zu einer späteren Umqualifizierung bei stehengelassenen Gesellschafterleistungen führen.[145] Fraglich ist, welche Auswirkungen sich daraus für die Umqualifizierung stehengelassener Gesellschaftersicherheiten ergeben.

Die Eigenkapitalersatzfunktion einer stehengelassenen Gesellschaftersicherheit setzt voraus, dass ein Kredit nach Eintritt der Krise gerade im Hinblick auf die Besicherung verlängert oder zumindest nicht gekündigt wird.[146] Die besondere Abwägungssituation stellt sich deshalb mit Rücksicht auf den gesicherten Drittgläubiger wiederum anders dar als bei stehengelassenen Gesellschafterdarlehen. Dort wo der gesicherte Kredit zu Beginn einer Krise weitergewährt wird, wird z.B. die Bürgschaft des Gesellschafters gerade dadurch kapitalersetzend, dass der Darlehensgeber die anfangs vielleicht nur „gewohnheitsmäßig“ verlangte Sicherheit nunmehr als entscheidende Unterlegung des Kreditengagements ansieht.[147] Die weitere Darlehensgewährung durch den Dritten beruht dann in der Regel maßgeblich auf der bestehenden Besicherung durch den Gesellschafter.

Nur in Ausnahmefällen wird die Erwägung aus der Sicht des Drittgläubigers, dass dieser seine Forderung lieber weiterhin kreditiert bzw. stundet, weil er bei ihrer sofortigen Durchsetzung und Verwertung der Gesellschaf-

---

143 Vgl. BGHZ 81, 252, 263; NJW 1995, 457, 459 = ZIP 1995, 23, 25 m. Anm. Altmeppen ebd., S. 26 f. = EWiR 1995, 367 (Fleck); Hachenburg/Ulmer, § 32a,b Rn. 50.

144 Vgl. BGH NJW 1995, 457, 459; Fleck, EWiR 1995, 367, 368. Hatte der Gesellschafter für seine (Regress-)Forderung außerhalb einer Krise Sicherheiten aus dem Gesellschaftsvermögen erhalten, die auch von einem außenstehenden Kreditgeber akzeptiert worden wären, so soll nach BGH NJW 1987, 1080, 1082 m. zustimmender Anm. Rümker, WuB II C. § 30 GmbHG 1.87 die Gesellschafterleistung selbst bei späterer Insolvenzreife nicht durch bloßes „Stehenlassen“ umqualifiziert werden. (Allerdings war in dem Fall der Gesellschafter bereits vorher ausgeschieden.) Vgl. weitergehend Scholz/Karsten Schmidt, §§ 32a, 32b Rn. 52; zum besicherten Kredit der Hausbank (als Mitgesellschafterin) vgl. Karsten Schmidt, ZHR 147 (1983), 165, 191.

145 Vgl. zu den Konsequenzen für den Anwendungsbereich des „Sanierungsprivilegs“ des § 32a Abs. 3 Satz 3 GmbHG Lehner, S. 215.

146 Vgl. Michalski/Heidinger, §§ 32a, 32b Rn. 149; Scholz/Karsten Schmidt, §§ 32a, 32b Rn. 151; OLG Düsseldorf GmbHR 2001, 474, 475 (Stehenlassen der Gesellschafterbürgschaft und Verlangen nach weiteren Gesellschaftersicherheiten); ungenau BGHZ 127, 336, 340.

147 Vgl. Pape, ZIP 1996, 1409, 1411; wohl auch Scholz/Karsten Schmidt, §§ 32a, 32b Rn. 151 wonach es genüge, wenn die Besicherung die Voraussetzungen für ein späteres Stehenlassen des Kredits schafft.

tersicherheit eher mit noch größerem Schaden rechnet, gegen die Maßgeblichkeit der Gesellschafterbesicherung für die weitere Kreditbereitschaft des Gläubigers und demzufolge auch gegen die Umqualifizierung wegen „Kreditunwürdigkeit“ sprechen.[148] War der Kredit bisher ohne Absicherung aus dem Vermögen der Gesellschaft gewährt worden oder ist der Wert derartiger Gesellschaftssicherheiten zwischenzeitlich gesunken, so spricht dieses (anders als bei vollwertiger Besicherung aus Gesellschaftsvermögen[149]) eher für einen frühzeitigen Umqualifizierungszeitpunkt der „stehengelassenen“ Gesellschaftersicherheit. Daher ist für die konkrete Kreditwürdigkeit der Gesellschaft darauf abzustellen, ob der Kreditgeber seinen Kredit auch ohne (weiter-) bestehende Gesellschaftersicherheit verlängert hätte.

b) Zurechenbarkeit des „Stehenlassens“ – Der Streit um die „Erkennbarkeit“ der Krise

Umstritten ist, inwieweit neben den objektiven Umqualifizierungsvoraussetzungen für stehengelassene Gesellschaftersicherheiten auch noch subjektive Anforderungen an die Kenntnis des Gesellschafters von der Krise zu stellen sind und ob das „Stehenlassen“ auf einer rechtsgeschäftlichen (Finanzierungs-) Abrede beruhen muss.

Unstreitig sind zunächst solche Fälle, in denen nach Eintritt der Krise die Belassung z.B. eines Darlehens auf einer ausdrücklichen rechtsgeschäftlichen Vereinbarung zwischen Gesellschaft und Gesellschafter beruht.[150] Für den Bereich der *Gesellschaftersicherheit* gilt Entsprechendes, wenn der Gesellschafter gegenüber der Gesellschaft auf Aufwendungsersatz- oder Freistellungsansprüche (vgl. § 775 Abs. 1 BGB) bzw. auf das Recht zur Kündigung der Sicherheit verzichtet. Eine solche rechtsgeschäftliche Finanzierungsentscheidung des Gesellschafters im Zeitpunkt der Krise führt dann ohne weiteres zur Umqualifizierung der Gesellschaftersicherheit.

---

148 Dieses könnte – abgesehen von einer vollwertigen Besicherung aus dem Gesellschaftsvermögen – in dem eher theoretischen Fall anzunehmen sein, in dem die Bürgschaft eines Gesellschafters wegen dessen geringen Vermögens nur der Verhinderung von Vermögensverschiebungen oder als „Druckmittel“ dient und keinen echten Wert als Sicherheit hat.

149 Vgl. OLG Stuttgart WM 1984, 835.

150 Baumbach/Hueck/Fastrich, § 32a Rn. 34 f.; Beck'schesHdB-GmbH/Jung, § 8 Rn. 231; Hachenburg/Ulmer, § 32a,b Rn. 27 ff.; Lutter/Hommelhoff, §§ 32a,b Rn. 52; Michalski/Heidinger, §§ 32a, 32b Rn. 106; Rowedder/Schmidt-Leithoff/Pentz, § 32a Rn. 144; Scholz/Karsten Schmidt, §§ 32a, 32b Rn. 49; Schouler, S. 252; vgl. BGHZ 75, 334, 338 (Stundung von Gewinnauszahlungsansprüchen); 81, 311, 317 f. (Rücknahme einer Kreditkündigung).

aa) Literaturmeinung (konkludente Finanzierungsabrede)

Eine in der Literatur vertretene Auffassung verlangt für die Umqualifizierung stehengelassener Gesellschafterleistungen eine zumindest konkludente Finanzierungsabrede, wobei an die Indizien zu deren Feststellung aber keine sehr hohen Anforderungen gestellt werden.[151] Die Finanzierungsfolgenverantwortung knüpfe an eine Rechtshandlung des Gesellschafters an. Da es aber keine Rechtspflicht zum Abzug gewährter Gesellschafterleistungen gebe, genüge die bloße Untätigkeit in einer späteren Krise nicht, um eine Umqualifizierung zu rechtfertigen. Bei gesellschafterbesicherten Drittdarlehen wird eine solche Finanzierungsabrede eher schwer festzustellen sein, weil die weitere Gewährung bzw. Stundung des Darlehens vom Drittgläubiger ausgeht, ohne dass dafür automatisch eine Mitwirkung des Gesellschafters erforderlich wäre.

bb) Gegenansicht der Literatur (objektives Stehenlassen)

Die Gegenansicht in der Literatur lässt hingegen das tatsächliche Stehenlassen der Gesellschafterleistung in der Krise für eine Umqualifizierung genügen.[152] Das Vorliegen der Krise und die damit einhergehende potentielle Gläubigergefährdung[153] sei unabhängig von einer subjektiven Kenntnis oder Erkenntnismöglichkeit der Gesellschafter gegeben. Letzteres werde von der herrschenden Meinung zudem im Falle der Gewährung einer Gesellschafterleistung für die Umqualifizierung auch nicht verlangt.[154] Bei gesellschaf-

---

151 Hachenburg/Ulmer, § 32a,b Rn. 30 ff., 56, 91 f.; 162; ders., ZIP 1984, 1163, 1170; Geßler, BB 1980, 1385, 1391 (zu § 32a GmbHG); Hüffer, ZHR 153 (1989), 322, 335; Bormann, S. 48 f. (unabhängig von Erkennbarkeit der Krise); einschränkend HandbuchKapErsR/Johlke/Schröder, Rn. 5.94 (nur bei Erkennbarkeit); früher auch für konkludente Finanzierungsabrede Karsten Schmidt, ZIP 1981, 689, 692; vgl. ders. ZHR 147 (1983), 165, 190 f.; ders. GesR, 3. Aufl., S. 1154 (anders jetzt Karsten Schmidt GesR, S. 1156; Scholz/Karsten Schmidt, §§ 32a, 32 Rn. 48, 50 wonach eine einseitige zurechenbare Finanzierungsentscheidung ausreichend sei, was praktisch dem Maßstab der Rechtsprechung entspricht); eine Finanzierungsabrede nur für die Novellenregeln – nicht aber für Stehenlassen nach Rechtsprechungsregeln – verlangen Fischer/Lepper, ZIP 1986, 1, 5 f.

152 Altmeppen, ZIP1994, 1939, 1941; ders., ZIP 1995, 26; Roth/Altmeppen, § 32a Rn. 43 f.; v. Gerkan GmbHR 1996, 400, 402; Hill/Schäfer, BB 1989, 458, 462; vgl. Wiedemann, ZIP 1986, 1293, 1297; nur bei objektiver Erkennbarkeit der Krise auch Schouler, S. 260.

153 Vgl. dazu Schouler, S. 256.

154 Altmeppen, ZIP 1994, 1939, 1941; Roth/Altmeppen, § 32a Rn. 44; v. Gerkan, GmbHR 1986, 218, 220 f.; ders. GmbHR 1996, 400, 401. Allerdings verlangt eine im Vordringen befindliche Ansicht in der Literatur auch für die Umqualifizierung bei „Erstgewährung" einer Gesellschafterleistung in der Krise, dass der Gesellschafter diese

terbesicherten Drittdarlehen genügt es danach, dass der Gesellschafter es objektiv unterlässt, seine Sicherheit zu kündigen oder von der Gesellschaft die Befreiung von seiner Verpflichtung zu verlangen.[155]

cc) Herrschende Meinung und Rechtsprechung (BGHZ 127, 336)

Der BGH[156] und ein großer Teil der Literatur[157] verlangen für die Umqualifizierung keine rechtsgeschäftliche Vereinbarung[158] über die Belassung der Gesellschafterleistung, wohl aber die „Erkennbarkeit" der Krise für den Gesellschafter. Die Finanzierungsfolgenverantwortung treffe den Gesellschafter nicht aufgrund einer neuerlichen Vereinbarung mit der Gesellschaft, sondern aufgrund der durch die Belassung der Gesellschafterleistung eintretenden Verlängerung der Existenz einer notleidenden Gesellschaft. In dieser Situation müsse sich der Gesellschafter entscheiden, ob er seine Leistung unter Inkaufnahme der Umqualifizierung belassen oder zu deren Vermeidung abziehen wolle.[159]

Für die eigenkapitalersatzrechtliche Zurechnung der Finanzierung genüge deshalb bereits eine einseitige Finanzierungsentscheidung bzw. ein entspre-

---

zumindest objektiv erkennen konnte (Habersack, ZHR 162 (1998), 201, 207; HandbuchKapErsR/Johlke/Schröder, Rn. 5.93; Michalski/Heidinger, §§ 32a, 32b Rn. 101; Rowedder/Schmidt-Leithoff/Pentz, § 32a Rn. 67). Hierfür spricht neben der Übereinstimmung mit der Rechtsprechung zum „Stehenlassen" zumindest der Vergleich mit dem Verhalten eines objektiven Dritten, der in Ausnahmefällen eine Krise trotz Prüfung auch nicht erkennen konnte. Diese Korrektur der h. M. dürfte aber ansonsten kaum praktische Relevanz haben (vgl. Habersack aaO.). Grundsätzlich gegen das Erfordernis der Erkennbarkeit der Krise Bormann, S. 49.

155 Vgl. Roth/Altmeppen, Rn. 44, 136.

156 BGHZ 127, 336, 343 ff. = NJW 1995, 326, 329 = ZIP 1994, 1934, 1937 ff. m. krit. Anm. Altmeppen ebd., S. 1939; BGH GmbHR 1997, 501, 503; GmbHR 2004, 898, 901 = WM 2004, 1075, 1078; vgl. auch OLG Düsseldorf GmbHR 2001, 474, 475; OLG Koblenz ZInsO 2004, 1037, 1039.

157 Baumbach/Hueck/Fastrich, § 32 Rn. 37 f.; Geißler, GmbHR 1994, 152, 155, 157; Lutter/Hommelhoff, §§ 32 a,b Rn. 47; Meyer-Landrut, § 32a Rn. 6; Michalski/Heidinger, §§ 32a, 32b Rn. 111; Rowedder/Schmidt-Leithoff/Pentz, § 32a Rn. 146; jetzt im wesentlichen auch Karsten Schmidt GesR, S. 1156; Scholz/Karsten Schmidt, §§ 32a, 32b Rn. 48,50.

158 Vgl. bereits BGH NJW 1985, 2719, 2720 dazu Karsten Schmidt GesR, S. 1156 (Beispiel 42); BGH NJW 1995, 457, 458 = ZIP 1995, 23, 24 m. Anm. Altmeppen ebd. S. 26.

159 BGHZ 127, 336, 344 f. = NJW 1995, 326, 329 = ZIP 1994, 1934, 1938 m. krit. Anm. Altmeppen ebd., S. 1939, 1940; vgl. BGH NJW 1995, 457, 458 m. Anm. Fleck, EWiR 1995, 367, 368; NJW 1995, 658; Lutter/Hommelhoff, §§ 32a,b Rn. 47.

chend „zurechenbares Unterlassen" des Gesellschafters.[160] Dieses setze allerdings zumindest die Erkennbarkeit der Krise für den Gesellschafter voraus, wovon allerdings grundsätzlich auszugehen ist.[161] Dabei komme es außerdem auf einen objektiven Sorgfaltsmaßstab und nicht auf die subjektiven Fähigkeiten des konkreten Gesellschafters an (vgl. §§ 276 BGB, 347 HGB, 43 GmbHG – nicht anwendbar dagegen § 278 BGB).[162] Die Auskunftsrechte und Informationsmöglichkeiten eines *Gesellschafters* unterscheiden sich nicht nach der Art einer etwaigen Finanzierungsleistung, so dass sich die „Erkennbarkeit" der Krise für den Gesellschafter, der ein Drittdarlehen besichert, nach denselben Grundsätzen wie im Falle eines unmittelbaren Gesellschafterdarlehens beurteilt.

dd) Stellungnahme

Für das Erfordernis einer Finanzierungsabrede spricht zumindest die Parallele zum Grundfall der rechtsgeschäftlichen Gewährung eines Gesellschafterdarlehens bzw. einer Gesellschaftersicherheit. Bei ähnlicher Gefährdungslage für andere Gläubiger der notleidenden Gesellschaft, die durch die Belassung von Gesellschaftermitteln ebenso eintreten kann wie bei deren erstmaliger Gewährung,[163] drohen jedoch erhebliche Schutzlücken, wollte man konsequent an dem Erfordernis einer Finanzierungsvereinbarung festhalten. Es kann unter dem Gesichtspunkt der Finanzierungsverantwortung wie der Gläubigergefährdung aber nicht hingenommen werden, dass sich der Gesellschafter unter Umständen durch (möglicherweise sogar „bewiesene") Untätigkeit den eigenkapitalersatzrechtlichen Folgen des Stehenlassens z.B. einer Gesellschafterbürgschaft entziehen kann.[164] Dies erkennen letztlich

160 BGHZ 127, 336, 345 = NJW 1995, 326, 329 = ZIP 1994, 1934, 1938 m. krit. Anm. Altmeppen ebd., S. 1939, 1941; noch offen gelassen in BGHZ 105, 168, 186 und NJW 1992, 1764, 1766.

161 BGHZ 127, 336,346 f. = NJW 1995, 326, 329 = ZIP 1994, 1934, 1939 m. Anm. Altmeppen ebd.; vgl. BGH NJW 1992, 1764, 1766; NJW 1995, 457, 459 = ZIP 1995, 23, 26; NJW 1995, 658, 659; NJW 1996, 722, 723 = EWiR 1996, 171, 172 (v. Gerkan); GmbHR 2004, 898, 901 = WM 2004, 1075, 1078. Mögliche Ausnahme z.B. Bilanzfälschung; vgl. BGH NJW 1995, 457, 459 = ZIP 1995, 23, 26; Baumbach/Hueck/Fastrich, § 32a Rn. 38; Lutter/Hommelhoff, §§ 32a,b Rn. 48.

162 BGHZ 127, 336, 347 = NJW 1995, 326, 329 = ZIP 1994, 1934, 1939 m. krit. Anm. Altmeppen ebd.; Lutter/Hommelhoff, §§ 32a,b Rn. 48; Michalski/Heidinger, §§ 32a, 32b Rn. 108; vgl. BGH NJW 1995, 658, 659.

163 Vgl. nur BGHZ 75, 334, 337 = NJW 1980, 592; BGHZ 81, 252, 256 f. = NJW 1981, 2570, 2571; Geißler, GmbHR 1996, 565, 569; Schouler, S. 256.

164 BGH NJW 1995, 457, 458 = ZIP 1995, 23, 24 m. Anm. Altmeppen ebd., S. 26; vgl. BGHZ 127, 336, 347 = NJW 1995, 326, 329 = ZIP 1994, 1934, 1939 m. Anm. Altmeppen ebd.; Rowedder/Schmidt-Leithoff/Pentz, Rn. 146.

auch die Stimmen, die eine Finanzierungsabrede für erforderlich halten und plädieren deshalb auch für die Einbeziehung „unverbindlicher Absprachen“ bzw. stellen nur sehr geringe Anforderungen an die Annahme „stillschweigender Stundungen“.[165] Damit wird aber das Postulat der Finanzierungsabrede letztlich doch eher zu einer Fiktion, denn bei der Auslegung der „stillschweigenden Vereinbarung“ müsste dem Gesellschafter eigentlich ein Rechtsbindungswille unterstellt werden, den zumindest der um die Rechtsfolgen wissende Gesellschafter gerade nicht hat. Zudem ist bei – in der Regel formularmäßig unbefristet erteilten – *Gesellschaftersicherheiten* zu Beginn einer Krise irgendeine „Prolongationserklärung“ des Gesellschafters ohnehin nicht zu erwarten.[166] Gerade hier wird die Schwäche dieser Ansicht deutlich, weil sich der besichernde Gesellschafter regelmäßig passiv verhält und eine konkludente Finanzierungsabrede nur mittels gewagter Unterstellungen zu konstruieren ist. Wenn schließlich auch unverbindliche Absprachen genügen sollen,[167] wird damit das Problem der „wissentlichen Untätigkeit“ des Gesellschafters vielleicht im Ergebnis meist genauso gelöst wie nach der Rechtsprechung und herrschenden Meinung[168], doch zeigt sich daran zugleich, dass an dem Erfordernis einer „Finanzierungsabrede“ um sachgerechter Ergebnisse willen letztlich doch nicht festgehalten werden kann.

Die objektive Ansicht argumentiert dagegen im Ausgangspunkt zutreffend mit der identischen Gefährdungslage für die Gläubiger beim Stehenlassen wie bei der Gewährung von Gesellschafterleistungen. Da die herrschende Meinung zudem für die erstmalige Gewährung einer Gesellschafterleistung allein auf die objektiv vorliegende Krise abstellt, um die Umqualifizierung zu begründen, sei auch im Rahmen des Stehenlassens nicht auf irgendwelche Erkenntnismöglichkeiten des Gesellschafters, sondern allein auf das tatsächliche Belassen der Gesellschafterleistung trotz objektiv gebotener Liquidation der Gesellschaft abzustellen.[169] Damit wäre auch eine Gleichbehandlung von Gesellschafterdarlehen und Gesellschaftersicherheiten gewährleistet. Allerdings spricht die vergleichbare Gefährdungslage für die Gläubiger der Gesellschaft, deren Existenz durch belassene Gesellschafter-

165 Vgl. Hacheburg/Ulmer, § 32 a,b Rn. 30, 91 unter teilweiser Aufgabe der engeren Auffassung bei Ulmer, ZIP 1984, 1163, 1169 ff.; HandbuchKapErsR/Johlke/Schröder, Rn. 5.94.

166 Insoweit zutreffend Wiedemann, ZIP 1986, 1293, 1297.

167 So Hachenburg/Ulmer, § 32a,b Rn. 91.

168 Zu den geringen Unterschieden im praktischen Ergebnis vgl. nur Saenger, GmbHR 1999, 837, 840; Scholz/Karsten Schmidt, §§ 32a, 32b Rn. 48.

169 Altmeppen, ZIP 1994, 1939, 1941; ders. ZIP 1995, 26; Roth/Altmeppen, § 32a Rn. 44.

sicherheit verlängert wird, zunächst nur für eine grundsätzliche Einbeziehung dieses „Finanzierungsverhaltens“ in das Kapitalersatzrecht. Davon zu trennen ist die Frage, welche – gegebenenfalls besonderen – Voraussetzungen hierfür vorliegen müssen?[170] Würde der bloße Eintritt der Krise für die Umqualifizierung genügen, so dürfte es konsequenterweise eigentlich auch nicht mehr auf die Abziehbarkeit der Leistung oder eine mögliche Liquidation der Gesellschaft ankommen, was die außerhalb der Krise grundsätzlich bestehende Finanzierungsfreiheit des Gesellschafters aber unverhältnismäßig einschränken würde.[171]

Da im Grundfall des eigenkapitalersetzenden Gesellschafterdarlehens (ebenso wie bei der Bestellung einer Gesellschaftersicherheit) außer dem Vorliegen einer Krise aber auch eine bewusste Finanzierungshandlung (wenn auch nicht notwendig zur „Krisenfinanzierung“) des Gesellschafters erforderlich ist, rechtfertigt sich die Umqualifizierung der Gesellschafterleistung nicht allein aufgrund der objektiven Krise, sondern aufgrund des Verhaltens des Gesellschafters in der konkreten Situation.[172] Da in den Fällen des Stehenlassens die Gesellschafterleistung aber außerhalb einer Krise mithin im Rahmen der grundsätzlichen Finanzierungsfreiheit gewährt wurde, spricht dieses dafür, neben dem schlichten Stehenlassen der Gesellschafterleistung in der Krise auch eine Zurechenbarkeit dieses „Verhaltens“ zum Gesellschafter zu verlangen.

Das Erfordernis der „Erkennbarkeit“ der Krise für den Gesellschafter rechtfertigt sich zwar primär unter dem Gesichtpunkt der Zurechenbarkeit; lässt sich aber ergänzend auch darauf stützen, dass ein Gesellschafter die Folgen des Eigenkapitalersatzrechts regelmäßig dadurch vermeiden kann, dass er sich wie ein außenstehender Gläubiger verhält.[173] Auch für letzteren muss eine Krise aber zumindest nach objektiven Maßstäben erkennbar sein, damit er entsprechend darauf reagieren kann. Nur dann kann aber auch von dem ein Drittdarlehen besichernden Gesellschafter unter dem Gesichtspunkt der ordnungsgemäßen Unternehmensfinanzierung erwartet werden, die Gesellschaft auf Befreiung oder Aufwendungsersatz in Anspruch zu nehmen, um die Umqualifizierung seiner Sicherheit abzuwenden. Demnach ist im Grundsatz mit der Rechtsprechung die Erkennbarkeit der Krise für den Gesellschafter als Voraussetzung für die Umqualifizierung einer stehengelassenen

170 Vgl. etwa die Darstellung bei Schouler, S. 255 ff.

171 Schouler, S. 256 f.

172 Rowedder/Schmidt-Leithoff/Pentz, § 32a Rn. 146; vgl. BGHZ 127, 336, 345 = NJW 1995, 326, 329 = ZIP 1994, 1934, 1938 m. Anm. Altmeppen ebd., S. 1839.

173 Vgl. Rowedder/Schmidt-Leithoff/Pentz, § 32a Rn. 146 f.

Gesellschaftersicherheit (wie auch eines Gesellschafterdarlehens) zu verlangen.[174]

c) Umqualifizierung bei beabsichtigter „Krisenfinanzierung" und Verzicht auf das Kündigungsrecht des Gesellschafters

Die Erkennbarkeit der Krise ist beim Stehenlassen im Zeitpunkt der Kreditunwürdigkeit als Voraussetzung der Umqualifizierung dann nicht erforderlich, wenn die Gesellschafterleistung von vornherein gerade auch für den Krisenfall zur Verfügung gestellt wurde oder der Gesellschafter auf sein Kündigungsrecht bzw. als Gesellschafterbürge auf den Anspruch aus § 775 Abs. 1 BGB verzichtet hat.[175] Hier soll mit Beginn der Krise eine Umqualifizierung der Gesellschafterleistung erfolgen, ohne dass es auf die Möglichkeit der Kenntnis von der Krise oder eine (erneute) Finanzierungsentscheidung des Gesellschafters zum „Stehenlassen" seines Darlehens oder einer sonstigen Finanzierungshilfe ankommt.[176] Nach dem grundlegenden Urteil des BGH zum Finanzplankredit vom 28.6.1999 sind derartige Finanzierungsabreden zwischen den Gesellschaftern und der Gesellschaft aber selbst keine Kategorie des Eigenkapitalersatzrechts.[177] Die Voraussetzungen einer eigenkapitalersatzrechtlichen Bindung bestimmen sich allein nach den allgemeinen Voraussetzungen der Rechtsprechungs- und Novellenregeln. Dies steht allerdings einem Rückgriff auf derartige Finanzierungsabreden zur Begründung einer zurechenbaren Finanzierungsentscheidung bei stehengelassenen Gesellschafterdarlehen oder Gesellschaftersicherheiten nicht entgegen. Dies zeigt auch die Begründung des Finanzplanurteils des BGH zu den Voraussetzungen der eigenkapitalersatzrechtlichen Bindung:[178]

---

174 Im praktischen Ergebnis auch Schouler, S. 259 f. der auf der Grundlage der „objektiven" Ansicht eine „objektive Erkennbarkeit" verlangt, da der Gesellschafter ohne diese tatsächlich nicht in der Lage sei, eine Umqualifizierung zu vermeiden und seine Finanzierungsfreiheit zu wahren.

175 Vgl. BGH NJW 1987, 1080; Goette, § 4 Rn. 57 ff.; HandbuchKapErsR/Fleischer, Rn. 6.24; Michalski/Heidinger § 32a, 32b Rn. 144; Roth/Altmeppen, § 32a Rn. 137.

176 BGHZ 81, 252, 256; 104, 33, 38; NJW 1992, 1169, 1170 f.; NJW 1992, 1763, 1764; Geißler, GmbHR 1994, 152, 156; v.Gerkan, ZGR 1997, 173, 185 f.; HandbuchKapErsR/Fleischer, Rn. 6.25; Roth/Altmeppen, § 32a Rn. 137; Scholz/Karsten Schmidt, §§ 32a, 32b Rn. 42, 50.

177 BGHZ 142, 116 = NJW 1999, 2809; zustimmend Altmeppen, NJW 1999, 2812; Scholz/Karsten Schmidt, §§ 32a, 32b Rn. 91; vgl. aber OLG Schleswig-Holstein GmbHR 2002, 969 (n.rkr.) zur Bürgschaft als kapitalersetzender Leistung bei systematischer Fremdfinanzierung.

178 BGHZ 142, 116, 120 = NJW 1999, 2809, 2810.

„Gleichgestellt ist der Fall, daß der Gesellschafter die ihm an sich erst in der Krise abverlangte Entscheidung schon im vorhinein trifft und bestimmt, daß seine außerhalb einer Notsituation gewährte Leistung auch bei Eintritt der in § 32a I GmbHG umschriebenen Lage nicht abgezogen werden, sondern – mit der notwendigen Folge der automatisch eintretenden Umqualifizierung – der Gesellschaft verbleiben soll (...)."

Auch bei einer beabsichtigten Krisenfinanzierung bedarf es zur Umqualifizierung also stets des Vorliegens einer Krise der Gesellschaft. Eine Besonderheit entsteht beim Stehenlassen derartiger Leistungen nur insoweit, als es keiner erneuten zurechenbaren Finanzierungsentscheidung (Stehenlassen trotz Erkennbarkeit der Krise) mehr bedarf, sondern hierfür auf die antizipierte Finanzierungsentscheidung des Gesellschafters zurückgegriffen wird. In diesem Sinne kann deshalb von einer „automatischen Umqualifizierung" bei Eintritt der Krise gesprochen werden.[179]

Eine im vorhinein beabsichtigte Krisenfinanzierung kann bei Bestellung einer Bürgschaft oder Grundschuld des Gesellschafters für ein Drittdarlehen an die Gesellschaft aber nicht allein aus einer fehlenden Befristung oder Einschränkung bei ihrer Bestellung gefolgert werden.[180] Auch wenn eine Sicherheit im Verhältnis zum Gläubiger diesen gerade im Krisenfall (bzw. in der Insolvenz) absichern soll, so besagt dieses noch nichts über das Innenverhältnis zwischen Gesellschafter und Gesellschaft. Dort ist die Gesellschaft zunächst grundsätzlich Primärschuldnerin und eine Umqualifizierung in der Krise hängt deshalb bei der Gesellschaftersicherheit wie beim Gesellschafterdarlehen davon ab, dass der Gesellschafter von seinen Kündigungsmöglichkeiten bzw. seinem Befreiungsanspruch keinen Gebrauch macht.[181] Allein aus dem Sicherungszweck bzw. einer fehlenden Befristung gegen-

179 Vgl. HandbuchKapErsR/Fleischer, Rn. 6.24; Goette, § 4 Rn. 57, 59; Scholz/Karsten Schmidt, §§ 32a, 32b Rn. 50 (unklar insoweit ders., in: K. Schmidt/Uhlenbruck, Rn. 415 a.E. „in aller Regel"); im Ergebnis auch Roth/Altmeppen, § 32a Rn. 75, 137 (der aber auf das Erfordernis der Erkennbarkeit ohnehin verzichten will).

180 So aber LG Frankenthal WM 1996, 726, 730 = WuB II C. § 56a GmbHG 1.96 m. abl. Anm. Groß; unklar insoweit die Anm. von Kowalski, EWiR 1996, 607 f.; ähnlich OLG Hamburg ZIP 1986, 1113, 1118 (für § 32a GmbHG); tendenziell auch Weisang, WM 1997, 197, 201 (Fn. 51) mit Hinweis auf BGHZ 81, 252, 256. Die in diesem Urteil enthaltene Aussage präzisierte der BGH aber in NJW 1987, 1080, 1081 f. = WuB II C. § 30 GmbHG 1.87 (Rümker): Die Bürgschaft ist nur dann von vornherein auf Krisenfinanzierung angelegt, wenn zwischen Gesellschaft und Gesellschafter die Kündigungsmöglichkeit nach § 775 Abs. 1 Nr. 1 BGB abbedungen wurde. Entsprechendes gelte für andere Sicherheiten (Grundschuld).

181 BGH NJW 1987, 1080, 1081 f.; Rümker, WuB II C. § 30 GmbHG 1.87; vgl. OLG München NZG 1999, 603.

über dem Gläubiger lässt sich deshalb eine „automatische“ Umqualifizierung der Gesellschaftersicherheit und eine daraus folgende schärfere Haftung im Vergleich zum unmittelbaren Gesellschafterdarlehen nicht begründen.[182] Vielmehr muss in beiden Fällen der Verzicht auf das Kündigungsrecht des Gesellschafters bzw. die Vereinbarung einer „Krisenfinanzierung“ eindeutig festgestellt werden.

IV. Der Sicherheitenbegriff im Eigenkapitalersatzrecht – Grenzfälle und deren Behandlung

Der Begriff der Sicherheit ist im Eigenkapitalersatzrecht grundsätzlich weit zu verstehen[183] und umfasst alle Arten persönlicher und dinglicher Sicherheiten. Darunter fallen neben Bürgschaften unter anderem Schuldbeitritt,[184] Garantie,[185] Kreditauftrag,[186] Schuldversprechen[187] sowie jedenfalls „harte“ Patronatserklärungen, soweit sie dem Kreditgeber einen unmittelbaren Anspruch gegen den Erklärenden gewähren.[188] Entsprechendes gilt für dingliche Sicherheiten wie z.B. Grundpfandrechte,[189] Kautionen,[190] Forderungsverpfändung bzw. Zession sowie Verpfändung oder Sicherungsübereignung beweglicher Sachen.[191]

Angesichts der Vielzahl denkbarer Vereinbarungen zwischen Gläubigern der Gesellschaft und deren Gesellschaftern ergeben sich immer wieder Grenzfälle, in denen die Haftung des Gesellschafters keine „klassische“ Kreditsicherheit für eine Forderung darstellt aber wirtschaftlich für den Gläubiger vergleichbar wirkt. Unter dem Gesichtspunkt des Umgehungsschutzes (vgl. § 32a Abs. 3 Satz 1 GmbHG) sind deshalb auch solche Haftungsverhältnisse grundsätzlich dem Eigenkapitalersatzrecht zu unterwerfen, soweit diese

182 Vgl. Groß, WuB II C. § 56a GmbHG 1.96.

183 Baumbach/Hueck/Fastrich, § 32a Rn. 65; Hachenburg/Ulmer, § 32a,b Rn. 135; HandbuchKapErsR/Fleischer, Rn. 6.16 f.; Meyer-Landrut, § 32a Rn. 10; Goette, § 4 Rn. 81 f.; Häuselmann/Rümker/Westermann, S. 82; Hommelhoff/Goette/Kleindiek, Rn. 81 f.; Scholz/Karsten Schmidt, §§ 32a, 32b Rn. 148; Uhlenbruck/Hirte, § 135 Rn. 28; vgl. BGH NJW 1989, 1733, 1734.

184 LG Hamburg ZIP 1981, 730.

185 Goette, § 4 Rn. 82.

186 Obermüller, ZIP 1982, 915, 919.

187 BGH NJW 1992, 1763 = ZIP 1992, 616.

188 Hachenburg/Ulmer, § 32a,b Rn. 136; HandbuchKapErsR/Fleischer, Rn. 6.16; Obermüller, ZIP 1982, 915, 919; Scholz/Karsten Schmidt, §§ 32a, 32b Rn. 148.

189 BGH NJW-RR 1990, 230, 231; NJW 1998, 1143 = NZG 1998, 223 m. Anm. v. Reinersdorff = EWiR 1998, 179 (v. Gerkan).

190 BGH NJW 1989, 1733, 1734.

191 Hachenburg/Ulmer, § 32a,b Rn. 135; Häuselmann/Rümker/Westermann, S. 82.

nach Inhalt und Rechtsfolgen zu den Regeln des Eigenkapitalersatzrechts passen. Dies soll anhand einiger Fallgruppen untersucht werden.

1. Patronatserklärungen des Gesellschafters

Der Begriff der Patronatserklärung wird für eine Vielzahl von Erklärungen mit unterschiedlichem rechtlichen Inhalt und insbesondere unterschiedlicher Verbindlichkeit verwendet. Gemeinsam ist diesen, dass ein „Patron" (häufig die Muttergesellschaft eines Konzerns) einem Kreditgeber der Tochtergesellschaft zur Förderung der Kreditvergabebereitschaft bestimmte Maßnahmen in Aussicht stellt oder zusagt, z.B. weil die Tochter selbst nicht über hinreichende Sicherheiten verfügt.[192]

Schon die Tauglichkeit solcher Erklärungen als „Sicherungsmittel" ist oft fraglich. Dabei wird herkömmlich zwischen „weichen" und „harten" Patronatserklärungen differenziert.[193] Letztere können grundsätzlich auch die vertragliche Verpflichtung gegenüber dem Kreditgeber begründen, die Tochtergesellschaft mit ausreichend liquiden Mitteln auszustatten,[194] so z.B. die Klausel:

> „Wir verpflichten uns, dafür zu sorgen, dass unsere Tochtergesellschaft während der Laufzeit des Kredites in der Weise geleitet und finanziell ausgestattet wird, dass sie jederzeit in der Lage ist, ihre Verpflichtungen in Zusammenhang mit diesem Kredit zu erfüllen."[195]

Inwieweit Patronatserklärungen als Sicherheiten im Sinne des Kapitalersatzrechts anzusehen sind, kann nur unter Berücksichtigung des Einzelfalles beantwortet werden. Während eine Bürgschaft dem Gläubiger einen unmittelbaren Anspruch auf Zahlung gegenüber dem Bürgen gewährt, begründet eine (harte) Patronatserklärung regelmäßig keinen unmittelbaren Anspruch der kreditgebenden Bank auf Leistung an sich selbst.[196] Grundsätzlich bleibt es der Muttergesellschaft überlassen, in welcher Weise sie die Ausstattung der Tochtergesellschaft vornehmen will.[197] Die Verpflichtung zur finanziel-

---

192 Lwowski, Rn. 441; Staudinger/Horn, vor § 765 Rn. 405.

193 Staudinger/Horn, vor § 765 Rn. 407; Hellner/Steuer/Wittig, Rn. 4/2855; Rümker, EWiR 1992, 335.

194 Vgl. Fleischer, WM 1999, 666, 667 ff.; Lwowski, Rn. 464; Rümker, EWiR 1992, 335.

195 Beispiel nach Lwowski, Rn. 464; vgl. die ähnliche Formulierung bei Fleischer, WM 1999, 666, 667; BGHZ 117, 127, 129 = NJW 1992, 2093 = WuB I F 1c – 1.92 m. Anm. Obermüller.

196 Lwowski, Rn. 464; Obermüller, ZIP 1982, 915, 918; ders., WuB I F 1c – 1.92.

197 Fleischer, WM 1999, 666, 667; Lwowski, Rn. 464.

len Ausstattung der Tochtergesellschaft kommt zudem nicht zwingend dem Empfänger der Patronatserklärung zugute, wenn z.B. andere Gläubiger die an die Tochtergesellschaft überwiesenen Gelder zuvor pfänden, so dass die Muttergesellschaft erneut zahlen muss.[198] Die vereinzelt gegen eine so umfangreiche Haftung vorgebrachten Bedenken z.B. AGB-rechtlicher Art[199] überzeugen nicht.[200] Die Muttergesellschaft kann insbesondere eine unbegrenzte „Nachschusspflicht" vermeiden, weil sie aufgrund der Patronatserklärung berechtigt ist, als Dritte (§ 267 BGB) unmittelbar an den Begünstigten der Patronatserklärung zu leisten,[201] so dass sie wirtschaftlich ebenso wie ein Bürge nur für die Forderungen des Erklärungsempfängers gegen die Tochtergesellschaft einzustehen hat.

Derartige Patronatserklärungen mit einer „Ausstattungsverpflichtung" gegenüber der Tochtergesellschaft führen bei Insolvenz der Tochtergesellschaft aber auch zu einem Zahlungsanspruch des Kreditgebers gegen die Muttergesellschaft, der nach herrschender Meinung[202] auf einer Schadensersatzhaftung wegen Nichterfüllung (§ 280 BGB a.F. bzw. §§ 281 ff. BGB n.F.) und nach einer Gegenauffassung in Teilen der Literatur[203] auf einer ergänzenden Vertragsauslegung der Patronatserklärung beruht. Nicht allein die allgemeine Liquiditätsausstattungspflicht gegenüber der Tochtergesellschaft, sondern der daraus entstehende Schadensersatzanspruch des Adressaten der Patronatserklärung in Bezug auf seine Forderung rechtfertigt es deshalb, Patronatserklärungen, aus denen ein unmittelbarer Anspruch des

198 Hellner/Steuer/Wittig, Rn. 4/2877; Lwowski, Rn. 464.

199 LG München I WM 1998, 1285, 1286 aufgehoben durch OLG München WM 1999, 686 (LS).

200 Eingehend Fleischer, WM 1999, 666, 668 ff.; vgl. BankR-Handbuch/Merkel, § 98 Rn. 22.

201 Fleischer, WM 1999, 666, 669; Habersack, ZIP 1996, 257, 258; BankR-Handbuch/Merkel, § 98 Rn. 22; Hellner/Steuer/Wittig, Rn. 4/2877; Lwowski, Rn. 464; Obermüller, ZIP 1982, 915, 918; Staudinger/Horn, vor § 765 Rn. 414.

202 BGHZ 117, 127, 130 = NJW 1992, 2093, 2094 m. zust. Anm. Rümker, EWiR 1992, 335, 336 und Obermüller, WuB I F 1c – 1.92; OLG Düsseldorf, WM 1989, 1642, 1646; LG Berlin, WM 2000, 1060, 1061 f.; BankR-Handbuch/Merkel, § 98 Rn. 23; Fleischer, WM 1999, 666, 671; Hellner/Steuer/Wittig, Rn. 4/2879; Lwowski, Rn. 464; Obermüller, ZIP 1982, 1982, 915, 919 f.; Staudinger/Horn, vor § 765 Rn. 414.

203 Larenz/Canaris, S. 83; zust. Habersack, ZIP 1996, 257, 258 Fn. 9; weitergehend Schäfer, WM 1999, 153, 160 ff. der als primäre Leistungspflicht nicht eine Ausstattungspflicht zugunsten der Tochter, sondern eine bürgschaftsähnliche Einstandspflicht des Patrons für die Erfüllung der gesicherten Verbindlichkeit im Falle der Zahlungsunfähigkeit der Tochter ansieht.

Kreditgebers gegen die Muttergesellschaft entsteht, auch als Sicherheiten im kapitalersatzrechtlichen Sinne anzusehen.[204]

Davon zu unterscheiden sind solche Patronatserklärungen, die zwar rechtsverbindlich abgegeben werden, aber keine Leistungspflichten der Muttergegenüber der Tochtergesellschaft in Bezug auf deren finanzielle Ausstattung begründen, z. B. „die Tochtergesellschaft genieße ihr volles Vertrauen" oder man werde „darüber wachen, dass die Tochtergesellschaft jederzeit zur Rückführung des Kredits in der Lage sei."[205] Sind derartige Erklärungen unrichtig oder werden sie nicht befolgt, können daraus – gegebenenfalls weitere Voraussetzungen wie Verschulden und Kausalität unterstellt – ebenfalls Schadensersatzansprüche der Bank entstehen. Diesen liegt dann aber eine falsche Auskunft (z. B.: Die Geschäftsleitung der Muttergesellschaft hatte entgegen ihrer Erklärung konkrete Anhaltspunkte für finanzielle Unregelmäßigkeiten bei der Tochtergesellschaft.) oder eine unterlassene Überwachung und keine finanzielle Leistungspflicht der Muttergesellschaft in Bezug auf die Kreditverbindlichkeit der Tochtergesellschaft zugrunde.[206] Eine solche ist aber im Hinblick auf die dargelegten Grundsätze zu Art und Umfang der kapitalersetzenden Besicherung zu verlangen.

Eine Rechtshandlung kann einer eigenkapitalersetzenden Besicherung nur dann entsprechen, soweit dieses auch hinsichtlich der Rechtsfolgen einen Sinn gibt.[207] Wenn danach z. B. die Haftung des Gesellschafters auf den „Wert der gewährten Sicherheit" beschränkt ist oder diesem eine Ersetzungsbefugnis hinsichtlich einer gewährten Sicherheit eingeräumt wird (§ 32b Satz 2, 3 GmbHG), so impliziert dieses als Voraussetzungen einer kapitalersetzenden Sicherheit doch zumindest eine unmittelbare und gegenständliche bzw. finanzielle Leistungspflicht des Gesellschafters. Dieses kann bei einer Patronatserklärung mit Ausstattungspflicht bejaht werden. Auch wenn diese primär auf die Tochtergesellschaft zielt, so hat doch der aus der Leistungspflicht resultierende Schadensersatzanspruch eine unmittelbare Sicherungsfunktion für den Kreditgeber.

---

204 Obermüller, ZIP 1982, 915, 919 f.; vgl. Baumbach/Hueck/Fastrich, § 32a Rn. 65; Hachenburg/Ulmer, § 32a,b Rn. 136; HandbuchKapErsR/Fleischer, Rn. 6.16; Hellner/Steuer/Wittig, Rn. 4/2881; Scholz/Karsten Schmidt, §§ 32a, 32b Rn. 148; zu allgemein Lutter/Hommelhoff, §§ 32a,b Rn. 116; Meyer-Landrut, § 32a Rn. 10; Rowedder/Schmidt-Leithoff/Pentz, § 32a Rn. 177.

205 Obermüller, ZIP 1982, 915 f., 919; vgl. Lwowski, Rn. 447, 458.

206 Obermüller, ZIP 1982, 915, 919.

207 Vgl. (zur Nutzungsüberlassung) Karsten Schmidt, ZIP 1990, 69, 76; ähnlich Hueck, ZGR 1989, 216, 233 ff.; Knobbe-Keuk, BB 1984, 1, 4; dies., FS Kellermann, S. 227, 231.

Patronaterklärungen, die bloße Auskunfts- und Überwachungspflichten zum Inhalt haben, bezwecken dagegen keine *finanzielle* Leistungspflicht im Sinne des zuvor beschriebenen Begriffs der Sicherheit im Eigenkapitalersatzrecht, selbst wenn sich die daraus eventuell resultierenden Schadensersatzansprüche im Ergebnis für den Kreditgeber ähnlich auswirken können, wie die Bestellung einer Personalsicherheit.[208] Deshalb ist in diesen Fällen auch § 32a Abs. 2 GmbHG nicht anwendbar.[209]

2. Ankaufsverpflichtung für Sicherungsgut des Kreditgebers

Häufig lassen sich Kreditgeber ihre Darlehen sowohl von dem Gesellschafter als auch aus dem Vermögen der Gesellschaft besichern. In einer Entscheidung des OLG Köln vom 12.8.1998[210] hatte diese ihr Warenlager einer Bank sicherungsübereignet. Außerdem erhielt die Bank von einem (mittelbaren) Gesellschafter das unwiderrufliche Angebot, das Sicherungsgut zu den Einstandspreisen der Gesellschaft anzukaufen. Der Konkursverwalter verwertete das Warenlager in Abstimmung mit den Lieferanten und der Bank und verklagte anschließend den Gesellschafter pauschal auf Erstattung des gesamten an die Bank ausgekehrten Erlöses.

Ein Rückzahlungsanspruch konnte sich nach Ansicht des Gerichts nicht aus § 32b GmbHG (a.F.) ergeben, da dieser als Konkursanfechtungstatbestand nicht anwendbar sei, wenn das Vermögen der Gesellschaft erst durch eine Handlung des Konkursverwalters – nämlich die Auskehrung des Verwertungserlöses – geschmälert werde.[211] Im Zuge der Einführung der Insolvenzordnung wurde § 32b GmbHG insoweit geändert, so dass nun auch die Befriedigung des Dritten nach Verfahrenseröffnung unter diese Bestimmung fällt.[212] Aber auch einen Anspruch nach den Rechtsprechungsregeln verneinte das Gericht, weil das Kaufangebot keine Sicherheit für die Kreditfor-

208 Vgl. Obermüller, ZIP 1982, 915, 919 f. mit teilweise anderer Begründung.

209 Obermüller, ZIP 1982, 915, 919. In diesen Fällen wären außerdem im Innenverhältnis zwischen Gesellschafter und Gesellschaft Aufwendungsersatz- oder Befreiungsansprüche kaum überzeugend zu begründen, weil grundsätzlich nur Auskunft, Überwachung o.ä. und keine Finanzierungsleistung geschuldet ist.

210 OLG Köln NZG 1999, 314 m. Anm. Michalski/de Vries ebd., S. 315.

211 OLG Köln, NZG 1999, 314, 315; Goette, DSR 1999, 1409, 1410; vgl. OLG Düsseldorf, ZIP 1995, 465.

212 Scholz/Karsten Schmidt, §§ 32a, 32b Rn. 171; HandbuchKapErsR/Fleischer, Rn. 6.4, 6.55; eingehend dazu v. Gerkan, FS Ulmer, S. 1293, 1295 ff.

derung der Bank sei, sondern lediglich die Werthaltigkeit der von der Gesellschaft gestellten Primärsicherheit sichere:[213]

> „... Nach den Bedingungen des Kaufangebotes geschah das zudem in einer Weise, die eine Inanspruchnahme der Beklagten ohne gleichzeitige Inanspruchnahme des Sicherungsgutes ausschloß. Insofern bildete das Kaufangebot weder eine neben einer Gesellschaftssicherheit bestehende noch eine nachrangige – einer Ausfallbürgschaft vergleichbare –, aber doch ebenfalls selbständige sog. Gesellschaftersicherheit."[214]

Die in der Literatur überwiegende Meinung[215] will eine solche Ankaufsverpflichtung grundsätzlich als kapitalersetzende Gesellschaftersicherheit behandeln und kann sich dafür insbesondere auf den Gesichtspunkt des Umgehungsschutzes (§ 32a Abs. 3 Satz 1 GmbHG) berufen.

Zwar ist dem OLG Köln darin zuzustimmen, dass die Ankaufsverpflichtung keine Besicherung im Sinne einer Zahlungspflicht auf eine Darlehensschuld bewirkt, weil sie schon ihrem rechtlichen Inhalt nach (Kaufangebot) allein auf die Übernahme des Warenlagers gerichtet ist. Andererseits garantiert sie doch dem Kreditgeber einen Mindestverwertungserlös und hat damit für diesen wirtschaftlich einen ähnlichen Wert wie z.B. eine Ausfallbürgschaft, bei der ein Bürge die nach Verwertung vorrangiger Sicherheiten verbleibende Restschuld übernimmt.[216] Es würde allerdings zu weit gehen, die der Ankaufsverpflichtung unvermeidbar immanente „Nachrangigkeit" im Bezug auf den Zugriff auf das Sicherungsgut[217] etwa unter Hinweis auf die grundsätzliche primäre Einstandspflicht des Gesellschafters im Verhältnis zur Gesellschaft z.B. bei Ausfallbürgschaften einfach zu negieren. Wenn dieses bei Ausfallbürgschaften unter dem Gesichtspunkt der zwingenden Geltung des Kapitalersatzrechts zulässig ist, so auch deshalb, weil deren Charakter als

---

213 OLG Köln NZG 1999, 314, 315; insoweit krit. die Anm. Michalski/de Vries, NZG 1999, 315, 316; vgl. auch Goette, DStR 1999, 1409, 1410; HK-GmbHR/Bartl, § 32b Rn. 10; zustimmend Roth/Altmeppen, § 32a Rn. 133. Die Revision gegen das Urteil des OLG Köln wurde nicht zur Entscheidung angenommen; vgl. BGH DStR 1999, 1409 (LS) m. Anm. Goette ebd.

214 OLG Köln NZG 1999, 314, 315.

215 Michalski/de Vries, NZG 1999, 315, 316; Goette, § 4 Rn. 82; Baumbach/Hueck/Fastrich, § 32a Rn. 65; Michalski/Heidinger, § 32a, 32b Rn. 141; Scholz/Karsten Schmidt, §§ 32a, 32b Rn. 148; a.A. Roth/Altmeppen, § 32a Rn. 133.

216 Vgl. Goette, DStR 1999, 1409, 1410; ähnlich Michalski/de Vries, NZG 1999, 315, 316 („Werthaltigkeitsgarantie").

217 Vgl. OLG Köln NZG 1999, 314, 315: „Ohne diesen Zugriff (Anm.: auf das Warenlager) war auch die zusätzliche Inanspruchnahme der Beklagten aus dem Kaufangebot gar nicht denkbar."

Sicherheit mit konkretem Bezug auf die Forderungen eines Dritten gegenüber der Gesellschaft unzweifelhaft ist. Abgesehen von der Nachrangigkeitsabrede wird dabei aber der Inhalt der Sicherungsverpflichtung nicht verändert.

Die „Besicherungsfunktion" einer Ankaufsverpflichtung muss hingegen zunächst erst einmal festgestellt und deren Umfang bestimmt werden. Die Haftung des Gesellschafters beschränkte sich durch die Ankaufsverpflichtung nicht nur „rangmäßig", sondern auch betragsmäßig auf einen etwaigen Wertverlust der Sicherungsgutes, nämlich bezogen auf den Einkaufspreis der Gesellschaft und einem eventuell niedrigen Warenwert im Zeitpunkt der Verwertung. Mehr schuldete er als „Sicherungsgeber" dem Kreditgeber nicht und deshalb musste er aus dem Gesichtspunkt einer kapitalersetzenden Sicherheit auch seiner Gesellschaft nicht mehr leisten.[218] Darin liegt letztlich auch das Versäumnis des klagenden Konkursverwalters in dem vom OLG Köln entschiedenen Fall, der den Gesellschafter auf Rückzahlung des gesamten Verwertungserlöses verklagte, ohne entweder einen entsprechenden Verwertungsverlust darzulegen oder ihm die Übernahme des Warenlagers anzubieten.[219]

In dem Umfang ihrer wirtschaftlichen Sicherungsfunktion ist unter dem Gesichtspunkt des Umgehungsschutzes die grundsätzliche Einordnung derartiger Ankaufsverpflichtungen als kapitalersetzende Gesellschaftersicherheiten geboten. So könnte sich ein Kreditgeber z.B. verschiedene Sicherheiten einer Gesellschaft (Grundschulden, Warenlager) bestellen lassen und sich nur für einen weniger wertvollen Gegenstand (Büroausstattung) eine Ankaufsverpflichtung des Gesellschafters – „zufällig" in Höhe der gesamten Kreditverbindlichkeit[220] – geben lassen. Würde man eine derartige Vereinbarung per se nicht als Sicherheit im Sinne des Kapitalersatzrechts ansehen, so hätte es der Kreditgeber weitgehend in der Hand, ob der Gesellschafter für die Verbindlichkeiten der Gesellschaft herangezogen wird oder nicht. Reichen die übrigen Sicherheiten zur Tilgung des Kredites aus, wird eine Bank die Inanspruchnahme des Gesellschafters unter Umständen gezielt vermeiden wollen, wenn sie mit ihm anderweitig noch gute Geschäfte macht.[221]

218 Vgl. Michalski/de Vries, NZG 1999, 315, 316.

219 Vgl. Goette, DStR 1999, 1409, 1410.

220 Vgl. Michalski/de Vries, NZG 1999, 315, 316 die zutreffend darauf hinweisen, dass das wirtschaftliche Interesse einer Bank an einer solchen Garantie umso deutlicher sei, je weiter das Kaufangebot und der erzielbare Erlös auseinanderfallen.

221 Vgl. etwa Obermüller, Rn. 6.571.

Deshalb sollte man insoweit einem Insolvenzverwalter das Recht einräumen, dem Gesellschafter die Gegenstände zum vereinbarten Preis zu verkaufen.[222] Damit wäre eine Umgehung des Kapitalersatzrechts vermieden, aber andererseits auch der Gesellschafter nicht mehr belastet als es seiner Verpflichtung gegenüber dem Kreditgeber entspricht.

3. Verlustübernahme und Sicherheitsleistung des herrschenden Unternehmens im GmbH-Vertragskonzern nach §§ 302, 303 AktG analog

Aufgrund eines Beherrschungs- und Gewinnabführungsvertrages hat nicht nur eine abhängige Aktiengesellschaft, sondern in entsprechender Anwendung des § 302 AktG auch eine abhängige GmbH einen Anspruch gegen das herrschende Unternehmen auf Ausgleich eines während der Vertragsdauer entstandenen Jahresfehlbetrages. Ebenso besteht nach herrschender Meinung bei Beendigung eines GmbH-Vertragskonzerns entsprechend § 303 AktG die Verpflichtung des herrschenden Unternehmens, den Gläubigern der abhängigen GmbH Sicherheit zu leisten.[223] Hinsichtlich beider Verpflichtungen der herrschenden Gesellschaft stellt sich die Frage, wie diese eigenkapitalersatzrechtlich zu beurteilen sind und ob es sich bei ihnen um *eigenkapitalersetzende Gesellschaftersicherheiten* handelt. Zuvor sollen jedoch der Inhalt des Verlustausgleichsanspruchs und seine Konsequenzen für die Kreditwürdigkeit der abhängigen Gesellschaft dargestellt werden.

---

222 Auf § 32a Abs. 2 GmbHG dürfte sich der Insolvenzverwalter dagegen erst dann berufen, wenn er die Sachsicherheit dem Drittgläubiger zur Verwertung herausgibt. Denn erst durch die Mitwirkung der Gesellschaft bzw. ihres Insolvenzverwalters ist dem Drittgläubiger die tatsächliche Inanspruchnahme des Gesellschafters aus der Warenlagerankaufsverpflichtung überhaupt erst möglich. Darin liegt auch ein wesentlicher Unterschied zur Ausfallbürgschaft, bei der die h. M. den Gesellschafter in der Insolvenz allein aufgrund von § 32a Abs. 2 GmbHG unmittelbar gegenüber dem Drittgläubiger haften lässt; vgl. HandbuchKapErsR/Fleischer, Rn. 6.42; Scholz/Karsten Schmidt, §§ 32a, 32b Rn. 160 m. w. N. (str.).

223 BGHZ 103, 1, 5; 105, 168, 182 f. = NJW 1988, 3143, 3146 m. Anm. Karsten Schmidt ebd., S. 3148 = EWiR 1988, 1095 (Fleck) „HSW"; BGHZ 105, 324, 336; 116, 37, 39; 142, 382, 384; OLG Koblenz WM 1991, 227, 229; OLG Frankfurt a.M. NZG 2000, 933, 934 m. krit. Anm. Hoffmann ebd., S. 935 (zustimmend zu §§ 302, 303 AktG analog, vgl. auch ders., NZG 2000, 205); Baumbach/Hueck/Zöllner, GmbH-KonzernR Rn. 77 ff.; Emmerich/Habersack, § 303 Rn. 3; Hachenburg/Ulmer, Anh. § 77 Rn. 208 f.; Kropff, FS Semler, S. 517, 531; Michalski/Zeidler, Syst. Darst. 4 Rn. 110, 126; Möhring, S. 125; Raiser, § 54 Rn. 123; Roth/Altmeppen Anh. § 13 Rn. 17, 72 ff.; Rowedder/Schmidt-Leithoff/Koppensteiner, Anh. § 52 Rn. 112; Scholz/Emmerich, Anh. KonzernR Rn. 187; a.A. Bitter, S. 416 ff.; ders., ZIP 2001, 265, 277 (gegen Analogie zu § 303 AktG); Ehricke, S. 430 ff.

a) Der Verlustausgleichsanspruch und seine Bedeutung für die Kreditwürdigkeit der abhängigen Gesellschaft

Aufgrund des Ergebnisabführungsvertrages[224] hat die abhängige Gesellschaft nach § 302 Abs. 1 AktG einen Anspruch auf Zahlung des Geldbetrages, der zum Ausgleich des (fiktiven) Jahresfehlbetrages erforderlich ist.[225] Zumindest im Falle der Einmann-GmbH wollen einige Stimmen in der Literatur[226] die Höhe des Verlustausgleichsanspruchs auf das Stammkapital schmälernde Verluste begrenzen, weil dadurch der Gläubigerschutz ausreichend gewährleistet sei, während nach der Gegenansicht[227] grundsätzlich der volle Bilanzverlust ausgeglichen werden muss. In der Praxis hat dieser Streit aber kaum Bedeutung, weil mit Beherrschungsverträgen zumeist auch eine steuerliche Organschaft begründet werden soll und dafür eine unbegrenzte Verlustausgleichspflicht vorausgesetzt wird (vgl. § 17 KStG).[228] Unabhängig von der Auslegung des § 302 Abs. 1 AktG wird sich deshalb jedenfalls aus dem Organschaftsvertrag auch in der Einmann-GmbH ein unbeschränkter Verlustausgleichsanspruch ergeben.

Der Anspruch der abhängigen Gesellschaft auf Verlustausgleich entsteht am Bilanzstichtag und ist nach inzwischen herrschender Meinung auch an diesem fällig.[229] Würde man für die Fälligkeit auf die Feststellung des Jahres-

224 Vgl. Karsten Schmidt GesR, S. 1217 f.

225 BGHZ 142, 382; 384 ff.; Baumbach/Hueck/Zöllner, GmbH-KonzernR Rn. 78; Hüffer, § 302 Rn. 15; KK-AktG/Koppensteiner, § 302 Rn. 25; MünchKommAktG/Altmeppen, § 302 Rn. 19 ff., 67 ff.; Karsten Schmidt, ZGR 1983, 513, 516.

226 Baumbach/Hueck/Zöllner, Anh. KonzernR Rn. 78, 96, 102; Roth/Altmeppen, Anh. § 13 Rn. 76; Rowedder/Schmidt-Leithoff/Koppensteiner, Anh. § 52 Rn. 112; Kropff, FS Semler, S. 517, 531; offen gelassen von BGHZ 107, 7, 16.

227 Hommelhoff, WM 1984, 1105, 1112 (auf der Grundlage eines Konzepts des umfassenden Verlust- und Liquiditätsschutzes als Ersatz für das Eigenkapitalersatzrecht); Möhring, S. 117, 129; eine Differenzierung hinsichtlich eingliedriger GmbHs' wird insoweit nicht problematisiert bei Kort, S. 146; Hachenburg/Ulmer, Anh. § 77 Rn. 208; Scholz/Emmerich, Anh. KonzernR Rn. 187.

228 Michalski/Zeidler, Syst. Darst. 4 Rn. 112; ders., NZG 1999, 692, 696 m.w.N.; vgl. ähnlich bereits zur Nutzung vorvertraglicher Rücklagen Kropff, FS Semler, S. 517, 530.

229 BGHZ 142, 382, 385 f. = NZG 2000, 205 (LS) m. zustimmender Anm. Hoffmann ebd., S. 205, 206 m.w.N.; MünchKommAktG/Altmeppen, § 302 Rn. 69 f.; Roth/Altmeppen, Anh. § 13 Rn. 73; Budde/Förschle/Heinz, Rn. O 73; Hüffer, § 302 Rn. 15; Raiser, § 54 Rn. 58; Karsten Schmidt GesR, S. 954; im Ergebnis auch Kleindiek, ZGR 2001, 479, 490 ff. mit dem weitergehenden Konzept eines „Liquiditätsschutzes im Vertragskonzern“.

abschlusses abstellen,[230] könnte der herrschende Gesellschafter die Realisierung des Verlustausgleichsanspruchs verschleppen und unter Umständen sogar vereiteln.[231] Bei Beendigung des Vertragskonzerns vor Ablauf des normalen Geschäftsjahres ist für den Verlustausgleich das entsprechende (fiktive) Rumpfgeschäftsjahr maßgeblich.[232]

Der dadurch bewirkte Schutz der abhängigen Gesellschaft und ihrer Gläubiger schließt nach herrschender Meinung aber die Anwendbarkeit des Eigenkapitalersatzrechts auf Leistungen der herrschenden Gesellschaft im GmbHG-Vertragskonzern nicht grundsätzlich aus.[233] Danach enthält auch § 291 Abs. 3 AktG nur eine Klarstellung hinsichtlich des strengen aktien-

230 So z. B. Meister, WM 1976, 1182, 1184 (auch für Anspruchsentstehung); früher auch KK-AktG/Koppensteiner, § 302 Rn. 27 m. w. N.; inzwischen offen gelassen: Rowedder/Schmidt-Leithoff/Koppensteiner, Anh. § 52 Rn. 113.

231 BGHZ 142, 382, 385 = NZG 2000, 205 (LS) m. zustimmender Anm. Hoffmann ebd., S. 205, 206 m. w. N.; MünchKommAktG/Altmeppen, § 302 Rn. 70; Emmerich/Habersack, § 302 Rn. 40; Hüffer, § 302 Rn. 15; Raiser, § 54 Rn. 58.

232 BGHZ 103, 1, 9 f.; 105, 168, 182 = NJW 1988, 3143, 3146 m. Anm. Karsten Schmidt ebd., S. 3148 = EWiR 1988, 1095 (Fleck); vgl. BGHZ 142, 382, 386; Emmerich/Habersack, § 302 Rn. 38; Karsten Schmidt GesR, S. 954; ders., ZGR 1983, 513, 524 f.; Hengeler/Hoffmann-Becking, FS Hefermehl, S. 283, 291 ff.; Hüffer, § 302 Rn. 13; KK-AktG/Koppensteiner, § 302 Rn. 18; MünchKommAktG/Altmeppen, § 302 Rn. 24 m. w. N. in Fn. 47 (h. M.); a. A. Meister, WM 1976, 1182, 1184 wonach der Schutz durch § 303 AktG ausreichend sei.

233 HandbuchKapErsR/Fleischer, Rn. 12.32; Priester, ZIP 1989, 1301, 1306; Raiser, § 54 Rn. 50; BankR-Handbuch/Stodolkowitz, § 84 Rn. 35; Rümker, ZGR 1988, 494, 500; Kort, S. 147; ders. BB 1988, 79, 83; vgl. (teilweise zu § 30 GmbHG) Baumbach/Hueck/Zöllner, GmbH-KonzernRn. 77; Brandes, FS Kellermann, S. 25, 33; Bitter, S. 360 f.; ders., ZIP 2001, 265, 276; Ehricke, S. 165 f. Von der Anwendbarkeit des Eigenkapitalersatzrechts muss auch der BGH im Fall „HSW" (BGHZ 105, 168 = NJW 1988, 3143 = EWiR 1988, 1095 (Fleck)) ausgegangen sein, wenn er im Vertragskonzern die Frage nach der eigenkapitalersatzrechtlichen Kreditunwürdigkeit der abhängigen Gesellschaft untersucht (vgl. auch KG GmbHR 1998, 938, 939). A. A. Hommelhoff, WM 1984, 1105, 1110 ff.; Müller, S. 197 (zum AG-Vertragskonzern); im Grundsatz auch Fleck, ZGR 1990, 31, 47; ders., FS 100 Jahre GmbHG, S. 391, 395 ff. (für §§ 30, 31 GmbHG aber mit Vorbehalten bezüglich Illiquidität der abhängigen Gesellschaft und existenzgefährdender Weisungen); einschränkend (zum AG-Vertragskonzern) Ketzer, S. 100 ff.; KK-AktG/Lutter, § 57 Rn. 101; vgl. Lutter, FS Stiefel, S. 505, 530 Fn. 72a (Eigenkapitalersatzrecht bleibt anwendbar, soweit das herrschende Unternehmen seiner Verlustausgleichspflicht nicht mehr nachkommen kann; zum GmbH-Vertragskonzern vgl. aber Lutter, ZIP 1989, 477, 481 f.: Kreditunwürdigkeit wegen Illiquidität möglich!); differenzierend Möhring, S. 162 (nur Novellenregeln bleiben im GmbH-Vertragskonzern anwendbar).

rechtlichen Einlagenrückgewährverbotes und ist nicht auf die GmbH übertragbar.[234] Trotz vergleichbarer Schutzzwecke bleibt die Verlustausgleichspflicht außerdem zumindest teilweise hinter dem durch das Eigenkapitalersatzrecht bewirkten Schutz zurück.[235] So kann durch die Anwendung der Rechtsprechungsregeln insbesondere ein zusätzlicher Liquiditätsschutz gegenüber der herrschenden Gesellschaft[236] gewährleistet werden, wobei sich die Anwendbarkeit des Eigenkapitalersatzrechts konsequenterweise an der eigenen Kreditwürdigkeit der Tochtergesellschaft orientieren muss.[237] Für diese ist freilich der Verlustausgleichsanspruch gegen die Muttergesellschaft sowie dessen Realisierbarkeit, selbst wenn man ihn allein nicht als „ausreichende Kreditsicherheit" ansieht,[238] durchaus von Bedeutung. Schon die Begründung zum Regierungsentwurf des Aktiengesetzes von 1965[239] erkannte diesen Zusammenhang:

> „Eine Gesellschaft, die die Leitung ihres Unternehmens einem anderen Unternehmen unterstellt oder sich zur Abführung ihres ganzen Gewinns verpflichtet hat, wird häufig Kredit nur im Hinblick auf die Pflicht des anderen Vertragsteils zum Verlustausgleich erhalten; diese Pflicht hat für den Gläubiger eine ähnliche Garantiefunktion wie das Grundkapital."

Andererseits schließt selbst ein werthaltiger Verlustausgleichsanspruch zwar eine Überschuldung der abhängigen Gesellschaft nicht jedoch deren vorüber-

234 Brandes, FS Kellermann, S. 25. 33; vgl. Ehricke, S. 431; Kort, S. 146; früher auch Fleck, ZHR 149 (1985), 387, 414 – inzwischen aufgegeben: Fleck, ZGR 1990, 31, 47; ders. FS 100 Jahre GmbHG, S. 391, 395 f. Fn. 22; a. A. hinsichtlich der Rechtsprechungsregeln Möhring, S. 161 f.

235 Vgl. HandbuchKapErsR/Fleischer, Rn. 12.32 ff.

236 Vgl. Priester, ZIP 1989, 1301, 1306; Rümker, ZGR 1988, 494, 500. Die von Rümker aaO. postulierte Ausnahme im Falle des Eingliederungskonzerns überzeugt wegen des dann ebenfalls leerlaufenden Anspruchs aus § 322 Abs. 1 AktG nicht; wie Rümker aber Hüffer, § 324 Rn. 8 m. w. N. (für AG-Vertragskonzern). Insoweit zutreffend die Kritik von Möhring, S. 162 Fn. 308; Scheel, S. 411; unklar MünchKommAktG/Grunewald, § 324 Rn. 13.

237 So im Ergebnis auch BGHZ 105, 168, 181 ff. = NJW 1988, 3143, 3146 ff. m. Anm. Karsten Schmidt ebd., S. 3148 f. = EWiR 1988, 1095 f. (Fleck); OLG Hamburg DB 1987, 1778, 1779 f.; Lutter, ZIP 1989, 477, 481.

238 So Lwowski/Groeschke, WM 1994, 613, 617. Der Einwand der Manipulierbarkeit des Jahresabschlusses dürfte aufgrund der neueren Rechtsprechung zur Höhe und Fälligkeit des Verlustausgleichs am Geschäftsjahresende (BGHZ 142, 382) nicht mehr von Bedeutung sein. Es bleiben jedoch die praktischen Probleme z. B. bei Pfändung des Verlustausgleichsanspruchs durch einen Gläubiger.

239 Begr. RegE AktG 1965 (zu § 303 AktG) abgedruckt bei Kropff, S. 392 f.

gehende Illiquidität aus.[240] Abgesehen von der Zahlungsfähigkeit kann überdies auch die Zahlungswilligkeit der herrschenden Gesellschaft zum (Insolvenz-) Problem für die Tochtergesellschaft werden, deren Gläubiger es letztlich egal sein wird, warum Zins- oder Tilgungsleistungen nur schleppend oder gar nicht mehr erfolgen.[241] Mithin kann in solchen Fällen trotz Verlustausgleichspflicht die Kreditunwürdigkeit der Tochtergesellschaft anzunehmen sein.[242] Der Verlustausgleichsanspruch und seine Realisierbarkeit sind deshalb letztlich nur „Umstände“, die neben anderen zur Prüfung der Kreditwürdigkeit der abhängigen Gesellschaft herangezogen werden.[243]

Ergibt sich daraus die Kreditunwürdigkeit der Tochtergesellschaft, so unterliegen Darlehen, Sicherheiten und andere gleichgestellte Finanzierungshandlungen der Muttergesellschaft bei Vorliegen der sonstigen Voraussetzungen grundsätzlich den Bindungen des Eigenkapitalersatzrechts, und zwar sowohl hinsichtlich der §§ 32a, 32b GmbHG als auch nach den Rechtsprechungsregeln (§§ 30, 31 GmbHG analog).

b) Der Verlustausgleichsanspruch als eigenkapitalersetzende Gesellschaftersicherheit?

Aufgrund ihrer wirtschaftlichen Wirkungen und der Bedeutung für die Kreditwürdigkeit der abhängigen Gesellschaft stellt sich die Frage, ob die Verlustausgleichspflicht der herrschenden Gesellschaft – z. B. unter dem Ge-

---

240 Lutter, ZIP 1989, 477, 481; Lwowski/Groeschke, WM 1994, 613, 615; Rowedder/Schmidt-Leithoff/Pentz, § 32a Rn. 39; vgl. BGHZ 105, 168, 181 ff. = NJW 1988, 3143, 3146 ff. m. Anm. Karsten Schmidt ebd., S. 3148 f. = EWiR 1988, 1095 f. (Fleck) „HSW“; OLG Hamburg DB 1987, 1778, 1779 f.; teilw. abw. Priester, ZIP 1989, 1301, 1308 der entgegen der bisher h.M. eine Verpflichtung zu „Vorauszahlungen“ auf den jährlichen Verlustausgleichsanspruch annimmt, um damit auch eine liquiditätsbedingte Kreditunwürdigkeit zu vermeiden; ähnlich Roth/Altmeppen, § 32a Rn. 22.

241 Vgl. Hüffer, ZHR 153 (1989), 322, 337 f.; Scholz/Karsten Schmidt, §§ 32a, 32b Rn. 41.

242 Lutter, ZIP 1989, 477, 481.

243 Scholz/Karsten Schmidt, §§ 32a, 32b Rn. 41; vgl. Hüffer, ZHR 153 (1989), 322, 337 f.; Lutter/Hommelhoff, §§ 32a,b Rn. 28. Bedenklich ist dagegen die Literaturmeinung, wonach das Eigenkapitalersatzrecht eingreifen solle, wenn die als „konzernfrei fingierte“ Tochtergesellschaft selbst nicht mehr kreditwürdig sei; so aber wohl v. Gerkan, ZGR 1997, 173, 205; Hommelhoff, WM 1984, 1105, 1108; Rümker, ZGR 1988, 494, 499; ähnlich HandbuchKapErsR/Fleischer, Rn. 12.35. Dadurch würde der grundsätzlich bestehende Zusammenhang zwischen Verlustausgleichsanspruch und Kreditwürdigkeit der abhängigen Gesellschaft nicht zutreffend gewürdigt, was für die abhängige Gesellschaft unter Umständen zu einer „fiktiven Kreditunwürdigkeitshypothese“ führen kann; vgl. die ähnliche Kritik bei Böcker, S. 170.

sichtspunkt des Umgehungsschutzes (§ 32a Abs. 3 Satz 1 GmbHG) – wie eine eigenkapitalersetzende Gesellschaftersicherheit behandelt werden muss. Inhalt und Rechtsfolgen des Verlustausgleichsanspruchs sprechen aber eher gegen eine solche Einordnung. Die Leistungen aufgrund der sich aus § 302 AktG analog ergebenden Verlustausgleichspflicht sind zum endgültigen Verbleib im Vermögen der abhängigen Gesellschaft bestimmt. Sie können – anders als z.B. Gesellschafterdarlehen – schon dem Grunde nach nicht „zurückgefordert" werden.[244]

Darin liegt auch ein wesentlicher Unterschied zu „harten" Patronatserklärungen, die als eigenkapitalersetzende Gesellschaftersicherheiten angesehen werden, wenn aus ihnen dem Gläubiger ein individueller Zahlungsanspruch erwachsen kann.[245] Es besteht zwar insoweit eine Parallele zum Gläubigerschutz im Vertragskonzern, als die herrschende Meinung den Gläubigern im Falle der Vermögenslosigkeit der abhängigen Gesellschaft bei Beendigung des Vertragskonzerns in entsprechender Anwendung von § 303 AktG einen unmittelbaren Zahlungsanspruch gegen die Muttergesellschaft einräumt.[246] Anders als beim Verlustausgleich im Vertragskonzern ist es der Muttergesellschaft bei einer Patronatserklärung ansonsten aber grundsätzlich freigestellt, wie sie ihre Tochtergesellschaft ausstattet.[247] So kann insbesondere eine Liquiditätshilfe aufgrund einer Patronatserklärung als rückzahlbares Gesellschafterdarlehen ausgestaltet sein. Und selbst bei einer unmittelbaren Inanspruchnahme durch Gläubiger der Tochtergesellschaft infolge der Patronatserklärung wird die Muttergesellschaft grundsätzlich einen – allerdings

244 Vgl. Ehricke, S. 165. Das spricht auch gegen die Annahme einer „Umgehung" des Eigenkapitalersatzrechts.

245 Vgl. Obermüller, ZIP 1982, 915, 919 f.; Baumbach/Hueck/Fastrich, § 32a Rn. 65; Hachenburg/Ulmer, § 32a,b Rn. 136; HandbuchKapErsR/Fleischer, Rn. 6.16; Hellner/Steuer/Wittig, Rn. 4/2881; Scholz/Karsten Schmidt, §§ 32a, 32b Rn. 148.

246 Im einzelnen str.; vgl. BGHZ 95, 330, 347 = NJW 1986, 188, 192 „Autokran"; BGHZ 105, 168, 183 = NJW 1988, 3143, 3146 m. Anm. Karsten Schmidt ebd., S. 3148 „HSW"; Lwowski/Groeschke, WM 1994, 613, 619; MünchKommAktG/Altmeppen, § 303 Rn. 38 ff. Einen solchen Direktanspruch nahm der BGH – wie das „HSW"-Urteil zeigt – keineswegs nur in Fällen des früher sogenannten „qualifiziert-faktischen Konzerns" an, so dass die Ersetzung dieser Rechtsfigur durch eine Haftung für „bestandsvernichtende Eingriffe" (BGHZ 122, 123 = NJW 1993, 1200 „TBB"; BGHZ 149, 10 = NJW 2001, 3622 „Bremer Vulkan"; BGHZ 150, 61, 68 = NJW 2002, 1803, 1805 = GmbHR 2002, 549, 552 m. Anm. Bender ebd., S. 552 f.; BGHZ 151, 181 = NJW 2002, 3024 „KBV") nicht gegen eine unmittelbare Haftung des Gesellschafters bei Beendigung eines Vertragskonzerns und Vermögenslosigkeit der Tochtergesellschaft spricht (vgl. OLG Thüringen, GmbHR 2002, 112, 115); zweifelnd aber Hüffer, § 303 Rn. 7.

247 Fleischer, WM 1999, 666, 667; Lwowski, Rn. 464.

wirtschaftlich regelmäßig wertlosen – Rückzahlungsanspruch (ggf. aufgrund § 255 BGB[248]) gegen die Tochtergesellschaft haben.

An einer solchen „Rückzahlbarkeit" fehlt es jedoch beim Verlustausgleichsanspruch. Diesem kommt vielmehr eine der Kapitalerhöhung vergleichbare Funktion zu. Letzteres entspricht aber gerade der vom Eigenkapitalersatzrecht bezweckten ordnungsgemäßen Unternehmensfinanzierung mit neuem Haftkapital. Deshalb kann der Verlustausgleichsanspruch selbst nicht als eigenkapitalersetzende Leistung angesehen werden.[249] Er ist folglich auch keine eigenkapitalersetzende Gesellschaftersicherheit.[250]

c) Voraussetzungen der eigenkapitalersatzrechtlichen Umqualifizierung einer Sicherheitsleistung nach § 303 AktG analog

Verlangt ein Gläubiger bei Beendigung des Vertragskonzerns[251] gemäß § 303 Abs. 1 AktG die Bestellung einer Sicherheit, wird die herrschende Gesellschaft für seine Forderungen gegen die abhängige Gesellschaft regelmäßig eine Bürgschaft gemäß § 303 Abs. 3 AktG übernehmen, weil die Muttergesellschaft eine Mithaftung aufgrund der Bürgschaft weniger beeinträchtigt als die kapitalintensive Bestellung einer Sachsicherheit nach § 232 BGB.[252] Nach der Begründung zum Regierungsentwurf des Aktiengesetzes von 1965 sei dem Gläubiger die geringere Sicherheit einer Bürgschaft hier zuzumuten, weil sie ihm im wesentlichen die gleiche Stellung wie die Pflicht zur Verlustübernahme bei Bestehen des Vertragskonzerns gewährt.[253]

---

248 Ein Rechtsverlust im Sinne von § 255 BGB liegt auch dann vor, wenn die Forderung des Gläubigers wegen Insolvenz des Schuldners entwertet ist (MünchKommBGB/Oetker, § 255 Rn. 11; Palandt/Heinrichs, § 255 Rn. 6).

249 Ehricke, S. 165.

250 Vgl. Karsten Schmidt, NJW 1988, 3148, 3149: „Unternehmensvertrag und Verlustausgleichspflicht sind keine Kreditsicherheit"; unklar Lwowski/Groeschke, WM 1994, 613, 615 ff. die einerseits die missverständliche Terminologie des „HSW" Urteils (BGHZ 105, 168, 183: Unternehmensvertrag sei nicht als ausreichende Kreditsicherheit anzusehen) zitieren und außerdem aufgrund allgemeiner Erwägungen den Verlustausgleichsanspruch nicht als „ausreichende Kreditsicherheit" ansehen.

251 Wegen der Maßgeblichkeit der Bekanntmachung der Eintragung hat unter Umständen sogar ein Gläubiger, dessen Forderung erst nach Ende des Beherrschungsvertrages begründet wurde, einen Anspruch auf Sicherheitsleistung; vgl. Hüffer, § 303 Rn. 4; MünchKommAktG/Altmeppen, § 303 Rn. 19; KK-AktG/Koppensteiner, § 303 Rn. 7.

252 Hüffer, § 303 Rn. 9; MünchKommAktG/Altmeppen, § 303 Rn. 60.

253 Vgl. Begr. RegE AktG 1965 (zu § 303 AktG) abgedruckt bei Kropff, S. 393.

Abgesehen von der materiell-rechtlichen Ausschlussfrist von sechs Monaten gemäß § 303 Abs. 1 Satz 1 AktG[254] soll nach der in der Literatur überwiegenden Meinung ein Anspruch auf Sicherheitsleistung aber nicht bestehen, wenn ein Gläubiger bereits hinlänglich gesichert ist (§ 242 BGB).[255] Der Einwand überzeugt allerdings nur insoweit, wie die vorhandenen Sicherheiten den Anforderungen des § 232 BGB entsprechen.[256] Jedenfalls sollte – schon angesichts des engen Wortlauts von § 303 Abs. 2 AktG – dem Gläubiger zumindest die Möglichkeit belassen werden, gegen Freigabe der Altsicherheiten neue den Anforderungen des § 232 BGB entsprechende Sicherheiten zu erhalten.[257]

Erfolgt die Beendigung des Ergebnisabführungsvertrages zu einem Zeitpunkt, in dem sich die abhängige Gesellschaft in der „Krise" befindet oder diese sogar durch das Ende des Vertragskonzerns erst entsteht, so könnten die aus diesem Anlass gemäß § 303 AktG bestellten Sicherheiten zugleich als eigenkapitalersetzende Gesellschaftersicherheiten zu behandeln sein. Auch wenn bei den folgenden Überlegungen primär auf die Besicherung durch Bürgschaft abgestellt wird, ist entsprechendes auch für andere Gesellschaftersicherheiten anzunehmen.

Da es bei § 303 AktG (analog) aber um die Besicherung von bereits gewährten Darlehen geht, kann eine nachträglich übernommene Bürgschaft des Gesellschafters schon nach allgemeinen Grundsätzen nur dann kapitalersetzend sein, wenn sich mit ihr eine Kreditverlängerung oder zumindest ein (tatsächliches) Stehenlassen des Kredits verbindet.[258] Das ist auch dann anzuneh-

254 Vgl. dazu Hüffer, § 303 Rn. 5; KK-AktG/Koppensteiner, § 303 Rn. 10; MünchKomm-AktG/Altmeppen, § 303 Rn. 21.

255 Hüffer, § 303 Rn. 8; KK-AktG/Koppensteiner, § 303 Rn. 11; MünchKommAktG/Altmeppen, § 303 Rn. 57.

256 Vgl. (zur Kapitalherabsetzung) Rittner, FS Oppenhoff, S. 317, 326; Michalski/Waldner, § 58 Rn. 22; Rowedder/Schmidt-Leithoff/Zimmermann, § 58 Rn. 31; wohl auch Hüffer, § 225 Rn. 11, § 303 Rn. 8; Lutter/Hommelhoff, § 58 Rn. 20; unklar Scholz/Priester, § 58 Rn. 58; a. A. Baumbach/Hueck/Zöllner, § 58 Rn. 22; KK-AktG/Koppensteiner, § 303 Rn. 11; MünchKomm AktG/Altmeppen, § 303 Rn. 58 m. w. N., die auf wirtschaftliche Gleichwertigkeit abstellen; vgl. auch Hachenburg/Ulmer, § 58 Rn. 53: Kein Anspruch nach § 232 BGB wenn die alten Sicherheiten im Einverständnis mit dem Gläubiger bestellt wurden.

257 Hüffer, § 225 Rn. 11, § 303 Rn. 8; im Ergebnis ähnlich Lutter/Hommelhoff, § 58 Rn. 20, der von „Ergänzung" einer bisher nicht § 232 BGB entsprechenden Sicherheit spricht.

258 Michalski/Heidinger, §§ 32a, 32b Rn. 149; Scholz/Karsten Schmidt, §§ 32a, 32b Rn. 151; Rowedder/Schmidt-Leithoff/Pentz, § 32a Rn. 179; Häuselmann/Rümker/Westermann, S. 83 („Prolongation, Stundung, Nichtkündigung etc."); enger wohl

men, wenn es sich um längerfristig gewährtes Darlehen handelt und der Gläubiger dieses trotz einer Krise der Gesellschaft nicht unmittelbar kündigt (§ 490 Abs. 1 BGB).[259] Ein Problem bei der Feststellung dieser Umqualifizierungsvoraussetzungen besteht schon darin, dass der konzernrechtliche Anspruch auf Sicherheitsleistung unabhängig davon besteht, ob die bei Vertragsende bestehende Verbindlichkeit bereits fällig ist oder der Gläubiger diese insbesondere durch Kündigung fällig stellen könnte.[260]

Grundsätzliche Bedenken gegen die Behandlung derartiger Sicherheiten als *eigenkapitalersetzende Gesellschaftersicherheiten* ergeben sich zwar nicht daraus, dass deren Eigenschaft als „Sicherheiten im Sinne des Eigenkapitalersatzrechts" zweifelhaft wäre, wohl aber deshalb, weil die Bürgschaft des Gesellschafters in diesem Falle nicht auf einer „autonomen" Finanzierungsentscheidung, sondern auf einer gesetzlich angeordneten Pflicht beruht, die Folge einer – jedenfalls nicht immer vom Willen der herrschenden Gesellschaft abhängigen[261] – Beendigung eines Vertragskonzerns ist. Die Gesellschafterbürgschaft ist dabei Teil eines vom Gesetzgeber gewollten Schutzkonzeptes für die Gesellschaft und deren Gläubiger, das aus dem Verlustausgleichsanspruch der Gesellschaft einerseits und dem Anspruch der (Alt-) Gläubiger auf Sicherheitsleistung andererseits besteht.[262] Dient das Eigenkapitalersatzrecht aber der Gewährleistung einer ordnungsgemäßen Unternehmensfinanzierung[263], so wird man dem Gesellschafter die Erfüllung

---

Hachenburg/Ulmer, § 32a,b Rn. 138 („konkludente Vereinbarung über die Verlängerung oder Nichtkündigung").

259 Vgl. zum Gesellschafterdarlehen HandbuchKapErsR/Johlke/Schröder, Rn. 5.98; Roth/Altmeppen, § 32a Rn. 35 jew. m. w. N. (Krise als wichtiger Grund zur außerordentlichen Kündigung). Zur drohenden Zahlungsunfähigkeit als wichtiger Grund zur fristlosen Kündigung eines Darlehens vgl. BGH ZIP 2003, 1336, 1337 f.

260 Vgl. OLG Frankfurt a.M. NZG 2000, 933, 934 m. (insoweit zustimmender) Anm. Hoffmann ebd., S. 935, 936; Emmerich/Habersack, § 303 Rn. 13; Hüffer, § 303 Rn. 3; KK-AktG/Koppensteiner, § 303 Rn. 9; MünchKommAktG/Altmeppen, § 303 Rn. 14.

261 Vgl. Begr. RegE AktG 1965 (zu § 303 AktG) abgedruckt bei Kropff, S. 393.

262 Vgl. (zum Schutzzweck des § 303 AktG) BGHZ 95, 330, 346 = NJW 1986, 188, 192 „Autokran"; Hüffer, § 303 Rn. 1; MünchKommAktG/Altmeppen, § 303 Rn. 2; KK-AktG/Koppensteiner, § 303 Rn. 2; teilw. abw. Begr. bei Karsten Schmidt, BB 1985, 2074, 2079 wonach § 303 AktG zum Schutz der Gläubiger vor Verlusten geschaffen worden sei, welche die Gesellschaft nach Beendigung des Unternehmensvertrages erleide (krit. dazu KK-AktG/Koppensteiner aaO.; MünchKommAktG/Altmeppen, § 303 Rn. 2 Fn. 2). Nach Hommelhoff, WM 1984, 1105, 1112 zeige § 303 AktG das Bemühen des Gesetzgebers bei gesteigerten Gefahren für die Gläubigerbelange, den Gläubigerschutz zu intensivieren.

263 Vgl. Scholz/Karsten Schmidt, §§ 32a, 32b Rn. 5 m. w. N.

seiner Verpflichtung aus § 303 AktG nicht ohne weiteres als „gesetzeswidrige Unternehmensfinanzierung" anlasten können. Dieses könnte dafür sprechen, derartige Bürgschaften – im Sinne einer teleologischen Reduktion des Eigenkapitalersatzrechts – per se von den Regelungen über eigenkapitalersetzende Gesellschaftersicherheiten auszunehmen. Stellt man dagegen stärker auf das erhöhte Risiko für die (Neu-) Gläubiger ab, das durch eine etwaige existenzverlängernde Bestellung von Sicherheiten verursacht wird,[264] so besteht dieses grundsätzlich auch in der Situation einer Bürgschaft nach § 303 Abs. 3 Satz 1 AktG und spräche eher für die uneingeschränkte Anwendung des Eigenkapitalersatzrechts. Andererseits ist die Gefahr für Neugläubiger, deren Forderungen erst kurz nach Beendigung des Vertragskonzerns begründet wurden, noch als vergleichsweise begrenzt zu bewerten, weil die abhängige Gesellschaft noch einen (letzten) Verlustausgleichsanspruch hat und außerdem die Beendigung des Vertragskonzerns auch für die Neugläubiger aus dem Handelsregister ersichtlich ist.

Die Risiken einer vormals abhängigen Gesellschaft, die gewissermaßen in der Krise in die Unabhängigkeit entlassenen wird, rechtfertigen deshalb eine Umqualifizierung der gemäß § 303 AktG bestellten Bürgschaften nur unter Berücksichtigung der dargestellten besonderen Umstände. Einen Anhaltspunkt dafür bietet der Vergleich mit den Grundsätzen über stehengelassene Gesellschafterleistungen. Für deren nachträgliche Umqualifizierung verlangt die Rechtsprechung, dass der Gesellschafter die Krise erkennen und demgemäss handeln konnte, indem er seine Leistung abzieht oder die Gesellschaft notfalls liquidiert.[265] Da die Bestellung der Bürgschaft aber der Erfüllung der gesetzlichen Pflicht aus § 303 Abs. 3 Satz 1 AktG dient, kann man vom Gesellschafter allenfalls nachträglich eine Entscheidung über die weitere Finanzierung der Gesellschaft nach den Grundsätzen über stehengelassene Gesellschaftersicherheiten verlangen.

Der Gesetzgeber räumt den Gläubigern in § 303 Abs. 1 AktG aber eine Frist von sechs Monaten ein, um sich bei der Muttergesellschaft zwecks Besicherung ihrer Forderungen zu melden. Es hängt also wiederum nicht vom Gesellschafter ab, ob die Mehrzahl der Gläubiger sofort nach Vertragsbeendigung oder eventuell erst kurz vor Fristablauf eine Sicherheit verlangen. Auch die Interessen etwaiger Neugläubiger spielen insoweit keine Rolle. Die vom Gesellschafter zu erwartende Entscheidung kann dieser vernünfti-

264 Vgl. grundsätzlich Schouler, S. 247 ff., 255 ff. (am Beispiel stehengelassener Gesellschafterleistungen).

265 BGHZ 127, 336, 341 ff.; NJW 1995, 658; eingehend HandbuchKapErsR/Johlke/Schröder, Rn. 5.83 ff.

gerweise aber erst dann richtig treffen, wenn er den Umfang der von ihm insgesamt zu bestellenden Sicherheiten abschätzen kann. Dieses ist aber erst nach Ablauf der vom Gesetz den Gläubigern zugestandenen Frist von sechs Monaten möglich.

Dass in dieser Zeit das Schicksal der Tochtergesellschaft in gewisser Hinsicht in der „Schwebe" gehalten wird, erscheint hinnehmbar, weil einerseits durch die klare gesetzliche Frist in Abhängigkeit von der Bekanntmachung der Eintragung im Handelsregister für alle Beteiligten Rechtssicherheit besteht und außerdem ja noch ein gewisser Existenzschutz durch den bisherigen Verlustausgleich bewirkt wird, selbst wenn man der Muttergesellschaft erst nach Ablauf der Sechsmonatsfrist eine Entscheidung über Fortführung oder Liquidation der Tochtergesellschaft abverlangt.

Die besondere Situation des § 303 AktG sowie die Abwägung der verschiedenen Interessen unter Berücksichtigung der Zielsetzungen des Eigenkapitalersatzrechts sprechen deshalb dafür, die gemäß dieser Vorschrift bestellten Bürgschaften und anderen Sicherheiten eines Gesellschafters grundsätzlich erst nach Ablauf der Sechsmonatsfrist und nach den Grundsätzen über stehengelassene Gesellschaftersicherheiten als eigenkapitalersetzende Gesellschafterleistungen zu behandeln.

§ 3 Darlegungs- und Beweislastfragen im Eigenkapitalersatzrecht

I. Nachweis von Tatbestandsvoraussetzungen

1. Grundsatz: Beweislast der Gesellschaft

Die Voraussetzungen einer eigenkapitalersatzrechtlichen Umqualifizierung von Gesellschaftersicherheiten oder anderen Gesellschafterleistungen hat grundsätzlich die Gesellschaft bzw. deren Insolvenzverwalter darzulegen und zu beweisen.[266] Das gilt für Rechtsprechungs- und Novellenregeln glei-

266 BGH NJW 1988, 824; NJW 1989, 1219, 1220 m. im Ergebnis zust. Anm. Martens EWiR 1989, 369, 370; BGH WM 1990, 182, 184; NJW 1996, 720, 721 m. zust. Anm. Fleck, EWiR 1996, 217; BGH NJW 1999, 3120, 3121 = GmbHR 1999, 973, 974 m. zust. Anm. Brauer ebd., S. 975; Baumbach/Hueck/Fastrich, § 32a Rn. 52; v. Gerkan, EWiR 1998, 179; Hachenburg/Ulmer, § 32a, b Rn. 64; Lutter/Hommelhoff, §§ 32a, b Rn. 90; Roth/Altmeppen, § 32a Rn. 53; Scholz/Karsten Schmidt, §§ 32a, 32b Rn. 56; eingehend HandbuchKapErsR/Johlke/Schröder, Rn. 14.42 ff.; Blöse, ZIP 2003, 1687, 1688.

chermaßen.[267] Dies entspricht auch den allgemeinen Beweislastgrundsätzen. Danach trägt der Anspruchsteller die Beweislast für die rechtsbegründenden, der Anspruchsgegner für rechtsvernichtende, rechtshindernde oder rechtshemmende Tatbestandsmerkmale.[268] Schließlich ist bei mehreren (potentiell) eigenkapitalersetzenden Gesellschafterleistungen jede von diesen einzeln auf eine etwaige Umqualifizierung zu prüfen.[269] Steht bezüglich eines früheren Darlehens dessen Umqualifizierung fest, so erlaubt dieses deshalb für ein später gewährtes Darlehen nicht automatisch den Schluss, dass auch dieses bei seiner Gewährung kapitalersetzend war.[270]

Somit hat regelmäßig der Insolvenzverwalter durch geeignete Indizien neben den sonstigen Tatbestandsmerkmalen insbesondere die Voraussetzungen einer Kreditunwürdigkeit oder Insolvenzreife der Gesellschaft darzulegen und zu beweisen.[271] Hierzu genügt allein eine bilanzielle Unterdeckung oder Überschuldung noch nicht; diese kann jedoch zusammen mit weiteren Indizien (z.B. Fehlen belastbarer Vermögensgegenstände, hohe laufende Verluste, Nichtzahlung von Löhnen und Sozialabgaben etc.) ausreichend sein.[272]

Allein die pauschale Behauptung des Gesellschafters, die Gesellschaft verfüge noch über stille Reserven oder freie Sicherheiten, die ein Kreditgeber als ausreichende Sicherheiten akzeptieren würde, genügt dagegen nicht, um den Insolvenzverwalter mit dem entsprechenden Negativbeweis etwa hinsichtlich aller theoretisch denkbaren stillen Reserven oder freier Vermögenswerte zu belasten.[273] Ein solcher Einwand macht die Gesellschaft bzw. deren Insolvenzverwalter nur dann wieder in vollem Umfang darlegungs- und beweispflichtig, wenn der Gesellschafter konkret darlegt, welche Gegenstände

---

267 Vgl. OLG München GmbHR 1991, 530 f.; Lutter/Hommelhoff, §§ 32a,b Rn. 102, 90.

268 BGH NJW 1986, 2426, 2427; NJW 1991, 1052, 1053 jew. m.w.N.; Zöller/Greger, vor § 284 Rn. 17a. Die den rechtshindernden Einwendungen entgegenstehenden „rechtserhaltenden" Tatsachen hat wiederum der Anspruchsteller zu beweisen; vgl. BGH NJW 1999, 352, 353; Zöller/Greger aaO.

269 BGHZ 119, 201, 212; Hachenburg/Ulmer, § 32a,b Rn. 51; Scholz/Karsten Schmidt, §§ 32a, 32b Rn. 41.

270 BGHZ 119, 201, 212 f.

271 Hachenburg/Ulmer, § 32a, b Rn. 64.

272 BGHZ 119, 201, 212 f.; NJW 1996, 720 f. = EWiR 1996, 217 (Fleck); GmbHR 1999, 973, 974 m. Anm. Brauer ebd., S. 975 = NJW 1999, 3120, 3121; BGH NJW-RR 2001, 1043 f. = GmbHR 2001, 473; Roth/Altmeppen, § 32a Rn. 53.

273 BGH NJW 1997, 3171, 3172 = ZIP 1997, 1648, 1650 m. zustimmender Anm. Pape, EWiR 1997, 893, 894; BGH NJW 1998, 1143, 1144 m. zust. Anm. v. Gerkan, EWiR 1998, 179, 180 = NZG 1998, 223, 224 m. zust. Anm. v. Reinersdorff ebd., S. 224, 225 = DStR 1998, 426, 427 m. zust. Anm. Goette ebd., S. 427, 428.

noch als Kreditsicherheit geeignet waren oder wo im Vermögen der Gesellschaft noch stille Reserven vorhanden sein sollten.[274] Relevante Anhaltspunkte für das Vorhandensein stiller Reserven können sich auch aus dem Jahresabschluss der Gesellschaft ergeben.[275]

2. Sonderfälle (Kenntnis der Krise, Ausscheiden des Gesellschafters)

Darüber hinaus kann in bestimmten Fällen eine Beweislastumkehr geboten sein, wo es z.B. um bestimmte Kenntnisse oder subjektive Erfordernisse geht.[276] So trägt der Gesellschafter insbesondere die Beweislast für die fehlende Kenntnis bzw. Erkennbarkeit der Krise der Gesellschaft im Falle stehengelassener Gesellschafterleistungen.[277]

Der Nachweis einer eigenkapitalersetzenden Gesellschafterleistung muss hinsichtlich der Gesellschafterstellung nicht zwingend für den Zeitpunkt der Umqualifizierung geführt werden. Ist ein Treugeber als wirtschaftlicher Eigentümer des Geschäftsanteils einem unmittelbaren Gesellschafter gleichzustellen,[278] so ist er für den behaupteten späteren Wegfall seiner (mittelbaren) Gesellschafterstellung im Zeitpunkt der eigenkapitalersetzenden Darlehensgewährung beweispflichtig.[279]

---

274 BGH NJW 1997, 3171, 3172 = ZIP 1997, 1648, 1650 = EWiR 1997, 893 (Pape); NJW 1998, 1143, 1144 = NZG 1998, 223, 224 m. Anm. v. Reinersdorff = DStR 1998, 426, 427 m. Anm. Goette = EWiR 1997, 179 (v. Gerkan); GmbHR 1999, 973, 974 m. Anm. Brauer ebd., S. 975 = NJW 1999, 3120, 3121; vgl. Baumbach/Hueck/Fastrich, § 32a Rn. 52; Scholz/Karsten Schmidt, §§ 32a, 32b Rn. 56.

275 BGH GmbHR 1999, 973, 974 m. Anm. Brauer ebd., S. 975 = NJW 1999, 3120, 3121; NJW-RR 2001, 1043 f. = GmbHR 2001, 473; Lutter/Hommelhoff, §§ 32a, b Rn. 90; Scholz/Karsten Schmidt, §§ 32a, 32b Rn. 56; vgl. aber BGH GmbHR 1997, 501, 503 (nur allg. Hinweis auf stille Reserven ohne konkrete Bezeichnung und Bewertung).

276 Hachenburg/Ulmer, § 32a,b Rn. 64; Scholz/Karsten Schmidt, §§ 32a, 32b Rn. 56; zurückhaltend Roth/Altmeppen, § 32a Rn. 55.

277 BGHZ 75, 334, 339; NJW 1992, 1764, 1766; BGHZ 127, 336, 346 f.; NJW 1996, 722, 723 = EWiR 1996, 171 (v. Gerkan); NJW 1998, 3200, 3201; OLG Koblenz ZInsO 2004, 1037, 1039; Lutter/Hommelhoff, §§ 32a, 32b Rn. 90; Pape, ZIP 1996, 1409, 1412; Saenger, GmbHR 1999, 837, 840; Scholz/Karsten Schmidt, §§ 32a, 32b Rn. 56; Uhlenbruck/Hirte, § 136 Rn. 51; Weisang, WM 1997, 197, 209.

278 Vgl. dazu bereits BGHZ 31, 258, 266 f.; 75, 334, 335 f.; 95, 188, 193; Handbuch-KapErsR/Johlke/Schröder, Rn. 5.10 ff.

279 BGH NJW 1219, 1220; Hachenburg/Ulmer, § 32a,b Rn. 64a; Roth/Altmeppen, § 32a Rn. 55; Scholz/Karsten Schmidt, §§ 32a, 32b Rn. 56. Nach Martens, EWiR 1989, 369, 370 ergibt sich dies bereits aus allgemeinen Beweislastregeln.

3. Die Bedeutung des „Verlangens" nach Gesellschaftersicherheiten für die Feststellung ihrer Kapitalersatzfunktion

Bei der Gesellschaftersicherheit für eine Verbindlichkeit der Gesellschaft sind die (hypothetische) Kapitalersatzfunktion des Drittdarlehens sowie die Kapitalersatzfunktion der Gesellschaftersicherheit im Zusammenhang zu würdigen.[280] Für den Nachweis der Kapitalersatzfunktion einer Gesellschaftersicherheit kommt es darauf an, ob der Kredit des Dritten auch ohne die Gesellschaftersicherheit zu marktüblichen Konditionen gewährt worden wäre.[281] Zwei Konstellationen sind dabei nicht nur von praktischer Bedeutung, sondern auch schwierig zu beurteilen: die gleichzeitige Besicherung eines Kredits durch Sicherheiten aus dem Vermögen der Gesellschaft und des Gesellschafters sowie die Hereinnahme von Gesellschaftersicherheiten (insbesondere Bürgschaften) aufgrund der Geschäftsgepflogenheiten der Banken.[282] Ein Kreditinstitut, das einer GmbH ein Darlehen gewährt, hat nach ständiger Rechtsprechung grundsätzlich ein berechtigtes Interesse an der persönlichen Haftung ihrer Gesellschafter. Die gängige Bankpraxis, bei der Gewährung von Gesellschaftskrediten Bürgschaften der Gesellschafter zu verlangen, ist deshalb rechtlich nicht zu beanstanden.[283]

a) BGH-Rechtsprechung

Der BGH hat dazu überzeugend ausgeführt, dass die allgemeine Gepflogenheit von Banken, Kredite nur bei Stellung von Sicherheiten der Gesellschafter zu gewähren, allein nicht den Schluss auf die Kreditunwürdigkeit der Gesellschaft zulasse.[284] Die Entscheidung vom 28.9.1987[285] wies die Besonderheit auf, dass die neben der Bürgschaft des Gesellschafters zur Sicherung der Bankdarlehen bestellten Grundschulden an Grundstücken der Gesellschaft bereits zur Befriedigung der Bank ausreichten. Dieses genügte aber

280 BGH NJW 1996, 722; Michalski/Heidinger, §§ 32a, 32b Rn. 139 Fn. 379; Scholz/Karsten Schmidt, §§ 32a, 32b Rn. 150.

281 BGH NJW 1988, 824 = EWiR 1988, 67 (Fleck); NJW 1998, 1143 = NZG 1998, 223 m. Anm. v. Reinersdorff = EWiR 1998, 179 (v. Gerkan); HandbuchKapErsR/Fleischer, Rn. 6.12; Michalski/Heidinger, §§ 32a, 32b Rn. 139.

282 Geßler, ZIP 1981, 228, 230 spricht in diesem Zusammenhang von der möglichen „Anerkennung der fehlenden Kreditfähigkeit der GmbH."

283 BGHZ 137, 329, 336 (auch für Strohmanngesellschafter); NJW 2003, 967, 968 m. w. N.

284 BGH NJW 1988, 824 = EwiR 1988, 67 (Fleck); vgl. BGH GmbHR 1997, 501, 503; NJW 1998, 1143 = NZG 1998, 223 m. Anm. v. Reinersdorff = EWiR 1998, 179 (v. Gerkan); OLG Köln ZIP 1989, 523, 527 = EWiR 1989, 589 (Johlke); HandbuchKapErsR/Fleischer, Rn. 6.13; Pape, ZIP 1996, 1409, 1411; Saenger, GmbHR 1999, 837, 841.

285 BGH NJW 1988, 824 = EwiR 1988, 67 (Fleck).

ex post nicht für die Feststellung der Kreditwürdigkeit, weil hierfür der Beleihungswert und etwaige Vorbelastungen der Gesellschaftsgrundstücke bezogen auf den Zeitpunkt der Kreditgewährung bzw. Verlängerung maßgeblich sind.[286] Soweit danach aber ausreichende Sicherheiten im Vermögen der Gesellschaft vorhanden sind, soll nach Ansicht des BGH das Verlangen der Hausbank nach Gesellschaftersicherheiten aufgrund fehlenden Zutrauens in die Fähigkeiten der Geschäftsführung die Kreditunwürdigkeit nicht indizieren. In diesem Falle habe vielmehr die Gesellschaft bzw. der Insolvenzverwalter darzulegen, dass dieser Umstand auch für andere (bislang) unbeteiligte Kreditgeber Anlass gewesen wäre, den Kredit zu verweigern bzw. von zusätzlichen Sicherheiten der Gesellschafter abhängig zu machen.[287] Derartige Fälle hält der BGH dabei zwar ausdrücklich für „denkbar“,[288] doch wird in den Urteilsgründen sowohl materiell als auch prozessual (Darlegungs- bzw. Beweislast) die in der Regel ausschlaggebende Bedeutung der Sicherheiten- bzw. Vermögenssituation der Gesellschaft deutlich.

In der Entscheidung vom 17.11.1997 hat der BGH zur Darlegungs- und Beweislast hinsichtlich der Kreditunwürdigkeit erklärt, dass der Konkurs- (bzw. Insolvenz-) Verwalter nicht alle denkbaren, sondern nur die von den Gesellschaftern substantiiert behaupteten Möglichkeiten einer Kreditbesicherung mit gesellschaftseigenen Mitteln zu wiederlegen habe.[289] Ob allein das Verlangen nach Gesellschaftersicherheiten als Beleg für die Kreditunwürdigkeit herangezogen werden kann, hat der BGH dabei nicht eindeutig entschieden.[290] Im konkreten Fall, den der BGH zum zweiten Mal in die Vorinstanz zurückverwies,[291] bestanden schon seit längerem Gesellschafter-

---

286 Vgl. auch BGH NJW 1985, 2719, 2720; NJW 1992, 1169, 1170; OLG Köln ZIP 1989, 523, 527 = EWiR 1989, 589 (Johlke).

287 BGH NJW 1988, 824 = EwiR 1988, 67 (Fleck).

288 Näher Fleck, EWiR 1988, 67, 68.

289 BGH NJW 1998, 1143 = NZG 1998, 223 m. zust. Anm. v.Reinersdorff ebd., S. 224 f. = DStR 1998, 426 m. zust. Anm. Goette ebd., S. 427, 428; zust. v.Gerkan, EWiR 1998, 179 f.; vgl. BGH NJW 1997, 3171, 3172 = ZIP 1997, 1648, 1650 m. zust. Anm. Pape, EWiR 1997, 893, 894; NJW 1999, 3120 = GmbHR 1999, 973 m. Anm. Brauer; Pape, ZIP 1996, 1409. 1415.

290 v.Reinersdorff, NZG 1998, 224, 225.

291 Vgl. v.Gerkan, EWiR 1998, 179; Goette, DStR 1998, 427; erste Revisionsentscheidung: BGH NJW 1996, 720 = ZIP 1996, 275 = EWiR 1996, 217 (Fleck). Die Deutung der Beweislastverteilung in der ersten Revisionsentscheidung durch HandbuchKapErsR/Johlke/Schröder, Rn. 14.65 ist missverständlich, weil der BGH auch in diesem Urteil die Stellung von Gesellschaftersicherheiten selbst nicht als „Krisenindikator“ bezeichnete, sondern dafür auf eine Vielzahl wirtschaftlicher Umstände abstellte (Verlust des Stammkapitals, Zahlungsrückstände bei Löhnen etc.).

sicherheiten (Bürgschaft, Grundschuld) für Bankverbindlichkeiten der Gesellschaft. Die Gesellschaft, deren Stammkapital überwiegend verbraucht war,[292] benötigte eine Erhöhung des – zuvor bereits überzogenen – Kreditrahmens. Hierfür verlangte die Bank zunächst eine weitere Grundschuld des Gesellschafters und bewilligte schließlich den erhöhten Kredit gegen Weiterbelassung der bestehenden Gesellschaftersicherheiten.

Der BGH führte aus, allein der Verzicht auf „neue" Sicherheiten spreche nicht für die Kreditwürdigkeit der Gesellschaft, da sich diese nach objektiven Marktbedingungen[293] und nicht nach einem punktuellen Entgegenkommen eines einzelnen Kreditsachbearbeiters beurteile. Angesichts der wirtschaftlichen Situation der Gesellschaft,[294] die selbst über keine Grundstücke verfügte und deren sonstige Besicherungsmöglichkeiten zweifelhaft waren, entsprach das Verlangen nach Belassung der Gesellschaftersicherheiten dem legitimen Absicherungsinteresse der Bank. Dieses indiziere die Kreditunwürdigkeit jedenfalls im Zeitpunkt der Kreditverlängerung.[295]

b) Ältere Literatur (Indizwirkung mit Beweislastumkehr)

Eine ältere Ansicht in der Literatur[296] geht von einer grundsätzlichen Indizwirkung der Gesellschafterbesicherung für die Kreditunwürdigkeit der Gesellschaft aus. Diese könne auch nicht allein durch den Einwand entkräftet werden, dass dieses den „allgemeinen Gepflogenheiten" des Kreditgebers entspreche. Dem entsprechen im Ergebnis auch einzelne Entscheidungen in der jüngeren Rechtsprechung,[297] die dem Gesellschafter die volle Beweislast

292 BGH NJW 1998, 1143, 1144 = NZG 1998, 223, 224 m. Anm. v. Reinersdorff = DStR 1998, 426, 427 m. Anm. Goette.

293 Vgl. auch BGH NJW 1992, 1169.

294 Mit dieser beschäftigte sich bereits die erste Revisionsentscheidung BGH NJW 1996, 720 eingehend; vgl. auch die Anm. von Fleck, EWiR 1996, 217 f.

295 BGH NJW 1998, 1143 = NZG 1998, 223, 224 m. Anm. v. Reinersdorff.

296 Hachenburg/Ulmer, § 32a,b Rn. 133; vgl. Rowedder/Schmidt-Leithoff/Pentz, § 32a Rn. 176 (aber teilweise widersprüchlich zu Rn. 42).

297 OLG Frankfurt a.M. NZG 2000, 546, 548 = DStR 2000, 1576 (LS) m. Anm. Haas ebd.; vgl. OLG München NZG 1999, 603; LG Kiel ZIP 2001, 978, 979. Haas (aaO.) interpretiert die Entscheidung des OLG Frankfurt a.M. als auf der Linie der h.M., weil das Gericht auch auf andere Indizien (Liquiditätsengpass) abstellte. Inhaltlich gehen die Urteilsgründe aber wohl doch weiter, weil sie im Zusammenhang mit der Indizwirkung der Sicherheitenbestellung von einer Beweislastumkehr zu Lasten des beklagten Gesellschafters sprechen (vgl. HandbuchKapErsR/Johlke/Schröder, Rn. 14.65). Ähnlich lag der Fall des OLG München, wo nach der apodiktischen Feststellung, die mangelnde Kreditunwürdigkeit der GmbH folge daraus, dass die Bank die Krediterhöhung von einer werthaltigen Gesellschaftersicherheit abhängig mach-

für eine lediglich gewohnheitsmäßig erfolgte Sicherheitenbestellung auferlegen wollen.

c) Herrschende Literatur (keine alleinige Indizwirkung)

Die Besicherung durch einen Gesellschafter begründet – jedenfalls für sich allein – nach der dem BGH folgenden herrschenden Meinung in der Literatur keine Indizwirkung für die Kreditunwürdigkeit der Gesellschaft.[298] Dagegen spreche die Häufigkeit, mit der Gläubiger derartige Gesellschaftersicherheiten (insbesondere Bürgschaften) gewohnheitsmäßig verlangten.[299] Soweit der Gesellschafterbesicherung deshalb allenfalls eine sehr eingeschränkte Indizwirkung zuerkannt wird, bedürfe es aber zumindest weiterer Umstände, um von einer Kreditunwürdigkeit ausgehen zu können.[300] Auf der Grundlage der herrschenden Meinung kann jedenfalls allein die Besicherung eines Drittdarlehens an die Gesellschaft durch den Gesellschafter noch nicht zu einer Beweislastumkehr hinsichtlich der Kreditwürdigkeit zu Lasten des Gesellschafters führen.[301]

d) Stellungnahme

Festzuhalten ist zunächst, dass die Gesellschaftersicherheit bzw. das Verlangen danach von Seiten eines Drittkreditgebers als notwendige Tatbestandsvoraussetzung der eigenkapitalersetzenden Gesellschaftersicherung neben der Kreditunwürdigkeit steht. Erst letztere entscheidet darüber, ob die in

te, darauf hingewiesen wurde, dass der beklagte Gesellschafter eine Vermögensverbesserung nicht dargetan habe, vielmehr sich die Vermögenslage der GmbH weiter verschlechtert habe (Kassenpfändung, Stundungsschreiben etc.).

298 Geißler, GmbHR 1996, 565, 568; Geßler, ZIP 1981, 228, 230; Fleck, FS Werner, S. 107, 118; Pape, ZIP 1996, 1409, 1411; Baumbach/Hueck/Fastrich, § 32a Rn. 66; HandbuchKapErsR/Johlke/Schröder, Rn, 14.65; vgl. BGH NJW 1987, 1080, 1081; NJW 1988, 824 = EWiR 1988, 67 (Fleck); GmbHR 1997, 501, 503; OLG Köln, ZIP 1989, 523, 527; wohl auch Scholz/Karsten Schmidt §§ 32a, 32b Rn. 41.

299 Geißler, GmbHR 1996, 565, 568; v. Reinersdorff, NZG 1998, 224, 225.

300 Vgl. BGH NJW 1988, 824; GmbHR 1997, 501, 503; OLG Hamburg ZIP 1986, 1113, 119; OLG Köln ZIP 1989, 523, 527 = EWiR 1989, 589 (Johlke); OLG Düsseldorf GmbHR 2001, 474, 475; Baumbach/Hueck/Fastrich, § 32a Rn. 66.

301 Vgl. BGH NJW 1988, 824; Geißler, GmbHR 1996, 565, 569; Geßler, ZIP 1981, 228, 230; Pape, ZIP 1996, 1409, 1411; wohl auch HandbuchKapErsR/Johlke/Schröder, Rn. 14.65. In den der Gegenansicht zugeordneten Gerichtsentscheidungen OLG München NZG 1999, 603 und OLG Frankfurt a.M. NZG 2000, 546 = DStR 2000, 1576 (LS) m. Anm. Haas lagen weitere erhebliche Krisenindikatoren vor, so dass die Frage dort nicht eindeutig entschieden werden musste.

„guten Zeiten“ nicht zu beanstandende Gesellschafterleistung[302] zu Eigenkapitalersatz umqualifiziert wird.[303] Damit wäre eine Indizwirkung der Gesellschafterbesicherung für die Kreditunwürdigkeit der Gesellschaft also kaum vereinbar.[304] Entscheidend ist vielmehr die wirtschaftliche Situation der Gesellschaft und deren etwaige Blankokreditwürdigkeit oder Fähigkeit, den Kredit aus eigenem Vermögen ausreichend zu besichern.[305]

Ist danach eine Indizwirkung des Verlangens nach einer Gesellschafterbesicherung für die Kreditunwürdigkeit grundsätzlich abzulehnen,[306] so spricht dieses selbstverständlich nicht automatisch dagegen, die *Freigabe einer Gesellschaftersicherheit* durch den Kreditgeber als (positives) Indiz für die Kreditwürdigkeit der Gesellschaft zu werten.[307] In diesem Falle wird die entscheidende Abgrenzungsfrage, ob der Kreditgeber das Darlehen auch ohne die Gesellschaftersicherheit (weiter) gewährt hätte, nicht nur aufgrund einer Hypothese, sondern durch die „Realität“ positiv beantwortet. Denn eine Freigabe wird grundsätzlich nur erfolgen, wenn der Kreditgeber nach entsprechender Prüfung von einer ausreichenden Besicherung aus dem Vermögen der Gesellschaft und damit auch von ihrer Kreditwürdigkeit überzeugt ist.

Die eigenkapitalersatzrechtliche Relevanz des sogenannten „gewohnheitsmäßigen Verlangens“ nach Gesellschaftersicherheiten für Kredite an eine GmbH ist daher differenziert zu beurteilen. Geht es der Bank routinemäßig darum, ein sichtbares Zeichen der „Identifikation“ des Gesellschafters mit „seiner“ GmbH zu erhalten, obwohl die wirtschaftliche Situation und die „Sicherheitenlage“ (unbelastetes Vermögen) der Gesellschaft hierzu keinen Anlass geben, so kann dieses eine Kreditunwürdigkeit nicht begründen.[308] Wegen der Verbreitung dieser Praktiken und weil die Sicherheitenbestellung

302 Vgl. BGHZ 75, 334, 337; 76, 326, 330 = NJW 1980, 1524, 1525; Baumbach/Hueck/Fastrich, § 32a Rn. 2–3; HandbuchKapErsR/Hommelhoff, Rn. 2.10, 2.14 ff.; Scholz/Karsten Schmidt, §§ 32a, 32b Rn. 4.

303 Saenger, GmbHR 1999, 837, 841.

304 Wobei die h. M. regelmäßig zu demselben Ergebnis gelangt, soweit sie den Einwand der „Banküblichkeit“ zur Entkräftung der Indizwirkung ausreichen läßt und hierfür vom Gesellschafter auch nicht positiv den Nachweis z. B. eigener Sicherheiten der Gesellschaft verlangt (so aber OLG Frankfurt a.M. NZG 2000, 546, 548).

305 Vgl. BGH NJW 1998, 1143, 1444 = NZG 1998, 223, 224 m. Anm. v. Reinersdorff = EWiR 1998, 179 (v. Gerkan); Geißler, GmbHR 1996, 565, 569.

306 Geißler, GmbHR 1996, 565, 568; Beck'schesHdB-GmbH/Jung, § 8 Rn. 273.

307 Vgl. OLG Hamburg ZIP 1990, 1262, 1263 f. m. zust. Anm. Gehling, EWiR 1990, 1095, 1096; HandbuchKapErsR/Fleischer, Rn. 6.13; Lutter/Hommelhoff, §§ 32a,b Rn. 32; zurückhaltend Hunecke, WuB II G § 30 GmbHG 1.91.

308 Geißler, GmbHR 1996, 565, 568 f.; vgl. Goette, § 4 Rn. 79; BGH NJW 1987, 1080, 1081; NJW 1988, 824 = EWiR 1988, 67 (Fleck); NJW-RR 1990, 230, 231.

notwendiges Tatbestandsmerkmal der eigenkapitalersetzenden Gesellschafterbesicherung ist, kann dem „Verlangen“ nach Gesellschaftersicherheiten deshalb nicht zugleich eine Indizwirkung hinsichtlich der Kreditunwürdigkeit der Gesellschaft zukommen. Die Freigabe von Gesellschaftersicherheiten ist dagegen grundsätzlich ein positives Indiz für die (wiedererlangte) Kreditwürdigkeit der Gesellschaft, weil die weitere Darlehensgewährung dann blanko bzw. aufgrund eigener Sicherheiten der Gesellschaft erfolgt.

II. Wegfall von Tatbestandsvoraussetzungen – insbesondere Überwindung der Krise

1. Grundsatz: Beweislast des Gesellschafters

Hat die Gesellschaft bzw. der Insolvenzverwalter die Voraussetzungen einer eigenkapitalersetzenden Gesellschafterleistung ausreichend dargelegt und bewiesen, so obliegt es dem Gesellschafter, einen späteren Wegfall der Anspruchsvoraussetzungen, insbesondere die Überwindung der Krise der Gesellschaft zu beweisen.[309] Ausnahmsweise soll die Beweislast auch für den Wegfall der eigenkapitalersetzenden Funktion bei der Gesellschaft liegen, wenn der Gesellschafter inzwischen aus der Gesellschaft ausgeschieden ist und keinen Einblick mehr in deren Vermögensverhältnisse hat.[310] Nach seinem Ausscheiden trägt der vormalige Gesellschafter grundsätzlich keine Finanzierungsverantwortung mehr, so dass eine erst danach eintretende Krise nicht mehr zur eigenkapitalersatzrechtlichen Sperre führen kann.[311] Bis zu diesem Zeitpunkt wirkt aber andererseits auch die Vermutung für die Fort-

---

309 BGHZ 90, 370, 381 = NJW 1984, 1891, 1893; NJW 1989, 1219, 1220 = EWiR 1989, 369 (Martens); WM 1990, 182, 184; vgl. GmbHR 1997, 501, 502; OLG München GmbHR 1991, 530, 531; Hachenburg/Ulmer, § 32a,b Rn. 64a; Lutter/Hommelhoff, §§ 32a,b Rn. 90; Roth/Altmeppen, § 32a Rn. 55; Scholz/Karsten Schmidt, §§ 32a, 32b Rn. 56.

310 So BGH WM 1990, 182, 184; anders BGH GmbHR 1997, 501, 502 (für den Fall eines gekündigten aber noch nicht ausgeschiedenen Gesellschafters); vgl. Handbuch-KapErsR/Johlke/Schröder, Rn. 14.52 (ebenso im Falle der Zession); HK-GmbHR/Bartl, § 32b Rn. 7a; OLG Celle NZG 2000, 145, 146 = DStR 2000, 698 (LS) m. Anm. Haas ebd., S. 698 f. (der aber für die Novellenregeln unter Hinweis auf BGHZ 90, 370, 381 eine Fortdauer der Krise vermutet). Das Urteil des OLG Celle aaO. wurde – aus anderen Gründen – vom BGH (NJW-RR 2001, 1043 = GmbHR 2001, 473) aufgehoben und zurückverwiesen. Zum unmittelbaren Anspruch aus § 31 GmbHG gegen einen ausgeschiedenen Gesellschafter vgl. BGH NJW 1988, 139, 140 (nur bezüglich Wegfall des Erstattungsanspruchs inzwischen aufgegeben von BGHZ 144, 336, 341; vgl. dazu Roth/Altmeppen, § 31 Rn. 12; Karsten Schmidt GesR, S. 1139).

311 BGH NJW-RR 2001, 1043 = GmbHR 2001, 473.

dauer einer einmal dargelegten und bewiesenen Kreditunwürdigkeit fort. Kommt es in engem zeitlichen Zusammenhang mit dem Ausscheiden des Gesellschafters zum Streit um die Rückforderung seiner Gesellschafterleistungen und behauptet dieser, die Gesellschaft habe die Krise nach seinem Ausscheiden nachhaltig überwunden, so sind an die Beweislast der Gesellschaft aber jedenfalls keine zu hohen Anforderungen zu stellen, um einem etwaigen „prozesstaktischen Missbrauch" vorzubeugen.[312]

2. Nachweis der „andauernden" Krise bei regelmäßigen Zahlungen an den Gesellschafter?

Von der Umqualifizierung verschiedener Leistungen zu unterscheiden ist die sukzessive Rückgewähr derselben Gesellschafterleistung oder z.B. die regelmäßige Mietzinszahlung oder ratenweise Darlehenstilgung an den Gesellschafter über einen längeren Zeitraum. Ist hier der Nachweis für die ursprüngliche Umqualifizierung erbracht, könnte die einmal nachgewiesene Krise der Gesellschaft – unter Umständen auch nur vorübergehend – entfallen und damit für einen Teil der an den Gesellschafter erfolgten (Rück-) Zahlungen eine Entsperrung eingetreten sein.

Nach einigen Stimmen in der Literatur[313], die sich dabei auf einen Beschluss des BGH[314] berufen, soll hier die Kreditunwürdigkeit entgegen der allgemeinen Regel für jeden einzelnen Auszahlungszeitpunkt erneut festgestellt wer-

312 Innerhalb der ersten Monate nach dem Ausscheiden sollte es genügen, wenn die Gesellschaft im Rahmen der auch dem Gesellschafter gegenüber zu erteilenden Auskünfte (§ 51a GmbHG) darlegt, dass sich seit dem Ausscheiden des Gesellschafters die wirtschaftliche Situation der Gesellschaft nicht wesentlich verbessert hat. Im übrigen sollte es dann dem ehemaligen Gesellschafter obliegen, konkret darzulegen, wodurch es zu einer nachhaltigen Überwindung der Krise gekommen sein soll. Entsprechendes sollte auch im Falle der Abtretung der Forderung gelten.

313 Baumbach/Hueck/Fastrich, § 32a Rn. 52; Lutter/Hommelhoff, §§ 32a,b Rn. 22, 90; Goette, DStR 1999, 553, 554 f.; ders., DStR 2001, 139, 140; wohl auch Haas, DStR 2000, 1576, 1577 (zumindest für Rechtsprechungsregeln); vgl. auch BGH NJW 2001, 1136 = DStR 2001, 139 = GmbHR 2001, 197, 198 m. zustimmender Anm. Bormann ebd., S. 198, 199; OLG Brandenburg NZG 1998, 306, 307 (mit teilw. verfehlter Begrifflichkeit: „... zum Zwecke der Prüfung der Zahlungsunfähigkeit zu erstellende Bilanz").

314 BGH DStR 1999, 553 (LS) m. Anm. Goette ebd., S. 553, 554 f. Nach der Anmerkung von Goette betraf der Beschluss aber einen Fall, in dem schon der ursprüngliche Beweis der Krise fraglich war und zwischenzeitlich eine Kapitalerhöhung erfolgte, so dass es, weil nur Ansprüche nach den Rechtsprechungsregeln in Betracht kamen, zudem am Nachweis der hierfür erforderlichen Unterbilanz mangelte. Für letztere mag in der Tat eine differenzierende Betrachtung der Beweislast angebracht sein, obgleich etwa Goette aaO. insoweit keinen Unterschied macht.

den müssen. Zur Begründung wird dabei auf die dynamische und nicht notwendig in eine Richtung gehende Gesellschaftsentwicklung verwiesen.[315]

Diese Erwägung allein vermag eine Abweichung von der allgemeinen Beweislastverteilung, wonach den Wegfall der einmal eingetretenen Krise grundsätzlich der Gesellschafter darzulegen und zu beweisen hat,[316] aber nicht überzeugend zu begründen. Außerdem wird von Vertretern dieser Ansicht bei Ansprüchen nach den Rechtsprechungsregeln nicht zwischen der Fortdauer der Krise und dem Nachweis der zusätzlich erforderlichen Unterbilanz im Zeitpunkt der Leistung an den Gesellschafter differenziert.[317] Für das besondere Erfordernis der Unterbilanz wäre eine andere Beweislastverteilung noch eher zu rechtfertigen. Nimmt man aber den vom Novellengesetzgeber ja gewollten Gleichlauf der Legaldefinition der Krise mit dem von der Rechtsprechung entwickelten Kriterium der Kreditunwürdigkeit[318] ernst, so sollte zumindest für übereinstimmende Tatbestandsvoraussetzungen (Krise bzw. Kreditunwürdigkeit) auch die Beweislastverteilung grundsätzlich identisch sein.[319]

Eine abweichende beweisrechtliche Behandlung sukzessiver Rückzahlungen an den Gesellschafter unter dem Gesichtspunkt einer *ständig schwankenden Geschäftsentwicklung* ist aber auch sachlich nicht gerechtfertigt, denn auch bei einer kompletten Darlehensrückzahlung kann gerade im Zeitpunkt der Rückzahlung die frühere Krise der Gesellschaft beendet sein. Es geht aber bei der Beweislastverteilung nicht um die Frage, ob eine einmal eingetretene Kapitalersatzfunktion wieder entfallen kann – dies ist in beiden Fällen möglich –, sondern um die sachgerechte Verteilung des Beweisrisikos im Prozess. Dieses ist durch die allgemeinen Regeln angemessen gewährleistet. Eine Abweichung hiervon birgt allenfalls die Gefahr des Missbrauchs, wenn sich Gesellschafter ihre Leistungen absichtlich in Raten statt in einer Summe

315 Lutter/Hommelhoff, §§ 32a,b Rn. 22. Andererseits befürworten Lutter/Hommelhoff, §§ 32a,b Rn. 93 eine unwiderlegliche Vermutung der Fortdauer der Eigenkapitalersatzfunktion im Rahmen der Novellenregeln.

316 Vgl. BGHZ 90, 370, 381 = NJW 1984, 1891, 1893; NJW 1989, 1219, 1220 = EWiR 1989, 369 (Martens); WM 1990, 182, 184; OLG München GmbHR 1991, 530, 531; Roth/Altmeppen, § 32a Rn. 55; h. M.

317 Vgl. Bormann, GmbHR 2001, 198, 199; Goette, DStR 1999, 553, 554 f.; Haas, DStR 2000, 1576, 1577; OLG Brandenburg NZG 1998, 306, 307.

318 Vgl. nur Goette, § 4 Rn. 18.

319 Diesem Dilemma wollen HandbuchKapErsR/Johlke/Schröder, Rn. 14.74 f. mit diversen Beweiserleichterungen für die Gesellschaft begegnen, um so einen „Gleichlauf mit der Beweislastverteilung bei der Kreditunwürdigkeit der Gesellschaft“ herzustellen. Das zielt aber primär auf die Feststellung einer Unterbilanz, greift aber für die Frage der Kreditunwürdigkeit zu kurz.

zurückzahlen lassen, um damit im Prozess von einer günstigeren Beweislastverteilung zu profitieren.

Auch im Falle der kontinuierlichen Rückgewähr einer kapitalersetzenden Gesellschafterleistung (z.B. in Monatsraten) muss daher grundsätzlich der Gesellschafter darlegen und beweisen, dass eine einmal eingetretene Krise der Gesellschaft bei Rückzahlung nicht mehr vorhanden war.

3. Die Bedeutung von § 32b GmbHG für die Feststellung der fortdauernden Eigenkapitalersatzfunktion

Umstritten ist, welche Bedeutung dem § 32b GmbHG für die Frage der Fortdauer einer Krise – zumindest im Rahmen der Novellenregeln – zukommt. Wie bereits dargelegt, muss der Gesellschafter nach allgemeinen Grundsätzen den Wegfall einer einmal eingetretenen Krise der Gesellschaft beweisen. Insoweit besteht zumindest eine widerlegliche Vermutung für die Fortdauer der Krise.

a) Rechtsprechung (BGHZ 90, 370)

Darüber hinaus geht der BGH unter Hinweis auf die Gesetzesbegründung in seinem Grundsatzurteil zur Fortgeltung der Rechtsprechungsregeln vom 26.3.1984 für den Bereich der gesetzlichen Eigenkapitalersatzbestimmungen (obiter dictum) davon aus, dass § 32b GmbHG sogar eine unwiderlegliche Vermutung für die Fortdauer der Eigenkapitalersatzfunktion einer innerhalb der Jahresfrist eigenkapitalersetzend gewährten Gesellschafterleistung enthalte:[320]

> „So begründet die Frist der §§ 32b GmbHG, § 32a Satz 2 KO, § 3b Satz 2 AnfG die unwiderlegbare Vermutung, daß ein Gesellschafterdarlehen, das bei der Hergabe Eigenkapital ersetzen mußte, diese Funktion auch noch im Zeitpunkt der Rückzahlung hatte …“

Nur im Bereich der Rechtsprechungsregeln stehe dem Gesellschafter der Gegenbeweis offen, das Darlehen habe im Zeitpunkt der Rückzahlung keine kapitalersetzende Funktion mehr gehabt.[321]

---

320 BGHZ 90, 370, 381 = NJW 1984, 1891, 1893; zustimmend OLG Frankfurt a.M. NZG 2000, 546, 548 = DStR 2000, 1576 (LS) m. Anm. Haas.; OLG Hamm ZIP 2004, 1153 = OLG-Report 2004, 46, 47 (zu § 135 Nr. 2 InsO – n.rkr.); v.Gerkan, GmbHR 1990, 384, 388 (abweichend aber v.Gerkan ZGR 1997, 173, 200); Haas, DStR 2000, 698, 699; ders., DStR 2000, 1576, 1577; Lutter/Hommelhoff, §§ 32a,b Rn. 93; Weisang, WM 1997, 197, 209; offen gelassen OLG Karlsruhe ZIP 1989, 588, 591.

321 BGHZ 90, 370, 381 = NJW 1984, 1891, 1893.

b) Gegenansicht in der Literatur

Die Gegenansicht in der Literatur[322] sieht dagegen in Wortlaut und Gesetzesbegründung keine Grundlage für eine so weitgehende Verschärfung der Beweislast. Ist die Krise überwunden und damit die Kapitalersatzfunktion eines Darlehens entfallen, so verstoße die Rückzahlung weder gegen § 31 GmbHG noch gegen die Novellenregeln. Dass solches innerhalb eines Jahres erfolgt, weil die Insolvenz auf plötzlichen und unerwarteten Entwicklungen nach der Darlehensrückzahlung beruht, werde zwar meistens ein eher theoretischer Fall bleiben, rechtfertige aber nicht eine diesbezügliche unwiderlegliche Vermutung zu Lasten des Gesellschafters.[323]

c) Stellungnahme

Dem Wortlaut von § 32b GmbHG nach bezieht sich die Jahresfrist als eine zeitliche Begrenzung auf den Zeitpunkt Rückzahlung des eigenkapitalersetzend besicherten Darlehens. Dabei wird auf die eigentlich eigenkapitalersetzende Handlung – nämlich die (kapitalersetzende) Besicherung – nur verwiesen („... im Fall des § 32a Abs. 2, 3 ...“). Schon der Wortlaut des Gesetzes lässt daher an der von der Rechtsprechung angenommenen unwiderleglichen Vermutung für die Fortdauer einer Krise innerhalb des letzten Jahres vor Insolvenzantrag zweifeln. Die Begründung des Regierungsentwurfs von 1977[324] zur Jahresfrist in § 32b GmbHG lautet insoweit:

> „Ist die Befriedigung oder die Aufrechnung früher als ein Jahr vor Eröffnung des Konkursverfahrens erfolgt, so kann davon ausgegangen werden, daß dies nicht mehr im Hinblick auf ein drohendes Konkursverfahren geschehen ist. Hingegen soll die Bestellung einer Sicherheit ohne die zeitliche Begrenzung des Absatzes 2 (...) als den Konkursgläubigern gegenüber unwirksam angefochten werden können.“

Dem unmittelbaren Wortlaut nach spricht die Regierungsbegründung gar nicht von einer Vermutung zugunsten des Fortbestehens einer Krise, sondern begründet allenfalls die *tatsächliche Befristung des Anspruchs* auf Leistungen innerhalb eines Jahres vor Konkurseröffnung (§ 32b GmbHG n.F.: 1 Jahr vor Insolvenzantrag). Auch sollte wohl der Gegensatz zu der seinerzeit vorgesehenen Regelung über die Anfechtung von Sicherheiten hervorgehoben werden. Für eine gesetzlich angeordnete unwiderlegliche

---

322 Geßler, ZIP 1981, 228, 233; Scholz/Karsten Schmidt, §§ 32a, 32b Rn. 54; ders. ZGR 1980, 567, 577 f.; Roth/Altmeppen, § 32a Rn. 51; Rowedder/Schmidt-Leithoff/Pentz, § 32a Rn. 66; wohl auch Willemsen/Coenen, DB 2001, 910, 912 Fn. 24.

323 Vgl. Karsten Schmidt, ZGR 1980, 567, 578; Roth/Altmeppen, § 32a Rn. 51.

324 Begr. RegE 1977, BT-Drs. 8/1347, S. 41.

Vermutung gibt der Passus „kann davon ausgegangen werden" auch deshalb nichts her, weil die in der Formulierung enthaltene Andeutung, die länger als ein Jahr zurückliegende Rückgewähr der Leistung an den Gesellschafter habe nichts mehr mit dem späteren Konkurs zu tun, sich als typisch anfechtungsrechtliche und gerade nicht kapitalersatzrechtliche Erwägung erweist. Denn selbstverständlich kann die Gesellschaft sich auch vorher in einer „Krise" befunden haben und diese kann sowohl zwischenzeitlich unterbrochen worden sein oder bis zur Insolvenz angedauert haben. Die „anfechtungsrechtlich" konzipierten Novellenregeln rechtfertigen insoweit nur die zeitliche Befristung, ohne dass dem zwingend eine Aussage zum Nachweis der Krise der Gesellschaft und deren Fortdauer entnommen werden kann.[325] Hinzuweisen ist in diesem Zusammenhang auch darauf, dass die früheren Gesetzentwürfe ja Vermutungen bzw. Regelbeispiele enthielten, diese jedoch als entbehrlich angesehen wurden.

Zudem besteht angesichts der insoweit geltenden allgemeinen Beweislastgrundsätze, wonach die Beendigung einer einmal eingetretenen Krise vom Gesellschafter bewiesen werden muss, bereits eine sachgerechte und zum Schutz der Gesellschaft und ihrer Gläubiger hinreichend effektive Regelung, deren massive Verschärfung nur bei einer – nicht ersichtlichen – eindeutigen Anordnung des Gesetzgebers zu rechtfertigen wäre. Im übrigen dürfte die nicht entscheidungserhebliche Aussage in dem Urteil des BGH[326] auch mit dem Bemühen zu erklären sein, Unterschiede zwischen den Rechtsprechungs- und Novellenregeln zu finden, um deren eigenständige Bedeutung und parallele Geltung zu belegen.[327]

Somit ist mit der Gegenansicht in der Literatur davon auszugehen, dass § 32b GmbHG keine unwiderlegliche Vermutung der Fortdauer der Kapitalersatzfunktion enthält. Vielmehr gelten auch insoweit die dargestellten allgemeinen Regeln.

III. Nachweis der Unterbilanz für Ansprüche nach Rechtsprechungsregeln

1. Unterbilanz als besondere materielle Voraussetzung der Anspruchsentstehung

Für Ansprüche nach den Rechtsprechungsregeln (§§ 30, 31 GmbHG) muss neben einer Krise der Gesellschaft außerdem im Zeitpunkt der Darlehens-

325 Vgl. Scholz/Karsten Schmidt, §§ 32a, 32b Rn. 54.
326 Vgl. BGHZ 90, 370, 381 = NJW 1984, 1891, 1893.
327 Scholz/Karsten Schmidt, §§ 32a, 32b Rn. 54.

rückzahlung eine Unterbilanz vorliegen.[328] Ein Erstattungsanspruch analog § 31 Abs. 1 GmbHG entsteht auch bei eigenkapitalersetzenden Gesellschaftersicherheiten erst im Zeitpunkt der Darlehensrückzahlung, weil dadurch das Vermögen der Gesellschaft tatsächlich vermindert wird und der Gesellschafter als Sicherungsgeber im Verhältnis zum Darlehensgeber frei wird. Deshalb kann auch erst zu diesem Zeitpunkt die konkrete Höhe einer Unterbilanz und eines daraus folgenden Erstattungsanspruchs bestimmt werden.[329]

Fehlt es im Zeitpunkt der Rückzahlung an einer Unterbilanz oder ist eine frühere Krise inzwischen überwunden, so können Ansprüche nach den Rechtsprechungsregeln nicht entstehen.[330] Die Möglichkeit einer derartigen „Entsperrung" aufgrund Wiederherstellung des Stammkapitals vor der Rückzahlung wird von einzelnen Stimmen in der Literatur[331] unter Hinweis auf die Änderung der Rechtsrechung des BGH[332] zum Erstattungsanspruch aus § 31 GmbHG neuerdings in Abrede gestellt. Dem ist zu widersprechen.[333]

Zunächst muss dabei zwischen der Fortdauer der Rückzahlungssperre (§ 30 GmbHG analog) und den Auswirkungen auf einen durch Rückzahlung *bereits entstandenen Rückerstattungsanspruch* gegen den Gesellschafter unterschieden werden.[334] Schon die Leitsätze der BGH-Entscheidungen („Balsam/Procedo") beziehen sich ausdrücklich nur auf einen „einmal wegen Verstoßes gegen § 30 Abs. 1 GmbHG entstandenen Erstattungsanspruch".[335] Nur ein durch Verstoß gegen das Rückzahlungsverbot entstandener Erstattungs-

328 BGHZ 76, 326, 335; 90, 370, 378; OLG München GmbHR 1991, 530, 531; OLG Brandenburg NZG 1998, 306, 307; vgl. das Beispiel bei Roth/Altmeppen, § 32a Rn. 110; im Ergebnis auch Scholz/Karsten Schmidt, §§ 32a, 32b Rn. 77, 80.

329 Vgl. HandbuchKapErsR/Johlke/Schröder, Rn. 14.72; OLG München NZG 1999, 603, 604; grundsätzlich auch BGH NJW 2001, 1136 = GmbHR 2001, 197, 198 m. Anm. Bormann = DStR 2001, 139 m. Anm. Goette (aber z. T. weitergehend bezüglich des Nachweises der fortdauernden Krise der Gesellschaft).

330 Vgl. Baumbach/Hueck/Fastrich, § 32a Rn. 77; Michalski/Heidinger, §§ 32a, 32b Rn. 92.

331 Kurth/Delhaes, DB 2000, 2577, 2578.

332 BGHZ 144, 336, 341 = ZIP 2000, 1251, 1253; ZIP 2000, 1256, 1257 „Balsam/Procedo"; vgl. dazu Beck'schesHdB-GmbH/Jung, § 8 Rn. 60; Roth/Altmeppen, § 31 Rn. 12 m.w.N.; Rowedder/Schmidt- Leithoff/Pentz, § 31 Rn. 17.

333 Im Ergebnis ganz h.M.; vgl. Bormann, DB 2001, 907, 909; Kort, ZGR 2001, 615, 641; Willemsen/Coenen, DB 2001, 910, 912; Michalski/Heidinger, §§ 32a, 32b Rn. 91.

334 Zutreffend Michalski/Heidinger, §§ 32a, 32b Rn. 93 Fn. 283; vgl. auch Willemsen/Coenen, DB 2001, 910, 912 f.; unklar insoweit Kort, ZGR 2001, 615, 640 f.

335 BGHZ 144, 336 = ZIP 2000, 1251; ZIP 2000, 1256 „Balsam/Procedo".

anspruch der Gesellschaft soll durch eine spätere anderweitige Wiederherstellung des Stammkapitals nicht mehr „automatisch“ entfallen.

Ist im Zeitpunkt der Zahlung an den Gesellschafter keine Unterbilanz mehr vorhanden, so fehlt es aber bereits an einem Verstoß gegen § 30 GmbHG. Abgesehen davon spielte bei den „Balsam/Procedo“ Entscheidungen des BGH (zum unmittelbaren Anwendungsbereich der §§ 30, 31 GmbHG) das im Eigenkapitalersatzrecht essentielle weitere Tatbestandsmerkmal der Kreditunwürdigkeit bzw. Krise der Gesellschaft keine Rolle.[336]

Die Gewährung eines Gesellschafterdarlehens in der Krise der Gesellschaft und im Zeitpunkt einer Unterbilanz ist selbst noch kein Rechtsverstoß, sondern löst nur eine Rückzahlungssperre aus. Das Entstehen eines Erstattungsanspruchs setzt dann aber voraus, dass gerade gegen diese Rückzahlungssperre verstoßen wurde. Fallen Krise oder Unterbilanz vorher weg, so kann eine anschließende Darlehensrückzahlung ebenso wenig zu einer Erstattungspflicht nach § 31 Abs. 1 GmbHG führen, wie z.B. die Auszahlung freier Rücklagen.[337] Für den späteren Wegfall der „Krise“ hat der BGH dieses in neuerer Zeit etwa in seiner Entscheidung zum Rangrücktritt vom 8.1.2001[338] (zeitlich nach den „Balsam/Procedo“ Entscheidungen zu § 31 GmbHG) ausgesprochen. Noch weniger überzeugt die Annahme einer „Rückzahlungssperre“ trotz Wiederherstellung des Stammkapitals im Falle eigenkapitalersetzender Gesellschaftersicherheiten.[339] Hier kommt es ja nicht einmal zu einer Zahlung an den Gesellschafter, und die Entstehung eines Erstattungsanspruchs der Gesellschaft analog § 31 Abs. 1 GmbHG hängt deswegen „umso mehr“ von der andauernden Krise und vom Bestehen einer Unterbilanz im Zeitpunkt der Rückzahlung des Drittdarlehens ab.

Ein Rückzahlungsverbot analog § 30 Abs. 1 GmbHG entfällt daher, sobald das Stammkapital nachhaltig wiederhergestellt ist. Danach erfolgte Rück-

336 Vgl. die ähnliche Kritik bei Kort, ZGR 2001, 615, 641; HandbuchKapErsR/Haas/Dittrich, Rn. 8.32b; Willemsen/Coenen, DB 2001, 910, 911.

337 Vgl. dazu Roth/Altmeppen, § 30 Rn. 9. Nach BGHZ 157,72 = NJW 2004, 1111 sind *Kreditgewährungen an Gesellschafter*, die nicht aus Rücklagen oder Gewinnvorträgen, sondern zu Lasten des gebundenen Vermögens der GmbH erfolgen, auch dann als verbotene Zahlungen im Sinne von § 30 GmbHG zu bewerten, wenn der Rückzahlungsanspruch gegen den Gesellschafter im Einzelfall vollwertig sein sollte.

338 BGHZ 146, 264, 272 = NJW 2001, 1280, 1282; vgl. dazu auch Willemsen/Coenen, DB 2001, 910, 912. In die gleiche Richtung ging auch die Entscheidung vom 18.12.2000 (BGH NJW 2001, 1136 = GmbHR 2001, 197, 198 m. Anm. Bormann = DStR 2001, 139 m. Anm. Goette).

339 Vgl. Willemsen/Coenen, DB 2001, 910, 912.

zahlungen durch die Gesellschaft führen deshalb nicht zu Rückerstattungsansprüchen nach den *Rechtsprechungsregeln*.[340]

2. Die Auswirkungen der Wiederherstellung des Stammkapitals auf bestehende Erstattungsansprüche der Gesellschaft nach § 31 Abs. 1 GmbHG (analog)

In einer Entscheidung vom 11.5.1987 hatte der BGH zunächst angenommen, aus dem Zweck des Anspruchs aus § 31 GmbHG, das Stammkapital der Gesellschaft wieder herzustellen, folge das *automatische Erlöschen des bereits entstandenen Erstattungsanspruchs* auch dann, wenn das Stammkapital zwischenzeitlich auf andere Weise nachhaltig wiederhergestellt worden sei.[341] Dementsprechend war auch für die Rechtsprechungsregeln zum Eigenkapitalersatzrecht davon auszugehen, dass Erstattungsansprüche wieder entfallen, wenn nach Rückzahlung an den Gesellschafter die Unterbilanz wieder beseitigt ist.[342]

Aussagen in Entscheidungen des BGH[343] zum nachträglichen Wegfall der Krise bzw. der Unterbilanz im Eigenkapitalersatzrecht betrafen, was teilweise übersehen wird,[344] überwiegend Fälle, in denen es noch nicht zu Rückzahlungen an den Gesellschafter und damit zur Entstehung eines Erstattungsanspruchs gekommen war.

Im Fall der BGH-Entscheidung vom 18.12.2000[345] verlangte der Verwalter Rückzahlung von gezahlten Mietzinsen wegen eigenkapitalersetzender Gebrauchsüberlassung einer Betriebsimmobilie. Aufgrund unzureichender Angaben des Klägers sah der BGH den Nachweis der Krise und der Unterbilanz zum Zeitpunkt der Mietzahlungen als nicht erbracht an:

---

340 Im Ergebnis auch HandbuchKapErsR/v. Gerkan, Rn. 3.99; Michalski/Heidinger, §§ 32a, 32b Rn. 93; Bormann, DB 2001, 907, 909; Willemsen/Coenen, DB 2001, 910, 913. Bei fortdauernder Krise können in einer späteren Insolvenz allenfalls Ansprüche nach den Novellenregeln bestehen (z. B. § 32b GmbHG).

341 BGH NJW 1988, 139, 140; von Kort, ZGR 2001, 615, 617 m. w. N. deshalb als „Zweckerreichungstheorie" bezeichnet.

342 Vgl. v. Gerkan, GmbHR 1990, 384, 388; Scholz/Karsten Schmidt, §§ 32a, 32b Rn. 84.

343 Z. B. BGHZ 90, 370, 381; 140, 147, 153; 146, 264, 272; GmbHR 1997, 501, 503.

344 Die von Goette, § 4 Rn. 130 Fn. 257 zitierte Entscheidung (BGH GmbHR 1997, 501, 503) betraf nicht einen bereits entstandenen Erstattungsanspruch der Gesellschaft, sondern die etwaige fortdauernde Verhaftung eines Darlehens/Bürgschaft, dessen Rückzahlung (bzw. Freistellung) der klagende Gesellschafter verlangte. Dies betrifft die hier (zuvor unter 1.) bereits bejahte Möglichkeit der Enthaftung, bevor verbotswidrige Zahlungen an den Gesellschafter geflossen sind.

345 BGH NJW 2001, 1136 = GmbHR 2001, 197, 198 m. Anm. Bormann = DStR 2001, 139 m. Anm. Goette.

„Abgesehen davon (...) kann selbst bei Annahme einer Überschuldung am 31.12.1992 nicht ohne weiteres ausgeschlossen werden, dass die erst zu Beginn des Jahres 1995 in die Insolvenz geratene Gesellschaft im Zeitpunkt der Zahlung der Miete (18.3.1993) die Krise überwunden hatte und in der Lage war, den Betrag aus ungebundenem Vermögen zu zahlen."[346]

Auch in diesem Urteil, in dem Mietzahlungen an den Gesellschafter erfolgt waren, ging es um eine Enthaftung im Zeitpunkt der Leistung an den Gesellschafter, also um die Frage der *Entstehung eines Erstattungsanspruchs* der Gesellschaft und nicht um dessen Erlöschen aufgrund nachträglicher Überwindung der Krise oder Wiederherstellung des Stammkapitals.

Zumindest das Entstehen eines Erstattungsanspruchs wird nach der Entscheidung aber durch die Wiederherstellung des Stammkapitals im Zeitpunkt der Zahlung ausgeschlossen, was auch der hier (zuvor unter 1.) vertretenen ganz herrschenden Meinung entspricht.

Die vom BGH bisher nicht eindeutig beantwortete Frage, ob die Änderung seiner Rechtsprechung zum Erstattungsanspruch aus § 31 Abs. 1 GmbHG durch die „Balsam/Procedo" Entscheidungen[347] auch für das Erlöschen von *eigenkapitalersatzrechtlichen Erstattungsansprüchen* gilt, ist in der Literatur umstritten.

a) Fortbestehen entstandener Erstattungsansprüche

Einige Stimmen in der Literatur lehnen das automatische Erlöschen von einmal entstandenen Erstattungsansprüchen aufgrund Wiederherstellung des Stammkapitals ab.[348] Sie berufen sich dafür u.a. auf die Gründe der „Balsam/ Procedo" Entscheidungen, wonach der Anspruch aus § 31 Abs 1 GmbHG funktional mit dem Einlageanspruch der Gesellschaft zu vergleichen sei und es für dessen Bestand wegen des Grundsatzes der realen Kapitalaufbringung keine Rolle spiele, ob das Stammkapital der Gesellschaft bereits auf andere Weise gedeckt sei.[349] Schließlich verweise der BGH auch auf § 31 Abs. 2

346 BGH NJW 2001, 1136 = GmbHR 2001, 197, 198 m. Anm. Bormann = DStR 2001, 139 m. Anm. Goette.

347 BGHZ 144, 336 = ZIP 2000, 1251; ZIP 2000, 1256 „Balsam/Procedo".

348 Bormann, S. 176 f.; ders., DB 2001, 907 f.; Willemsen/Coenen, DB 2001, 910, 913; Michalski/Heidinger, §§ 32a, 32b Rn. 93, 275; MünchKommInsO/Stodolkowitz, § 135 Rn. 109; wohl auch Goette, § 4 Rn. 130; weitergehend Kurth/Delhaes, DB 2000, 2577, 2578.

349 BGHZ 144, 336, 341 = ZIP 2000, 1251, 1253; ZIP 2000, 1256, 1257; krit. zur Begründung Roth/Altmeppen, § 31 Rn. 13 m.w.N. (aber im Ergebnis zustimmend für § 31 GmbHG).

GmbHG und auf die Verwertbarkeit des Anspruchs z.B. durch Abtretung an Gläubiger, die durch das Erfordernis einer andauernden Unterbilanz unterlaufen werde. Über den Erstattungsanspruch müssten gegebenenfalls vielmehr die Gesellschafter entscheiden.[350]

b) Erlöschen entstandener Erstattungsansprüche mit dem Wegfall der Unterbilanz

Die Gegenansicht in der Literatur[351] hält für das Eigenkapitalersatzrecht an der Möglichkeit des Wegfalls des Erstattungsanspruchs durch Wiederherstellung des Stammkapitals (oder Überwindung der Krise) fest. Die Erwägungen der neuen Rechtsprechung zu § 31 GmbHG seien auf das Eigenkapitalersatzrecht so nicht übertragbar, weil dieses dem Gläubigerschutz diene und nicht dem Erhalt eines bestimmten Haftungsfonds der Gesellschaft.[352]

c) Stellungnahme

Auch die Befürworter einer Übertragung der Grundsätze der „Balsam/Procedo“ Entscheidungen auf das Eigenkapitalersatzrecht (bezüglich der Rechtsprechungsregeln[353]) räumen ein, dass sich die §§ 30, 31 GmbHG nicht unreflektiert auf das Eigenkapitalersatzrecht übertragen lassen.[354]

In der Tat bestehen Bedenken gegen einen Fortbestand des Rückzahlungsanspruchs trotz anderweitiger Wiederherstellung des Stammkapitals. Nicht zu überzeugen vermag schon der Hinweis auf die Parallele zum Einlageanspruch der Gesellschaft. Die Rückzahlung von Eigenmitteln bei §§ 30, 31 GmbHG geht auch bilanziell unmittelbar zu Lasten des Eigenkapitals der Gesellschaft, während die „Beeinträchtigung“ des Stammkapitals bei den Rechtsprechungsregeln zum Eigenkapitalersatzrecht das Vorhandensein

350 Vgl. BGHZ 144, 336, 342 = ZIP 2000, 1251, 1253; ZIP 2000, 1256, 1258; dazu näher Goette, § 4 Rn. 131; Kort, ZGR 2001, 615, 633 ff., 637 ff. (zu Aufrechnungsmöglichkeiten der Gesellschaft); zum Verzicht: Roth/Altmeppen, § 31 Rn. 14 f.

351 HandbuchKapErsR/v. Gerkan, Rn. 3.99; HandbuchKapErsR/Haas/Dittrich, Rn. 8.32b–c; für den Fall der Wiedererlangung der Kreditwürdigkeit auch Roth/Altmeppen, § 32 a Rn. 51; krit. zur neuen Rechtsprechung zu § 31 GmbHG auch Karsten Schmidt GesR, S. 1139; vgl. Scholz/Karsten Schmidt, §§ 32a, 32 b Rn. 84.

352 Vgl. HandbuchKapErsR/Haas/Dittrich, Rn. 8.32b–c.

353 Für die Novellenregeln stellt sich die ähnliche Frage nur für die Überwindung der Krise bzw. Kreditunwürdigkeit und auch nur dann, wenn man entgegen BGHZ 90, 370, 381 nicht von einer unwiderleglichen Vermutung in § 32b GmbHG für die Fortdauer einer bei Rückzahlung bestehenden Krise bis zur Insolvenz ausgeht (vgl. Willemsen/Coenen, DB 2001, 910, 912).

354 Z. B. Bormann, DB 2001, 907; Willemsen/Coenen, DB 2001, 910, 911.

einer Unterbilanz voraussetzt, da die Rückzahlung eines Gesellschafterdarlehens ansonsten bilanziell nur zu einer für das Stammkapital unschädlichen Bilanzverkürzung führt.[355] Von einem „Wiederaufleben" des Einlageanspruchs der Gesellschaft in Gestalt des § 31 GmbHG kann hier deshalb eigentlich keine Rede sein.

Ein Bedürfnis nach „Verkehrsfähigkeit" der Erstattungsforderung ist schon dem Grunde nach zweifelhaft, da jeder Zessionar schon nach allgemeinem Zivilrecht immer damit rechnen muss, dass bestimmte Umstände auch noch nach Abtretung der Forderung seine Rechte beeinträchtigen können (§§ 407, 408 BGB). Dem Argument, die Veräußerung der Erstattungsforderung dürfe nicht daran scheitern, dass die Gesellschaft bei Wiederherstellung ihres Stammkapitals dem Gesellschafter gerade diejenige Einwendung verschaffe, welche den Zessionar zum Regress bei der Gesellschaft berechtige,[356] lässt sich mit einer nach Sinn und Zweck des § 30 GmbHG in dieser Konstellation gebotenen fiktiven Hinzurechnung der (mit der Inanspruchnahme des Gesellschafters durch den Zessionar ja „wiederauflebenden"[357]) eigenkapitalersetzenden Forderung des Gesellschafters zur Stammkapitalziffer begegnen.

Schließlich ist auch das Erlöschen eines Anspruchs aufgrund nachträglichen Wegfalls einer Tatbestandsvoraussetzung dem Zivilrecht nicht gänzlich unbekannt. Der Bereicherungsschuldner haftet nach § 818 Abs. 3 BGB – abgesehen vom Eintritt einer verschärften Haftung – grundsätzlich nur, soweit er noch bereichert ist. Die Bestimmung handelt zwar vom *Umfang* des Bereicherungsanspruchs; doch der Haftungsausschluss wegen Wegfalls der *Be*reicherung im Bereicherungsrecht ist übertragen auf die Situation des Eigenkapitalersatzrechts gewissermaßen das Spiegelbild zum Wegfall der *„Entreicherung"* durch eine anderweitige Wiederherstellung des Stammkapitals der Gesellschaft.

355 Vgl. Bormann, S. 118 ff., der dieses als deutlichen Beleg dafür ansieht, dass die §§ 30, 31 GmbHG im Eigenkapitalersatzrecht nur analog angewendet werden können.

356 BGHZ 144, 336, 342 = ZIP 2000, 1251, 1253; ZIP 2000, 1256, 1258; Kort, ZGR 2001, 615, 620.

357 Für die Insolvenzanfechtung folgt dieses aus §§ 32a, 32b GmbHG i.V.m. § 144 Abs. 1 InsO (vgl. Uhlenbruck/Hirte, § 135 Rn. 42); vgl. auch Kort, ZGR 2001, 615, 630 der aber für § 30 GmbHG zu ähnlichen Ergebnissen gelangen will, indem er die Tilgungswirkung verbotswidriger Rückzahlungen verneint (str., dazu Bormann, S. 175 m.w.N.). Für die Rechtsprechungsregeln zum Eigenkapitalersatzrecht hätte die Analogie zu § 144 Abs. 1 InsO den Vorteil einheitlicher Rechtsfolgen.

Die Besonderheit des Eigenkapitalersatzrechts besteht darin, dass die zivilrechtlichen Ansprüche des Gesellschafters etwa auf Darlehensrückzahlung nach § 488 Abs. 1 Satz 2 BGB als solche (nämlich als Fremdkapital) bestehen bleiben und nur in ihrer Durchsetzbarkeit für die Dauer der Krise eingeschränkt werden.[358] Dabei kommt für die Rechtsprechungsregeln dem Stammkapitalschutz nur ergänzende Bedeutung im Sinne der betragsmäßigen Begrenzung der Haftungshöhe zu.[359] Bei der Umqualifizierung in „funktionales Eigenkapital" geht es der Sache nach um diese Durchsetzungssperre gegenüber dem Gesellschafter zum Schutz der anderen Gläubiger der Gesellschaft. Eine solche *Durchsetzungssperre* ist aber von vornherein auf den „Dauerzustand" der Krise der Gesellschaft bezogen und zugleich betragsmäßig auf die Wiederherstellung des Stammkapitals begrenzt.[360] Der Erstattungsanspruch dient der Rückführung des vom Gesellschafter abgezogenen Fremdkapitals. Es handelt sich deshalb auch nicht um einen Einlageanspruch der Gesellschaft, dessen Geltendmachung bzw. Erfüllung besonderen Beschränkungen unterliegt. Hier ist es deshalb im Falle eines Verstoßes noch eher als im unmittelbaren Anwendungsbereich des § 31 GmbHG gerechtfertigt, von einer Sanktionierung des herbeigeführten „Zustands" zu sprechen, dessen Überwindung zugleich die weitere Aufrechterhaltung spezifisch eigenkapitalersatzrechtlicher Ansprüche im Interesse der Gläubiger überflüssig macht.[361]

Demnach ist entgegen neueren Ansichten im Schrifttum daran festzuhalten, dass Rückgewähransprüche im Bereich der Rechtsprechungsregeln zum Eigenkapitalersatzrecht wieder entfallen, wenn das Stammkapital nachhaltig wiederhergestellt ist.[362]

3. Beweislast für Beeinträchtigung und Wiederherstellung des Stammkapitals

Ist nach der hier vertretenen Ansicht die Fortdauer einer einmal eingetretenen Krise widerleglich zu vermuten, so folgt daraus noch nicht zwingend etwas für die Frage des Beweises einer Unterbilanz nach den Rechtspre-

358 Vgl. zum Mietzins bei Nutzungsüberlassungen: BGHZ 140, 147, 153; zum Rangrücktritt: BGHZ 146, 264, 272 = NJW 2001, 1280, 1282; zum Regressanspruch des Gesellschafterbürgen: Karsten Schmidt, ZIP 1999, 1821, 1825, 1828; allgemein auch Goette, § 4 Rn. 130.

359 Scholz/Karsten Schmidt, §§ 32a, 32b Rn. 77.

360 Die Kritik von Bormann, S. 177; ders., DB 2001, 907, 908 an dem Verhältnis von Stammkapitalerhaltung und Kreditwürdigkeit ist zumindest unklar.

361 Vgl. HandbuchKapErsR/Haas/Dittrich, Rn. 8.32c; Scholz/Karsten Schmidt, §§ 32a, 32b Rn. 84.

362 HandbuchKapErsR/v. Gerkan, Rn. 3.99.

chungsregeln; denn eine Unterbilanz hat ihrerseits für die Frage der Kreditunwürdigkeit allenfalls indizielle Bedeutung.[363]

Das Bestehen einer Unterbilanz im Zeitpunkt der Rückgewähr an den Gesellschafter (bzw. bei Befreiung von einer kapitalersetzenden Sicherheit) hat grundsätzlich die Gesellschaft darzulegen und zu beweisen.[364] Dies erfolgt mittels einer Handelsbilanz, in der fortgeführte Buchwerte und – anders als beim Überschuldungsstatus – grundsätzlich keine stille Reserven anzusetzen sind.[365] Um die Auszahlungsmöglichkeiten nicht sachwidrig zu erweitern, sind dabei auch Forderungen aus Gesellschafterdarlehen zu passivieren.[366]

Bei mehreren (z.B. monatlichen) Rückzahlungen der Gesellschaft muss der Nachweis grundsätzlich für jeden Auszahlungszeitpunkt separat (theoretisch also durch z.B. monatliche Zwischenbilanzen) erfolgen.[367] In der Praxis

---

363 BGH GmbHR 1999, 973, 975 m. Anm. Brauer = NJW 1999, 3120, 3121; NJW-RR 2001, 1043, 1044 = GmbHR 2001, 473; vgl. OLG Düsseldorf GmbHR 2001, 474, 475 wo zwar aus dem Jahresabschluss (bilanzielle Überschuldung) auf die schlechte wirtschaftliche Lage der Gesellschaft geschlossen, aber zugleich auf die Sicherheitenlage der Gesellschaft abgestellt wird. Nach BGH GmbHR 2004, 898 = WM 2004, 1075 ist eine seit längerem ansteigende bilanzielle Überschuldung für die Beurteilung der Kreditunwürdigkeit von „wesentlicher Bedeutung“ (vgl. dazu die Anm. von Bormann, GmbHR 2004, 902, 903).

364 OLG München GmbHR 1991, 530, 531 (der LS bezieht sich auf die Wiederherstellung des beeinträchtigten Stammkapitals); OLG Brandenburg NZG 1998, 306, 307 (wobei aber missverständlich von der Darlegung der Zahlungsunfähigkeit gesprochen wird); Bormann, GmbHR 2001, 198, 199; HandbuchKapErsR/Johlke/Schröder, Rn. 14.72; Lutter/Hommelhoff, § 32a,b Rn. 102, 90; Michalski/Barth, NZG 1999, 348; allgemein zum (unmittelbaren) Anspruch aus § 31 GmbHG auch BGH NJW 1988, 139, 140; inzwischen aufgegeben von BGHZ 144, 336, 341 wonach eine anderweitige Wiederherstellung der Stammkapitalziffer nicht mehr automatisch zum Erlöschen des Anspruchs führe; vgl. dazu Roth/Altmeppen, § 31 Rn. 12; krit. Karsten Schmidt, GesR, S. 1139.

365 BGHZ 106, 7, 12 = NJW 1989, 982, 983; Michalski/Barth, NZG 1999, 348; Rowedder/Schmidt-Leithoff/Pentz, § 32a Rn. 218; Scholz/Karsten Schmidt, §§ 32a, 32b Rn. 77.

366 OLG München NZG 1999, 603, 604; OLG Brandenburg NZG 1998, 306, 307 (atypisch stiller Gesellschafter); KG NZG 2000, 1224, 1225; Baumbach/Hueck/Fastrich, § 30 Rn. 5 m.w.N.; Scholz/Karsten Schmidt, §§ 32a, 32b Rn. 77 (auch im Falle eines Rangrücktritts, der nur im Überschuldungsstatus eine Passivierung vermeidet; vgl. BGHZ 146, 264, 271 ff. = NJW 2001, 1280, 1281 f.); wohl auch Budde/Förschle/Heinz, Rn. O 57; zweifelnd Bormann, S. 119.

367 BGH DStR 1999, 553 (LS) m. Anm. Goette; NJW 2001, 1136 = GmbHR 2001, 197, 198 = DStR 2001, 139; Bormann, GmbHR 2001, 198, 199; Goette, DStR 2001, 139, 140; Michalski/Barth, NZG 1999, 348; HandbuchKapErsR/Johlke/Schröder, Rn. 14.72. Der BGH und einige Stimmen in der Literatur nehmen Entsprechendes

könnte dieses für die Geltendmachung entsprechender Ansprüche zu einem erheblichen Hindernis werden, da nicht nur die Erstellung solcher Zwischenbilanzen mit erheblichem Aufwand verbunden ist, sondern auch das Rechnungswesen von notleidenden Unternehmen häufig unzureichend sein wird.[368]

In Teilen der Literatur und der Rechtsprechung besteht deshalb die Tendenz, der grundsätzlich darlegungs- und beweispflichtigen Gesellschaft gewisse Beweiserleichterungen zuzugestehen.[369] Die tendenziell strengeren Aussagen in einigen BGH-Entscheidungen beruhen teilweise auf Besonderheiten der jeweiligen Sachverhalte.[370] Gleichwohl wird aber in Anmerkungen zu diesen Entscheidungen grundsätzlich verlangt, eine einmal eingetretene Unterbilanz zumindest überschlägig z. B. anhand betriebswirtschaftlicher Auswertungen fortzuschreiben. Nur wenn sich daraus ein kontinuierlicher „Sinkflug" bis zur Insolvenz abzeichnet, seien weitere taggenaue bilanzielle Darlegungen entbehrlich.[371] In einer älteren Entscheidung vom 27.11.1989 hatte auch der BGH aus dem Vorbringen zur Ertragslage sowie aus der absoluten Höhe einer bilanziellen Überschuldung der letzten Jahresbilanz – weniger als zwei Jahre vor masseloser Insolvenz der Gesellschaft – auf eine ausreichende Darlegung der eigenkapitalersatzrechtlichen Bindung der Gesellschafterleistungen nach den Rechtsprechungsregeln geschlossen.[372] In einer neueren Entscheidung vom 17.2.2003 zu der insoweit vergleichbaren

---

nicht nur für die Unterbilanz, sondern auch für den Nachweis der „fortdauernden" Krise der Gesellschaft an. Nach der hier vertretenen Ansicht sollte aber für letztere grundsätzlich eine widerlegliche Vermutung sprechen, wenn die Gesellschaft die Voraussetzungen der Umqualifizierung einmal hinreichend dargelegt und bewiesen hat.

368 Bormann, GmbHR 2001, 198, 199; HandbuchKapErsR/Johlke/Schröder, Rn. 14.72.

369 Vgl. OLG München NZG 1999, 603, 604; KG NZG 2000, 1224, 1225; Bormann, GmbHR 2001, 198, 199; HandbuchKapErsR/Johlke/Schröder, Rn. 14.72; zurückhaltender (aber nicht grundsätzlich ablehnend) insoweit Goette, DStR 1999, 553, 555; ders., DStR 2001, 139, 140; vgl. zur Unterbilanzhaftung in neuerer Zeit auch BGH ZIP 2003, 625, 627; dazu näher Blöse, ZIP 2003, 1687, 1688.

370 Vgl. BGH DStR 1999, 553 (LS) m. Anm. Goette ebd., S. 553, 555 (zwischenzeitliche Kapitalerhöhung); BGH NJW 2001, 1136 = GmbHR 2001, 197, 198 m. Anm. Bormann = DStR 2001, 139 m. Anm. Goette (Insolvenz erst zwei Jahre nach den streitigen Zahlungen, Überschuldungshöhe unklar).

371 Goette, DStR 2001, 139, 140; vgl. ders., DStR 1999, 553, 555; krit. Bormann, GmbHR 2001, 198, 199; Handbuch KapErsR/Johlke/Schröder, Rn. 14. 73 ff. Zur Darlegung einer kontinuierlichen Verschlechterung der wirtschaftlichen Situation der Gesellschaft vgl. OLG Brandenburg NZG 1998, 306, 307; OLG München NZG 1999, 603, 604; KG NZG 2000, 1224, 1225.

372 BGH WM 1990, 182, 184 = ZIP 1990, 98, 100 f.; vgl. ähnlich BGH NJW 1989, 1219, 1220 f. = EWiR 1989, 369 (Martens).

Beweislastverteilung bei Unterbilanzhaftungsansprüchen infolge Stammkapitalbeeinträchtigung im Gründungsstadium der GmbH kam der BGH dem klagenden Verwalter tendenziell noch weiter entgegen:[373]

> „Den Schwierigkeiten, denen vor allem der Insolvenzverwalter ausgesetzt sein kann, entsprechend substantiierten Vortrag zu halten, wenn eine Vorbelastungsbilanz auf den Eintragungsstichtag nicht erstellt worden ist oder wenn nicht einmal geordnete Geschäftsaufzeichnungen vorhanden sind, ist nach den Grundsätzen über die sekundäre Behauptungslast zu begegnen (...). Ergeben sich unter den bezeichneten Voraussetzungen aus dem dem Insolvenzverwalter vorliegenden Material hinreichende Anhaltspunkte dafür, dass das Stammkapital der Gesellschaft schon im Gründungsstadium angegriffen oder verbraucht worden ist oder sogar darüber hinausgehende Verluste entstanden sind, ist es Sache der Gesellschafter darzulegen, dass eine Unterbilanz nicht bestanden hat."

Derartige Beweiserleichterungen sind bei Eigenkapitalersatzansprüchen – ebenso wie bei der Unterbilanzhaftung – auch damit zu rechtfertigen, dass sich diese im Gegensatz zur allgemeinen Insolvenzanfechtung nach §§ 129 ff. InsO ausschließlich gegen Gesellschafter (und gleichgestellte Dritte) – also gewissermaßen „Insider" der Gesellschafter – richten.[374] Kann die Gesellschaft jedenfalls beweisen, dass eine Unterbilanz zu den Bilanzstichtagen vorgelegen hat, zwischen die eine Auszahlung an den Gesellschafter fällt, so sollte dieses grundsätzlich genügen, um vom Gesellschafter die Darlegung von Umständen zu verlangen, die ernsthaft für eine zwischenzeitliche Wiederherstellung des Stammkapitals sprechen (z.B. Kapitalerhöhung, Forderungsverzicht).[375]

Nach der hier vertretenen Auffassung erlischt auch ein einmal entstandener eigenkapitalersatzrechtlicher Erstattungsanspruch analog § 31 Abs. 1 GmbHG, sobald nachträglich das Stammkapital der Gesellschaft nachhaltig wiederhergestellt ist.[376] Die Darlegungs- und Beweislast für diese anspruchsvernichtende Tatsache obliegt – schon nach allgemeinen Grundsätzen – dem Gesellschafter, der sich darauf beruft.[377]

---

373 BGH ZIP 2003, 625, 627; vgl. dazu Blöse, ZIP 2003, 1687, 1688.

374 Vgl. Bormann, GmbHR 2001, 198, 199; HandbuchKapErsR/Johlke/Schröder, Rn. 14.75.

375 So auch HandbuchKapErsR/Johlke/Schröder, Rn. 14.74; Bormann, GmbHR 2001, 198, 199; vgl. KG NZG 2000, 1224, 1225; Roth/Altmeppen, § 30 Rn. 16.

376 Ebenso HandbuchKapersR/Haas/Dittrich, Rn. 8.32c; Scholz/Karsten Schmidt, §§ 32a, 32b Rn. 84 (str.).

377 Vgl. OLG München GmbHR 1991, 530, 531; HandbuchKapErsR/Johlke/Schröder, Rn. 14.75.

Teil II: Der Freistellungsanspruch im Rechtsfolgensystem eigenkapitalersetzender Gesellschaftersicherheiten

§ 4 Die Rechtsfolgen eigenkapitalersetzender Gesellschaftersicherheiten

I. Überblick – Unterschiede in persönlicher und sachlicher Hinsicht

Die Beteiligung eines gesellschaftsfremden Dritten als Kreditgeber ist nicht nur für die Tatbestandsvoraussetzungen eigenkapitalersatzrechtlicher Ansprüche von Bedeutung, sondern sie wirkt sich in unterschiedlicher Weise auch auf die Rechtsfolgen zwischen den jeweiligen Personen aus. Im Mittelpunkt steht dabei zwar das Verhältnis zwischen Gesellschaft und Gesellschafter; doch zeigt sich insbesondere an § 32a Abs. 2 GmbHG, dass die eigenkapitalersetzende Gesellschaftersicherheit auch für den Dritten als Darlehensgeber wie als Sicherungsnehmer besondere Konsequenzen hat.

In persönlicher Hinsicht muss deshalb zwischen den drei Rechtsverhältnissen:

(1) Darlehensgeber und Gesellschaft (Darlehensverhältnis),

(2) Darlehensgeber und Gesellschafter (Sicherheitenbestellung) und

(3) Gesellschaft und Gesellschafter

differenziert werden.

Bereits aus den allgemeinen Grundsätzen des zweistufigen Schutzsystems des Eigenkapitalersatzrechts ergibt sich die weitere Notwendigkeit, sachlich (bzw. zeitlich) zwischen den Rechtsfolgen in einem eröffneten Insolvenzverfahren und denjenigen außerhalb eines Insolvenzverfahrens zu differenzieren, da bekanntlich die Novellenregeln nur im eröffneten Insolvenzverfahren anwendbar sind.[378] Umgekehrt ist etwa die Gläubigeranfechtung durch Individualgläubiger nach § 6 AnfG – abgesehen von Absonderungsberechtigten und Massegläubigern – wegen des grundsätzlichen Vorrangs der Insolvenzanfechtung (§§ 129 Abs. 1 InsO, 16 Abs. 1 AnfG) nur mög-

378 Vgl. nur HandbuchKapErsR/Fleischer, Rn. 6.51; Rowedder/Schmidt-Leithoff/Pentz, § 32a Rn. 31; vgl. auch BGHZ 90, 370, 379 = NJW 1984, 1891, 1893; Scholz/Karsten Schmidt, §§ 32a, 32b Rn. 176.

lich, solange kein Insolvenzverfahren über das Vermögen der Gesellschaft eröffnet worden ist.[379]

II. Rechtsfolgen zwischen Darlehensgeber und Gesellschaft

1. Außerhalb eines Insolvenzverfahrens

Selbst für unmittelbare Gesellschafterdarlehen hat der BGH in seinem Rangrücktrittsurteil vom 8.1.2001 entschieden, dass die den Eigenkapitalersatzregeln unterworfenen Forderungen der Gesellschafter „ihren Charakter als Verbindlichkeiten der Gesellschaft beibehalten (...)“ und allenfalls im Überschuldungsstatus bei Vorliegen einer Rangrücktrittserklärung nicht passiviert werden müssten.[380] Bilanziell bleiben daher auch eigenkapitalersetzende Gesellschafterleistungen grundsätzlich Verbindlichkeiten der Gesellschaft.[381] Für das Darlehensverhältnis zwischen der Gesellschaft und einem gesellschaftsfremden Dritten als Kreditgeber muss dies erst recht gelten. Das Darlehen stellt eine echte Fremdfinanzierung dar und wird nur im Insolvenzfall von Sonderregeln – insbesondere hinsichtlich der Sicherheitenverwertung – überlagert.[382]

Außerhalb eines Insolvenzverfahrens – auch bei Abweisung des Insolvenzantrages mangels Masse (§ 26 Abs. 1 InsO)[383] – ist der dritte Darlehensgeber daher in keiner Weise durch das Eigenkapitalersatzrecht gehindert, seine Rückzahlungsansprüche gegen die Gesellschaft durchzusetzen. Insbesondere unterliegt er bei der Verwertung von Sicherheiten nicht den Einschränkungen des § 32a Abs. 2 GmbHG und kann im Falle der Doppelbesicherung

379 Näher Braun/de Bra, § 129 Rn. 37; Huber, § 16 Rn. 4 ff.

380 BGHZ 146, 264, 272; vgl. BGHZ 140, 147, 153 ff.; Kleindiek, in: Lutter/Hommelhoff, § 42 Rn. 42, 46; Scholz/Karsten Schmidt §§ 32a, 32b Rn. 108 (h. M.); zum Streit um die Passivierung im Überschuldungsstatus Scholz/Karsten Schmidt, Vor § 64 Rn. 32 m. w. N. Auch Drittgläubiger z. B. Banken können zur Vermeidung einer Überschuldung einen Rangrücktritt erklären; vgl. Obermüller, Rn. 5.356e ff.; Kußmaul, DB 2002, 2258, 2259.

381 Roth/Altmeppen, § 32a Rn. 121; Scholz/Crezelius, § 42 Rn. 31; Obermüller, Rn. 5.355; vgl. auch Kleindiek, in: Lutter/Hommelhoff, § 42 Rn. 42; Scholz/Karsten Schmidt, §§ 32a, 32b Rn. 108; Rowedder/Schmidt-Leithoff/Pentz, § 32a Rn. 260 jew. m. w. N. zum Erfordernis eines Hinweises auf den Eigenkapitalersatzcharakter im Jahresabschluss (str.).

382 Baumbach/Hueck/Fastrich, § 32a Rn. 15; HandbuchKapErsR/Fleischer, Rn. 6.27; Michalski/Heidinger, §§ 32a, 32b Rn. 333.

383 HandbuchKapErsR/Fleischer, Rn. 6.28; Lutter/Hommelhoff, §§ 32a,b Rn. 121; Michalski/Heidinger, §§ 32a, 32b Rn. 335; Scholz/Karsten Schmidt §§ 32a, 32b Rn. 154.

durch den Gesellschafter und die Gesellschaft grundsätzlich frei entscheiden, ob und gegebenenfalls welche Sicherheit er verwerten will.[384] Dieses gilt für Rechtsprechungs- und Novellenregeln gleichermaßen.[385]

Zahlt die Gesellschaft das Darlehen an den dritten Kreditgeber zurück oder wird eine von ihr bestellte Sicherheit verwertet, so unterliegt dieser Zufluss an den Dritten nicht der Anfechtung nach § 135 InsO oder § 6 AnfG.[386] Grundsätzlich werden mit dem Erlöschen der Hauptschuld auch die für diese bestellten Sicherheiten frei und müssen gegebenenfalls an den Sicherungsgeber (hier: Gesellschafter) zurückübertragen werden.[387] Ob die Gesellschaft gleichwohl für den dann gegen den Gesellschafter bestehenden Erstattungsanspruch (§ 31 Abs. 1 GmbHG analog bzw. im Insolvenzverfahren auch § 32b GmbHG) auf eine „übrig gebliebene" Sachsicherheit am Vermögen des Gesellschafters zugreifen kann, hängt von der Auslegung der Sicherungsabrede zwischen Darlehensgeber und Gesellschafter ab.[388]

Grundsätzlich hat der Gesetzgeber die sich aus § 32b GmbHG bzw. analog § 31 GmbHG ergebende Erstattungspflicht des Gesellschafters rein schuldrechtlich ausgestaltet.[389] Schon die Begründung zu § 37 Abs. 3 GmbHG-Entwurf 1939[390] als dem Vorläufer von § 32b GmbHG sprach in diesem Zusammenhang von „einem neuen selbständigen Anspruch gegen den von seiner Verpflichtung gegenüber dem Dritten freigewordenen Gesellschafter." Gegen einen zwingenden Übergang der Gesellschaftersicherheit auf die Gesellschaft spricht nach der insoweit zutreffenden Auffassung des BGH ins-

384 BGH NJW 1992, 1166 = ZIP 1992, 108 = EWiR 1992, 277 (Hunecke); Monßen, DB 1981, 1603, 1605; HandbuchKapErsR/Fleischer, Rn. 6.28 f.; Lutter/Hommelhoff, §§ 32a,b Rn. 121; Michalski/Heidinger, §§ 32a, 32b Rn. 334.

385 Vgl. Michalski/Heidinger, §§ 32a, 32b Rn. 335.

386 Baumbach/Hueck/Fastrich, § 32a Rn. 70; Roth/Altmeppen, § 32a Rn. 138; Geißler, GmbHR 1996, 565, 572; vgl. auch Begr. RegE 1977, BT-Drs. 8/1347, S. 41. Dessen ungeachtet können Besicherung oder Befriedigung des Darlehensgebers in einem späteren Insolvenzverfahren aber nach allgemeinen Grundsätzen (z.B. bei Inkongruenz nach § 131 InsO) der Anfechtung unterliegen; vgl. Lutter/Hommelhoff, §§ 32a,b Rn. 121; Beck'schesHdB-GmbH/Jung, § 8 Rn. 279; Karsten Schmidt, Insolvenzgesetze, § 32a KO Anm. 9a.

387 Beck'schesHdB-GmbH/Jung, § 8 Rn. 279.

388 BGH NJW 1986, 429, 430 = ZIP 1986, 30, 32 = EWiR 1986, 67 (Karsten Schmidt); Hachenburg/Ulmer, § 32a,b Rn. 145; HandbuchKapErsR/Fleischer, Rn. 6.30; Häuselmann/Rümker/Westermann, S. 87; Lutter/Hommelhoff, §§ 32a,b Rn. 122; krit. Kübler, EWiR 1985, 105, 106.

389 Vgl. Karsten Schmidt, EWiR, 1986, 67, 68; Baumbach/Hueck/Fastrich, § 32a Rn. 70; Meyer-Landrut, § 32a Rn. 10.

390 Schubert, Entwurf, S. 104, 164; ähnlich Begr. RegE 1977, BT-Drs. 8/1347, S. 41 die aber nicht mehr von einem „neuen" Anspruch spricht.

besondere auch die in § 32b Satz 3 GmbHG dem Gesellschafter eingeräumte *Befugnis*, sich von der Erstattungspflicht zu befreien, indem er die zur Sicherung dienenden Gegenstände der Gesellschaft zur Verfügung stellt.[391] Insbesondere bei einer bloß zweiseitigen Sicherungsabrede wird man ohne eine ausdrückliche Regelung im Vertrag weder dem Gesellschafter noch dem Kreditgeber den Willen unterstellen können, der Gesellschaft im Wege eines Vertrages zugunsten Dritter (§ 328 BGB) den Zugriff auf die freigewordene Gesellschaftersicherheit zu verschaffen.[392]

Soweit der Darlehensgeber die Sicherheiten des Gesellschafters zur Befriedigung seiner Forderung nicht mehr benötigt, steht ein etwaiger Rückgewähranspruch – soweit dieser nicht anderweitig abgetreten wurde – im Normalfall also dem Gesellschafter zu.[393]

2. Im eröffneten Insolvenzverfahren

a) Zur Reichweite des § 32a Abs. 2 GmbHG

Auch durch § 32a Abs. 2 GmbHG wird im Insolvenzverfahren nicht materiell in die Rechtsstellung des Kreditgebers als Gläubiger der Gesellschaft eingegriffen. Er unterliegt nur hinsichtlich der Geltendmachung seiner Forderung der Einschränkung, zuerst Befriedigung aus der Gesellschaftersicherheit zu suchen.[394] Gleichwohl ist der Darlehensgeber aber nach inzwischen ganz herrschender Ansicht von Anfang an als Gläubiger mit entsprechenden Rechten am Insolvenzverfahren beteiligt.[395] Einschränkungen bei der Anwendung von § 32a Abs. 2 GmbHG können sich daraus ergeben, dass die Gesellschaftersicherheit außer für Verbindlichkeiten der Gesellschaft auch noch für andere Forderungen des Gläubigers haftet (vgl. nachfolgend § 4 IV 1 a) cc) ccc)).

---

391 BGH NJW 1986, 429, 430 = ZIP 1986, 30, 32.

392 HandbuchKapErsR/Fleischer, Rn. 6.30; Lutter/Hommelhoff, §§ 32a,b Rn. 123.

393 Vgl. Obermüller, Rn. 5.357.

394 HandbuchKapErsR/Fleischer, Rn. 6.31; Karsten Schmidt, ZIP 1999, 1821, 1826; Uhlenbruck, § 52 Rn. 13.

395 Baumbach/Hueck/Fastrich, § 32a Rn. 68; Hachenburg/Ulmer, § 32a,b Rn. 149 (noch zur KO); HandbuchKapErsR/Fleischer, Rn. 6.32; Lutter/Hommelhoff, §§ 32a,b Rn. 124; Michalski/Heidinger, §§ 32a, 32b Rn. 336; Noack/Bunke, FS Uhlenbruck, S. 335, 348; Roth/Altmeppen, § 32a Rn. 124; Rowedder/Schmidt-Leithoff/Pentz, § 32a Rn. 172; Scholz/Karsten Schmidt, §§ 32a, 32b Rn. 155; Uhlenbruck, § 43 Rn. 10, § 52 Rn. 13 f.; eingehend und m. w. N. zur älteren Gegenansicht: Marx, ZInsO 2003, 262; Karsten Schmidt, ZIP 1999, 1821, 1826. Streitig ist, in welcher Höhe er seine Forderung geltend machen kann; vgl. Marx aaO. m. w. N.

Die Beschränkung aus § 32a Abs. 2 GmbHG betrifft das Verteilungsverfahren.[396] Dort darf der Darlehensgeber aus der Insolvenzmasse maximal den Differenzbetrag erhalten, der sich nach Verwertung der Gesellschaftersicherheit bis zur vollständigen Befriedigung des Kreditgebers als Ausfall ergibt.[397]

b) Quotenberechnung im Verteilungsverfahren

Umstritten ist allerdings, ob der Darlehensgeber bei der Verteilung seine Forderung dabei in voller Höhe zugrunde legen darf oder ob seine Quote nur auf den Ausfall (= Forderung abzüglich Verwertungserlös)[398] berechnet wird. Die praktischen Konsequenzen sollen an dem folgenden Beispiel veranschaulicht werden:

> *Die Gläubiger A und B haben gegen die insolvente S-GmbH jeweils Forderungen in Höhe von 100 TEUR. A hat zusätzlich eine eigenkapitalersetzende Gesellschaftersicherheit, bei deren Verwertung ein Erlös von 50 TEUR erzielt wird. Am Ende des Verfahrens stehen für die Ausschüttung an die Gläubiger 60 TEUR zur Verfügung.*

aa) Ausfallprinzip (§ 52 InsO)

Die bislang überwiegende Ansicht gewährt dem gesicherten Darlehensgeber nur eine Quote auf den Ausfall und behandelt ihn im Ergebnis wie einen absonderungsberechtigten Gläubiger (§ 52 InsO).[399] Diesem werden von seiner Gesamtforderung zunächst die Erlöse aus der Gesellschaftersicherheit abgezogen, und nur auf die dann noch offene Restforderung erhält er die Quote. Hierfür spricht zunächst der an den früheren § 64 KO anknüpfende Wortlaut des § 32a Abs. 2 GmbHG („nur für den Betrag verhältnismäßige

---

396 Karsten Schmidt, ZIP 1999, 1821, 1826; ders./Bitter, ZIP 2000, 1077, 1078, 1088; insoweit auch Marx, ZInsO 2003, 262, 263.

397 Roth/Altmeppen, § 32a Rn. 124; vgl. MünchKommInsO/Lwowski/Bitter, § 43 InsO Rn. 27, 36; Scholz/Karsten Schmidt, §§ 32a, 32b Rn. 156a; Rowedder/Schmidt-Leithoff/Pentz, § 32 a Rn. 170.

398 Vgl. Karsten Schmidt/Bitter, ZIP 2000, 1077, 1078; allg. zum Ausfallprinzip: Karsten Schmidt; Insolvenzgesetze, § 64 KO Anm. 6; Jaeger/Lent, 8. Aufl., § 64 Rn. 9, 13; MünchKommInsO/Ganter, § 52 Rn. 2, 30.

399 LG Dortmund ZIP 1986, 855, 858 (obiter dictum); Baumbach/Hueck/Fastrich, § 32a Rn. 68; Hachenburg/Ulmer, § 32a,b Rn. 148 (zur KO); HandbuchKapErsR/Fleischer, Rn. 6.31; Kübler/Prütting/Holzer, § 43 Rn. 8a; Lutter/Hommelhoff, § 32a,b Rn. 124 f.; Michalski/Heidinger, §§ 32a, 32b Rn. 336; Marx, ZInsO 2003, 262, 264; Noack/Bunke, FS Uhlenbruck, S. 335, 346 ff.; Obermüller, ZIP 1982, 915, 919; ders., Rn. 5.357, 6.572; Peters, ZIP 1987, 621, 623; unklar Braun/Bäuerle, § 43 Rn. 20.

Befriedigung verlangen ... mit welchem er ... ausgefallen ist.").[400] Trotz sprachlicher Unschärfe liegt dieses Ausfallprinzip auch dem heutigen § 52 InsO zugrunde.[401]

In dem Beispiel würde A deshalb bei der Verteilung nur noch mit seiner Restforderung von 50 TEUR berücksichtigt. B könnte dagegen eine Ausschüttung auf die volle Forderung von 100 TEUR beanspruchen, so dass an ihn 40 TEUR und an A nur 20 TEUR ausgeschüttet würden. Zusammen mit dem Erlös aus der Sicherheit würde A 70 TEUR erhalten.

bb) Vollberücksichtigung (§ 43 InsO analog)

Die im Vordringen befindliche neuere Auffassung will im Verteilungsverfahren grundsätzlich die Quote auf die gesamte Forderung berechnen.[402] Nur wenn die danach zu beanspruchende Zahlung zusammen mit dem Verwertungserlös aus der Gesellschaftersicherheit die Gesamtforderung übersteigt, wird die Quote so begrenzt, dass der Gläubiger nicht mehr als 100 % erhält. Da nur den Gesellschafter die eigenkapitalersatzrechtliche Finanzierungsverantwortung treffe, müsse sich die Beeinträchtigung des Drittgläubigers durch § 32a Abs. 2 GmbHG rein verfahrensmäßig auf die Verwertungsreihenfolge beschränken und dürfe nicht zu einer Quotenschmälerung zu Lasten des Darlehensgebers führen.[403]

Danach erhielten in dem Beispielsfall A und B jeweils auf 100 TEUR eine Ausschüttung von 30 TEUR. Zusammen mit dem Erlös aus der Sicherheit von 50 TEUR würde A 80 TEUR und damit auch nicht mehr als seine Gesamtforderung von 100 TEUR erhalten. Hätte er aus der Sicherheitenverwertung z.B. 80 TEUR erhalten, wäre sein Anteil in der Schlussverteilung auf 20 TEUR begrenzt. Der „Überschuss" von 10 TEUR stünde dann B zu.

---

400 Noack/Bunke, FS Uhlenbruck, S. 335, 346 f.

401 Häsemeyer, Rn. 18.74; Karsten Schmidt/Bitter, ZIP 2000, 1077, 1078; Marx, ZInsO 2003, 262, 264; MünchKommInsO/Ganter, § 52 Rn. 2; Noack/Bunke, FS Uhlenbruck, S. 335, 347.

402 Karsten Schmidt/Bitter, ZIP 2000, 1077, 1088; MünchKommInsO/Lwowski/Bitter, § 43 Rn. 27; Scholz/Karsten Schmidt, §§ 32a, 32b Rn. 156a (anders noch Karsten Schmidt, Insolvenzgesetze, § 68 KO Anm. 3); Jaeger/Henckel, InsO, § 43 Rn. 23 (anders noch Jaeger/Henckel, 9. Aufl., § 32a Rn. 48); Roth/Altmeppen, § 32a Rn. 125; Uhlenbruck, § 43 Rn. 10, § 52 Rn. 14; wohl auch Rowedder/Schmidt-Leithoff/Pentz, § 32 a Rn. 172 (missverständlicher Vergleich mit aussonderungsberechtigtem Gläubiger).

403 MünchKommInsO/Lwowski/Bitter, § 43 Rn. 27; Roth/Altmeppen, § 32a Rn. 125.

cc) Stellungnahme

Unstreitiger Ausgangspunkt der Überlegungen zur Quotenberechnung ist der vom BGH formulierte Grundsatz, dass der Drittgläubiger *außerhalb des Verhältnisses zwischen Gesellschaft und sicherungsgebendem Gesellschafter* steht und es deshalb nicht ohne weiteres gerechtfertigt ist, im Interesse der Gesamtheit der Gesellschaftsgläubiger in die Rechtsstellung des Drittgläubigers belastend einzugreifen.[404]

Insolvenzrechtlich liegt dem „Ausfallprinzip" des § 52 InsO (früher § 64 KO) die Überlegung zugrunde, dass ein absonderungsberechtigter Gläubiger bereits mit Verwertung der Sicherheit auf einen ansonsten zur Insolvenzmasse gehörenden Gegenstand zugreift und er deshalb gegenüber ungesicherten Gläubigern unangemessen begünstigt würde, könnte er anschließend noch eine Quote auf die gesamte Forderung verlangen.[405] Der gesicherte Teil der Forderung würde dann quasi „doppelt" zu Lasten des Schuldnervermögens bedient.

Das dem § 43 InsO (früher § 68 KO) zugrundeliegende Prinzip der „Doppelberücksichtigung" soll dem Gläubiger mehrerer insolventer Gesamtschuldner – abgesehen von praktischen Erfordernissen – die Möglichkeit erhalten, eine volle Befriedigung seiner Forderung zu erlangen, wenn die Quoten aller Verfahren zusammen zur Befriedigung ausreichten.[406] Bis zur vollständigen Befriedigung kann er im Insolvenzverfahren jedes mithaftenden Schuldners jeweils die Quote auf die gesamte Forderung beanspruchen. Das Prinzip der Doppelberücksichtigung ist aber auch im Falle einer Sachmithaftung eines Dritten anerkannt.[407] Auch hier ist das Ausfallprinzip nicht anwendbar, weil die teilweise Befriedigung aus der Sachsicherheit nicht zu Lasten des Schuldnervermögens, sondern eines Dritten geht.[408]

Hätte danach ein Gesellschafter für die Schuld seiner Gesellschaft eine Sachsicherheit aus seinem Privatvermögen bestellt, so wäre bei Nichtan-

---

404 BGH NJW 1985, 858, 859 = ZIP 1985, 158, 159 = EWiR 1985, 105 (Kübler); vgl. Karsten Schmidt, ZIP 1999, 1821, 1822; insoweit auch Noack/Bunke, FS Uhlenbruck, S. 335, 346.

405 Jaeger/Lent, 8. Aufl., § 64 Rn. 9; MünchKommInsO/Ganter, § 52 Rn. 2.

406 MünchKommInsO/Lwowski/Bitter, § 43 Rn. 1 f.; Karsten Schmidt/Bitter, ZIP 2000, 1077, 1079; vgl. das Beispiel bei Jaeger/Lent, 8. Aufl., § 68 Rn. 1.

407 Häsemeyer, Rn. 17.04; Kübler/Prütting/Holzer, § 43 Rn. 7; MünchKommInsO/Lwowski/Bitter, § 43 Rn. 18 ff.; Karsten Schmidt, Insolvenzgesetze, § 68 KO Anm. 4.

408 Vgl. Häsemeyer, Rn. 18.74; MünchKommInsO/Ganter, § 52 Rn. 6; Karsten Schmidt, Insolvenzgesetze, § 64 KO Anm. 1 (Absonderungsrecht muss an einem Gegenstand des Gesellschaftsvermögens bestehen).

wendbarkeit des Eigenkapitalersatzrechts (z.B. weil eine Umqualifizierung durch rechtzeitigen Insolvenzantrag vermieden wurde) der Drittgläubiger ohne weiteres befugt, sich aus der Sicherheit zu befriedigen und anschließend – bis zur vollen Befriedigung – die Quote auf seine gesamte Forderung zu verlangen (§ 43 InsO analog). Eine solche Konstellation war Gegenstand der Grundsatzentscheidung des Reichsgerichts vom 30.11.1937 zur Anwendbarkeit des § 68 KO im Falle der Sachmithaftung.[409] Der Alleingesellschafter einer GmbH hatte ein Grundstück zugunsten einer Gläubigerin der Gesellschaft belastet, obwohl er an sich zur Einbringung desselben in die Gesellschaft verpflichtet war. Und obwohl das Grundstück bereits aufgelassen, jedoch noch nicht die GmbH als Eigentümerin im Grundbuch eingetragen war, sah das Reichsgericht keine Notwendigkeit, der klagenden Gläubigerin die Berufung auf die Massefremdheit des Sicherungsgegenstands zu versagen.[410]

Auch Befürworter des Ausfallprinzips räumen ein, dass der Gläubiger durch die Anwendung von § 52 InsO auf eigenkapitalersetzende Gesellschaftersicherheiten „quotenmäßig“ schlechter gestellt wird als im Falle einer Besicherung durch einen gesellschaftsfremden Dritten oder bei Vermeidung der Umqualifizierung der Gesellschaftersicherheit.[411] Dieser Nachteil sei aber durch den Normzweck gerechtfertigt. Die Entlastung der Haftungsmasse werde „nur“ erreicht, wenn der Vorteil der primären Inanspruchnahme des Gesellschafters durch den Drittgläubiger auch an die übrigen Gläubiger weitergegeben wird.[412]

Schon die Prämisse dieser Argumentation stimmt so nicht und wird durch die dafür angeführten Beispiele[413] auch nur scheinbar belegt. Selbstverständlich kommt die primäre Inanspruchnahme des Gesellschafters mittelbar auch allen Gläubigern der Gesellschaft zugute. Denn zum einen kann – wenn auch erst bei entsprechend hoher Quote – die Forderung des gesicherten Gläubigers vollständig erfüllt sein, so dass ein entsprechender Überschuss zu einer höheren Ausschüttung an die ungesicherten Gläubiger führen kann (so z.B. in der Abwandlung des Beispiels, wenn A aus der Sicherheit 80 TEUR erhielte, so dass an B 10 TEUR zusätzlich ausgeschüttet werden

409 RGZ 156, 271, 278.

410 RGZ 156, 271, 277 f.

411 Baumbach/Hueck/Fastrich, § 32a Rn. 68; Marx, ZInsO 2003, 262, 263; Peters, ZIP 1987, 621, 623 (zur KO).

412 Marx, ZInsO 2003, 262, 264; etwas vorsichtiger insoweit Noack/Bunke, FS Uhlenbruck, S. 335, 347 f. (Schutz der übrigen Gläubiger „nicht hinreichend“).

413 Vgl. Marx, ZInsO 2003, 262, 264.

könnten).[414] Zum anderen ist der Regressanspruch des Gesellschafters nach Verwertung der eigenkapitalersetzenden Gesellschaftersicherheit – anders als bei Sicherheiten gesellschaftsfremder Dritter – nur eine nachrangige Insolvenzforderung (§ 39 Abs. 1 Nr. 5 InsO)[415] und schont auch insoweit die an die Insolvenzgläubiger zu verteilende Masse. Darin und nicht in einer „quotenmäßigen Diskriminierung" des Darlehensgebers zeigt sich die eigentliche Wirkung des Eigenkapitalersatzrechts.

Die Anwendung des Ausfallprinzips würde außerdem dessen immanente insolvenzrechtliche Grenze überschreiten. Die Beschränkungen des Ausfallprinzips (§ 52 InsO) sind überall dort, aber auch nur dort geboten, wo die Sonderdeckung auf Kosten der allgemeinen Zugriffsmasse erworben worden ist.[416] Eine Sachsicherheit des Gesellschafters wird aber durch das Eigenkapitalersatzrecht nicht zum Bestandteil der Insolvenzmasse der Gesellschaft (vgl. nur § 32b Satz 3 GmbHG) und wegen der wirtschaftlich regresslosen Haftung des Gesellschafters[417] kann man auch insoweit nicht von einer „auf Kosten der Gesellschaft" erworbenen Sonderdeckung sprechen.

Entgegen dem insoweit missverständlichen Wortlaut von § 32a Abs. 2 GmbHG sollte deshalb daran festgehalten werden, dass diese Bestimmung für den Gläubiger nur eine Obliegenheit hinsichtlich der Verwertungsreihenfolge begründet, aber ihn im übrigen keinesfalls materiell schlechter stellt als Gläubiger mit anderweitigen Drittsicherheiten. Eine Quotenschmälerung durch Anwendung von § 52 InsO auf die Verwertung der Gesellschaftersicherheit ist deshalb abzulehnen.[418]

Aus dem Verhältnis der §§ 43 und 52 InsO ergibt sich indessen noch eine Besonderheit im Fall der *Doppelbesicherung*. Hat der Gläubiger trotz Verwertung der Sicherheiten von Gesellschaft und Gesellschafter noch keine vollständige Befriedigung erhalten, so ist das Ausfallprinzip – allerdings be-

414 Vgl. allg. MünchKommInsO/Lwowski/Bitter, § 43 Rn. 36 ff. Ein Überschuss steht hier wegen § 39 Abs. 1 Nr. 5 InsO nicht dem Gesellschafter, sondern vorrangig den Insolvenzgläubigern (§ 38 InsO) der Gesellschaft zu. Inwieweit der Gesellschafter hier durch eine etwaige Anwendung von § 44 InsO „schlechter" gestellt wird (so Noack/Bunke, FS Uhlenbruck, S. 335, 348), ist eine eher theoretische Erwägung, die jedenfalls eine materielle Benachteiligung des gesicherten Gläubigers nicht zu rechtfertigen vermag.

415 Baumbach/Hueck/Fastrich, § 32a Rn. 71; HandbuchKapErsR/Fleischer, Rn. 6.66; Michalski/Heidinger, §§ 32a, 32b Rn. 354; Roth/Altmeppen, § 32a Rn. 127; Karsten Schmidt, ZIP 1999, 1821, 1828.

416 So zu § 64 KO bereits treffend Jaeger/Lent, 8. Aufl., § 64 Rn. 9.

417 Karsten Schmidt, ZIP 1999, 1821, 1824.

418 Roth/Altmeppen, § 32a Rn. 125; Karsten Schmidt/Bitter, ZIP 2000, 1077, 1088.

schränkt auf den Verwertungserlös aus der Sicherheit der Gesellschaft – anzuwenden.[419] Denn in diesem Falle befriedigt sich der Gläubiger ja teilweise aus dem Vermögen der Gesellschaft.[420] Nur der Erlös aus der Gesellschaftssicherheit wird für die dann erforderliche Berechnung des Ausfalls im Sinne von § 52 InsO von der Gesamtforderung abgezogen.

c) Doppelbesicherung durch Gesellschafter und Gesellschaft

Hat der Darlehensgeber sich außer vom Gesellschafter auch von der Gesellschaft selbst Sicherheiten für seine Forderungen bestellen lassen, so ist zunächst zu klären, ob der Tatbestand der eigenkapitalersetzenden Gesellschaftersicherheit ausscheidet, weil schon die von der Gesellschaft bestellte Sicherheit zur angemessenen Absicherung des Kredits ausreichend war und die Hereinnahme z.B. einer Gesellschafterbürgschaft nur gewohnheitsmäßig erfolgte.[421] Hätte die Gesellschaft dagegen ohne die zusätzliche Sicherheit des Gesellschafters von einem Dritten keinen Kredit mehr erhalten, so ist die Gesellschaftersicherheit eigenkapitalersetzend.

Im Falle einer doppelten Besicherung durch den Gesellschafter und die Gesellschaft ist allerdings umstritten, ob der Gläubiger bei der Verwertung der Sicherheiten im Insolvenzverfahren der Gesellschaft entsprechend § 32a Abs. 2 GmbHG zunächst die Gesellschaftersicherheit in Anspruch nehmen muss, bevor er auf die Sicherheit der Gesellschaft zugreifen kann.

aa) Verwertungswahlrecht des Gläubigers (h.M.)

Der BGH hat diese Frage erstmals in seinem Urteil vom 19.11.1984 zugunsten eines Wahlrechts des Darlehensgebers entschieden.[422] Dem Urteil lag ein Fall zugrunde, in dem die Gesellschaft Grundschulden bestellt hatte und die Gesellschafter sich zusätzlich für die Verbindlichkeiten der Gesellschaft verbürgt hatten. Die klagende Sparkasse wollte nun zunächst erst einmal die Sachsicherheiten der Gesellschaft verwerten, während der Konkursverwalter sie auf die vorrangige Inanspruchnahme der Gesellschafter verweisen wollte. Dieses lehnte der BGH insbesondere mit der Begründung ab, der Dritte stehe außerhalb des für die eigenkapitalersatzrechtliche Bindung maßgebli-

419 Vgl. Karsten Schmidt, ZIP 1999, 1821, 1827.

420 Vgl. allg. zu diesem Erfordernis MünchKommInsO/Ganter, § 52 Rn. 6; Jaeger/Lent, 8. Aufl., § 64 Rn. 3; Karsten Schmidt, Insolvenzgesetze, § 64 KO Anm. 1.

421 Vgl. BGH NJW 1985, 858; NJW 1988, 824 (bis zur Grenze der Insolvenzreife).

422 BGH NJW 1985, 858, 859 = ZIP 1985, 158, 159 = EWiR 1985, 105 (Kübler); bestätigt durch BGH NJW 1986, 429, 430 = ZIP 1986, 30, 31 = EWiR 1986, 67 (Karsten Schmidt); NJW 1992, 1166 = ZIP 1992, 108 = EWiR 1992, 277 (Hunecke).

chen Verhältnisses von Gesellschaft und Gesellschafter. In seine Rechtsstellung dürfe deshalb nicht ohne weiteres belastend eingegriffen werden.

Zur Reichweite der dem Dritten aus § 32a Abs. 2 GmbHG erwachsenden Beschränkungen führte der BGH weiter aus:[423]

> „In dem dort geregelten Fall, daß dem Drittgläubiger (nur) eine Gesellschaftersicherung für seine gegen die Gesellschaft bestehende Konkursforderung zusteht, handelt es sich jedoch um einen Eingriff von geringer Tragweite. Der Gläubiger wird im Falle des Gesellschaftskonkurses regelmäßig selbst daran interessiert sein, auf die Gesellschaftersicherung Zugriff zu nehmen, um volle Befriedigung zu erlangen. Die Lage ist dagegen wesentlich anders, wenn dem Drittgläubiger auch eine von der Gesellschaft bestellte (konkursfeste) Sicherung zur Verfügung steht. In diesem Falle würde es die Interessen des Gläubigers fühlbar beeinträchtigen, wenn er vorrangig die – möglicherweise schwächere – Gesellschaftersicherung in Anspruch nehmen und das damit verbundene Ausfall- und Kostenrisiko auf sich nehmen müßte, obwohl er aus der Gesellschaftssicherung Befriedigung erlangen könnte. Ein so weitgehender Eingriff in die Rechtsstellung des außerhalb der Gesellschaft stehenden Drittgläubigers kann nicht ohne eindeutige Entscheidung des Gesetzgebers vorgenommen werden."

Dem § 32a Abs. 2 GmbHG ist dabei nach Auffassung des BGH und der ihm folgenden Literaturstimmen ein so weitgehender Eingriff in die Rechte des Drittgläubigers nicht zu entnehmen, auch wenn dadurch die vorrangige Inanspruchnahme des Gesellschafters besser gewährleistet wäre.[424] Somit kann der Drittgläubiger auch in der Insolvenz der Gesellschaft die von der Gesellschaft gestellte Sicherheit verwerten, ohne vorrangig die Gesellschaftersicherheit in Anspruch nehmen zu müssen. Nur wegen der persönlichen (Rest-) Ansprüche wird der Gläubiger nach § 32a Abs. 2 GmbHG vorrangig auf die Sicherheit des Gesellschafters verwiesen.[425]

423 BGH NJW 1985, 858, 859 = ZIP 1985, 158, 159.

424 BGH NJW 1985, 858, 859 = ZIP 1985, 158, 159; Baumbach/Hueck/Fastrich, § 32a Rn. 70; Beck'schesHdB-GmbH/Jung, § 8 Rn. 286; Hachenburg/Ulmer, § 32a,b Rn. 144; HandbuchKapErsR/Fleischer, Rn. 6.39; Jaeger/Henckel, 9. Aufl., § 32a Rn. 91; Lutter/Hommelhoff, §§ 32a,b Rn. 126; Meyer-Landrut, § 32a Rn. 10; zurückhaltend Michalski/Heidinger, §§ 32a, 32b Rn. 339; Roth/Altmeppen, § 32a Rn. 139 f.; Uhlenbruck/Hirte, § 135 Rn. 31 f.

425 Vgl. Meyer-Landrut, § 32a Rn. 10.

bb) Analoge Anwendung von § 32a Abs. 2 GmbHG bei Doppelbesicherung

Die in der Literatur vertretene Gegenansicht[426] will unter Hinweis auf die Regelungsziele des § 32a Abs. 2 GmbHG diesen auch im Falle einer Doppelbesicherung entsprechend anwenden. Das Ziel der Masseschonung werde nur dann erreicht, wenn der gesicherte Gläubiger vorrangig den Gesellschafter bzw. dessen Sicherheiten in Anspruch nehmen müsse und allenfalls danach auf weitere Sicherheiten der Gesellschaft zugreifen dürfe.

cc) Stellungnahme

Die Begründung zum Regierungsentwurf von 1977 betont zunächst, dass der Darlehensgeber – sofern er nicht ausnahmsweise einem Gesellschafter gleich zu behandeln ist – auch in der Insolvenz der Gesellschaft grundsätzlich nicht gehindert ist, seinen Darlehensanspruch geltend zu machen und führt weiter aus:[427]

> „Um jedoch eine Benachteiligung der übrigen Gesellschaftsgläubiger zu verhindern, unterwirft der Entwurf den Dritten in diesen Fällen insofern einer Beschränkung, als der Dritte zuvor den als Bürgen verpflichteten Gesellschafter oder die von ihm gestellte Sicherung in Anspruch nehmen muß und erst für den Ausfall verhältnismäßige Befriedigung aus der Masse verlangen kann …“

Der Gesetzesbegründung geht es um die Vermeidung von Nachteilen für die übrigen Gesellschaftsgläubiger.[428] Im Kontext der Begründung ist dabei zwar vom Darlehensanspruch des Drittgläubigers die Rede, doch knüpfen selbst nicht akzessorische Sicherheiten in gewisser Weise immer auch an das Vorhandensein einer Forderung an, ohne die im Ergebnis auch die Sicherheit nicht realisierbar wäre. Wenn demnach die Durchsetzung der Forderung gegen die Gesellschaft von der vorherigen Verwertung der Gesellschaftersicherheit abhängig ist (§ 32a Abs. 2 GmbHG), so spricht einiges dafür, dieses auch auf eine parallel zur Forderung bestehende Sicherheit der Gesellschaft zu beziehen. Letztlich kann man zu der Streitfrage also weder aus dem Wortlaut der Begründung noch aus dem des Gesetzes zwingend etwas zur Anwendbarkeit von § 32a Abs. 2 GmbHG auf die Doppelbesiche-

---

426 Monßen, DB 1981, 1603, 1605; Karsten Schmidt, ZIP 1981, 689, 694; ders., ZIP 1999, 1821, 1827; Scholz/Karsten Schmidt, §§ 32a, 32b Rn. 163; Rowedder/Schmidt-Leithoff/Pentz,, § 32a Rn. 187; vgl. auch Feuerborn, BB 1982, 401, 406; Kübler, EWiR 1985, 105, 106.

427 Begr. RegE 1977, BT-Drs. 8/1347, S. 40.

428 Vgl. Roth/Altmeppen, § 32a Rn. 140.

rungsfälle entnehmen. Wenn der BGH in diesem Zusammenhang aber meint, eine Ausdehnung auf diese Sachverhalte bedürfe einer *eindeutigen* Entscheidung des Gesetzgebers,[429] so wird in der Literatur dagegen zu Recht angemerkt, dass sich der BGH z.B. bei seiner Entscheidung zur Fortgeltung der Rechtsprechungsregeln[430] um fehlende eindeutige Entscheidungen des Gesetzgebers auch nicht besonders gekümmert hat.[431]

Der Gesetzeszweck spricht an sich dafür, dem Insolvenzverwalter jede Regressnahme beim Gesellschafter durch die „Inpflichtnahme" des Gesellschafters aus Sach- wie aus Personalsicherheiten zu ersparen.[432] Solange der Gesellschafter solvent ist, bräuchte es aber eigentlich keiner besonderen Bestimmungen zur vorrangigen Inanspruchnahme der Gesellschaftersicherheit, da die Gesellschaft selbst im Falle der Verwertung ihrer Parallelsicherheiten einen werthaltigen Regressanspruch in entsprechender Höhe gegen ihren Gesellschafter hätte. Gerade im Fall von Sachsicherheiten an dem Privatvermögen des Gesellschafters vermag aber insbesondere die entsprechende Anwendung von § 32a Abs. 2 GmbHG auf die Verwertungsreihenfolge jene Schutzlücken zu schließen, die durch den rein schuldrechtlichen Regress des § 32b GmbHG im Verhältnis zum Gesellschafter entstehen.[433] Lässt man mit dem BGH den sofortigen Zugriff auf die Gesellschafssicherheit zu und führt dieses zur Befriedigung des Gläubigers, so trägt die Gesellschaft das volle Risiko, dass ihr Regressanspruch mangels dinglicher Absicherung[434] in einer etwaigen Gesellschafterinsolvenz wertlos ist.[435] Und nur diese Konstellation ist materiell unter dem Gesichtspunkt der Masseschonung der Gesellschaft von Interesse.

Der Grundsatzentscheidung des BGH lag aber genau der entgegengesetzte Fall zugrunde, in dem neben zumindest teilweise werthaltigen Sicherheiten der Gesellschaft nur eine Bürgschaft der Gesellschafter bestand.[436] Vor diesem Hintergrund wird es zumindest teilweise verständlich, dass der BGH den Gläubiger nicht durch § 32a Abs. 2 GmbHG in einen langen Rechtsstreit mit zweifelhaften Erfolgsaussichten gegen den Gesellschafter zwingen

429 BGH NJW 1985, 858, 859 = ZIP 1985, 158, 159.
430 BGHZ 90, 370, 377 = NJW 1984, 1891, 1892.
431 Kübler, EWiR 1985, 105, 106.
432 Scholz/Karsten Schmidt, §§ 32a, 32b Rn. 163.
433 Vgl. Karsten Schmidt, EWiR 1986, 67, 68.
434 Vgl. dazu BGH NJW 1986, 429, 430 = ZIP 1986, 30, 31.
435 Dies erkennt auch Hachenburg/Ulmer, § 32a,b Rn. 144 („unvollkommene Regelung ... Weigerung des BGH, die Lücke zugunsten der Konkursmasse zu schließen.").
436 BGH NJW 1985, 858, 859 = ZIP 1985, 158, 159.

wollte, wenn daneben noch eine Grundschuld der Gesellschaft bestand.[437] Ist das Darlehen des Dritten aber ausschließlich mit einer Bürgschaft des Gesellschafters gesichert, so ist die Anwendbarkeit der Einschränkung aus § 32a Abs. 2 GmbHG nicht zu bezweifeln und damit der Drittgläubiger im Sinne des BGH auch „prozessual“ belastet. Diese Wirkung ist der Bestimmung aber in allen Konstellationen immanent, und im Fall der Doppelbesicherung bleibt dem Gesellschafter die Parallelsicherheit für den nach Inanspruchnahme des Gesellschafters verbleibenden Rest seiner Forderung ja materiell erhalten.[438]

Versteht man den Zweck des § 32a Abs. 2 GmbHG entgegen der Rechtsprechung als umfassende Obliegenheit des Gläubigers, so passt sich dieses Konzept auch bruchlos in die hier vertretene Anwendung des § 43 InsO ein. Verwertet der Gläubiger in Übereinstimmung mit § 32a Abs. 2 GmbHG zunächst die „massefremde“ Gesellschaftersicherheit, kann er bis zur vollständigen Befriedigung weiter die Quote auf seine ganze Forderung beanspruchen. Sobald er dagegen (zusätzlich) auf die Sicherheit der Gesellschaft zugreift, unterliegt er in entsprechendem Umfang dem Ausfallprinzip (§ 52 InsO).

Dagegen vermag auch das Abstellen des BGH auf die Freistellungsverpflichtung des Gesellschafters[439] letztlich nicht den fehlenden Zugriff der Gesellschaft auf Sachsicherheiten des Gesellschafters zu kompensieren. Diese Schutzlücke kann allein durch entsprechende Anwendung des § 32a Abs. 2 GmbHG dahin geschlossen werden, dass der Drittgläubiger vorrangig auf die Gesellschaftersicherheiten zuzugreifen hat und nur in dem Umfang aus den Sicherheiten der Gesellschaft Befriedigung suchen kann, in dem er bei der Inanspruchnahme der Gesellschaftersicherheiten ausgefallen ist.[440] Der Gegenansicht in der Literatur ist daher zu folgen.

---

437 Kübler, EWiR 1985, 105, 106.

438 Auch das Kostenargument überzeugt nur bedingt, da auch gesicherte Gläubiger im Insolvenzverfahren grundsätzlich an den Kosten beteiligt werden (§§ 170, 171 InsO). Es ist deshalb vorrangig Sache des Gläubigers, in seinen Verträgen die Mithaftung seiner Sicherheiten auch für sämtliche Kosten zu vereinbaren, um auch für diese Befriedigung aus dem Verwertungserlös beanspruchen zu können; vgl. Uhlenbruck, § 171 Rn. 1 a.E.

439 BGH NJW 1986, 429, 430 = ZIP 1986, 30, 31; NJW 1992, 1166 = ZIP 1992, 108 f.; ebenso HandbuchKap-ErsR/Fleischer, Rn. 6.39.

440 Rowedder/Schmidt-Leithoff/Pentz, § 32a Rn. 187; vgl. Scholz/Karsten Schmidt, §§ 32a, 32b Rn. 163; ders. ZIP 1999, 1821, 1827.

d) Aufrechnung durch den Darlehensgeber mit seiner Forderung gegen die Gesellschaft

Bleibt die Insolvenzforderung des Dritten als solche durch § 32a Abs. 2 GmbHG unberührt, so folgt daraus auch die Zulässigkeit der Aufrechnung durch den Darlehensgeber,[441] zumal die Aufrechnungslage ohnehin – unter den Voraussetzungen der §§ 94 ff. InsO – insolvenzrechtlich besonders geschützt wird.[442] Aufgrund der Erfüllungswirkung hat die Gesellschaft dann aber – auch bei nach Insolvenzeröffnung erklärter Aufrechnung[443] – einen schuldrechtlichen Erstattungsanspruch aus § 32b GmbHG (eventuell auch nach § 31 Abs. 1 GmbHG analog) gegen den Gesellschafter.[444]

Eine Aufrechnungserklärung *vor Insolvenzeröffnung* ist schon nach allgemeinen Grundsätzen (vgl. oben § 4 II 1) ohne weiteres zulässig und führt in entsprechender Höhe zum Erlöschen der Forderung (§ 389 BGB). Nur mit einer etwaigen Restforderung nimmt der Darlehensgeber dann noch am Insolvenzverfahren teil und unterliegt auch nur für diese den Beschränkungen des § 32a Abs. 2 GmbHG.

e) Anwendbarkeit von § 32a Abs. 2 GmbHG bei Verzicht des Darlehensgebers auf die Gesellschaftersicherheit

aa) Verzicht nach Insolvenzeröffnung

Verzichtet der Darlehensgeber nach Insolvenzeröffnung auf die Sicherheit des Gesellschafters, so hat dieses auf die Geltung des zwingenden § 32a

441 Im Ergebnis auch Baumbach/Hueck/Fastrich, § 32a Rn. 69; Beck'schesHdB-GmbH/Jung, § 8 Rn. 284; Hachenburg/Ulmer, § 32a,b Rn. 140 (noch zur KO); HandbuchKapErsR/Fleischer, Rn. 6.34; Michalski/Heidinger, §§ 32a, 32b Rn. 337; Roth/Altmeppen, § 32a Rn. 138; Scholz/Karsten Schmidt, §§ 32a, 32b Rn. 157. Im Falle der Aufrechnung ist das Ausfallprinzip (§ 52 InsO) an sich nicht anwendbar (vgl. Kübler/Prütting/Lüke, § 94 Rn. 109; Jaeger/Lent, 8. Aufl., § 64 Rn. 5). Zur Verhinderung einer Doppelberücksichtigung wird deshalb im Zweifel der Verwalter vor der Verteilung selbst die Aufrechnung erklären (Kübler/Prütting/Lüke, § 94 Rn. 110; MüchKommInsO/Brandes, § 94 Rn. 35).

442 Vgl. nur MünchKommInsO/Brandes, § 94 Rn. 1, 3 ff.

443 Eingehend zur Anwendbarkeit des § 32b GmbHG bei Vollendung des Tatbestands nach Insolvenzeröffnung: Scholz/Karsten Schmidt, §§ 32a, 32b Rn. 171; v.Gerkan, FS Ulmer, S. 1293, 1295 ff. Die Bedenken v.Gerkans kommen insoweit wegen der „Rückwirkung" der Aufrechnung nach § 389 BGB – anders als etwa bei einer Sicherheitenverwertung – nicht zum Tragen.

444 Beck'schesHdB-GmbH/Jung, § 8 Rn. 284; Baumbach/Hueck/Fastrich, § 32a Rn. 69; Hachenburg/Ulmer, § 32a,b Rn. 140 (noch zu § 32b a.F.); HandbuchKapErsR/Fleischer, Rn. 6.34; Michalski/Heidinger, §§ 32a, 32b Rn. 337.

Abs. 2 GmbHG keinen Einfluss.[445] Dass sich der Dritte nicht auf diese Weise den Konsequenzen der Bestimmung entziehen können sollte, entsprach bereits den Intentionen des Novellengesetzgebers:[446]

> „Der Dritte soll also anders als nach § 64 KO und § 27 VerglO auch nicht auf die Befriedigung aus der Sicherung oder aus der Bürgschaft verzichten können, denn im Falle eines solchen Verzichts würde er gegenüber der Gesellschaft mit den Forderungen anderer Gesellschaftsgläubiger konkurrieren, was durch Satz 1 gerade ausgeschlossen werden soll."

Der Unterschied zur Konstellation des § 52 InsO (früher: § 64 KO) besteht darin, dass es sich nicht um Sicherheiten der Gesellschaft handelt, die im Falle des Verzichts (vgl. § 52 Satz 2 InsO) dem Gesellschaftsvermögen zugute kommen würden.[447] Ein Verzicht auf die Gesellschaftersicherheit im Insolvenzverfahren hätte aus Sicht des Gläubigers allein den Sinn, die Rechtsfolgen des § 32a Abs. 2 GmbHG zu vermeiden und damit eine zwingende Gesetzesbestimmung zu unterlaufen. Deshalb muss sich der Gläubiger hier so behandeln lassen, als hätte er die Sicherheit des Gesellschafters noch.[448] Dies führt aber nicht zu einer Reduzierung der Insolvenzforderung.[449] Vielmehr erhält er im Verteilungsverfahren eine Quote auf die volle Forderung (§ 43 InsO analog), wobei die Ausschüttung allerdings begrenzt ist auf den Betrag, der sich nach Abzug des hypothetischen Erlöses aus der Gesellschaftersicherheit ergibt. Reicht der Erlös nicht zur vollständigen Befriedigung, könnte der Gesellschafter zudem abgesonderte Befriedigung aus einer etwaigen Parallelsicherheit der Gesellschaft nach § 52 InsO verlangen.

Für eine Versagung dieser Möglichkeit besteht kein Grund, weil der Gläubiger ansonsten materiell noch schlechter behandelt würde als bei „vorschrifts-

445 Beck'schesHdB-GmbH/Jung, § 8 Rn. 285 (Fn. 751: Teilnahme als nachrangiger Gläubiger); Hachenburg/Ulmer, § 32a,b Rn. 141; Häuselmann/Rümker/Westermann, S. 86; HandbuchKapErsR/Fleischer, Rn. 6.36; Jaeger/Henckel, 9. Aufl., § 32a Rn. 49; Lutter/Hommelhoff, §§ 32a,b Rn. 129; Roth/Altmeppen, § 32a Rn. 126; Rowedder/Schmidt-Leithoff/Pentz, § 32a Rn. 188; Scholz/Karsten Schmidt, §§ 32a, 32b Rn. 159; ders. ZIP 1981, 689, 693; vgl. nun auch Baumbach/Hueck/Fastrich, § 32a Rn. 70; anders noch Fastrich, NJW 1983, 260, 263 f. (nur Erstattungspflicht des Gesellschafters).

446 Begr. RegE 1977, BT-Drs. 8/1347, S. 40.

447 Karsten Schmidt, ZIP 1999, 1821, 1826.

448 Vgl. HandbuchKapErsR/Fleischer, Rn. 6.36; Roth/Altmeppen, § 32a Rn. 126.

449 Insoweit missverständlich Scholz/Karsten Schmidt, §§ 32a, 32b Rn. 159 (Insolvenzforderung „reduziert" sich auf Restbetrag); vgl. auch Lutter/Hommelhoff, §§ 32a,b Rn. 129.

mäßiger" Inanspruchnahme des Gesellschafters. Vielmehr genügt es den Zwecken des § 32a Abs. 2 GmbHG, den Drittgläubiger genauso zu behandeln, als hätte er die Gesellschaftersicherheit in Anspruch genommen und daraus zumindest eine teilweise Befriedigung erlangt. In jedem Fall bleibt er beweispflichtig dafür, dass und in welcher Höhe er bei Inanspruchnahme der Gesellschaftersicherheit ausgefallen wäre.[450] Wo diese zu einer vollen Befriedigung geführt hätte bzw. ein Ausfall nicht nachgewiesen wird, kann der Dritte freilich aus der Insolvenzmasse nichts mehr erlangen.

bb) Verzicht vor Insolvenzeröffnung

Gibt der Dritte die Gesellschaftersicherheit außerhalb eines Insolvenzverfahrens frei, so kann dies zunächst dafür sprechen, dass die Gesellschaft auch ohne die Gesellschaftersicherheit ausreichend kreditwürdig ist.[451] Dann existierte bereits keine eigenkapitalersetzende Gesellschaftersicherheit (mehr) und die Sicherheitenfreigabe hätte zur Folge, dass es auch in einer späteren Krise der Gesellschaft nicht mehr zur Umqualifizierung bzw. in der Insolvenz zur Anwendung des § 32a Abs. 2 GmbHG kommen kann.

Streitig ist allerdings, wie sich eine zwischen Eintritt der Kreditunwürdigkeit (genauer: Umqualifizierung) und späterer Insolvenzeröffnung erfolgte Freigabe der Gesellschaftersicherheit auf die Position des Gläubigers auswirkt.

aaa) Herrschende Meinung (schädlicher Verzicht ab Kreditunwürdigkeit)

Soweit dieses Problem in der Literatur[452] überhaupt differenziert beurteilt wird, nimmt die wohl überwiegende Ansicht an, dass jeder Verzicht des Gläubigers auf eine Gesellschaftersicherheit, der nach Eintritt der Kreditunfähigkeit erfolgt, in einem späteren Insolvenzverfahren zur Anwendbarkeit des § 32a Abs. 2 GmbHG führt, wie wenn die Freigabe erst nach Insolvenzeröffnung erfolgt wäre.[453] Für einen so weiten Anwendungsbereich spricht

450 Scholz/Karsten Schmidt, §§ 32a, 32b Rn. 159; Lutter/Hommelhoff, §§ 32a,b Rn. 129.

451 OLG Hamburg ZIP 1990, 1262, 1263 = EWiR 1990, 1095 (Gehling) = WuB II G § 30 GmbHG 1.91 (Hunecke); HandbuchKapErsR/Fleischer, Rn. 6.13.

452 Häufig wird der Verzicht nur im Abschnitt „nach Verfahrenseröffnung" behandelt, ohne weitere Differenzierung; vgl. Baumbach/Hueck/Fastrich, § 32a Rn. 70; Beck'schesHdB-GmbH/Jung, § 8 Rn. 285; HandbuchKapErsR/Fleischer, Rn. 6.36, 6.43; Michalski/Heidinger, §§ 32a, 32b Rn. 338; Roth/Altmeppen, § 32a Rn. 126.

453 Rowedder/Schmidt-Leithoff/Pentz, § 32a Rn. 188; Scholz/Karsten Schmidt, §§ 32a, 32b Rn. 159; teilweise anders noch ders., ZIP 1981, 689, 693 (Unwirksamkeit des Verzichts); wohl auch Hachenburg/Ulmer, § 32a,b Rn. 141; Lutter/Hommelhoff, §§ 32a,b Rn. 129; unklar Uhlenbruck/Hirte, § 135 Rn. 30.

jedenfalls, dass die Zielsetzung der vorrangigen Inanspruchnahme der Gesellschaftersicherheit damit optimal gewährleistet wäre, da die Gläubiger selbst bei Unsicherheit über die Situation der Gesellschaft schon aus Vorsichtsgründen die Gesellschaftersicherheit immer bis zuletzt behalten würden.

bbb) Vermittelnde Ansicht (mögliche Kenntnis der Kreditunwürdigkeit)

Eine vermittelnde Ansicht in der Literatur will § 32a Abs. 2 GmbHG nur dann auf einen Verzicht vor Insolvenzeröffnung anwenden, wenn der Darlehensgeber im Zeitpunkt der Sicherheitenfreigabe die Kreditunwürdigkeit der Gesellschaft kannte oder erkennen konnte.[454] Der Gläubiger werde nämlich dadurch unter Umständen wirtschaftlich wie der Gesellschafter behandelt, und diese Belastung sei für einen Nichtgesellschafter nur bei Vorliegen besonderer Zurechnungsgründe gerechtfertigt.

ccc) Streng insolvenzrechtliche Lösung (nur Verzicht nach Verfahrenseröffnung schädlich)

Nach einer weiteren Ansicht ist § 32a Abs. 2 GmbHG nur dann zu Lasten des Dritten anwendbar, wenn der Verzicht nach Insolvenzeröffnung erfolgt ist.[455] Der Verzicht selbst sei in § 32a Abs. 2 GmbHG – anders als in § 52 Satz 2 InsO bzw. früher § 64 KO – nicht genannt. Diese Bestimmung solle nicht einen Dritten benachteiligen, wenn dieser zur Zeit der Verfahrenseröffnung keine Sicherheit mehr habe.[456]

ddd) Stellungnahme

Zwar enthält der Wortlaut des Gesetzes keinen eindeutigen Hinweis auf die Folgen eines Verzichts, doch bezieht sich der bereits zitierte Absatz aus der Begründung zum Regierungsentwurf von 1977[457] (siehe oben aa) im Zusammenhang des Textes auf einen Verzicht *im* Konkursverfahren. Dies zeigt sich insbesondere an dem besonders hervorgehobenen Unterschied zu § 64 KO und § 27 VerglO.[458] Diese Regeln knüpfen ihre Rechtsfolgen stets an den status quo bei Verfahrenseröffnung.[459] Dies gilt auch heute für § 52

454 BankR-Handbuch/Stodolkowitz, § 84 Rn. 88.

455 Jaeger/Henckel, 9. Aufl., § 32a Rn. 49.

456 Vgl. Jaeger/Henckel, 9. Aufl., § 32a Rn. 49; ähnliche Argumentation (aber widersprüchlich) Uhlenbruck/Hirte, § 135 Rn. 30 a. E.

457 Begr. RegE 1977, BT-Drs. 8/1347, S. 40.

458 Ebenso Jaeger/Henckel, 9. Aufl., § 32a Rn. 49.

459 Vgl. Karsten Schmidt, Insolvenzgesetze, § 64 KO Anm. 1 (Absonderungsrecht muss an einem zur Konkursmasse gehörenden Gegenstand bestehen; vgl. § 1 KO).

InsO, der sich im Abschnitt „Insolvenzmasse" (§§ 35 ff. InsO) befindet und das Vermögen der Gesellschaft bei Insolvenzeröffnung betrifft. Zwar sind die Novellenregeln zum Teil (§ 32b GmbHG) rechtstechnisch auch Insolvenzanfechtungstatbestände[460] und beziehen insoweit auch Vermögensveränderungen zum Nachteil der Gesellschaft vor Insolvenzeröffnung mit ein; doch richtet sich die „eigenkapitalersatzrechtliche Anfechtung" (§§ 32b GmbHG, 135 InsO) allein gegen den mit der Finanzierungsverantwortung belasteten Gesellschafter und ist deshalb von der verfahrensrechtlichen Abwicklungsregel des § 32a Abs. 2 GmbHG zu trennen.[461] Deren Anwendung auf einen Verzicht vor Insolvenzeröffnung würde den Gläubiger unter Umständen lange vor Insolvenzeröffnung in seiner wirtschaftlichen und rechtlichen Handlungsfreiheit massiv beeinträchtigen.

Wenn die vermittelnde Ansicht hier eine Einschränkung bezüglich der möglichen Kenntnis des Darlehensgebers von der Krise der Gesellschaft machen will, so überzeugt dies nicht; denn sie überträgt ein Zurechnungskriterium aus dem Kapitalersatzrecht (beim Stehenlassen von Gesellschafterleistungen, h.M.) auf den gesellschaftsfremden Dritten.[462] Auch diese Ansicht beseitigt nicht die dargelegte Beeinträchtigung der grundsätzlich gebotenen wirtschaftlichen Handlungsfreiheit des Darlehensgebers vor Insolvenzeröffnung.

Das Risiko, welches die beiden erstgenannten Ansichten dem Darlehensgeber auferlegen, wird besonders deutlich, wenn man sich vergegenwärtigt, dass es eine Reihe nachvollziehbarer Gründe für den Dritten geben kann, auf eine Gesellschaftersicherheit zu verzichten.[463] Er kann beispielsweise (irrtümlich) die Gesellschaft wieder für kreditwürdig halten und eine parallel bestehende Sicherheit der Gesellschaft als hinreichend werthaltig beurteilen. Dann wäre er ja an sich zur teilweisen Sicherheitenfreigabe sogar verpflichtet.

Könnte man in diesen Fällen noch mit zusätzlichen subjektiven Erfordernissen im Sinne der vermittelnden Ansicht abhelfen, so erreicht auch dieses Korrektiv seine Grenzen, wenn die Sicherheitenfreigabe z.B. im Rahmen eines Sanierungsplans erfolgt. Danach kann eine Bank etwa gehalten sein, ihre Sicherheiten auf einen Sicherheitenpool zu übertragen, damit diese auch Forderungen anderer bislang ungesicherter Gläubiger mit absichert, die sich

460 Karsten Schmidt, ZIP 1999, 1821, 1822; Roth/Altmeppen, § 32b Rn. 1 f.

461 Karsten Schmidt, ZIP 1999, 1821, 1822; vgl. BGH NJW 1985, 858, 859 = ZIP 1985, 158, 159; Uhlenbruck/Hirte, § 135 Rn. 35.

462 Vgl. Rowedder/Schmidt-Leithoff/Pentz, § 32a Rn. 188.

463 Vgl. Gehling, EWiR 1990, 1095, 1096; Hunecke, WuB II G § 30 GmbHG 1.91.

im Gegenzug z.B. zur Vergabe neuer Kredite an die Gesellschaft verpflichten. Solche Sanierungsmaßnahmen im Falle des Scheiterns aber über allgemeine Anfechtungsrisiken hinaus noch mit einer möglichen Anwendung des § 32a Abs. 2 GmbHG zu belasten, ist nicht gerechtfertigt und könnte aus der „nur das Verteilungsverfahren betreffenden Regelung“[464] ein ernsthaftes Hindernis für außergerichtliche Sanierungsversuche machen.

Die Lösung des Problems kann aber nicht in einer kasuistischen Ausdehnung „zulässiger Sicherheitenfreigaben“ liegen. Vielmehr ist die grundsätzlich anerkannte Handlungsfreiheit des Gläubigers außerhalb des Insolvenzverfahrens zu respektieren und dieser folglich vor jeder direkten oder indirekten Beeinträchtigung durch das Eigenkapitalersatzrecht freizuhalten. Danach ist mit der letztgenannten Ansicht die Anwendung von § 32a Abs. 2 GmbHG auf eine Freigabe von Gesellschaftersicherheiten vor Insolvenzeröffnung grundsätzlich abzulehnen.

In einzelnen Fällen evident missbräuchlichen Zusammenwirkens von Gläubiger und Gesellschafter mag eine Korrektur dieses Grundsatzes über §§ 242 oder 826 BGB geboten sein, doch kann dies nach dem vorstehend Gesagten nur eine – vom Insolvenzverwalter darzulegende und zu beweisende – besondere Ausnahme sein.[465]

3. § 32a Abs. 2 GmbHG als Einrede im Insolvenzeröffnungsverfahren?

In der Literatur wird teilweise angenommen, dass § 32a Abs. 2 GmbHG bereits im Eröffnungsverfahren der Gesellschaft eine Einrede verschaffe, die es ihr erlaube, den Gläubiger auf die vorrangige Inanspruchnahme der Gesellschaftersicherheit zu verweisen.[466] In einer Entscheidung des BGH vom 9.12.1991, die primär die Geltendmachung des Freistellungsanspruchs durch den Geschäftsführer betraf, hat auch der BGH entsprechendes angedeutet:[467]

> „Jedenfalls vor Erlaß des konkursrechtlichen Veräußerungsverbotes konnte die Gemeinschuldnerin die Kreissparkasse auch nicht nach § 32a Abs. 2 GmbHG auf die Inanspruchnahme der Gesellschafter verweisen.“[468]

464 Karsten Schmidt, ZIP 1999, 1821, 1826.

465 Eine Änderung des Sicherungszwecks der Gesellschaftersicherheit, z.B. um zukünftig nur noch private Schulden des Gesellschafters gegenüber demselben Gläubiger zu sichern, dürfte dafür allein nicht reichen, denn an der Sicherung eigener Forderungen hat ein Gläubiger grundsätzlich ein anzuerkennendes Interesse.

466 Scholz/Karsten Schmidt, §§ 32a, 32b Rn. 154 (Fn. 649 mit Fehlzitat Hachenburg/Ulmer, § 32a,b Rn. 125); Hachenburg/Ulmer, § 32a,b Rn. 140 (zur KO).

467 BGH NJW 1992, 1166 = ZIP 1992, 108.

468 Vgl. allg. zum konkursrechtlichen Veräußerungsverbot Karsten Schmidt, Insolvenzgesetze, § 106 KO Anm. 3.

Da im konkreten Fall die Befriedigung durch Verwertung von Gesellschaftssicherheiten erfolgte, war diese Frage aus der Sicht des BGH nicht entscheidungserheblich, weil sich der Gläubiger nach dem von der Rechtsprechung angenommenen Verwertungswahlrecht sogar im Konkurs noch zuerst aus der Sicherheit der Gesellschaft befriedigen durfte.[469]

Zwar ist § 32a Abs. 2 GmbHG nicht als Einrede ausgestaltet, doch steht dies nicht zwingend der Begründung einer Einrede auf der Grundlage der aus der Gesamtregelung des Eigenkapitalersatzrechts abzuleitenden Prinzipien entgegen.[470] Dem § 32a Abs. 2 GmbHG liegt auch die Wertung zugrunde, die Befriedigung des Gläubigers aus seiner Forderung gegen die Gesellschaft solange aufzuschieben, bis die Gesellschaftersicherheit verwertet wurde. Dem würde es widersprechen, wenn sich der Gläubiger noch im Insolvenzeröffnungsverfahren für seine Forderung Befriedigung auf Kosten der Gesellschaft verschaffen könnte. Die Erlangung einer zusätzlichen dinglichen Sicherung am Gesellschaftsvermögen würde nach der vorliegend vertretenen Ansicht an der Anwendbarkeit des § 32a Abs. 2 GmbHG im Insolvenzverfahren nichts ändern. Dessen Zielsetzung könnte im Ergebnis aber gleichfalls unterlaufen werden, wenn der Gläubiger die Gesellschaftssicherheit noch im Eröffnungsverfahren ungehindert – sprich vor der Sicherheit des Gesellschafters – verwerten könnte.

a) Sicherungsmaßnahmen im Insolvenzeröffnungsverfahren

Die Befugnis zur Verwertung seiner Sicherheiten verliert der Gläubiger auch im Insolvenzeröffnungsverfahren grundsätzlich nicht. Vielmehr ist er aufgrund des Insolvenzantrags regelmäßig berechtigt, die dem Schuldner aufgrund einer Sicherungsübereignung oder Sicherungsabtretung eingeräumte Weiterveräußerungs- oder Einziehungsbefugnis zu widerrufen.[471]

Um eine sofortige Zerschlagung des Unternehmens zu verhindern und eine mögliche Sanierung nicht von vornherein zu vereiteln, gibt § 21 Abs. 2 Nr. 3 InsO dem Insolvenzgericht die Befugnis, die Zwangsvollstreckung in das bewegliche Vermögen des Schuldners zu untersagen bzw. einzustellen.[472] Das Insolvenzgericht kann zudem als Sicherungsmaßnahme nach § 21 InsO ein Verbot der Herausgabe von Sicherungsgut anordnen.[473] Die

469 BGH NJW 1992, 1166 = ZIP 1992, 108 = EWiR 1992, 277 (Hunecke).
470 So für den Fall der Doppelbesicherung eingehend Feuerborn, BB 1982, 401, 406.
471 Wittig, in: K. Schmidt/Uhlenbruck, Rn. 1093 f.
472 Obermüller, Rn. 1.225.
473 Wittig, in: K. Schmidt/Uhlenbruck, Rn. 1093; Uhlenbruck, § 21 Rn. 28.

Zwangsvollstreckung in das unbewegliche Vermögen des Schuldners kann dagegen vom Insolvenzgericht nicht nach § 21 Abs. 2 Nr. 3 InsO eingestellt werden, sondern nur vom Vollstreckungsgericht auf Antrag des vorläufigen Verwalters nach § 30d Abs. 4 ZVG.[474]

Besonderheiten sind bei der Sicherungsabtretung zu beachten. Nach einer Grundsatzentscheidung des BGH vom 6.4.2000 bleibt der Schuldner auch nach einem Insolvenzantrag bis zu einem Widerruf der Einziehungsermächtigung durch den Gläubiger oder (längstens) bis zur Insolvenzeröffnung weiterhin einziehungsbefugt.[475] Nach Eröffnung des Insolvenzverfahrens steht die Verwertungsbefugnis nach § 166 Abs. 2 InsO auch dann dem Insolvenzverwalter zu, wenn die Abtretung dem Drittschuldner angezeigt worden ist.[476]

Für das Insolvenzeröffnungsverfahren ist umstritten, inwieweit das Insolvenzgericht schon dem vorläufigen Verwalter quasi im „Vorgriff" auf § 166 Abs. 2 InsO eine Einziehungsbefugnis auch im Verhältnis zum Gläubiger (Sicherungszessionar) verschaffen kann. Nach einigen obergerichtlichen Entscheidungen kann das Insolvenzgericht dem gesicherten Gläubiger den Einzug der Forderungen bei den Drittschuldnern durch Anordnung eines vorläufigen Einziehungsverbots als Sicherungsmaßnahme nach § 21 Abs. 1 InsO untersagen.[477] Dem entspricht auch eine bereits im Diskussionsentwurf 2003 eines Gesetzes zur Änderung der InsO, des BGB und anderer Gesetze vorgeschlagene Ergänzung des § 21 Abs. 2 InsO.[478] Nach dem Referentenentwurf 2004 eines Gesetzes zur Änderung der InsO, des KWG und anderer Gesetze soll beim Forderungseinzug durch den *vorläufigen Insolvenzverwalter* sogar eine Kostenbeteiligung nach §§ 170, 171 InsO verlangt werden

474 Obermüller, Rn. 1.226; eingehend MünchKommInsO/Haarmeyer, § 21 Rn. 79 ff.; Uhlenbruck, § 21 Rn. 30 ff.

475 BGHZ 144, 192, 198 ff. (noch zur KO). Allerdings kann bereits in der Sicherungsabrede ein Erlöschen der Einziehungsbefugnis für den Fall des Insolvenzantrages vorgesehen sein (vgl. Treffer, MDR 2003, 301, 304); teilweise a. A. Obermüller, Rn. 6.418b; ders., DZWIR 2000, 10, 14 (Erlöschen der Einziehungsbefugnis ab gerichtlichem Verfügungsverbot).

476 BGH ZIP 2002, 1630; BGHZ 154, 72, 77 = ZIP 2003, 632, 633; vgl. zum Schutz des Drittschuldners Treffer, MDR 2003, 301, 302; Pape, NZI 2000, 301, 302 f.

477 KG NZI 1999, 500; LG Berlin, NZI 1999, 416; AG Duisburg ZIP 1999, 1366; wohl auch BayObLG NZI 2001, 592; Uhlenbruck, § 21 Rn. 40.

478 Bundesministerium der Justiz, Diskussionsentwurf 2003, ZInsO 2003, 359, 360 (Art. 1 Nr. 6a); dazu Sabel, ZIP 2003, 781, 782.

können.[479] Die Gegenansicht in der Literatur[480] sieht in derartigen Sicherungsmaßnahmen einen von den Zwecken der vorläufigen Verwaltung nicht gedeckten Eingriff in die Rechte des gesicherten Gläubigers, dem ja auch nach Insolvenzeröffnung ein Absonderungsrecht an diesen Forderungen zustehe (§ 51 Nr. 1 InsO). Der Gläubiger, der nach Offenlegung der Zession im Eröffnungsverfahren Befriedigung durch die Zahlungen der Drittschuldner erlange, erhalte also nur das, was ihm ohnehin zusteht.[481] Umstritten ist eine solche Anordnung auch unter dem Gesichtspunkt ihrer Notwendigkeit für die Fortführung des Unternehmens.[482] Der BGH hat den Streit in einer Entscheidung vom 20.2.2003 ausdrücklich offen gelassen.[483]

b) Die Zielsetzung des § 32a Abs. 2 GmbHG als Rechtfertigung für Sicherungsmaßnahmen

Die Funktion des § 32a Abs. 2 GmbHG als insolvenzrechtliche Abwicklungsregel lässt ihre Übertragung auf das Insolvenzeröffnungsverfahren nicht ohne weiteres zu, weil dagegen der Grundsatz der freien Verfügungsbefugnis des Gläubigers über seine Forderung und seine Sicherheiten bis zur Insolvenzeröffnung spricht. Auch die Interpretation der Norm als „Einrede“ im Insolvenzeröffnungsverfahren[484] greift in Fälle der Sicherungszession ersichtlich zu kurz, weil der Gläubiger dort ja gar nicht auf die Mitwirkung der Gesellschaft als Schuldner angewiesen ist,[485] sondern sich (nach Offenlegung) direkt Befriedigung bei den Drittschuldnern verschafft. Außerdem würde eine unmittelbare Anwendung der Norm den gesellschafterbesicherten Darlehensgeber schon vor Insolvenzeröffnung gegenüber anderen gesicherten Gläubigern benachteiligen.

---

479 Bundesministerium der Justiz, Referentenentwurf 2004, NZI 2004, 549, 550 (Art. 1 Nr. 11); dazu Stephan, NZI 2004, 521, 524. Die analoge Anwendung der §§ 170, 171 InsO auf die Forderungseinziehung im vorläufigen Insolvenzverfahren hatte der BGH bislang grundsätzlich abgelehnt (BGHZ 154, 72, 79 f. = ZIP 2003, 632, 634).

480 Lwowski/Tetzlaff, NZI 1999, 395, 397; Obermüller, Rn. 6.418c; ders., DZWIR 2000, 10, 14; Wittig, in: K. Schmidt/Uhlenbruck, Rn. 1094 jew. m. w. N.

481 Wittig, in: K. Schmidt/Uhlenbruck, Rn. 1094.

482 Dagegen etwa Lwowski/Tetzlaff, NZI 1999, 395, 397; dafür Uhlenbruck, § 21 Rn. 40 (Erhaltung der Liquidität); vgl. auch BGHZ 144, 192, 199: „Eine Betriebsfortführung wäre bei der heutigen Verbreitung von Sicherungsabtretungen und Sicherungsübereignungen ... kaum möglich, wenn vorläufige Maßnahmen des Insolvenzgerichts im Eröffnungsverfahren sofort zu einer Blockierung eines Großteils des Umlaufvermögens des Schuldners führten.“

483 BGHZ 154, 72, 83 = ZIP 2003, 632, 636.

484 So Scholz/Karsten Schmidt, §§ 32a, 32b Rn. 154.

485 Vgl. insoweit zutreffend Wittig, in: K. Schmidt/Uhlenbruck, Rn. 1094.

Im Hinblick auf die mit § 32a Abs. 2 GmbHG verfolgte Zielsetzung sollte andererseits aber auch deren einfache Vereitelung durch Maßnahmen des Gläubigers im Insolvenzeröffnungsverfahren vermieden werden. Hierzu werden im Regelfall die ohnehin vom Insolvenzgericht nach § 21 InsO oder vom Vollstreckungsgericht nach § 30d Abs. 4 ZVG angeordneten Sicherungsmaßnahmen zur Betriebsfortführung ausreichen. Sie verhindern einen Vollstreckungszugriff bis zur Insolvenzeröffnung und anschließend ist auf das weitere Procedere dann ohne weiteres § 32a Abs. 2 GmbHG anwendbar, d.h. der Gläubiger muss nach zutreffender Ansicht im Falle einer Besicherung durch Gesellschaft und Gesellschafter zunächst die Gesellschaftersicherheit verwerten, bevor er auf die Sicherheit der Gesellschaft zugreifen kann.

Zur Vermeidung einer Benachteiligung gegenüber anderen gesicherten Gläubigern sollte deshalb die Tatsache einer etwaigen eigenkapitalersetzenden Gesellschafterbesicherung in die Erwägungen der nach § 21 InsO zu treffenden Sicherungsmaßnahmen einfließen. So ließe sich insbesondere auch ein vorläufiges Einziehungsverbot an den Gläubiger und Sicherungszessionar weniger mit einer Vorwegnahme des § 166 Abs. 2 InsO als vielmehr damit rechtfertigen, dass diese Forderungen ihm im Falle einer Doppelbesicherung nach Insolvenzeröffnung nicht ohne weiteres als Absonderungsgut zustehen.[486] Jedenfalls im Hinblick darauf sollte mit einem vorläufigen gerichtlichen Verbot der Einziehung sicherungshalber abgetretener Forderungen der „Bereich zulässiger sichernder Maßnahmen" nicht überschritten sein.[487]

Im Insolvenzeröffnungsverfahren verschafft § 32a Abs. 2 GmbHG der Gesellschaft keine materiell-rechtliche Einrede. Es ist Sache des vorläufigen Verwalters und des Insolvenzgerichts, im Falle möglicherweise eigenkapitalersetzend besicherter Drittdarlehen durch entsprechende Sicherungsmaßnahmen nach § 21 InsO einer Umgehung des § 32a Abs. 2 GmbHG vorzubeugen. Jedenfalls insoweit sollte auch ein Einziehungsverbot für von der Gesellschaft sicherungshalber abgetretene Forderungen zulässig sein, um im Falle einer Doppelbesicherung die vorrangige Inanspruchnahme der Gesellschaftersicherheit zu gewährleisten. Insbesondere bei Sachsicherheiten des Gesellschafters ist dieses zum Schutz des Vermögens der Gesellschaft auch

486 Insbesondere auf dieses Argument berufen sich die Gegner eines gerichtlichen Einziehungsverbotes; vgl. Obermüller, DZWIR 2000, 10 14 f.; ders., Rn. 6.418c; Wittig, in: K. Schmidt/Uhlenbruck, Rn. 1094.

487 Vgl. die Formulierung bei BGHZ 154, 72, 83 = ZIP 2003, 632, 636.

erforderlich[488] (vgl. § 21 Abs. 1 InsO), weil ein bloß schuldrechtlicher Erstattungsanspruch der Gesellschaft möglicherweise nicht werthaltig ist.

III. Rechtsfolgen zwischen Darlehensgeber und Gesellschafter

1. Außerhalb eines Insolvenzverfahrens

Solange kein Insolvenzverfahren über das Vermögen der Gesellschaft eröffnet ist, wirkt sich eine eigenkapitalersatzrechtliche Umqualifizierung der Gesellschaftersicherheit auch nicht auf die Sicherungsabrede zwischen dem Darlehensgeber und dem Gesellschafter als Bürgen bzw. Sicherungsgeber aus. Die Befugnis des Darlehensgebers, auf die Sicherheit zuzugreifen, richtet sich nach den allgemeinen gesetzlichen Bestimmungen und dem Inhalt der Sicherungsabrede.[489] Auch bei Vereinbarung einer Ausfallsicherheit muss der Darlehensgeber zunächst die Gesellschaft in Anspruch nehmen, bevor er auf die Gesellschaftersicherheit zugreifen kann.[490] Zwar führt das Eigenkapitalersatzrecht im Verhältnis von Gesellschafter und Gesellschaft nach Umqualifizierung der Sicherheit auch schon vor Insolvenzeröffnung zu einer primären Einstandspflicht des Gesellschafters[491] (vgl. unten § 5 III 4), doch wirkt § 32a Abs. 2 GmbHG erst im Insolvenzverfahren auf die Rechtsposition des Darlehensgebers gegenüber der Gesellschaft, so dass sich auch erst ab Insolvenzeröffnung die Frage einer Verdrängung von Subsidiaritätsabreden in der Sicherungsabrede mit dem Gesellschafter durch § 32a Abs. 2 GmbHG stellt.[492]

Ein Verzicht des Darlehensgebers auf die Gesellschaftersicherheit ändert an der Umqualifizierung der Gesellschaftersicherheit nichts.[493] Doch ist dieser im Verhältnis zwischen Darlehensgeber und Gesellschafter grundsätzlich

---

488 Vgl. eingehend zur Erforderlichkeit von Sicherungsmaßnahmen MünchKommInsO/Haarmeyer, § 21 Rn. 19 ff.; Uhlenbruck, § 21 Rn. 3 ff.

489 HandbuchKapErsR/Fleischer, Rn. 6.40; Lutter/Hommelhoff, §§ 32a,b Rn. 127; Michalski/Heidinger, §§ 32a, 32b Rn. 340.

490 HandbuchKapErsR/Fleischer, Rn. 6.40; vgl. Fastrich, NJW 1983, 260, 263.

491 Vgl. BGH NJW 1986,429, 430 = ZIP 1986, 30, 31; NJW 1988, 824, 825 (Ausfallsicherheit); Karsten Schmidt, ZIP 1999, 1821, 1823 ff.

492 Vgl. Lutter/Hommelhoff, §§ 32a,b Rn. 128; HandbuchKapErsR/Fleischer, Rn. 6.41 f.; Scholz/Karsten Schmidt, §§ 32a, 32b Rn. 160; missverständlich dagegen Michalski/Heidinger, § 32a, 32b Rn. 340 wonach außerhalb eines Insolvenzverfahrens die Rechte des Kreditgebers gegen den Sicherungsgeber „von § 32a Abs. 2 GmbHG unberührt" bleiben.

493 BGH NJW 1997, 3171, 3172 = ZIP 1997, 1648, 1650 f.

wirksam,[494] führt aber nach vorliegend vertretener Auffassung bei einem nachfolgenden Insolvenzverfahren grundsätzlich nicht zur Anwendung von § 32a Abs. 2 GmbHG zum Nachteil des Darlehensgebers.

2. Im eröffneten Insolvenzverfahren

a) Vorrangige Inanspruchnahme des Gesellschafters

Im Insolvenzverfahren wirkt sich § 32a Abs. 2 GmbHG auch auf das Verhältnis von Darlehensgeber und Gesellschafter aus. Diese Norm verweist den Darlehensgeber hinsichtlich seiner Rückzahlungsforderung auf die vorrangige Inanspruchnahme der Gesellschaftersicherheit.[495] Allerdings formuliert der Gesetzestext dies nicht als Rechtspflicht des Gläubigers, sondern realisiert den Gesetzeszweck rechtstechnisch über den Umweg einer insolvenzrechtlichen Abwicklungsregel,[496] indem dem Gläubiger im Verhältnis zur Gesellschaft grundsätzlich der (hypothetische) Verwertungserlös aus der Sicherheit angerechnet wird.[497] Die Begründung des Regierungsentwurfs von 1977 führt dazu aus, dass ein Dritter grundsätzlich nicht gehindert werden könne, seinen Darlehensanspruch gegen die Gesellschaft geltend zu machen. Die Beschränkung des Dritten durch die vorrangige Verweisung auf die Gesellschaftersicherheit solle aber eine Benachteiligung der übrigen Gesellschaftsgläubiger verhindern.[498] Im Regelfall wird dies unproblematisch sein, weil der Gesellschafter meistens gleichrangig neben der Gesellschaft haftet und der Gläubiger daran interessiert ist, die Gesellschaftersicherheit zu verwerten,[499] da er auf seine Restforderung nur noch eine Quote aus der Insolvenzmasse erwarten kann, soweit keine Parallelsicherheit der Gesellschaft besteht.

b) Subsidiaritätsabreden zwischen Darlehensgeber und Gesellschafter

Die *Unvollständigkeit der gesetzlichen Regelung* erweist sich insbesondere dann, wenn die Gesellschaftersicherheit nach dem Inhalt der Sicherungsab-

494 Vgl. (nach Insolvenzeröffnung) Fastrich, NJW 1983, 260, 263; HandbuchKapErsR/Fleischer, Rn. 6.43; Michalski/Heidinger, §§ 32a, 32b Rn. 341; Scholz/Karsten Schmidt, §§ 32a, 32b Rn. 159; wohl auch BGH NJW 1997, 3171, 3172 = ZIP 1997, 1648, 1650 f.

495 Hachenburg/Ulmer, § 32a,b Rn. 140.

496 Fastrich, NJW 1983, 260, 261; vgl. Scholz/Karsten Schmidt, §§ 32a, 32b Rn. 143, 154 ff.; ders., ZIP 1999, 1821, 1826 f.

497 Vgl. zum Verzicht HandbuchKapErsR/Fleischer, Rn. 6.43; Michalski/Heidinger, §§ 32a, 32b Rn. 341; Roth/Altmeppen, § 32a Rn. 126.

498 Begr. RegE 1977, BT-Drs. 8/1347, S. 40.

499 Vgl. Fastrich, NJW 1983, 260, 262; BGH NJW 1985, 858, 859 = ZIP 1985, 158, 159.

rede zwischen Darlehensgeber und Gesellschafter nur subsidiär gegenüber der Gesellschaft und etwaigen Gesellschaftersicherheiten haftet (z.B. im Falle einer Ausfallbürgschaft). Dann könnte der gesicherte Darlehensgeber im Konflikt zwischen dem Postulat des § 32a Abs. 2 GmbHG und dem Inhalt der Sicherungsabrede an sich sogar leer ausgehen, was aber mit den Intentionen des Gesetzgebers nicht vereinbar wäre.[500] Materiell-rechtlich hindert eine Subsidiaritätsabrede nicht die Einordnung einer solchen Sicherheit als kapitalersetzende Gesellschaftersicherheit. Die daraus folgende Einstandspflicht des Gesellschafters gegenüber der Gesellschaft ist dann allerdings – insoweit entgegen dem Inhalt der Sicherungsabrede – eine vorrangige (vgl. unten § 5 III 4).[501] Streitig ist aber, inwieweit sich dies im Verhältnis von Darlehensgeber und Gesellschafter auswirkt.

aa) Abtretung des Freistellungsanspruchs

Nach einer in der Literatur vertretenen Ansicht[502] soll die in der Sicherungsabrede vereinbarte Nachrangigkeit nicht durch den Rechtsgedanken des § 32a Abs. 2 GmbHG verdrängt werden. Einer derartigen Vertragskorrektur bedürfe es nicht, weil die Gesellschaft ihren gegen den Gesellschafter bestehenden Freistellungsanspruch an den Darlehensgeber abtreten könne, in dessen Hand sich dieser in einen Zahlungsanspruch umwandle.

bb) Unbeachtlichkeit von Subsidiaritätsabreden (h.M.)

Nach herrschender Meinung kann der Darlehensgeber die eigenkapitalersetzende Sicherheit des Gesellschafters dagegen unmittelbar in Anspruch nehmen.[503] Der durch die zwingende Bestimmung des § 32a Abs. 2 GmbHG bezweckte Schutz des Gesellschaftsvermögens rechtfertige auch die Unbeachtlichkeit etwaiger Subsidiaritätsabreden in der Sicherungsabrede zwischen Darlehensnehmer und Gesellschafter.[504] Die Ersatzkonstruktion der Gegenansicht über die Abtretung eines Freistellungsanspruchs sei insoweit entbehrlich.[505]

---

500 Insoweit zutreffende Analyse bei Fastrich, NJW 1983, 260.

501 Vgl. BGH NJW 1988, 824, 825 = EWiR 1988, 67, 68 (Fleck); insoweit auch Fastrich, NJW 1983, 260, 263.

502 Baumbach/Hueck/Fastrich, § 32a Rn. 70; ders., NJW 1983, 260, 263.

503 Beck'schesHdB-GmbH/Jung, § 8 Rn. 285; Hachenburg/Ulmer, § 32a,b Rn. 142; HandbuchKapErsR/Fleischer, Rn. 6.42; Michalski/Heidinger, §§ 32a, 32b Rn. 341; Scholz/Karsten Schmidt, §§ 32a, 32b Rn. 160; ders., ZIP 1999, 1821, 1828; wohl auch Lutter/Hommelhoff, §§ 32a,b Rn. 128.

504 Hachenburg/Ulmer, § 32a,b Rn. 142.

505 HandbuchKapErsR/Fleischer, Rn. 6.42.

cc) Stellungnahme

Die Gegenansicht zur herrschenden Meinung beruft sich insbesondere darauf, dass durch den das Verhältnis von Darlehensgeber und Gesellschaft regelnden § 32a Abs. 2 GmbHG keine inhaltliche Änderung der Sicherungsabrede mit dem Gesellschafter zu rechtfertigen sei. Aus dieser Bestimmung folge nur die Unzulässigkeit der primären Inanspruchnahme der Gesellschaft, nicht jedoch die Zuweisung einer materiell über die übernommene Sicherheit hinausgehenden Leistungspflicht.[506] Allerdings geht auch diese Ansicht im Innenverhältnis zur Gesellschaft zutreffend von einer primären Freistellungspflicht des Gesellschafters aus. Insoweit kommt es aber ebenfalls zu einer inhaltlichen Änderung der an sich nur nachrangig gewährten Sicherheit des Gesellschafters.

Zwar sprechen konstruktive Bedenken gegen die Annahme einer absoluten Unwirksamkeit der in einer Subsidiaritätsabrede implizit enthaltenen Bedingung für die Sicherungsabrede; doch könnte man dem durch eine im Lichte des Eigenkapitalersatzrechts vorzunehmende Interpretation des Sicherungsfalles begegnen. Dies mag zwar ebenfalls nicht dem an sich gewollten Inhalt der Sicherungsvereinbarung zwischen Darlehensgeber und Gesellschafter entsprechen,[507] es entspricht aber ganz sicher der materiellen Zielsetzung des Eigenkapitalersatzrechts und den Wirkungen des – vom Gesetzgeber als zwingende Norm ausgestalteten[508] – § 32a Abs. 2 GmbHG. Darin liegt letztlich die argumentative Schwäche der Gegenansicht, die zwar einerseits die aus dem Eigenkapitalersatzrecht gebotenen Konsequenzen im Hinblick auf die Freistellungspflicht des Gesellschafters zieht, sich daran aber für das Verhältnis des Darlehensgebers zum Gesellschafter trotz der konstruktiv vielleicht nicht gerade geglückten aber in ihrer Zielsetzung doch eindeutigen Regelung des § 32a Abs. 2 GmbHG aus eher formalen Gesichtspunkten gehindert sieht.

Der von der herrschenden Meinung vorgenommene Eingriff in den Inhalt der Sicherungsabrede beschränkt sich aber strikt auf die Reihenfolge der Inanspruchnahme.[509] Nur insoweit ist nach dem Eigenkapitalersatzrecht eine

506 Fastrich, NJW 1983, 260, 261.

507 Vgl. die Kritik bei Fastrich, NJW 1983, 260 f.

508 Begr. RegE 1977, BT-Drs. 8/1347, S. 40: „... als der Dritte zuvor den als Bürgen verpflichteten Gesellschafter oder die von ihm gestellte Sicherung in Anspruch nehmen muß und erst für den Ausfall verhältnismäßige Befriedigung aus der Masse verlangen kann ...“; vgl. Scholz/Karsten Schmidt, §§ 32a, 32b Rn. 159.

509 Vgl. nur HandbuchKapErsR/Fleischer, Rn. 6.42: „Aus der subsidiären wird sonach im Verhältnis zwischen Kreditgeber und Sicherungsgeber in der Sache eine primäre Sicherheit.“

Ausnahme von dem Grundsatz gerechtfertigt, dass die Haftung des Gesellschafters nicht über das hinausgehen soll, was er auch als Sicherungsgeber zu leisten verpflichtet war. Dieser Grundsatz findet seine positivrechtliche Anerkennung in der wertmäßigen Beschränkung der Gesellschafterhaftung auf den Wert der Sicherheit sowie in der Ersetzungsbefugnis des Gesellschafters in § 32b Satz 2 und 3 GmbHG. Konstruktiv lässt sich diese primäre aber im übrigen unveränderte Haftung des Gesellschafters dadurch bewirken, dass man ihn aufgrund der eigenkapitalersatzrechtlichen Verstrickung seiner Sicherheit – die ihn gegenüber der Gesellschaft ohnehin unstreitig zum „Primärhafter" macht – nach Treu und Glauben und unter Berücksichtigung des Zwecks von § 32a Abs. 2 GmbHG[510] auch im Verhältnis zum Darlehensgeber so behandelt, als habe dieser die Gesellschaft (und deren etwaige Parallelsicherheiten) erfolglos in Anspruch genommen.

Dies erspart den von der Gegenansicht vorgeschlagenen Umweg über die Abtretung des Freistellungsanspruchs an den Darlehensgeber, der insbesondere in Fällen einer Sachsicherheit und bei einer gleichzeitigen Privatinsolvenz des Gesellschafters zu weiteren Folgeproblemen führt. So wird der Drittgläubiger, dem die Gegenansicht den Zugriff auf eine subsidiäre Gesellschaftersachsicherheit ja gerade versperrt, für den schuldrechtlichen Freistellungsanspruch der Gesellschaft auch nicht auf die Sachsicherheit zugreifen dürfen, was in einer etwaigen Insolvenz des Gesellschafters zu einer allenfalls quotenmäßigen Befriedigung führen würde. Eine andere Frage wäre, ob und ab wann Gläubiger mit nachrangigen Pfand- oder sonstigen Sicherungsrechten an der Sachsicherheit des Gesellschafters (z.B. nachrangige Grundschuldgläubiger) dann erstrangig auf diese zugreifen könnten. An diesen Überlegungen erweist sich jedenfalls, dass sich auch die dogmatisch scheinbar saubere Lösung der Gegenansicht in bestimmten Konstellationen einer materiellen Entscheidung der sich aus § 32a Abs. 2 GmbHG ergebenden Wertungs- und Verteilungskonflikte nicht entziehen kann.

Nur die Lösung der herrschenden Meinung sichert die weitgehende Entlastung des Vermögens der Gesellschaft durch die primäre Verwertung von Sicherheiten des Gesellschafters. Deshalb kann sich der Gesellschafter nach Eröffnung des Insolvenzverfahrens über das Vermögen der Gesellschaft nicht mehr auf Subsidiaritätsabreden mit dem Darlehensgeber berufen. Dieser kann die Gesellschaftersicherheit vielmehr so in Anspruch nehmen, als ob er bei der Gesellschaft ausgefallen wäre.

510 Vgl. Scholz/Karsten Schmidt, §§ 32a, 32b Rn. 160.

IV. Rechtsfolgen zwischen Gesellschaft und Gesellschafter (ohne Freistellungsanspruch)

1. Ansprüche der Gesellschaft gegen den Gesellschafter

a) Insolvenzrechtlicher Erstattungsanspruch (§ 32b GmbHG)

Wird ein eigenkapitalersetzend besichertes Drittdarlehen im letzten Jahr vor dem Insolvenzantrag oder nach diesem Antrag von der Gesellschaft zurückbezahlt, so hat die Gesellschaft nach Eröffnung des Insolvenzverfahrens aufgrund von § 32b Satz 1 GmbHG einen schuldrechtlichen Erstattungsanspruch gegen den Gesellschafter, soweit dadurch er persönlich oder die aus seinem Vermögen bestellte Sachsicherheit auf Kosten der Gesellschaft gegenüber dem Darlehensgeber frei geworden ist. Der an die Insolvenzordnung angepasste Wortlaut[511] macht – besonders durch den Verweis auf die zweijährige Verjährungsfrist in § 146 Abs. 1 InsO – deutlich, dass es sich bei dieser Vorschrift eigentlich um einen besonderen Insolvenzanfechtungstatbestand handelt.[512]

aa) Weiter Rückzahlungsbegriff

Der Rückzahlungsbegriff muss entsprechend der speziellen Konstellation bei der eigenkapitalersetzenden Gesellschaftersicherheit weit ausgelegt werden. Rückzahlung im Sinne des § 32b GmbHG ist nicht nur die Rückgewähr gemäß §§ 362 bis 364 BGB, sondern jeder Vermögensaufwand der Gesellschaft, der ganz oder teilweise zum Freiwerden der vom Gesellschafter bestellten Sicherheit führt.[513] Eine Besonderheit besteht allerdings darin, dass nicht nur Rückzahlungen nach Insolvenzantrag,[514] sondern ggf. auch noch nach Verfahrenseröffnung zu einer Erstattungspflicht des Gesellschafters führen sollen.[515] Letzteres kommt nach allgemeinem Insolvenzanfechtungsrecht nur ausnahmsweise unter den Voraussetzungen des § 147 Abs. 1 InsO

511 Durch das Einführungsgesetz zur Insolvenzordnung (EGInsO) v. 5.10.1994, BGBl. I 2911, Art. 48.

512 Roth/Altmeppen, § 32b Rn. 2–3; Scholz/Karsten Schmidt, §§ 32a, 32b Rn. 167; vgl. zu § 32b GmbHG a.F. bereits Jaeger/Henckel, 9. Aufl., § 32a Rn. 89; Karsten Schmidt, Insolvenzgesetze, § 32a KO Anm. 7.

513 Vgl. Michalski/Heidinger, §§ 32a, 32b Rn. 348; Scholz/Karsten Schmidt, §§ 32a, 32b Rn. 170; Roth/Altmeppen, § 32b Rn. 8; Rowedder/Schmidt-Leithoff/Pentz, § 32b Rn. 3.

514 In diesem Stadium können auch allgemeine Insolvenzanfechtungstatbestände greifen (§§ 129 ff. InsO); vgl. näher Uhlenbruck/Hirte, § 129 Rn. 15 ff.

515 HandbuchKapErsR/Fleischer, Rn. 6.55; Scholz/Karsten Schmidt, §§ 32a, 32b Rn. 171; eingehend v. Gerkan, FS Ulmer, S. 1293, 1295 ff.

in Betracht.[516] Da mit der Eröffnung des Insolvenzverfahrens die Verwaltungs- und Verfügungsbefugnis über das Schuldnervermögen gemäß § 80 Abs. 1 InsO auf den Insolvenzverwalter übergeht, kann eine „Rückzahlung" im Sinne von § 32b GmbHG eigentlich nur noch aufgrund einer nach Insolvenzeröffnung erfolgten Verwertung von Sicherheiten der Gesellschaft vorkommen.[517] Nach der vorliegend vertretenen Anwendung des § 32a Abs. 2 GmbHG auf Parallelsicherheiten der Gesellschaft reduziert sich die Relevanz derartiger Fälle aber z.B. auf Konstellationen einer Verwertung von Gesellschaftssicherheiten in Unkenntnis weiterer bestehender Gesellschaftersicherheiten, die erst später vom Insolvenzverwalter entdeckt werden.

Nach einer Entscheidung des OLG Düsseldorf vom 6.7.2001 soll eine Entlastung des Gesellschafters nicht vorliegen, wenn der Gesellschafter zwar von der Bürgenhaftung befreit wurde, aber zugleich eine Bürgenhaftung für ein anderes Darlehen der Gesellschaft entsteht.[518] Dem lag ein Sachverhalt zugrunde, bei dem der (verbürgte) Kredit bei einer Bank sukzessive getilgt wurde, während (gleichfalls verbürgte) Neuverbindlichkeiten bei einer anderen Bank im laufenden Geschäftsbetrieb der Gesellschaft entstanden. Das erkennende Gericht stellte dabei ganz auf eine globale wirtschaftliche Betrachtungsweise ab. Weil die Höhe der Kreditrückführung einerseits und die neue Kreditaufnahme andererseits ungefähr gleich hoch gewesen seien, sei der Gesellschafter wirtschaftlich nicht entlastet worden. Dagegen lässt sich anführen, dass zunächst einmal die Befreiung aus der Bürgschaft für Altverbindlichkeiten beim Gesellschafter eingetreten ist. Diesen Tatbestand unter Hinweis auf Neuverbindlichkeiten bei einem anderen Neugläubiger der Gesellschaft verneinen zu wollen, ist nicht überzeugend, solange nicht zwischen den beiden jeweils gesellschafterbesicherten Verbindlichkeiten auch ein „rechtlicher Zusammenhang" besteht, der es erlaubt, diesen Vorgang als eine bloße Umschuldung von Verbindlichkeiten anzusehen. Dafür sprach im konkreten Fall, dass hinsichtlich der Neuverbindlichkeiten eine eigenkapitalersatzrechtliche Haftung jeweils erst bei entsprechender Erhöhung des Sollsaldos eintrat, die mit einem (zumindest tatsächlichen) Abbau der Altverbindlichkeiten bei dem anderen Kreditinstitut einherging. Sobald die Höhe der Sollsalden aber jeweils unterschiedliche Schwankungen aufweist, wäre diese Argumentation tatsächlich nicht mehr zu halten und müssten beide Darlehen getrennt betrachtet werden.

516 Vgl. Uhlenbruck/Hirte, § 147 Rn. 1 ff.

517 HandbuchKapErsR/Fleischer, Rn. 6.55; Roth/Altmeppen, § 32b Rn. 9 f.

518 OLG Düsseldorf NZG 2001, 1142, 1143 (n.rkr.); vgl. zur Haftung für verschiedene Verbindlichkeiten OLG Hamm WM 2001, 1111.

Eine solche Gesamtbetrachtung vermag den Gesellschafter aber auch dann nicht vor dem Risiko einer zweifachen Inanspruchnahme (für Alt- und Neuverbindlichkeiten) zu bewahren, wenn die Rückführung gegenüber dem Altgläubiger nach allgemeinem Insolvenzanfechtungsrecht (z.B. § 131 InsO) anfechtbar ist und damit auch die Forderung des Altgläubigers als Insolvenzforderung wiederauflebt (§ 144 Abs. 1 InsO). Unabhängig von der Frage, inwieweit der Gesellschafter aufgrund der Sicherungsabrede auch wieder gegenüber dem Drittgläubiger haftet,[519] wird man dann eigenkapitalersatzrechtlich auch eine Haftung des Gesellschafters gegenüber der Gesellschaft bejahen müssen.

Zuverlässig kann sich der Gesellschafter davor nur schützen, indem er seine Haftung in den jeweiligen Sicherungsabreden derart begrenzt, dass er für die Verbindlichkeiten gegenüber beiden Gläubigern insgesamt nur bis zu einer bestimmten Höhe haftet (vgl. § 32b Satz 2 GmbHG).

bb) Anspruchsinhalt und Grenzen

Der Anspruch ist auf Erstattung des von der Gesellschaft zurückgezahlten Betrages gerichtet. Nebenforderungen (Zinsen) sind davon nach zutreffender Ansicht[520] nur dann erfasst, wenn sich auch die Sicherheit auf diese erstreckte; ansonsten fehlt es nämlich bezüglich dieser (Teil-)Zahlungen bereits an der Voraussetzung einer eigenkapitalersetzenden Sicherheit. Begrenzt wird der Rückerstattungsanspruch gemäß § 32b Satz 2 GmbHG durch die Höhe des Betrages, mit dem der Gesellschafter als Bürge haftete.[521] Dies entspricht dem allgemeinen Grundsatz, dass das Eigenkapitalersatzrecht nur gewährte Leistungen bindet, aber die Gesellschafter nicht zu Nachschüssen zwingt[522] und steht auch nicht im Widerspruch zu dem von der herrschenden Meinung angenommenen Grundsatz der Unteilbarkeit eigenkapitalersetzen-

---

519 Grundsätzlich leben alle mit der Forderung verbundenen Sicherungsrechte wieder auf; vgl. MünchKomm-InsO/Kirchhof, § 144 Rn. 10; Uhlenbruck/Hirte, § 144 Rn. 7 jew. m.w.N.

520 Baumbach/Hueck/Fastrich, § 32b Rn. 4; HandbuchKapErsR/Fleischer, Rn. 6.56; Meyer-Landrut, § 32b Rn. 3; Michalski/Heidinger, §§ 32a, 32b Rn. 349; Rowedder/Schmidt-Leithoff/Pentz, § 32b Rn. 7; Scholz/Karsten Schmidt, §§ 32a, 32b Rn. 172; wohl auch BGH NJW 1997, 3171, 3172; a.M. Hachenburg/Ulmer, § 32a,b Rn. 154; Roth/Altmeppen, § 32b Rn. 17.

521 Dasselbe gilt für andere Personalsicherheiten; Scholz/Karsten Schmidt, §§ 32a,32b Rn. 173.

522 Vgl. BGHZ 127, 17, 23 (Nutzungsüberlassung); BGHZ 133, 298, 303 = NJW 1996, 3203, 3204 = JR 1997, 290, 292 m. zustimmender Anm. Fleischer ebd., S. 293 f.; BGHZ 142, 116, 120 = NJW 1999, 2809, 2810 m. Anm. Altmeppen ebd., S. 2812.

der Gesellschafterdarlehen.[523] Denn vorliegend würde allenfalls der Kredit des Dritten in einen besicherten und einen unbesicherten Anteil „aufgeteilt", nicht dagegen die eigenkapitalersatzrechtlich entscheidende Bürgschaft des Gesellschafters.[524] Beschränkt sich eine (Höchstbetrags-) Bürgschaft auf einen Teil der Kreditsumme, so ist der Gesellschafter, wenn die Gesellschaft den verbürgten Kredit teilweise zurückzahlt, nur insoweit zur Erstattung verpflichtet, als der Erstattungsbetrag zusammen mit dem Betrag, für den der Gesellschafter dem Gläubiger weiter verhaftet bleibt, die Bürgschaftssumme nicht übersteigt.[525]

Nach Äußerungen in der Literatur soll dieses für Realsicherheiten des Gesellschafters entsprechend gelten.[526] Andererseits sprechen einige Literaturstimmen[527] in Abgrenzung von dem BGH-Urteil zur Höchstbetragsbürgschaft[528] davon, bei Realsicherheiten sei „dagegen" als Höchstgrenze ihr tatsächlicher Wert maßgeblich. Insoweit besteht zwar eine Obergrenze durch § 32b Satz 2 GmbHG, wonach die Erstattungspflicht nur bis zur *Höhe des Betrages* besteht, der dem *Wert* der von ihm bestellten Sicherung im Zeitpunkt der Darlehensrückzahlung entspricht. Dafür ist der Gesellschafter aber voll beweispflichtig.[529]

523 OLG Hamburg, DB 1987, 1778, 1780; OLG München ZIP 1997, 1118, 1119; Baumbach/Hueck/Fastrich, § 32a Rn. 48; Hachenburg/Ulmer, § 32a Rn. 51; Lutter/Hommelhoff, §§ 32a,b Rn. 92; Rowedder/Schmidt-Leithoff/Pentz, § 32a Rn. 68; Scholz/Karsten Schmidt, §§ 32a, 32b Rn. 53, 77; a. A. OLG Hamm, ZIP 1989, 1398, 1399; FG Köln EFG 1999, 547, 549 = GmbHR 1999, 732 (LS); Früh, GmbHR 1999, 842, 846; krit. auch Roth/Altmeppen, § 32a Rn. 30 mit dem zutreffenden Hinweis, dass der Streit eher theoretisch ist.

524 Auch wenn man mit Karsten Schmidt (ZIP 1999, 1821, 1823 unter Hinweis auf OLG Hamburg DB 1987, 1778, 1780 und Fastrich, NJW 1983, 260, 262 ff.) im Hinblick auf das Innenverhältnis zur Gesellschaft von dem „besicherten Kredit" (anstatt der eigenkapitalersetzenden Sicherheit) als der gebundenen Gesellschafterleistung spricht, ergibt sich kein Widerspruch, da das Drittdarlehen nur in Höhe des Bürgschaftsbetrages auch ein „besicherter" Kredit ist.

525 BGH NJW 1990, 2260, 2261 (gilt auch nach den Rechtsprechungsregeln); NJW 1997, 3171, 3172; GmbHR 2004, 898, 902 m. Anm. Bormann = WM 2004, 1075, 1078; OLG Koblenz ZInsO 2004, 1037, 1038 f.; Baumbach/Hueck/Fastrich, § 32b Rn. 2; Bormann, GmbHR 2004, 902, 904; Hachenburg/Ulmer, § 32a,b Rn. 154; Lutter/Hommelhoff, §§ 32a,b Rn. 132; Rowedder/Schmidt-Leithoff/Pentz, § 32b Rn. 8; Scholz/Karsten Schmidt, §§ 32a, 32b Rn. 173.

526 HandbuchKapErsR/Fleischer, Rn. 6.56; vgl. Hachenburg/Ulmer, § 32a,b Rn. 154 (Abzug von Forderungen „für die der Bürge oder die Sicherung weiter haftet").

527 Scholz/Karsten Schmidt, §§ 32a, 32b Rn. 173; vgl. Rowedder/Schmidt-Leithoff/Pentz, § 32b Rn. 8.

528 BGH NJW 1990, 2260.

529 Hachenburg/Ulmer, § 32a,b Rn. 155; Scholz/Karsten Schmidt, §§ 32a, 32b Rn. 173.

Davon zu trennen ist die vorrangige Frage, in welchem Umfang eine eigenkapitalersetzende Sachsicherheit überhaupt für ein Darlehen haftet. Dieses bestimmt sich grundsätzlich nach dem Inhalt der Sicherungsabrede, so dass auch die Erstattungspflicht des Gesellschafters variieren kann. Das sollen die folgenden Beispiele verdeutlichen:

Beispiel 1: *Der Gesellschafter bestellt eine werthaltige Grundschuld in Höhe von 100 TEUR für das Darlehen einer Bank an die Gesellschaft in gleicher Höhe.*

Beispiel 2: *Statt der Grundschuld übereignet der Gesellschafter (in Beispiel 1) der Bank zur Sicherheit für ein Darlehen an die Gesellschaft über 100 TEUR sein privates Auto im Wert von nur noch 80 TEUR (bei Rückzahlung).*

Im Beispiel 1 führt jede Rückführung des Darlehens dazu, dass der Gesellschafter in entsprechender Höhe vom Darlehensgeber eine Reduzierung seiner Grundschuld verlangen kann. Jede Rückzahlung des Darlehens führt somit unmittelbar zu einer entsprechenden Erstattungspflicht des Gesellschafters. Wäre das Darlehen höher (z.B. 120 TEUR) als der für die Grundschuld im Grundbuch eingetragene Betrag, würde eine Rückzahlung zunächst nicht zu einer Befreiung der Grundschuld führen, bis der verbleibendende Darlehensbetrag 100 TEUR oder weniger beträgt. So wie in der BGH-Entscheidung zur Höchstbetragsbürgschaft wird auch hier die übernommene Haftung durch die betragsmäßige Höhe der Grundschuld begrenzt und darf nicht durch den Erstattungsanspruch der Gesellschaft erhöht werden.[530]

Das Auto haftet in Beispiel 2 aber grundsätzlich bis zur vollen Rückzahlung des Darlehens, zumal auch eine „teilweise" Freigabe der Sicherheit bei einem solchen Gegenstand nicht in Betracht kommt. Entsprechendes gilt grundsätzlich auch im Falle der Verpfändung von Sachen. Danach haften (mehrere) verpfändete Sachen bis zum Erlöschen der ganzen Forderung (§§ 1222, 1252 BGB). Nur ausnahmsweise kann der Schuldner nach § 242 BGB die Freigabe einzelner Pfandgegenstände verlangen, wenn er nachweist, dass der Pfandgläubiger durch die verbleibenden Pfandrechte ausreichend gesichert ist.[531] Auch in einem solchen Falle haften die Pfandgegenstände – unabhängig von ihrem tatsächlichen Wert – betragsmäßig unbegrenzt für die gesamte Forderung. Der Gesellschafter haftet also in dem Beispiel 2 zunächst auf Rückzahlung bis zu 100 TEUR. Diese Haftung kann er nur dann auf 80 TEUR begrenzen, wenn ihm der Nachweis des entspre-

530 Vgl. BGH NJW 1990, 2260, 2261; NJW 1997, 3171, 3172; GmbHR 2004, 898, 902 = WM 2004, 1075, 1078.

531 Vgl. BGHZ 128, 295, 300 = NJW 1995, 1085, 1086; Palandt/Bassenge, § 1222 Rn. 2, § 1252 Rn. 2.

chend geringeren Wertes seines Autos im Zeitpunkt der Darlehensrückzahlung gelingt.

In der Entscheidung zur Höchstbetragsbürgschaft hatte der BGH formuliert:[532]

> „Führt die Zahlung der Gesellschaft nicht zur Befreiung des Bürgen, besteht dagegen kein Grund, den Gesellschafter zur Erstattung zu verpflichten."

Daran zeigt sich, dass die Grundsätze dieser Rechtsprechung nicht ohne weiteres auf Realsicherheiten übertragbar sind. In Beispiel 2 wird der Gesellschafter (bzw. seine Sicherheit) durch Teilrückzahlungen nicht befreit; er muss aber trotzdem derartige Zahlungen der Gesellschaft erstatten. Bei Realsicherheiten geht der Gesetzgeber regelmäßig von einer *betragsmäßig unbeschränkten* Haftung aus und billigt dem Gesellschafter lediglich den Nachweis einer *wertmäßigen* Haftungsbeschränkung gemäß § 32b Satz 2 (2. Halbsatz) GmbHG bezogen auf den Zeitpunkt der Darlehensrückzahlung zu. Unter Umständen kann auch eine Sachsicherheit (z. B. Grundschuld) betragsmäßig begrenzt sein. In diesem Falle sind die Grundsätze für betragsmäßig begrenzte (Personal-) Sicherheiten neben denen für Sachsicherheiten anwendbar.

Für die Anwendbarkeit der Grundsätze des BGH-Urteils betreffend die Haftung bei Höchstbetragsbürgschaften ist demnach nicht zwischen Sach- und Personalsicherheiten, sondern richtigerweise zwischen betragsmäßig begrenzten und betragsmäßig unbegrenzten Sicherheiten – gleich welcher Art – zu unterscheiden.

Die Hingabe einer betragsmäßig unbeschränkten Sachsicherheit führt dabei zu besonderen Haftungsrisiken des Gesellschafters, denn dieser wird nach der Konzeption des Gesetzes durch § 32b Satz 1 grundsätzlich zur Erstattung des gesamten von der Gesellschaft zurückgezahlten Betrages verpflichtet. Die besondere Konstellation der Hingabe einer eigenkapitalersetzenden Gesellschaftersicherheit begründet dabei – im Innenverhältnis zur Gesellschaft – eine Ausnahme von dem Grundsatz, dass bei Bestellung einer Sachsicherheit keine persönliche Haftung des Sicherungsgebers entsteht, soweit dieser nicht ohnehin bereits persönlicher Schuldner ist (vgl. §§ 1210 Abs. 1, 1211 BGB). Dem trägt das Gesetz aber dadurch Rechnung, dass der Gesellschafter bei *allen Sachsicherheiten* die Haftung auf den von ihm zu beweisenden Wert der verhafteten Gegenstände bei Rückzahlung begrenzen kann. Ferner gewährt § 32b Satz 3 GmbHG dem Gesellschafter eine Ersetzungsbe-

532 BGH NJW 1990, 2260, 2261.

fugnis, indem er der Gesellschaft die Gegenstände, die dem Gläubiger als Sicherung gedient hatten, zu ihrer Befriedigung zur Verfügung stellen kann.[533] Die Gesellschaft hat ihrerseits aber grundsätzlich keinen Anspruch auf Übertragung der Sicherheiten.[534]

cc) Sonderfall: Gesellschaftersicherung für Verbindlichkeiten verschiedener Schuldner

Die Haftung des Gesellschafters aus § 32b GmbHG wirft besondere Fragen auf, wenn dieselbe Gesellschaftersicherheit die Forderungen gegen verschiedene Schuldner (z.B. mehrerer Gesellschaften, an denen der Gesellschafter maßgeblich beteiligt ist) sichert. Eine solche Erweiterung des Sicherungszwecks führt nicht bereits dazu, dass die Sicherheit für die Verbindlichkeiten einer GmbHG nicht als eigenkapitalersetzende Leistung anzusehen ist.[535] Allerdings wird in diesen Fällen häufig eine Parallelsicherheit durch die Gesellschaft bestehen und bei deren Werthaltigkeit eine zusätzliche Gesellschaftersicherheit möglicherweise nur gewohnheitsmäßig bestellt worden sein.[536]

aaa) Betragsmäßig beschränkte Sicherheiten

In einem vom OLG Celle[537] mit Urteil vom 5.9.2001 entschiedenen Fall übernahm der Alleingesellschafter der später insolventen GmbH eine Höchstbetragsbürgschaft für die Forderungen einer Bank gegen die GmbH sowie gegen eine weitere Gesellschaft. Die Bank hatte sich aus einer zusätzlich bestellten Globalzession der GmbH bereits teilweise befriedigt und der klagende Konkursverwalter verlangte nun vom Gesellschafter Erstattung in Höhe des Gesamtbetrages der Bürgschaft. Die gesicherten Forderungen waren ursprünglich höher als die Bürgschaft.

533 Dazu näher Scholz/Karsten Schmidt, §§ 32a, 32b Rn. 174; Lutter/Hommelhoff, §§ 32a,b Rn. 133; vgl. allgemein zur Ersetzungsbefugnis Wieser, „Wahlmöglichkeiten" Rn. 8 ff. (str.).

534 BGH NJW 1986, 429, 430 = ZIP 1986, 30, 32; HandbuchKapErsR/Fleischer, Rn. 6.57; Rowedder/Schmidt-Leithoff/Pentz, § 32b Rn. 9.

535 OLG Celle NZG 2002, 427 = GmbHR 2002, 652 (LS).

536 Vgl. OLG Hamm WM 2001, 1111, 1113 (offen gelassen). Der Fall betraf eine besondere Konstellation, weil die Restsumme der gesicherten Forderungen gegen die insolvente GmbH immer noch höher war als die Höhe der Grundschuld auf dem Grundstück des Gesellschafters und deshalb eine Befreiung nicht eingetreten war. Auf den Aspekt der Haftung für verschiedene Verbindlichkeiten kam es deshalb eigentlich gar nicht an.

537 OLG Celle NZG 2002, 427 = GmbHR 2002, 652 (LS).

Das Gericht bejahte eine Erstattungspflicht im Grundsatz, berücksichtigte dabei aber den Umstand, dass die Bürgschaft auch noch für Forderungen gegen eine andere Gesellschaft haftete. Den Betrag, hinsichtlich dessen der Gesellschafter aus seiner Bürgschaftsverpflichtung im Sinne von § 32b GmbHG frei geworden ist, bestimmte das Gericht dadurch, dass es von der Gesamtsumme der Bürgschaft die noch verbürgten Restforderungen beider Gesellschaften subtrahierte. In Höhe des abgezogenen Betrages haftete der Gesellschafter weiter und war folglich nicht erstattungspflichtig.

Allerdings unterstellt diese Betrachtung, dass in Höhe der Differenz ausschließlich die Rückführung von Verbindlichkeiten der später insolventen Gesellschaft zur Befreiung des Gesellschafters geführt hat. Die so ermittelte Erstattungssumme kann unter Umständen gegen den Grundsatz der betragsmäßigen Haftungsbegrenzung in § 32b Satz 2 (1. Halbsatz) GmbHG verstoßen. Es bedarf deshalb einer genaueren Bestimmungsmethode.

Dies soll an folgendem Beispiel veranschaulicht werden:

> *Der Gesellschafter ist an zwei Gesellschaften A- und B-GmbH maßgeblich beteiligt. Eine Bank gewährt A und B Kredite in Höhe von jeweils 100 TEUR. Von A und B erhält die Bank zur Sicherheit Globalzessionen. Außerdem bestellt der Gesellschafter für die Verbindlichkeiten von A und B gegenüber der Bank eine (eigenkapitalersetzende) Höchtsbetragsbürgschaft über 100 TEUR. Durch Verwertung der Globalzessionen (vor Insolvenz) reduzieren sich die ursprünglich voll valutierten Kredite bei A auf 40 TEUR und bei B auf 20 TEUR.*

In einer anschließenden Insolvenz der A würde deren Insolvenzverwalter nach der „Formel“ des OLG Celle vom Gesellschafter die Bürgschaftssumme abzüglich der noch offenen (verbürgten) Restforderungen also 100 TEUR – 40 TEUR – 20 TEUR = 40 TEUR verlangen können. Käme es parallel auch zu einer Insolvenz der B, würde deren Insolvenzverwalter dieselbe Summe für die Insolvenzmasse der B verlangen. Dann sähe sich der Gesellschafter Erstattungsforderungen von 2 x 40 TEUR = 80 TEUR ausgesetzt und haftete außerdem noch für die offenen Restforderungen von 60 TEUR. Demnach müsste er insgesamt in Höhe von 140 TEUR für Schulden der Gesellschaften A und B haften, obwohl gemäß § 32b Satz 2 (1. Halbsatz) GmbHG die Haftung des Gesellschafters den maximalen Bürgschaftsbetrag nicht übersteigen soll.

Mit der „Formel“ des OLG Celle kann zwar die Gesamthöhe der eingetretenen Reduzierung der Bürgenhaftung des Gesellschafters bestimmt werden, nicht jedoch der Anteil, den die Rückführung von Verbindlichkeiten einer bestimmten Gesellschaft an der Enthaftung des Gesellschafters hat. Mit ihr kann somit die konkrete Erstattungspflicht nach § 32b Satz1 GmbHG nicht festgestellt werden. Hierfür könnte man an eine pauschale Aufteilung der insgesamt eingetretenen Reduzierung der Bürgschaftssumme nach dem Verhältnis von ursprünglicher und aktueller Kreditlinie der beiden Gesellschaften denken. Die Kreditlinie bei A hat sich in dem Beispiel um 60 TEUR und bei B dagegen um 80 TEUR reduziert. Die maximale Erstattungssumme von 40 TEUR im Verhältnis 60 (A) zu 80 (B) aufzuteilen, mag zwar häufig „nahe an der Wahrheit“ liegen, kann aber ebenfalls nicht den konkreten Nachweis ersetzen, welche Darlehensrückzahlung bei einer der Gesellschaften „kausal“ zu einer Enthaftung des Gesellschafters geführt hat.

Dies zeigt sich an folgender Kontrollüberlegung: Unterstellt man in dem obigen Beispiel, dass die Verwertung der Globalzessionen zeitlich nacheinander erfolgte, so hätte sich die „Gesamtkreditlinie“ von A und B (200 TEUR) zunächst um den Erlös aus den Globalzessionen der A also um 60 TEUR auf 140 TEUR verringert. Dies wäre ohne Auswirkungen auf die Haftung aus der Bürgschaft geblieben. Erst die anschließende Verwertung der Globalzessionen von B in Höhe von 80 TEUR hätte dann zu einer Enthaftung des Bürgen in Höhe von 40 TEUR geführt. Mithin hätte nur der Insolvenzverwalter der B einen Erstattungsanspruch in Höhe von 40 TEUR, der zusammen mit den noch offenen und verbürgten Verbindlichkeiten beider Gesellschaften dem Höchstbetrag der Bürgschaft von 100 TEUR entspricht.

Haftet die eigenkapitalersetzende Gesellschafterbürgschaft oder haften andere betragsmäßig beschränkten Sicherheiten des Gesellschafters für Verbindlichkeiten verschiedener Schuldner (Gesellschaften), so muss die klagende Gesellschaft für den Erstattungsanspruch aus § 32b Satz 1 GmbHG grundsätzlich den konkreten Nachweis erbringen, dass die Summe aller gesicherten Verbindlichkeiten den Höchstbetrag der Gesellschaftersicherheit unterschreitet und in welcher Höhe Zahlungen der klagenden Gesellschaft jeweils zu einer Reduzierung der Haftung des Gesellschafters geführt haben.[538]

bbb) Betragsmäßig unbeschränkte Sachsicherheiten

Eine Sachsicherheit haftet, soweit nicht ausnahmsweise ein Höchstbetrag vereinbart wurde (z.B. Grundschuld), betragsmäßig unbegrenzt für die gesicherten Verbindlichkeiten. Fraglich ist, wie im Falle der Besicherung von Verbindlichkeiten verschiedener Schuldner durch denselben Gegenstand die

538 Vgl. OLG Hamm WM 2001, 1111, 1113 wo der Anspruch bereits deshalb unbegründet war, weil die Restforderung der klagenden Gesellschaft noch höher war als die Höchstbetragsbürgschaft des Gesellschafters.

wertmäßige Haftungsbegrenzung auf den Wert der Sachsicherheit im Zeitpunkt der Rückzahlung gemäß § 32b Satz 2 (2. Halbsatz) GmbHG gewährleistet werden kann. Denn bei mehreren Gesellschaften müsste der Gesellschafter im Extremfall bei jeder Gesellschaft auf den vollen Wert seiner Forderung haften, würde also so behandelt, als hätte er nicht eine, sondern mehrere Sicherheiten bestellt.

Nimmt man beispielsweise an, dass in dem obigen Beispiel (vgl. zuvor aaa) statt der Bürgschaft ein Auto des Gesellschafters im Wert von 100 TEUR an die Bank sicherungsübereignet worden wäre, so würde der Gesellschafter gleichwohl gegenüber A in Höhe von 60 TEUR und gegenüber B in Höhe von 80 TEUR also insgesamt auf Erstattung von 140 TEUR haften. Isoliert betrachtet würde ihm weder die wertmäßige Haftungsbegrenzung noch die Ersetzungsbefugnis helfen, denn keine Erstattungsforderung ist höher als 100 TEUR und die Überlassung des Gegenstandes zur Befriedigung könnte nur teilweise erfolgen. In der Konsequenz würde der Gesellschafter also gegenüber den Gesellschaften höher haften als er maximal zur Leistung an die Bank verpflichtet wäre. Die Erstattungsansprüche der Gesellschaften wären höher als die (vorrangigen) Rechte des Gläubigers aus der Sicherheit. Dieses wäre mit Grundprinzipien des Eigenkapitalersatzrechts nicht vereinbar, weil danach der Gesellschafter gegenüber der Gesellschaft grundsätzlich nicht höher haftet als aufgrund der Sicherheitsabrede gegenüber dem Gläubiger.[539] Dementsprechend gilt im allgemeinen Eigenkapitalersatzrecht, dass grundsätzlich nur die tatsächlich gewährten Gesellschafterleistungen eigenkapitalersatzrechtlich gebunden sind und keine Nachschusspflicht für bisher nicht gewährte Leistungen besteht.[540]

Für eine sachgerechte und mit den Grundsätzen des § 32b Satz 2 und 3 GmbHG vereinbare Begrenzung der Haftung des Gesellschafters reicht aber, wie dargelegt, der Nachweis eines geringeren Wertes der Sachsicherheit allein nicht aus. Vielmehr sollte in derartigen Fällen dem Gesellschafter gestattet werden – quasi auf der Grundlage einer fiktiven auf den Wert der Sicherheit erfolgten *betragsmäßigen Begrenzung* –, den Nachweis einer nur „anteiligen Enthaftung“ seiner Sachsicherheit gegenüber der jeweiligen Ge-

539 Vgl. BGH NJW 1990, 2260, 2261 (Höchstbetragsbürgschaft); NJW 1997, 3171, 3172; GmbHR 2004, 898, 902 = WM 2004, 1075, 1078.

540 Vgl. zur Nutzungsüberlassung (die kein Recht auf Eigentumsübertragung an die Gesellschaft begründet) BGHZ 127, 17, 29 ff.; zur Nutzungsüberlassung (bei bereits belastetem Grundstück) OLG Dresden ZInsO 2003, 227, 228; zum Gesellschafterdarlehen BGHZ 133, 298, 303 = NJW 1996, 3203, 3204; zum „Finanzplankredit“ BGHZ 142, 116, 120 = NJW 1999, 2809, 2810 (ggf. gesellschaftsrechtliche Nachschusspflicht).

sellschaft nach den zuvor unter aaa) beschriebenen Grundsätzen zu führen. Nur in dieser Höhe muss er dann auch, wenn er von seiner Ersetzungsbefugnis Gebrauch machen will, den Gegenstand zu deren (anteiliger) Befriedigung zur Verfügung stellen, also z.B. den Gesellschaften an der freigewordenen Sicherheit jeweils ein Pfandrecht bestellen.

ccc) Konsequenzen für die Anwendung von § 32a Abs. 2 im Verhältnis zum Gläubiger bei Doppelbesicherung und Haftung der Gesellschaftersicherheit für verschiedene Verbindlichkeiten

Der Gesetzgeber ist bei der Konzeption des § 32a Abs. 2 GmbHG offenbar von dem Normalfall ausgegangen, dass die Gesellschaftersicherheit nur für die Schuld *einer* Gesellschaft haftet. Dies gewährleistet nach der hier vertretenen Ansicht zur Anwendung dieser Vorschrift auf Doppelbesicherungsfälle auch, dass dem Gläubiger durch die Obliegenheit, vorrangig die Gesellschaftersicherheit in Anspruch zu nehmen, keine materielle Benachteiligung hinsichtlich seiner Befriedigungschancen entstehen. Vielmehr wird so primär das Regressrisiko der Gesellschaft insbesondere bei Sachsicherheiten verringert und eine weitgehende Inanspruchnahme des Gesellschafters gewährleistet.

Der Gläubiger soll dagegen nur „abwicklungstechnisch" belastet werden. Haftet dieselbe Gesellschaftersicherheit aber außerdem noch für Verbindlichkeiten Dritter oder z.B. des Gesellschafters selbst, so könnte die uneingeschränkte Anwendung des § 32a Abs. 2 GmbHG auch materiell zu einer Beeinträchtigung des Gläubigers führen. Dies soll folgendes Beispiel veranschaulichen:

Der Gesellschafter ist an zwei Gesellschaften A- und B-GmbH maßgeblich beteiligt. Eine Bank gewährt A und B Kredite in Höhe von jeweils 100 TEUR. Von A erhält die Bank zur Sicherheit eine Globalzession. Außerdem bestellt der Gesellschafter für die Verbindlichkeiten von A und B gegenüber der Bank eine (eigenkapitalersetzende) Höchstbetragsbürgschaft über 100 TEUR.

Wird in diesem Beispiel A insolvent, würde der Insolvenzverwalter die Bank auf die Inanspruchnahme aus der Bürgschaft verweisen können. Doch diese ist für die Verbindlichkeiten von B die einzige Sicherheit und würde bei Verwertung für die Forderungen der Bank gegen A erlöschen. Der Insolvenzverwalter könnte im Optimalfall sogar die Freigabe der globalzedierten Forderungen der A verlangen. Im Ergebnis hätte die Bank zwar ihre Forderung gegen A befriedigt, aber gleichzeitig gegenüber B einen „unfreiwilligen" Blankokredit gewährt. Nach dem für die Globalzessionen der A kalkulierten Wert wäre die Bürgschaft aber allenfalls zu einem geringen Teil in Anspruch genommen worden und würde zumindest teilweise noch die Forderungen gegen B sichern. Noch größer wird das Dilemma der Bank, wenn es zur gleichzeitigen Insolvenz von A und B kommt. Dann würden beide Insolvenzverwalter den Verwertungserlös aus der Bürgschaft jeweils für „ihre" Gesellschaften reklamieren und den Gläubiger in entsprechender Höhe als befriedigt behandeln wollen.

Deshalb lässt sich die Anwendung des § 32a Abs. 2 GmbHG auf Doppelbesicherungsfälle nicht uneingeschränkt auf Konstellationen übertragen, bei denen dieselbe Gesellschaftersicherheit auch noch für Verbindlichkeiten Dritter oder des Gesellschafters selbst haftet. Denn ansonsten würde der außerhalb des eigenkapitalersatzrechtlichen Verhältnisses von Gesellschaft und Gesellschafter stehende Drittgläubiger[541] unter Umständen materiell in seiner Disposition über die Sicherheiten für seine verschiedenen Ansprüche unangemessen beeinträchtigt.

Die hier vertretene Ansicht muss deshalb insoweit eingeschränkt werden, als der Gläubiger bei mehreren Sicherungszwecken der Gesellschaftersicherheit jedenfalls solange zunächst die Gesellschaftssicherheit zuerst in Anspruch nehmen darf, wie noch weitere offene Forderungen durch die Gesellschaftersicherheit abgesichert sind. Nur wenn der Insolvenzverwalter nachweist, dass hinsichtlich aller übrigen vom Gesellschafter mitgesicherten Forderungen ein Anspruch auf Sicherheitenfreigabe besteht (z.B. weil für diese ausreichende sonstige Sicherheiten bestehen), kann er den Gläubiger auf die vorrangige Inanspruchnahme der Gesellschaftersicherheit verweisen.

Ein Problem stellt die Haftung der Gesellschaftersicherheit für mehrere Verbindlichkeiten aber auch auf der Basis der herrschenden Meinung zur Doppelbesicherung[542] dar; denn auch wenn ausschließlich eine Gesellschaftersicherheit besteht oder nach Verwertung der Gesellschaftssicherheit eine Restforderung offen bleibt, ist fraglich, inwieweit durch § 32a Abs. 2 GmbHG quasi ein „Verwertungsvorrecht" der insolventen Gesellschaft gegenüber den übrigen gesellschafterbesicherten Forderungen begründet wird. Teleologisch erscheint dies wegen des auf das Innenverhältnis zum Gesellschafter zielenden „Abwicklungszwecks" der Norm zweifelhaft. Andererseits kann, soweit für eine offene Forderung nur noch eine Gesellschaftersicherheit besteht, dem Gläubiger eigentlich kein materieller Nachteil entstehen, wenn er zunächst Befriedigung aus der Gesellschaftersicherheit suchen muss.

541 Vgl. BGH NJW 1985, 858, 859 = ZIP 1985, 158, 159.

542 BGH NJW 1985, 858, 859 = ZIP 1985, 158, 159.

Dies gilt uneingeschränkt aber nur so lange, wie nicht auch andere gesicherte Forderungen zu Insolvenzforderungen werden. In diesem Falle wird der Gläubiger nämlich versuchen, den Erlös aus der Gesellschaftersicherheit vorrangig auf solche Forderungen anzurechnen, bei denen er ansonsten die geringste „Quote" erwartet.

Selbst die Begründung des ersten BGH-Urteils zur Doppelbesicherung ging davon aus, dass § 32a Abs. 2 GmbHG mit der Anordnung des vorrangigen Zugriffs auf die Gesellschaftersicherheit eigentlich nur das verlange, was ohnehin regelmäßig im Interesse des Gläubigers sei.[543] Diese Erwägung trägt aber nur so lange, wie für den Gläubiger Verwertungsreife nur hinsichtlich der Forderung gegenüber der Gesellschaft eingetreten ist. Dass er im übrigen grundsätzlich darin frei bleiben sollte, auf welche Forderungen er den Erlös aus der Gesellschaftersicherheit anrechnet, zeigt sich insbesondere bei der Sicherung mehrerer Forderungen von später insolventen GmbH's, wo ansonsten beide Insolvenzverwalter die Anwendung von § 32a Abs. 2 GmbHG für sich reklamieren würden. Sollte in der Sicherungsabrede selbst eine Verwertungsreihenfolge vereinbart worden sein, so ist grundsätzlich diese maßgeblich, weil das Eigenkapitalersatzrecht – mit Ausnahme unbeachtlicher Subsidiaritätsabreden zugunsten des Gesellschafters[544] – grundsätzlich nicht den Inhalt getroffener Sicherungsabreden mit dem Gläubiger ändern kann.

Haftet die Gesellschaftersicherheit außer für die Forderung gegen die Gesellschaft auch noch für andere Forderungen des Gläubigers gegen Dritte, so ist § 32a Abs. 2 GmbHG nur so lange anwendbar, als nur hinsichtlich der Insolvenzforderung Verwertungsreife der Gesellschaftersicherheit eingetreten ist. Ansonsten bestimmt sich die Anrechnung von Verwertungserlösen primär nach dem Inhalt der Sicherungsabrede.

b) Erstattungsanspruch nach den Rechtsprechungsregeln (§ 31 GmbHG)

Neben Ansprüchen nach den Novellenregeln können nach ganz herrschender Meinung auch Erstattungsansprüche aufgrund der fortgeltenden Rechtsprechungsgrundsätze zu §§ 30, 31 GmbHG bestehen.[545] Soweit die Gesell-

543 BGH NJW 1985, 858, 859 = ZIP 1985, 158, 159: „Der Gläubiger wird … regelmäßig selbst daran interessiert sein, auf die Gesellschaftersicherung Zugriff zu nehmen, um volle Befriedigung zu erlangen".

544 Vgl. BGH NJW 1988, 824, 825.

545 Vgl. nur BGH NJW 1988, 824, 825; 1990, 2260, 2261; 1997, 3171, 3172; 1998, 3273, 3274; KG NZG 2000, 688, 689; HandbuchKapErsR/Fleischer, Rn. 6.59; Michalski/Heidinger, §§ 32a, 32b Rn. 353 m. w. N.

schaft durch die Tilgung oder Sicherheitenverwertung Gesellschaftsvermögen verloren hat, das zur Erhaltung des Stammkapitals benötigt wurde, steht ihr in entsprechender Anwendung des § 31 Abs. 1 GmbHG ein sofort fälliger Erstattungsanspruch gegen den Gesellschafter zu, dessen Sicherheit frei geworden ist.[546] Entsprechendes gilt, wenn der Gesellschafter nach Inanspruchnahme seiner eigenkapitalersetzenden Sicherheit bereits bei der Gesellschaft (unzulässigerweise) Regress genommen hat.[547]

Ein solcher Anspruch besteht anders als der nach § 32b GmbHG auch außerhalb eines Insolvenzverfahren, z.B. auch im Falle einer normalen Liquidation oder bei masseloser Insolvenz.[548] Er verjährt nicht in zwei Jahren nach Eröffnung des Insolvenzverfahrens (§ 32b Satz 1 GmbHG i.V.m. § 146 Abs. 1 InsO) und ist auch nicht auf Rückzahlungen im letzten Jahr vor Insolvenzantrag begrenzt, sondern verjährt entsprechend § 31 Abs. 5 GmbHG erst fünf Jahre nach Rückzahlung durch die Gesellschaft.[549]

Der Höhe nach ist der Anspruch allerdings auf die Summe begrenzt, die zur Wiederherstellung des Stammkapitals notwendig ist.[550] Dies kann im Falle der Überschuldung der Gesellschaft auch zu Erstattungsansprüchen führen, die deutlich höher sind als die Stammkapitalziffer der Gesellschaft.[551] Ein Erstattungsanspruch aus § 31 Abs. 1 GmbHG analog erlischt jedoch nach der hier vertretenen Ansicht dann, wenn die Stammkapitalziffer der Gesellschaft zwischenzeitlich auf andere Weise nachhaltig wiederhergestellt worden ist (vgl. oben § 3 III 2 c), str.). Durch das Erfordernis, eine konkrete Beeinträchtigung des Stammkapitals der Gesellschaft nachzuweisen, wird es für die Gesellschaft oder in der Insolvenz für deren Verwalter unter Umständen einfacher sein, den Anspruch wahlweise auf § 32b Satz 1 GmbHG zu stützen, soweit nicht bereits dessen kürzere Fristen abgelaufen sind.[552]

Im übrigen gilt für Anspruchsinhalt und Höhe grundsätzlich das zu § 32b GmbH Gesagte. So ist etwa die Begrenzung der Haftung auf den Höchstbe-

546 Vgl. BGH NJW 1990, 2260, 2261; NJW 1997, 3171, 3172; HandbuchKapErsR/Fleischer, Rn. 6.60; Rowedder/Schmidt-Leithoff/Pentz, § 32b Rn. 14 f.

547 Scholz/Karsten Schmidt, §§ 32a, 32b Rn. 176.

548 Scholz/Karsten Schmidt, §§ 32a, 32b Rn. 176; KG NZG 2000, 688, 689 (Liquidation).

549 KG NZG 2000, 688, 690; Roth/Alemeppen, § 32b Rn. 19, 21.

550 Vgl. BGHZ 67, 171, 176 = NJW 1977, 104, 105; BGHZ 81, 252, 259 = NJW 1981, 2570, 2572; NJW 1990, 1730, 1731; HandbuchKapErsR/Fleischer, Rn. 6.61; Michalski/Heidinger, §§ 32a, 32b Rn. 353.

551 BGHZ 81, 252, 259 = NJW 1981, 2570, 2572.

552 HandbuchKapErsR/Fleischer, Rn. 6.62; Rowedder/Schmidt-Leithoff/Pentz, § 32b Rn. 15.

trag der Haftung der Gesellschaftersicherheit Ausdruck allgemeiner Grundsätze und wird von der Rechtsprechung dementsprechend auch auf die Rechtsprechungsregeln angewendet.[553] Auch die wertmäßige Haftungsbegrenzung bei Sachsicherheiten und die dem Gesellschafter eingeräumte Ersetzungsbefugnis (§ 32b Satz 2 und 3 GmbHG) sind in gewisser Weise Ausdruck des Prinzips, dass der Gesellschafter gegenüber der Gesellschaft nicht weitergehend haften soll als er gegenüber dem Gläubiger haftete. Schon um die zum Inhalt des Anspruchs aus § 31 Abs. 1 GmbHG insoweit bestehenden Probleme[554] nicht unnötig ins Eigenkapitalersatzrecht zu übertragen, sollten deshalb die Bestimmungen in § 32b Satz 2 und 3 entsprechend auf den Erstattungsanspruch nach den Rechtsprechungsregeln aus § 31 Abs. 1 GmbHG angewendet werden.[555]

Ist der Erstattungsanspruch gegenüber dem aufgrund eigenkapitalersetzender Besicherung haftenden Gesellschafter nicht zu realisieren, so haften die Mitgesellschafter grundsätzlich analog § 31 Abs. 3 GmbHG der Gesellschaft auf Erstattung (zu Einzelheiten der Haftung von Mitgesellschaftern vgl. § 6 III 4).[556]

553 BGH NJW 1990, 2260, 2261; NJW 1997, 3171, 3172; GmbHR 2004, 898, 902 = WM 2004, 1075, 1078; vgl. Hachenburg/Ulmer, § 32a,b Rn. 175.

554 Vgl. Lutter/Hommelhoff, § 31 Rn. 7; Hachenburg/Goerdeler/Müller, § 31 Rn. 25; Roth/Altmeppen, § 30 Rn. 88; § 31 Rn. 10 jew. m. w. N.

555 Zumindest für § 32b Satz 2 GmbHG auch Hachenburg/Ulmer, § 32a,b Rn. 175. Im unmittelbaren Anwendungsbereich von § 31 Abs. 1 GmbHG soll nach BGHZ 122, 333, 339 ein nachträglicher Wertverlust eines zu Lasten des Stammkapitals dem Gesellschafter gewährten Gegenstands von diesem wertmäßig auszugleichen sein. Im Eigenkapitalersatzrecht gebührt gleichwohl einer möglichen Beschränkung der Haftung auf den vom Gesellschafter *tatsächlich gewährten Gegenstand* der Vorzug, zumal ansonsten § 32b Satz 3 GmbHG als lex specialis für Gesellschaftersicherheiten praktisch bedeutungslos würde.

556 BGH NJW 1990, 1730, 1731; Scholz/Karsten Schmidt, §§ 32a, 32b Rn. 176; Rowedder/Schmidt-Leithoff/Pentz, § 32b Rn. 15; zur Frage der Haftungsbegrenzung auf die Stammeinlage des aus § 31 Abs. 1 GmbHG haftenden Gesellschafters vgl. Karsten Schmidt, DB 1992, 1917 f.; ders., GesR, S. 1143; Geißler, GmbHR 1996, 565, 573; a.M. Bender, GmbHR 2002, 552, 553 und jetzt auch BGH GmbHR 2003, 1420 m. zust. Anm. Blöse ebd., S. 1424, 1426 = ZIP 2003, 2068 (Ausfallhaftung bis zur *gesamten Stammkapitalziffer* der Gesellschaft – bislang offen gelassen von BGHZ 150, 61, 66 = NJW 2002, 1803, 1804 = GmbHR 2002, 549, 551; vgl. Henze, BB 2002, 1011; Görner/Kling, GmbHR 2004, 714, 717 ff. m. w. N.).

2. Ansprüche des Gesellschafters gegen die Gesellschaft

a) Außerhalb eines Insolvenzverfahrens

Sicherungsgebern, die nicht zugleich der persönliche Schuldner sind, haftet nach ihrer Inanspruchnahme grundsätzlich der Hauptschuldner (hier also die Gesellschaft) auf Regress. Dies ergibt sich insbesondere aus dem vom Gesetz in einer Reihe von Fällen angeordneten Forderungsübergang auf den Sicherungsgeber, z.B. aus § 774 BGB (Bürgschaft), § 1143 BGB (Hypothek) sowie § 1225 BGB (Pfandrecht). Daneben ergibt sich regelmäßig ein Freistellungs- oder Regressanspruch des Gesellschafters gegen die Gesellschaft aus § 670 BGB aufgrund des der Gesellschafterbesicherung zugrundeliegenden Rechtsverhältnisses (z.B. Auftrag im Innenverhältnis).[557]

Das Eigenkapitalersatzrecht ändert nichts am grundsätzlichen Fremdkapitalcharakter von Gesellschafterdarlehen und führt, wie etwa § 39 Abs. 1 Nr. 5 InsO zeigt, auch nicht zum automatischen Erlöschen derartiger Gesellschafterforderungen.[558] Es beeinträchtigt lediglich die Durchsetzbarkeit der Forderungen in Krise bzw. Insolvenz der Gesellschaft. Für den Regressanspruch des Gesellschafters bedeutet dieses, dass die o.g. Ansprüche auch in der Krise der Gesellschaft existieren aber ihre Durchsetzbarkeit den Schranken des Eigenkapitalersatzrechts unterliegt.

In der Krise der Gesellschaft bedeutet die Rückzahlung eines gesellschafterbesicherten Drittdarlehens durch die Gesellschaft im Verhältnis zum Gesellschafter einen Verstoß gegen das Verbot der Einlagenrückgewähr in § 30 Abs. 1 GmbHG und löst entsprechende Erstattungsansprüche aus § 31 Abs. 1 GmbHG[559] aus, soweit der Gesellschafter als Sicherungsgeber befreit wurde (vgl. dazu zuvor § 4 IV 1 b)). Wird dagegen zunächst der Sicherungsgeber (= Gesellschafter) in Anspruch genommen, so wäre eine Befriedigung des an sich existenten Regressanspruchs des Gesellschafters ebenfalls ein Verstoß gegen § 30 Abs. 1 GmbHG.[560] Dabei ist die Beschränkung des Schutzes nach den Rechtsprechungsregeln auf die Stammkapitalziffer zu beachten.[561] Soweit diese nicht beeinträchtigt ist, kann der Gesellschafter

557 Vgl. BGHZ 67, 171, 181 = NJW 1977, 104, 106; Baumbach/Hueck/Fastrich, § 32a Rn. 71.

558 Vgl. HandbuchKapErsR/Fleischer, Rn. 6.66; Karsten Schmidt, ZIP 1999, 1821, 1824.

559 Vgl. BGHZ 81, 252, 259 ff. = NJW 1981, 2570, 2572; Baumbach/Hueck/Fastrich, § 32a Rn. 78.

560 BGHZ 67, 171, 181 = NJW 1977, 104, 106; BGHZ 81, 252, 259 = NJW 1981, 2570, 2572.

561 HandbuchKapErsR/Fleischer, Rn. 6.65; Lutter/Hommelhoff, §§ 32a,b Rn. 134; vgl. BGH NJW-RR 1986, 834, 835.

seinen Regressanspruch durchsetzen.[562] Ansonsten ist die Forderung des Gesellschafters für die Dauer der Krise oder bis zur Wiederherstellung des Stammkapitals der Gesellschaft wegen § 30 Abs. 1 GmbHG undurchsetzbar.

Die Inanspruchnahme des Gesellschafters aus seiner Sicherheit beendet die indirekte Finanzierung der Gesellschaft durch Dritte und damit die „Umgehung" der Regeln zum Eigenkapitalersatzrecht. Aus der mittelbaren wird eine unmittelbare Gesellschafterfinanzierung, auf die nunmehr ohne weiteres die allgemeinen Grundsätze des Eigenkapitalersatzrechts anwendbar sind. Die an sich selbstverständliche Anordnung der Nachrangigkeit des Regressanspruchs des Gesellschafters durch den Regierungsentwurf[563] zur GmbH-Novelle konnte deshalb bei den Kürzungen des Regierungsentwurfs im Rechtsausschuss auch ohne weiteres weggelassen werden.[564] Hinsichtlich der Passivierung im Überschuldungsstatus der Gesellschaft muss aber dann für den undurchsetzbaren Regressanspruch des Gesellschafters (und ehemaligen Sicherungsgebers) dasselbe gelten wie für einen Rückforderungsanspruch aus einem „normalen" eigenkapitalersetzenden Gesellschafterdarlehen.[565] Der in Anspruch genommene Gesellschafter kann deshalb die Passivierung seines Regressanspruchs im Überschuldungsstatus der Gesellschaft ebenfalls durch Vereinbarung eines Rangrücktritts vermeiden.[566]

b) Im eröffneten Insolvenzverfahren

Nach Eröffnung des Insolvenzverfahrens über das Vermögen der Gesellschaft sind Forderungen des Gesellschafters aufgrund eigenkapitalersetzender Gesellschaftersicherheiten als nachrangige Forderungen gemäß § 39 Abs. 1 Nr. 5 InsO eingestuft und somit praktisch nicht mehr durchsetzbar.[567] Dies gilt, wenn der Gesellschafter wegen § 32a Abs. 2 GmbHG vom Darlehensgeber in Anspruch genommen wurde, insbesondere für einen Regressanspruch aus übergegangenem Recht oder aufgrund von § 670 BGB. Wegen dieser Nachrangigkeit fehlt dem Gesellschafter für einen von ihm gestellten Insolvenzantrag regelmäßig zumindest das rechtliche Interesse an der Eröff-

562 So im Beispiel von Lutter/Hommelhoff, §§ 32a,b Rn. 134; vgl. BGH NJW-RR 1986, 834, 835; zurückhaltend gegenüber einer teilweisen Durchsetzbarkeit des Regressanspruchs Scholz/Karsten Schmidt, §§ 32a, 32b Rn. 166 (Fn. 697).

563 § 32a Abs. 4 Satz 2 RegE 1977, BT-Drs. 8/1347, S. 9.

564 Vgl. Karsten Schmidt, ZIP 1999, 1821, 1824; Baumbach/Hueck/Fastrich, § 32a Rn. 71; Hachenburg/Ulmer, § 32a,b Rn. 146; HandbuchKapErsR/Fleischer, Rn. 6.66.

565 Vgl. dazu BGH 146, 264 = NJW 2001, 1280 „Rangrücktritt".

566 Michalski/Heidinger, §§ 32a, 32b Rn. 354.

567 HandbuchKapErsR/Fleischer, Rn. 6.66; Michalski/Heidinger, §§ 32a, 32b Rn. 355.

nung des Insolvenzverfahrens über das Vermögen der Gesellschaft (vgl. § 14 Abs. 1 InsO).[568] Im Insolvenzverfahren gelten für die Ansprüche des Gesellschafters neben den §§ 30, 31 GmbHG außerdem die Beschränkungen, die sich aus § 32a Abs. 1 und 3 sowie § 32b GmbHG ergeben. Diese haben jedoch – abgesehen von der Beschränkung der Rechtsprechungsregeln auf den Stammkapitalschutz – kaum eigenständige Bedeutung.[569]

Sollte die Gesellschaft dem Gesellschafter im letzten Jahr vor dem Insolvenzantrag oder nach diesem bereits Regress geleistet haben, so ist diese Zahlung nach § 135 Nr. 2 InsO anfechtbar. Daneben besteht zumeist auch ein Rückerstattungsanspruch aus § 31 Abs. 1 GmbHG.[570]

Außerdem kommt auch eine Anfechtung nach § 135 Nr. 1 InsO in Betracht, wenn die Gesellschaft dem Gesellschafter für den (eigenkapitalersetzenden) *Regressanspruch* in den letzten 10 Jahren vor Insolvenzantrag eine *Sicherung aus dem Gesellschaftsvermögen* bestellt hat.[571] Dem kommt insoweit eine eigenständige Bedeutung zu, als sich aus dem Eigenkapitalersatzrecht an sich nur die Undurchsetzbarkeit eigenkapitalersetzender Leistungen ergibt, was sich nach dem Sinn und Zweck des Eigenkapitalersatzrechts aber nicht nur auf akzessorische, sondern auf alle Sicherheiten für derartige Ansprüche übertragen lässt.[572] Allerdings kann der Insolvenzverwalter die Geltendmachung von Sonderrechten an solchen Sicherheiten auch unabhängig von einer Anfechtung verweigern.[573] Aus § 135 Nr. 1 i.V.m. § 143 Abs. 1 InsO ergibt sich aber darüber hinaus auch ein Anspruch auf Rückgewähr bzw. Herausgabe der Sicherheit an die Gesellschaft.[574]

---

568 Scholz/Karsten Schmidt, §§ 32a, 32b Rn. 58, 166; Uhlenbruck, § 14 Rn. 15; vgl. noch zur KO Hachenburg/Ulmer, § 32a,b Rn. 146.

569 Vgl. Roth/Altmeppen, § 32b Rn. 4, 21, 24.

570 HandbuchKapErsR/Fleischer, Rn. 6.67; Michalski/Heidinger, §§ 32a, 32b Rn. 355.

571 Uhlenbruck/Hirte, § 135 Rn. 40; vgl. (noch zum alten Recht vor 1980) BGH NJW-RR 1990, 230, 232.

572 Vgl. Scholz/Karsten Schmidt, §§ 32a, 32b Rn. 60 m.w.N. zu den unterschiedlichen Begründungsansätzen.

573 Vgl. BGHZ 81, 252, 262 = NJW 1981, 2570, 2573; BGHZ 133, 298, 305 f. = NJW 1996, 3203, 3205; Scholz/Karsten Schmidt, §§ 32a, 32b Rn. 60; inswoeit auch Roth/Altmeppen, § 32a Rn. 101. Zudem bliebe auch nach Verstreichen der Anfechtungsfrist dem Insolvenzverwalter eine Einrede aus § 146 Abs. 2 InsO.

574 Vgl. Scholz/Karsten Schmidt, §§ 32a, 32b Rn. 72; krit. Roth/Altmeppen, § 32a Rn. 101 („überflüssig“).

§ 5 Die Freistellungspflicht des Gesellschafters als Konsequenz der Umqualifizierung eigenkapitalersetzender Gesellschaftersicherheiten

I. „Freistellungsanspruch" – „Befreiungsanspruch" im allgemeinen Zivilrecht

1. Begriff und Inhalt

Der Begriff Befreiungsanspruch bedeutet, dass sein Inhaber von dem Verpflichteten verlangen kann, ihn von einer Verbindlichkeit entweder gegenüber dem Befreiungsschuldner selbst oder gegenüber einem Dritten zu befreien.[575] Der Befreiungsanspruch definiert sich durch den Inhalt der Leistungspflicht, während die Entstehungsgründe bzw. Rechtsgrundlagen vielfältig sein können.[576] Terminologisch wird in der Literatur erwogen, den daneben existierenden Begriff des *Freistellungsanspruchs* nur für den arbeitsrechtlichen Freistellungsanspruch des Arbeitnehmers gegen den Arbeitsgeber[577] oder allgemeiner für *vertragliche* Befreiungsansprüche[578] zu verwenden. Sachlich zwingend ist diese Differenzierung freilich nicht.[579]

Der in § 257 BGB geregelte Befreiungsanspruch knüpft an einen Aufwendungsersatzanspruch z. B. des Beauftragten aus § 670 BGB an.[580] Solange der Beauftragte die auf ihm lastende Verbindlichkeit gegenüber einem Dritten noch nicht erfüllt hat, kann der Verpflichtete die Befreiung auf verschiedene Arten bewirken (z. B. nach §§ 267, 414, 397 BGB) und ist grundsätzlich nicht zur Zahlung eines entsprechenden Geldbetrages an den Gläubiger des Befreiungsanspruch verpflichtet.[581] Dies ergibt sich für § 257 BGB auch aus der Entstehungsgeschichte der Norm und beruht für andere Rechtsgrundlagen eines Befreiungsanspruchs auf seiner Natur als Herstellungsanspruch.[582] Die primär geschuldete Befreiung von einer Verbindlichkeit kann

575 Gerhardt, S. 2; vgl. BGHZ 91, 73, 76 f. = NJW 1984, 2151, 2152.

576 Gerhardt, S. 3 ff.; Soergel/Wolf, § 257 Rn. 2; Staudinger/Bittner, § 257 Rn. 22; weitere Beispielsfälle bei Bischof, ZIP 1984, 1444, 1452 f.

577 So Gerhardt, S. 2 f.; vgl. Staudinger/Bittner, § 257 Rn. 3.

578 Vgl. Staudinger/Bittner, § 257 Rn. 22.

579 So auch Gerhardt, S. 141: „Von der Rechtsfolge her rechtfertigt sich also keine begriffliche Unterscheidung zwischen Befreiungsanspruch und Freistellungsanspruch."

580 Gerhardt, S. 3; Soergel/Wolff, § 257 Rn. 1.

581 BGHZ 91, 73, 77 = NJW 1984, 2151, 2152; NJW 2000, 1643, 1644; Palandt/Heinrichs, § 257 Rn. 2; Soergel/Wolf, § 257 Rn. 5; vgl. zur Vollstreckung (nach § 887 ZPO) Wieser, „Befreiung" Rn. 10.

582 Eingehend Gerhardt, S. 9 f.

auf verschiedene Arten (Erfüllung gegenüber dem Dritten, befreiende Schuldübernahme etc.) erfüllt werden.[583] Davon zu trennen ist die Frage, inwieweit der Befreiungsschuldner faktisch gezwungen ist, an den Dritten zu zahlen (§ 267 BGB), weil sich der Drittgläubiger auf andere Arten der Erfüllung nicht einzulassen braucht.[584] Ausnahmsweise bejahte der BGH im Falle eines ausgeschiedenen BGB-Gesellschafters einen Anspruch gegen die verbliebenen Gesellschafter aus § 738 Abs. 1 Satz 2 BGB auf Zahlung an den Drittgläubiger, da unter den konkreten Umständen nicht davon auszugehen war, dass die Freistellung anders als durch direkte Zahlung an den Drittgläubiger erreicht werden könne.[585]

Die Konstellation eines Befreiungsanspruchs im Zwei-Personen-Verhältnis weist gewisse Besonderheiten auf, weil sich dort etwa der Befreiungsanspruch regelmäßig auf eine Pflicht zum Abschluss eines entsprechenden Erlassvertrages oder zum Verzicht verdichtet.[586] Insoweit fehlt es an einer Parallele zur eigenkapitalersetzenden Gesellschaftersicherheit, weil dabei drei Personen beteiligt sind, weshalb auf diese Konstellation hier nicht näher eingegangen werden soll.

Im Drei-Personen-Verhältnis ergibt sich ein unmittelbarer Zahlungsanspruch des Befreiungsgläubigers gegen den Befreiungsschuldner dann, wenn der Befreiungsgläubiger bereits an den Dritten geleistet hat.[587] Überwiegend wurde dasselbe auch dann angenommen, wenn die Inanspruchnahme durch den Dritten mit Sicherheit zu erwarten ist.[588] Für den Befreiungsanspruch

583 Vgl. BGHZ 91, 73, 76 f. = NJW 1984, 2151, 2152; MünchKommBGB/Krüger, § 257 Rn. 1, 4; Soergel/Wolf, § 257 Rn. 5; Staudinger/Bittner, § 257 Rn. 7.

584 Vgl. Staudinger/Bittner, § 257 Rn. 7.

585 BGH ZIP 2000, 716, 717 = EWiR 2001, 267 (Pfeiffer); zust. Pfeiffer, EWiR 2001, 267, 268; Staudinger/Bittner, § 257 Rn. 8.

586 Gerhardt, S. 11 mit dem Beispiel des Befreiungsvermächtnisses; abweichende Einordnung bei Wieser, „Befreiung" Rn. 1 (Anspruch auf „Rechtsentäußerung").

587 Vgl. RGZ 70, 257, 260 f. (Haftpflichtversicherung); Soergel/Wolf, § 257 Rn. 6; Staudinger/Bittner, § 257 Rn. 8; nur terminologisch abweichend Gerhardt, S. 34 f.; MünchKommBGB/Krüger, § 257 Rn. 5, die sich gegen den Begriff der Umwandlung des Befreiungs- in einen Zahlungsanspruch aussprechen. Ein sachlicher Unterschied besteht insoweit aber nicht, da allgemein von einer Identität des Anspruchs ausgegangen wird, der sich nur inhaltlich dem Vermögensnachteil des Befreiungsgläubigers anpasse; vgl. Gerhardt, S. 35; Soergel/Wolf, § 257 Rn. 6; Staudinger/Bittner, § 257 Rn. 8. Zur Darlegungs- und Beweislast vgl. Bischof, S. 1444, 1447.

588 RGZ 78, 26, 34; 143, 192, 194 (Zahlungsaufforderung an den selbst zahlungsunfähigen Bürgen genügt nicht); MünchKommBGB/Krüger, § 257 Rn. 5; Palandt/Heinrichs, § 257 Rn. 2; Soergel/Wolf, § 257 Rn. 6; Staudinger/Bittner, § 257 Rn. 8.

des Bürgen aus § 775 Abs. 1 Nr. 1 BGB hat der BGH allerdings in neuerer Zeit eine solche „vorzeitige Umwandlung" in einen Zahlungsanspruch (und folglich auch die Aufrechnung mit diesem) ausdrücklich abgelehnt und den Befreiungsschuldner auf den erst nach Leistung an den Drittgläubiger bestehenden Rückgriffsanspruch (§ 774 BGB) verwiesen.[589] Aus der jeweils maßgeblichen Anspruchsgrundlage kann sich ausnahmsweise auch ein Zahlungsanspruch in Form eines Vorschussanspruchs ergeben.[590]

In der *Insolvenz des Befreiungsgläubigers* wandelt sich der in die Insolvenzmasse fallende Befreiungsanspruch nach ganz herrschender Meinung in einen Zahlungsanspruch um.[591] Der Befreiungsschuldner muss dann den vollen Betrag in die Masse zahlen, während der Drittgläubiger auf seine Forderung nur die Quote erhält.[592] Eine Ausnahme normiert insoweit § 157 VVG, der in der Insolvenz des Versicherungsnehmers dem geschädigten Dritten ein Absonderungsrecht an der Entschädigungsleistung der Versicherung gewährt.[593] Wurde der Befreiungsanspruch zuvor bereits (anfechtungsfest) an den Drittgläubiger abgetreten, hat dieser einen insolvenzfreien Zahlungsanspruch gegen den Befreiungsschuldner und einen insolvenzbehafteten Primäranspruch gegen den Ersatzberechtigten (vgl. § 43 InsO).[594] Haftet der Befreiungsschuldner dem Drittgläubiger anderweitig (z.B. als Gesamtschuldner) unmittelbar auf Zahlung, so verwandelt sich der Befreiungsanspruch nicht in einen Zahlungsanspruch, um den Befreiungsschuldner nicht

589 BGHZ 140, 270, 273 ff. = NJW 1999, 1182, 1184; NJW 2000, 1643, 1644; zustimmend Staudinger/Gursky, § 387 Rn. 83.

590 Vgl. MünchKommBGB/Krüger, § 257 Rn. 6; Palandt/Heinrichs, § 257 Rn. 2; Soergel/Wolf, § 257 Rn. 6. Im Schadensersatzrecht kann sich ein Freistellungsanspruch nach § 250 BGB in einen Zahlungsanspruch – an den Geschädigten – umwandeln. Bei ernsthafter und endgültiger Erfüllungsverweigerung des Schädigers ist auch eine Fristsetzung entbehrlich (BGH NJW 2004, 1868 f.).

591 BGHZ 57, 78, 81 (nicht bei Freigabe durch den Verwalter); NJW 1994, 49, 50 f.; grundsätzlich auch OLG Hamburg NJW-RR 1995, 673, 674 = EWiR 1994, 371 (Gerhardt); Bischof, S. 1444, 1450; Gerhardt, S. 106, 110; ders., EWiR 1993, 1165 f.; Soergel/Wolf, § 257 Rn. 10 (alle noch zur KO); MünchKommBGB/Krüger, § 257 Rn. 10; Palandt/Heinrichs, § 257 Rn. 1; Staudinger/Bittner, § 257 Rn. 15; a.M. Staudinger/Gursky, § 387 Rn. 82.

592 BGH NJW 1994, 49, 50 f. = EWiR 1993, 1165 (Gerhardt); MünchKommBGB/Krüger, § 257 Rn. 10; Staudinger/Bittner, § 257 Rn. 15.

593 Vgl. BGH NJW 1994, 49, 51; Staudinger/Bittner, § 257 Rn. 15. Diese Regelung setzt voraus, dass zwischen dem Drittgläubiger und der Versicherung keine Rechtsbeziehungen bestehen; Gerhardt, S. 111 m.w.N.

594 MünchKommBGB/Krüger, § 257 Rn. 10; vgl. auch den Hinweis von BGH NJW 1994, 49, 51 auf § 68 KO.

dem (vom Insolvenzverfahren nicht bezweckten) Risiko einer doppelten Inanspruchnahme auszusetzen.[595]

In der *Insolvenz des Befreiungsschuldners* fällt der Befreiungsanspruch nach herrschender Meinung unter § 45 InsO.[596] Obwohl der Befreiungsanspruch auf diese Weise „zu Geld gemacht wird", ist er doch weiterhin auf das Erlöschen der Forderung des Dritten (durch Zahlung des Befreiungsschuldners) gerichtet. Er ist deshalb als Anspruch auf Zahlung an den Dritten in der Insolvenz des Befreiungsschuldners anzumelden und die Quote folglich an diesen unmittelbar auszuzahlen.[597] Haftet der Befreiungsschuldner dem Drittgläubiger auch unmittelbar z.B. als Gesamtschuldner, so kann der Befreiungsanspruch nicht neben dem Anspruch des Drittgläubigers angemeldet werden, weil es sich wirtschaftlich um dieselbe Forderung handelt, auf die nur eine Quote auszuschütten ist.[598]

2. Abtretbarkeit, Pfändbarkeit und Aufrechnungsmöglichkeit

Der Befreiungsanspruch ist nur an den zu befriedigenden Drittgläubiger – wegen einer nach § 399 BGB unzulässigen Inhaltsänderung aber nicht an sonstige Dritte[599] – abtretbar[600] und auch nur von diesem pfändbar.[601] Der

595 OLG Hamburg NJW-RR 1995, 673, 674 = EWiR 1994, 371 (Gerhardt); der Sache nach auch schon BGH NJW 1994, 49, 51 (alle noch zur KO); MünchKommBGB/Krüger, § 257 Rn. 10; MünchKommInsO/Lwowski/Bitter, § 44 Rn. 7; Palandt/Heinrichs, § 257 Rn. 1. Unklar ist, warum Gerhardt (EWiR 1994, 371, 372) diese Ausnahme nur für gerechtfertigt hält, wenn der unmittelbare Anspruch des Drittgläubigers gegen den Befreiungsschuldner „werthaltig" ist.

596 MünchKommInsO/Lwowski/Bitter, § 45 Rn. 8 m.w.N.; MünchKommBGB/Krüger, § 257 Rn. 11; Staudinger/Bittner, § 257 Rn. 16; zur entsprechenden Bestimmung des § 69 KO: Jaeger/Lent, 8. Aufl., § 69 Rn. 2; Karsten Schmidt, Insolvenzgesetze, § 69 KO Anm. 2; Soergel/Wolf, § 257 Rn. 10; a.M. Bischof, ZIP 1984, 1444, 1450 m.w.N.

597 MünchKommInsO/Lwowski/Bitter, § 45 Rn. 8 m.w.N.; wohl auch Uhlenbruck, § 45 Rn. 3; vgl. Jaeger/Henckel, 9. Aufl., § 3 Rn. 23 mit dem Hinweis, dass der Verwalter gleichwohl den Anspruch zum Erlöschen bringen kann, wenn er den Drittgläubiger zum Verzicht auf seine Forderung gegen den Befreiungsgläubiger bewegen kann; Karsten Schmidt, Insolvenzgesetze, § 3 KO Anm. 2d.

598 MünchKommInsO/Lwowski/Bitter, § 45 Rn. 8; vgl. auch Jaeger/Henckel, 9. Aufl., § 3 Rn. 23.

599 RGZ 80, 183, 184; BGHZ 41, 203, 205; Soergel/Wolf, § 257 Rn. 11; Staudinger/Bittner, § 257 Rn. 11 m.w.N.; nur in der Begründung differenzierend Gerhardt, S. 45 f.

600 RGZ 80, 183, 184; BGHZ 12, 136, 141; 71, 167, 170; Gerhardt, S. 63 ff.; MünchKommBGB/Krüger, § 257 Rn. 8; Soergel/Wolf, § 257 Rn. 11; Staudinger/Bittner, § 257 Rn. 11 m.w.N.

601 BGHZ 7, 244, 246; 41, 203, 205 f. (Ausnahme: Freistellungsanspruch des Arbeitnehmers); Gerhardt, S. 69 f., Soergel/Wolf, § 257 Rn. 11.

Befreiungsanspruch „wandelt" sich dann grundsätzlich in einen unmittelbaren Zahlungsanspruch des Drittgläubigers gegen den Befreiungsschuldner.[602] In diesem Falle ist auch eine *Aufrechnung* mit einer sonstigen Forderung des Befreiungsschuldners gegen den Drittgläubiger möglich.[603] Entsprechendes gilt, wenn der Freistellungsgläubiger selbst an den Drittgläubiger geleistet hat und danach mit seinem Erstattungsanspruch gegen einen anderen Zahlungsanspruch des Befreiungsschuldners aufrechnet.[604] In den übrigen Konstellationen scheitert eine Aufrechnung in der Regel an der fehlenden Gleichartigkeit oder Gegenseitigkeit der Ansprüche (vgl. § 387 BGB).[605] Unter Umständen kann die unzulässige Aufrechnungserklärung aber eine zulässige Geltendmachung eines Zurückbehaltungsrechts beinhalten, so dass nur Zug um Zug zu leisten ist (§ 273 Abs. 1 BGB).[606]

3. Anspruchsdurchsetzung

Die Leistungsklage des Befreiungsgläubigers lautet grundsätzlich nicht auf Zahlung, sondern nur auf Befreiung des Klägers von einer konkret zu bezeichnenden Verbindlichkeit gegenüber einem bestimmten Dritten (vgl. § 253 Abs. 2 Nr. 2 ZPO). Geldschulden müssen nach Grund und Höhe individualisiert werden.[607] Ist die Verbindlichkeit des Befreiungsgläubigers (noch) unbestimmt, so lässt die herrschende Meinung nur eine Feststellungsklage gemäß § 256 Abs. 1 ZPO z.B. auf Freistellung von künftigen Unterhalspflichten zu.[608]

Ist die Verbindlichkeit des Befreiungsgläubigers selbst noch nicht fällig, so kann doch der Befreiungsanspruch bereits fällig, klagbar und vollstreckbar

---

602 Bischof, ZIP 1984, 1444, 1448; Gerhardt, S. 68 ff.; MünchKommBGB/Krüger, § 257 Rn. 8; Palandt/Heinrichs, § 257 Rn. 1; Soergel/Wolf, § 257 Rn. 11; Staudinger/Bittner, § 257 Rn. 11; vgl. RGZ 158, 6, 12; BGHZ 7, 244, 246; 12, 136, 141; 71, 167, 170.

603 Bischof, ZIP 1984, 1444, 1448; Gerhardt, S. 79; Staudinger/Gursky, § 387 Rn. 84 f. m.w.N. – auch zu der Frage, inwieweit wegen § 406 BGB auch noch eine Aufrechnung gegenüber dem Drittgläubiger mit Ansprüchen gegen dem Befreiungsgläubiger möglich bleibt; so die h.M. BGHZ 12, 136, 144; Gerhardt, S. 82.

604 Vgl. Bischof, S. 1444, 1447.

605 Dazu eingehend Gerhardt, S. 72 ff.; Staudinger/Bittner, § 257 Rn. 9 m.w.N. (str.).

606 BGH ZIP 1983, 1087, 1088; MünchKommBGB/Krüger, § 257 Rn. 17; Staudinger/Bittner, § 257 Rn. 18; vgl. auch BGH NJW 1981, 1666, 1668; BGHZ 91, 73, 76 = NJW 1984, 2151, 2152.

607 BGH NJW 1996, 2725, 2726; OLG Naumburg InVo 2004, 201; Gerhardt, S. 13; MünchKommBGB/Krüger, § 257 Rn. 17; Soergel/Wolf, § 257 Rn. 8; Staudinger/Bittner, § 257 Rn. 13; Wieser, „Befreiung" Rn. 3; Zöller/Greger, § 253 Rn. 13c.

608 BGH NJW 1980, 1450 (insoweit nicht in BGHZ 76, 249, 250 abgedruckt); NJW 1996, 2725, 2726; MünchKommZPO/Lüke, § 253 Rn. 146; Wieser, „Befreiung" Rn. 4; teilweise a.M. Bischof, ZIP 1984, 1444, 1449 ff. m.w.N.

sein.[609] Für den Befreiungsanspruch aus § 257 BGB wird dessen sofortige Fälligkeit in Satz 2 – auch bei erst künftiger Fälligkeit der Drittforderung – vorausgesetzt.[610] Solange die Verbindlichkeit des Befreiungsgläubigers noch nicht fällig ist, gewährt § 257 Satz 2 BGB dem Befreiungsschuldner eine vorübergehende Abwendungsbefugnis durch Sicherheitsleistung.[611] Diese Befugnis bringt deshalb auch den Befreiungsanspruch nicht zum Erlöschen, sondern wendet nur den Zugriff des Befreiungsgläubigers vorläufig ab.[612] Ist die Hauptverbindlichkeit des Befreiungsgläubigers fällig, so kann der Befreiungsschuldner ihn wegen seines Befreiungsanspruchs nicht länger auf eine etwaige (bereits erbrachte) Sicherheitsleistung verweisen.[613]

Die Literatur tendiert zu einer weitgehenden analogen Anwendung des § 257 Satz 2 BGB auf andere Befreiungsansprüche.[614] Der BGH hat dies in seiner Entscheidung vom 11.4.1984 für gesetzliche Befreiungsansprüche offen gelassen und für Fälligkeit vertraglicher Ansprüche primär auf die Auslegung der Vereinbarung abgestellt.[615] Aus der Interessenlage könne sich insbesondere eine spätere Fälligkeit des Befreiungsanspruchs ergeben oder ansonsten die sofortige Fälligkeit nach § 271 Abs. 1 BGB.[616] Beim Anspruch auf Befreiung von einer noch nicht fälligen Verbindlichkeit ist die Befugnis zur Sicherheitsleistung im Prozess und im Vollstreckungsverfahren zu berücksichtigen.[617]

609 Wieser, „Befreiung“ Rn. 5; vgl. BGHZ 91, 73, 77 ff. = NJW 1984, 2151, 2152 f.; Gerhardt, S. 22.

610 BGHZ 91, 73, 77 f. = NJW 1984, 2151, 2152 f. (ebenso für §§ 738 Abs. 1 Satz 3 und 775 Abs. 2 BGB); Staudinger/Bittner, § 257 Rn. 19.

611 Gerhardt, S. 22, 25 ff.

612 MünchKommBGB/Krüger, § 257 Rn. 14; Staudinger/Bittner, § 257 Rn. 19. Von einer „facultas alternativa“ sollte mangels Erlöschen des Anspruchs deshalb besser nicht gesprochen werden; Gerhardt, S. 21.

613 Gerhardt, S. 19 f.; MünchKommBGB/Krüger, § 257 Rn. 14; Staudinger/Bittner, § 257 Rn. 19; vgl. zu § 775 BGB auch RGZ 59, 10, 13.

614 Vgl. Gerhardt, S. 22; MünchKommBGB/Krüger, § 257 Rn. 16; Palandt/Heinrichs, § 257 Rn. 3; Soergel/Wolf, § 257 Rn. 2; Staudinger/Bittner, § 257 Rn. 24 (vorbehaltlich anderer gesetzlicher oder vertraglicher Regelungen).

615 BGHZ 91, 73, 78 ff. = NJW 1984, 2151, 2153 f.

616 BGHZ 91, 73, 79 ff. = NJW 1984, 2151, 2153 f.; im Ergebnis ebenso Staudinger/Bittner, § 257 Rn. 25; vgl. auch Soergel/Wolf, § 257 Rn. 7: „Die sofortige Fälligkeit ist im Zweifel für alle gesetzlichen Befreiungsansprüche anzunehmen, nicht jedoch bei vertraglichen, bei denen die Vertragsauslegung entscheidet.“

617 Gerhardt, S. 25; Wieser, § 257 Rn. 3 ff.

Um nicht eine teilweise Klageabweisung zu riskieren, wird der Befreiungsgläubiger die Abwendungsbefugnis bereits in seinen Antrag aufnehmen, z.B.:[618]

> „Der Beklagte wird verurteilt, den Kläger von seiner Verbindlichkeit gegenüber ... (Drittgläubiger) aus dem Vertrag vom ... in Höhe von ... Euro zu befreien. Bis zur Fälligkeit dieser Verbindlichkeit am ... kann der Beklagte die Vollstreckung durch Sicherheitsleistung abwenden."

Vorsorglich empfiehlt sich die Geltendmachung des Vorbehalts durch Widerklage. Hat der Beklagte bereits Sicherheit geleistet, so wird er zwar zur Befreiung verurteilt, dies aber mit dem Zusatz: „Bis zur Fälligkeit dieser Verbindlichkeit am ... ist die Zwangsvollstreckung unzulässig."[619]

Nach heute ganz herrschender Meinung erfolgt die Zwangsvollstreckung eines Befreiungsanspruchs nach § 887 ZPO (vertretbare Handlung).[620] Auch nach einer Anordnung auf Vorschusszahlung nach § 887 Abs. 2 ZPO an den Vollstreckungsgläubiger kann der Befreiungsschuldner noch eine andere Form der Ablösung bewirken.[621] Ferner soll der Befreiungsschuldner auch nach einer Anordnung zur Sicherheitsleistung gemäß § 887 Abs. 1 ZPO noch eine andere Form der Sicherheitsleistung erbringen können.[622] Wird die vorbehaltene Sicherheitsleistung im Vollstreckungsverfahren durch öffentliche Urkunde nachgewiesen, so ist die Zwangsvollstreckung einzustellen (§§ 775, 776 ZPO).[623] Sobald der Vollstreckungsgläubiger die Fälligkeit der ihn belastenden Verbindlichkeit nachweist, ist die Vollstreckung fortzusetzen.

---

618 Wieser, § 257 Rn. 3 (von Amts wegen zu berücksichtigen); zu den Konsequenzen eines fehlenden Vorbehalts im Urteil vgl. Gerhardt, S. 25 ff.; a.M. Wieser, § 257 Rn. 5 (§ 767 Abs. 2 ZPO analog).

619 Wieser, § 257 Rn. 3 (str.; a.M. Bischof, ZIP 1984, 14444, 1448 f., 1450 m.w.N.: Klageabweisung). Hier muss er die erfolgte Sicherheitsleistung aber wegen § 767 Abs. 2 ZPO im Erkenntnisverfahren geltend machen; vgl. Gerhardt, S. 27.

620 RGZ 150, 77, 80; BGHZ 25, 1, 7; NJW 1957, 497 m. Anm. Lange ebd.; KG MDR 1970, 1018; Gerhardt, S. 15; MünchKommBGB/Krüger, § 257 Rn. 17; Palandt/Heinrichs, § 257 Rn. 3; Soergel/Wolf, § 257 Rn. 8; Staudinger/Bittner, § 257 Rn. 13; Zöller/Stöber, § 887 Rn. 3 „Befreiung"; vgl. auch Bischof, ZIP 1984, 1444, 1445 m.w.N. zur älteren Gegenansicht in Fn. 13.

621 RGZ 104, 15, 17; KG MDR 1970, 1018, 1019; Bischof, ZIP 1984, 1444, 1450; Gerhardt, S. 15; Staudinger/Bittner, § 257 Rn. 13.

622 Bischof, ZIP 1984, 1444, 1450; Staudinger/Bittner, § 257 Rn. 13; krit. gegenüber einer Verpflichtung des Befreiungsschuldners zur Sicherheitsleistung Wieser, „Befreiung" Rn. 13.

623 Bischoff, ZIP 1984, 1444, 1450; Gerhardt, S. 28; Wieser, § 257 Rn. 4 (mit Divergenzen hinsichtlich der einschlägigen Alternativen der §§ 775, 776 ZPO).

Dies ist unproblematisch, wenn sich die Fälligkeit bereits aus dem Titel ergibt.[624]

Für die *Verjährungsfrist* ist auf das jeweilige Rechtsverhältnis abzustellen, dem der Befreiungsanspruch entspringt.[625] Für den Anspruch aus § 257 Satz 1 BGB gilt somit mangels anderweitiger Bestimmungen die dreijährige Regelverjährung des neuen § 195 BGB.[626] Wandelt sich der Befreiungsanspruch durch Zahlung des Befreiungsgläubigers an den Drittgläubiger in einen Aufwendungsersatzanspruch, so soll für diesen erst ab dem Zeitpunkt der Zahlung die Verjährung beginnen.[627]

II. Die Begründungsansätze für den Freistellungsanspruch der Gesellschaft aufgrund eigenkapitalersetzender Gesellschaftersicherheit

1. Der eigenkapitalersatzrechtliche Freistellungsanspruch in der Rechtsprechung des BGH

Die wohl erste indirekte Erwähnung der Freistellungspflicht des Gesellschafters aufgrund eigenkapitalersetzender Besicherung findet sich in dem BGH-Urteil vom 14.10.1985, in dem sich der BGH gegen den Übergang dinglicher Sicherheiten des Gesellschafters zur Sicherung von Erstattungsansprüchen der Gesellschaft (§§ 31 und 32b GmbHG) nach Verwertung von Gesellschaftssicherheiten aussprach.[628] Dadurch sei die gesicherte Forderung erloschen und folglich die Sicherheit des Gesellschafters frei geworden. Der BGH argumentierte weiter:[629]

> „Daran ändert auch die Tatsache nichts, daß die Gesellschafterin der GmbH während des Konkurses analog § 32b (nach den Rechtsprechungsgrundsätzen des Senats auch schon vor Konkurseröffnung) verpflichtet war, die Darlehensverpflichtung anstelle der GmbH zu tilgen.“

---

624 Gerhardt, S. 30 f.; Wieser, § 257 Rn. 4.

625 Bischof, ZIP 1984, 1444, 1447.

626 MünchKommBGB/Krüger, § 257 Rn. 12; Staudinger/Bittner, § 257 Rn. 20; vgl. noch zum alten Recht BGH NJW 1983, 1729; zur Unterbrechung der Verjährung Soergel/Wolf, § 257 Rn. 8; BGH NJW 1985, 1152. Nach § 204 Nr. 1 BGB n.F. (Schuldrechtsmodernisierung) führt die Erhebung einer Klage nur noch zur Hemmung der Verjährung.

627 Bischof, ZIP 1984, 1444, 1447; BGH NJW 1983, 1729.

628 BGH NJW 1986, 429 = ZIP 1986, 30 = EWiR 1986, 67 (Karsten Schmidt).

629 BGH NJW 1986, 429, 430 = ZIP 1986, 30, 31.

Der BGH sprach im Folgenden auch von einer „im Innenverhältnis von Hauptschuldner und Bürgen[630] primären Schuld des letzteren“, ohne dabei den Inhalt der Verpflichtung des Gesellschafters gegenüber seiner Gesellschaft näher zu definieren. Es sei durch die Tilgung der Hauptverbindlichkeit allerdings keine Verbindlichkeit auf die Gesellschaft übergegangen, sondern bei dieser ein Erstattungsanspruch aus §§ 31 und 32b GmbHG entstanden, als durch das Freiwerden der Gesellschaftersicherheiten auf Kosten der Gesellschaft das Darlehen mittelbar auch an die Gesellschafterin zurückfloss.[631]

Der BGH formulierte hier also für Rechtsprechungs- und Novellenregeln gleichermaßen eine „primäre“ Verpflichtung des Gesellschafters, die Schulden der GmbH gegenüber einem Drittgläubiger zu tilgen. Auch wenn er zum Anspruchsinhalt nicht näher Stellung zu nehmen brauchte, konnte mit der Formulierung letztlich nur ein Befreiungs- bzw. Freistellungsanspruch gemeint sein.

Dies belegt insbesondere der Verweis auf diese Entscheidung in den Urteilsgründen des „Freistellungs-Urteils“ des BGH vom 9.12.1991, in dem es eigentlich nicht um den Inhalt des Freistellungsanspruchs der Gesellschaft, sondern um die Pflicht des Geschäftsführers zur Geltendmachung desselben ging.[632] Dieser hatte in einer „Doppelbesicherungs-Konstellation“ die Verwertung der Gesellschaftssicherheit durch den Gläubiger zugelassen. Darin allein liege noch keine Pflichtwidrigkeit, weil nach der Rechtsprechung des BGH der Gläubiger selbst in der Insolvenz der Gesellschaft nach seiner Wahl auch vorrangig auf die Sicherheiten der Gesellschaft zugreifen könne.[633] Die Verwertung der Gesellschaftssicherheit führe zu einem Erstattungsanspruch gegen den bürgenden Gesellschafter. Danach nahm der BGH zur Freistellungspflicht des Gesellschafters Stellung:[634]

---

630 Der Gesellschafter hatte sich in casu für Gesellschaftsschulden verbürgt und diese Verpflichtung wiederum durch Grundpfandrechte und die Abtretung von Ansprüchen aus einer Lebensversicherung abgesichert. Die Sicherheiten der GmbH wurden voll verwertet, während nach Verwertung zweier Grundstücke des Gesellschafters ein Überschuss verblieb, um den sich der Gesellschafter (bzw. dessen Rechtsnachfolger/Zessionar) und der Konkursverwalter der GmbH stritten.

631 BGH NJW 1986, 429, 430 = ZIP 1986, 30, 31.

632 BGH NJW 1992, 1166 = ZIP 1992, 108 = EWiR 1992, 277 (Hunecke) = LM § 30 GmbHG Nr. 34 m. Anm. G.H. Roth; zustimmend OLG Hamm NZG 1999, 1163, 1165.

633 Vgl. BGH NJW 1992, 1166 = ZIP 1992, 108 f. unter Hinweis auf die Entscheidung BGH NJW 1985, 858 = ZIP 1985, 158 = EWiR 1985, 105 Kübler.

634 BGH NJW 1992, 1166 = ZIP 1992, 108, 109.

> „Darüber hinaus waren die Gesellschafter, worauf die Revisionserwiderung zutreffend hinweist, der Gesellschaft gegenüber schon vorher verpflichtet, sie von der Rückzahlungsforderung der Kreissparkasse bei deren Fälligkeit freizustellen (Senat, NJW 1986, 429 …). Der Bekl. zu 2 war seinerseits als Geschäftsführer grundsätzlich gehalten, diesen Freistellungsanspruch rechtzeitig gegen die Gesellschafter geltend zu machen, damit das Gesellschaftsvermögen geschont wurde."

Es war vermutlich allein die Verwendung des Wortes „freizustellen" (anstatt „zu befreien"), die in der Folge dazu führte, dass sich in der Literatur, die diese Entscheidung durchgängig als Hauptfundstelle zitiert, der Begriff des „Freistellungsanspruchs" für die Pflicht des Gesellschafters, die Gesellschaft von einer Verbindlichkeit gegenüber einem Drittgläubiger zu befreien, durchgesetzt hat.[635] Da die Terminologie insoweit, wie bereits dargelegt (§ 5 I 1), ohnehin nicht sachlich zwingend ist, soll dieser Begriff auch im Folgenden weiter verwendet werden. Damit sollen freilich keine Unterschiede oder Gemeinsamkeiten zu dem zuvor erläuterten Begriff des Befreiungsanspruchs im allgemeinen Zivilrecht präjudiziert werden.

Die Freistellungspflicht des Gesellschafters war auch wesentliches Element der Argumentation des BGH-Urteils vom 2.6.1997, mit dem der BGH die Erstattungspflicht der Gesellschafter trotz zwischenzeitlicher Sicherheitenfreigabe durch den Gläubiger begründete.[636] Die Rückzahlung des Darlehens durch die Gesellschaft führe dann zwar an sich nicht mehr zu einer Befreiung der Gesellschafter; durch die Umqualifizierung ihrer Sicherheiten bestehe aber eine (fortdauernde) Freistellungspflicht gegenüber der Gesellschaft:[637]

> „Da ihre Bürgschaften eigenkapitalersetzenden Charakter hatten, waren sie gehalten, die Gemeinschuldnerin von der Verpflichtung zur Darlehensrückzahlung freizustellen (…) Die kreditgebende Bank konnte zwar auf

---

635 Vgl. Hunecke, EWiR 1992, 277, 278; Baumbach/Hueck/Zöllner, § 43 Rn. 20; Goette, § 4 Rn. 128, 135; HandbuchKapErsR/Fleischer, Rn. 6.46; Hommelhoff/Goette/Kleindiek, Rn. 149; Lutter/Hommelhoff, §§ 32a,b Rn. 130; Michalski/Heidinger, § 32a, 32b Rn. 344; Rowedder/Schmidt-Leithoff/Pentz, § 32a Rn. 182; Scholz/Karsten Schmidt, §§ 32a, 32b Rn. 165; ders., ZIP 1999, 1821, 1823 ff.; abweichend bzw. wechselnd in der Terminologie: G.H. Roth, LM § 30 GmbHG Nr. 34; Roth/Altmeppen, § 32a Rn. 140 („Befreiungsanspruch"). Vor dem BGH-Urteil verwendete bereits Fastrich (NJW 1983, 260, 263) den Begriff „Freistellungsanspruch" in diesem Zusammenhang.

636 BGH NJW 1997, 3171 = ZIP 1997, 1648 = EWiR 1997, 893 (Pape).

637 BGH NJW 1997, 3171, 3172 = ZIP 1997, 1648, 1650 f.

ihre Rechte aus den Bürgschaften verzichten, die Beklagten jedoch nicht aus der Verantwortung entlassen, die sie mit ihren eigenkapitalersetzenden Leistungen übernommen hatten. Der Erstattungsanspruch, den die Gemeinschuldnerin mit der Tilgung des Darlehens erlangte, beruht auf §§ 32a, 32b und den nach der Senatsrechtsprechung analog anzuwendenden §§ 30, 31 GmbHG, aber nicht auf dem Übergang der Bürgschaftsforderung, die durch die Tilgung der Hauptschuld ohnehin erloschen wäre."

Missverständlich ist allerdings die Begründung mit dem fehlenden Forderungsübergang auf die Gesellschaft, denn dieser erfolgt weder mit noch ohne Freigabe der Gesellschaftersicherheit. Entscheidend ist vielmehr die einmal entstandene eigenkapitalersetzende Bindung, die als Freistellungspflicht gegenüber der Gesellschaft vom Fortbestand der Bürgenhaftung unabhängig sein kann und zur Vermeidung einer simplen Umgehung des Eigenkapitalersatzrechts insoweit unabhängig sein muss.

Zutreffend weist aber auch der BGH darauf hin, dass es für den Inhalt und den Umfang der Haftung weiterhin auch auf die ursprüngliche Sicherungsabrede zwischen dem Gesellschafter und dem Drittgläubiger ankommt.[638] Denn wo der Gesellschafter seine Haftung betragsmäßig beschränkt hatte oder für verschiedene Verbindlichkeiten haftete, begrenzt dieses *von Anfang an* auch die etwaige Bindung als kapitalersetzende Finanzierungshilfe.

2. Begründung des eigenkapitalersatzrechtlichen Freistellungsanspruchs in der Literatur

In der Literatur wurde die Rechtsprechung zum Freistellungsanspruch im Grundsatz allgemein übernommen.[639] Unterschiede bestehen eher in der Begründung bzw. Herleitung aus dem Regelungszusammenhang des Eigenkapitalersatzrechts.

Überwiegend wird der Freistellungsanspruch aus einer entsprechenden Anwendung von § 30 Abs. 1 GmbHG hergeleitet. Ziel der Freistellungspflicht sei der Vermögens- bzw. Kapitalschutz sowie ergänzend die Schonung der

638 BGH NJW 1997, 3171, 3172 = ZIP 1997, 1648, 1650.

639 Vgl. Baumbach/Hueck/Fastrich, § 32a Rn. 77; Beck'schesHdB-GmbH/Jung, § 8 Rn. 287; Goette, § 8 Rn. 209; HandbuchKapErsR/Fleischer, Rn. 6.46 ff.; Lutter/Hommelhoff, §§ 32a,b Rn. 130; Michalski/Heidinger, §§ 32a, 32b Rn. 344; G.H. Roth, LM § 30 GmbHG Nr. 34; Roth/Altmeppen, § 32a Rn. 140; Rowedder/Schmidt-Leithoff/Pentz, § 32a Rn. 182 ff.; Scholz/Karsten Schmidt, §§ 32a, 32b Rn. 165; ders., ZIP 1999, 1821, 1823 ff.

Liquidität der Gesellschaft.[640] Die Herleitung aus § 30 GmbHG beruht darauf, das eine Kreditrückzahlung an den Drittgläubiger selbst zwar noch kein Verstoß gegen die Kapitalschutz- bzw. Eigenkapitalersatzbestimmungen ist, aber im Verhältnis zum Gesellschafter – der dabei regelmäßig aus seinen Verpflichtungen als Sicherungsgeber auf Kosten der Gesellschaft befreit wird – eine verbotene „Rückzahlung" darstellt. Da man aber die Auszahlungssperre des § 30 GmbHG dem Drittgläubiger nicht entgegenhalten kann, könnten im Bereich eigenkapitalersetzender Gesellschaftersicherheiten die Schutzzwecke des Eigenkapitalersatzrechts immer nur „nachträglich" über die rein schuldrechtliche Erstattungspflicht des Gesellschafters realisiert werden (§ 31 Abs. 1 GmbHG). Beim „normalen" Gesellschafterdarlehen kann die Gesellschaft bzw. muss deren Geschäftsführer eine Rückzahlung im Falle der Beeinträchtigung des Stammkapitals nach § 30 Abs. 1 GmbHG verweigern. Mit dem Freistellungsanspruch versucht man einen – der „präventiven" Auszahlungssperre des § 30 Abs. 1 GmbHG – gleichwertigen Schutz der Gesellschaft im Verhältnis zu dem das Drittdarlehen sichernden Gesellschafter herzustellen: Er hat die Gesellschaft von Ansprüchen des Drittgläubigers freizustellen, sofern er im Falle einer Rückzahlung durch die Gesellschaft dieser gegenüber erstattungspflichtig wäre.[641]

Ein derart aus den Rechtsprechungsregeln abgeleiteter Freistellungsanspruch besteht auch außerhalb eines Insolvenzverfahrens und unterliegt inhaltlich denselben Beschränkungen hinsichtlich des Stammkapitalschutzes. Die Freistellungspflicht ist also auf den zum Erhalt des Stammkapitals erforderlichen Betrag begrenzt.[642] Daraus folgt, dass der Gesellschafter (insbesondere außerhalb eines Insolvenzverfahrens[643]) nur insoweit zur Freistellung verpflichtet sein kann, wie er bei Rückzahlung des Darlehens durch die Gesellschaft nach § 31 Abs. 1 GmbHG zur Erstattung verpflichtet wäre.[644]

---

640 HandbuchKapErsR/Fleischer, Rn. 6.46; Hunecke, EWiR 1992, 277, 278; Roth/Altmeppen, § 32a Rn. 140; Scholz/Karsten Schmidt, §§ 32a, 32b Rn. 165; vgl. auch Lutter/Hommelhoff, §§ 32a,b Rn. 130; Rowedder/Schmidt-Leithoff/Pentz, § 32a Rn. 223.

641 So etwa G.H. Roth, LM § 30 GmbHG Nr. 34; vgl. auch HandbuchKapErsR/Fleischer, Rn. 6.46; Hunecke, EWiR 1992, 277 f.; Karsten Schmidt, ZIP 1999, 1821, 1823.

642 Beck'schesHdB-GmbH/Jung, § 8 Rn. 287, 292; Lutter/Hommelhoff, §§ 32a,b Rn. 130; Michalski/Heidinger, §§ 32a, 32b Rn. 344; vgl. Roth, LM § 30 GmbHG Nr. 34; Karsten Schmidt, ZIP 1999, 1821, 1825.

643 Im Insolvenzverfahren gilt entsprechendes, soweit z.B. wegen Überschreitung der Jahresfrist in § 32b Satz 1 GmbHG nur noch Ansprüche nach den Rechtsprechungsregeln in Betracht kommen.

644 Roth, LM § 30 GmbHG Nr. 34; vgl. Beck'schesHdB-GmbH/Jung, § 8 Rn. 287, 292; Lutter/Hommelhoff, §§ 32a,b Rn. 130; Michalski/Heidinger, §§ 32a, 32b Rn. 344.

Daneben begründet die ganz überwiegende Literatur – auch insoweit der Rechtsprechung folgend[645] – den Freistellungsanspruch der Gesellschaft auch im Kontext der Novellenregeln.[646] Das hat insoweit (eher theoretische) Bedeutung, als bei diesen erst im Insolvenzverfahren entstehenden Ansprüchen keine Beschränkung auf die Stammkapitalziffer existiert. Der gesamte gesicherte Kredit wäre bei Tilgung durch die Gesellschaft bis zur Höhe bzw. zum Wert der Gesellschaftersicherheit nach § 32b GmbHG zu erstatten; also besteht dann auch die Freistellungspflicht in diesem Umfang.

III. Die eigenkapitalersatzrechtliche Bindung der Gesellschafterleistung als gemeinsamer Rechtfertigungsgrund für Rückzahlungsverbot, Freistellungs- und Erstattungsansprüche

1. Tragfähigkeit der Begründung des Freistellungsanspruchs nach § 30 GmbHG

Zuzustimmen ist im Grundsatz der Begründung mit einer entsprechenden Anwendung des § 30 GmbHG als Rechtfertigung für einen Freistellungsanspruch der Gesellschaft. Ist die Besicherung eines Drittdarlehens gegenüber einem unmittelbaren Gesellschafterdarlehen eigenkapitalersatzrechtlich gleich zu bewerten,[647] so besteht auch ein praktisches Bedürfnis dafür, der Unanwendbarkeit des „präventiven" § 30 GmbHG gegenüber dem gesellschaftsfremden Darlehensgeber durch einen Freistellungsanspruch gegenüber dem Gesellschafter zu begegnen, dessen näherer Inhalt sich an den allgemeinen Grundsätzen des Eigenkapitalersatzrechts zu orientieren hat.[648]

---

645 BGH NJW 1986, 429, 430 = ZIP 1986, 30, 31 („analog § 32b GmbHG").

646 Fastrich, NJW 1983, 260, 263 (§ 32b GmbHG); Roth/Altmeppen, § 32a Rn. 140; Rowedder/Schmidt-Leithoff/Pentz, § 32a Rn. 182 (§ 32a Abs. 2 GmbHG); Scholz/Karsten Schmidt, §§ 32a, 32b Rn. 165; ders., ZIP 1999, 1821, 1823 (materielles Zurechnungsverhältnis aufgrund § 32a GmbHG); wohl auch Roth, LM § 30 GmbHG Nr. 34; Beck'schesHdB-GmbH/Jung, § 8 Rn. 287; nur im Zusammenhang mit § 30 GmbHG erwähnen den Freistellungsanspruch HandbuchKapErsR/Fleischer, Rn. 6.46; Lutter/Hommelhoff, §§ 32a,b Rn. 130.

647 Vgl. nur BGHZ 67, 171, 182 = NJW 1977, 104, 106 = LM § 30 GmbHG Nr. 6 (Fleck); BGHZ 81, 252, 255 = NJW 1981, 2570, 2571.

648 Zur Begrenzung im Hinblick auf die Stammkapitalziffer vgl. Beck'schesHdB-GmbH/Jung, § 8 Rn. 287; Lutter/Hommelhoff, §§ 32a,b Rn. 130; Michalski/Heidinger, §§ 32a, 32b Rn. 344; Karsten Schmidt, ZIP 1999, 1821, 1823 f.

2. Übertragbarkeit auf die Novellenregeln (§§ 32a Abs. 2, 32b GmbHG)

Die Hypothese eines Freistellungsanspruchs auf der Grundlage der Novellenregeln erscheint dagegen auf den ersten Blick zumindest angreifbar. Da § 32b GmbHG, der den Erstattungsanspruch gegen den sichernden Gesellschafter regelt, rechtstechnisch eigentlich ein „versehentlich" im GmbHG normierter Insolvenzanfechtungstatbestand ist,[649] so könnte dieses eher gegen einen „präventiven" Freistellungsanspruch sprechen. Denn für das Insolvenzanfechtungsrecht wäre es eigentlich eher typisch, sich allein auf die *nachträgliche* Korrektur von Vermögensverschiebungen zum Nachteil der Gesellschaft bzw. ihrer Gläubiger zu beschränken. Dem kann allerdings bereits durch den Hinweis auf § 32a Abs. 2 GmbHG begegnet werden. Dessen Regelungsgehalt zielt – unabhängig von seiner umstrittenen Reichweite gegenüber dem Drittgläubiger (Stichwort: Doppelbesicherung) – eindeutig auf eine vorrangige Inanspruchnahme des Gesellschafters, die insoweit reflexiv zu einer Schonung des Gesellschaftsvermögens führt.[650]

Schließlich kann die Gesellschaft im Insolvenzanfechtungsrecht die Erfüllung einer anfechtbaren Verbindlichkeit (auch noch nach etwaiger Verjährung des Anfechtungsrechts, vgl. § 146 Abs. 2 InsO) verweigern. Dies entspricht der Wirkung des § 30 Abs. 1 GmbHG nach den Rechtsprechungsregeln. Und auch hier besteht wieder die Parallele, dass sich eine Anfechtbarkeit nach den Novellenregeln – ebenso wie das Verbot des § 30 Abs. 1 GmbHG – nicht gegen den Drittgläubiger wendet.[651] Das Recht zur Verweigerung anfechtbarer Leistungen wäre also im Verhältnis zum Gesellschafter ebenfalls „lückenhaft", wenn man die Befriedigung des gesellschaftsfremden Gläubigers nicht verhindern kann. Nach dessen Befriedigung bliebe der Gesellschaft wiederum nur der nachträgliche Erstattungsanspruch aus § 32b Satz 1 GmbHG.

Die „präventive Schutzwirkung" eines Freistellungsanspruchs könnte aber deshalb entbehrlich sein, weil § 32a Abs. 2 GmbHG bereits eine vorrangige Inanspruchnahme des Gesellschafters – wenn auch durch den Drittgläubiger – bewirkt. Dieses ist allerdings auf der Basis der herrschenden Rechtsprechung zum Wahlrecht des Gläubigers im Falle der Doppelbesicherung gera-

649 Scholz/Karsten Schmidt, §§ 32a, 32b Rn. 167; ders. ZIP 1999, 1821, 1822.

650 Scholz/Karsten Schmidt, §§ 32a, 32b Rn. 163. Zu dieser Wirkung (Liquiditätsschutz) des eigenkapitalersatzrechtlichen Freistellungsanspruchs auch MünchKommInsO/Stodolkowitz, § 135 Rn. 91; Scholz/Karsten Schmidt, §§ 32a, 32b Rn. 165; zum Eigenkapitalersatz- und Konzernrecht vgl. Rümker, ZGR 1988, 494, 499.

651 Vgl. Scholz/Karsten Schmidt, §§ 32a, 32b Rn. 164, 167.

de nicht ausreichend der Fall, weshalb der BGH und die ihm folgende Literatur darauf angewiesen sind, die Gesellschaft auf die rechtzeitige Geltendmachung des Freistellungsanspruchs zu verweisen.[652]

Wendet man § 32a Abs. 2 GmbHG dagegen auch auf Doppelbesicherungsfälle an, so würde dadurch die präventive Schutzwirkung eines Freistellungsanspruchs im Insolvenzverfahren weitgehend entbehrlich. Er behält freilich seine rechtliche Bedeutung dort, wo er beispielsweise dazu dient, Hindernisse bei der Anspruchsdurchsetzung im Sicherungsverhältnis zwischen Kreditgeber und Gesellschafter zu überwinden (Subsidiaritätsabreden[653], Sicherheitenfreigabe[654]).

Somit lässt sich auch nach den Novellenregeln ein Freistellungsanspruch der Gesellschaft mit der im Gesetz zum Ausdruck kommenden Zielsetzung einer vorrangigen Inanspruchnahme des Gesellschafters grundsätzlich rechtfertigen.

3. Begründung des Freistellungsanspruchs der Gesellschaft aus den Grundsätzen des Eigenkapitalersatzrechts und des allgemeinen zivilrechtlichen Befreiungsanspruchs

Die bisherigen Überlegungen zu den verschiedenen Begründungsansätzen für den Freistellungsanspruch der Gesellschaft betrafen überwiegend die „Abwicklung“ auf der Rechtsfolgenseite. Dort sollte durch den Freistellungsanspruch das gegenüber dem Drittgläubiger unwirksame Rückgewährverbot für kapitalersetzende Leistungen effektiver werden. So richtig diese Überlegungen – als ergänzende Erwägungen – alle sind, so soll doch im Folgenden dargelegt werden, dass sich die Freistellungspflicht des Gesellschafters im Kern aus allgemeinen Grundsätzen des Rechtes der eigenkapitalersetzenden Gesellschaftersicherheiten herleiten lässt. Dabei wird an Aussagen der Rechtsprechung des BGH wie an Vorarbeiten in der Literatur[655] angeknüpft. Die dabei gewonnenen Ergebnisse werden sich auch als kompatibel mit wesentlichen Grundgedanken des zivilrechtlichen Befreiungsanspruchs, wie sie etwa zu § 257 BGB entwickelt wurden, erweisen.

---

652 Vgl. BGH NJW 1985, 858 f. = ZIP 1985, 158 f.; NJW 1992, 1166 = ZIP 1992, 108 f.; HandbuchKapErsR/Fleischer, Rn. 6.39, 6.47; Michalski/Heidinger, §§ 32a, 32b Rn. 339.

653 Hierzu ausführlich Fastrich, NJW 1983, 260, 263 der gegen die h.M. die Subsidiaritätsabrede für beachtlich hält und dem Kreditgeber durch Abtretung des Freistellungsanspruchs der Gesellschaft helfen will.

654 Vgl. dazu die Begründung in BGH NJW 1997, 3171, 3172 = ZIP 1997, 1648, 1650.

655 Insbesondere Fastrich, NJW 1983, 260 ff. und Karsten Schmidt, ZIP 1999, 1821 ff.

Der BGH hat in seiner Rechtsprechung zu kapitalersetzenden Sicherheiten wiederholt darauf abgestellt, dass das Ergebnis der Umqualifizierung z.B. einer Gesellschafterbürgschaft die primäre Einstandspflicht des Gesellschafters im Verhältnis zur Gesellschaft sei und zwar unabhängig von der Eröffnung eines Insolvenzverfahrens.[656] Damit werde die an sich z.B. durch § 774 Abs. 1 BGB vorgegebene Haftungsreihenfolge zu Lasten des Gesellschafters umgedreht.

Die einmal begründete Verantwortlichkeit des Gesellschafters kann auch nicht davon abhängen, ob der Drittgläubiger den Gesellschafter oder die Gesellschaft als erstes in Anspruch nimmt. In einem Urteil vom 25.11.1985 hat der BGH dies treffend zum Ausdruck gebracht:[657]

> „Die Haftung des Gesellschafterbürgen hängt nicht von dem eher zufälligen Umstand ab, ob der Gläubiger sich an ihn hält oder sich zu Lasten der Konkursmasse aus der Sicherheit befriedigt. Beim gesellschafterbesicherten kapitalersetzenden Drittdarlehen hat der Gesellschafter im Ergebnis stets für die Gesellschaftsschulden so einzustehen, wie das der Fall wäre, wenn er selbst eine kapitalersetzende Leistung unmittelbar an die GmbH erbracht hätte."

Die Verantwortlichkeit des Gesellschafters folgt aus der Kapitalersatzfunktion seiner Sicherheit. Diese wiederum beruht bei Rechtsprechungs- und Novellenregeln auf der Besicherung in der Krise der Gesellschaft und ist von deren Fortdauer abhängig.[658] Die Umqualifizierung als solche ist von den konkreten Rechtsfolgen zu unterscheiden, die sich innerhalb und außerhalb eines Insolvenzverfahrens ergeben.[659] Solange keine Unterbilanz hinzutritt, entstehen außerhalb der Insolvenz keine Ansprüche nach den Rechtsprechungsregeln.[660] Gleichwohl besteht aber doch schon eine „Bindung" bzw. Umqualifizierung in dem Sinne, dass sich z.B. bei einer innerhalb der Jahresfrist des § 32b Satz 1 GmbHG eintretenden Insolvenz an die Kapitalersatzfunktion einer Gesellschaftersicherheit (erstmalig) Rechtsfolgen nach

656 BGH NJW 1986, 429, 430 = ZIP 1986, 30, 31; vgl. zur Sicherheitenfreigabe BGH NJW 1997, 3171, 3172 = ZIP 1997, 1648, 1650; zur Ausfallsicherheit BGH NJW 1988, 824, 825 = EWiR 1988, 67 f. (Fleck); vgl. auch BGH NJW 1985, 858, 859 = ZIP 1985, 158, 159; GmbHR 1994, 50, 51; OLG Hamm NZG 1999, 1163, 1165; zuvor bereits Fastrich, NJW 1983, 260, 263.

657 BGH NJW-RR 1986, 834, 835.

658 Vgl. BGH NJW 1997, 3171, 3172 = ZIP 1997, 1648, 1650 f.; Karsten Schmidt, ZIP 1999, 1821, 1823 ff.

659 Vgl. Scholz/Karsten Schmidt, §§ 32a, 32b Rn. 77 m.w.N.

660 Vgl. nur BGHZ 90, 370, 378 = NJW 1984, 1891, 1893; GmbHR 1994, 50, 52; zum Freistellungsanspruch z.B. Michalski/Heidinger, §§ 32a, 32b Rn. 344.

den Novellenregeln anknüpfen können, selbst wenn es zuvor ausnahmsweise noch keine Unterbilanz gegeben haben sollte.[661]

Der zivilrechtliche Befreiungsanspruch beruht darauf, dass sein Inhaber zugleich Schuldner einer Verbindlichkeit ist, aber der Befreiungsschuldner letztlich diese Verbindlichkeit tragen soll.[662] Dem entspricht die im Kapitalersatzrecht durch die Umqualifizierung der Gesellschaftersicherheit bewirkte primäre Einstandspflicht des Gesellschafters. Die Gesellschaft ist einer Verbindlichkeit gegenüber einem Dritten ausgesetzt, die im Verhältnis zu ihrem Gesellschafter letzterer primär zu tragen hat. Diese Einstandspflicht ist aber, worauf etwa Karsten Schmidt[663] zu Recht hingewiesen hat, keine endgültige, sondern trifft den Gesellschafter nach Maßgabe des Eigenkapitalersatzrechts (z.B. nur bei Fortdauer der Krise). Das zeigt sich in der Insolvenz insbesondere daran, dass Regressansprüche des Gesellschafters z.B. nach § 774 Abs. 1 BGB zwar existieren, aber als nachrangige Forderungen praktisch nicht durchsetzbar sind.

Im übrigen beruhen auch Rückzahlungsverbote und Erstattungsansprüche unabhängig von ihrer Herleitung aus Rechtsprechungs- oder Novellenregeln letztlich auf der durch die Umqualifizierung bewirkten Bindung der jeweiligen Gesellschafterleistung. Auch insoweit würde die Gesellschaft eine Leistung erbringen, die nach Maßgabe des Kapitalersatzrechts dem Gesellschafter obliegt.

Die durch Umqualifizierung in der Krise bewirkte Bindung der Gesellschaftersicherheit führt zu einer primären Verpflichtung des Gesellschafters und ist damit im Verhältnis zur Gesellschaft die Grundlage für die Freistellungspflicht des Gesellschafters sowie für Rückzahlungsverbote und Erstattungsansprüche der Gesellschaft.

661 Vgl. Scholz/Karsten Schmidt, §§ 32a, 32b Rn. 77; Rowedder/Schmidt-Leithoff/Pentz, § 32a Rn. 224. Missverständlich ist es deshalb, wenn davon gesprochen wird, dass Gesellschafterleistungen nur insoweit einer „Bindung als Eigenkapitalersatz" nach §§ 30, 31 GmbHG unterliegen, als ihre Rückgewähr zur Beeinträchtigung des Stammkapitals führen würde (so etwa BGH GmbHR 1994, 50, 52). In diesem Zusammenhang sollte eher von einer Begrenzung der Rechtsfolgen durch § 30 GmbHG gesprochen werden. Dazu passt im übrigen, dass es außerhalb der Insolvenz auch zu einer Individualanfechtung wegen Rückgewähr eigenkapitalersetzender Leistungen nach § 6 Nr. 2 AnfG kommen kann, ohne dass der Wortlaut dieser Bestimmung eine Stammkapitalbeeinträchtigung voraussetzt; vgl. zum Verhältnis zu §§ 30, 31 GmbHG: Huber, § 6 Rn. 1, 13; Rowedder/Schmidt-Leithoff/Pentz, § 32a Rn. 225.

662 Vgl. Gerhardt, S. 2 ff.

663 Karsten Schmidt, ZIP 1999, 1821, 1823 f.

4. Praktische Konsequenzen der Freistellungspflicht des Gesellschafters am Beispiel der Haftung bei Subsidiaritätsabreden zwischen Gesellschafter und Drittgläubiger

Drittgläubiger und Gesellschafter können vereinbaren, dass eine Sicherheit nur subsidiär haften soll. Ein wichtiger Anwendungsfall ist die sog. Ausfallbürgschaft, bei welcher der Gläubiger regelmäßig erst dann gegen den Bürgen vorgehen können soll, wenn er alle anderen Möglichkeiten zur Realisierung der gesicherten Forderung gegenüber dem Schuldner ausgeschöpft hat, insbesondere anderweitige Sicherheiten (ggf. auch in der Insolvenz des Schuldners) verwertet hat, ohne dass die Forderung vollständig getilgt wurde.[664] Sie geht damit über die gesetzliche Einrede der Vorausklage (§ 771 BGB) für den Bürgen hinaus, die überdies im Falle der Insolvenz des Schuldners – abgesehen von dem Fall des § 773 Abs. 2 BGB – ausgeschlossen ist (§ 773 Abs. 1 Nr. 3 BGB).

Im Verhältnis von Kreditgeber und Gesellschafter ist diese Vereinbarung – außerhalb eines Insolvenzverfahrens über das Vermögen der Gesellschaft (vgl. § 32a Abs. 2 GmbHG) – ohne weiteres wirksam, und der Kreditgeber muss alles Mögliche tun, um zunächst Befriedigung von der Gesellschaft zu erlangen, bevor er den Gesellschafter bzw. eine von diesem bestellte Sachsicherheit in Anspruch nehmen kann.[665] Derartige Abreden können jedoch die Umqualifizierung der vom Gesellschafter gestellten Sicherheiten als kapitalersetzend und die daraus resultierenden Konsequenzen im Verhältnis zur Gesellschaft nicht verhindern.[666]

In der Entscheidung vom 28.9.1987 hatte der BGH[667] zum Einwand des Gesellschafters, er hafte nach der Bürgschaftsvereinbarung nur nachrangig (nach Verwertung der Grundschulden der Gesellschaft), entschieden:

> „Durch eine solche subsidiäre Sicherung kann der Gesellschafter seiner sich aus § 32 b Abs. 1 Satz 1 GmbHG oder § 31 GmbHG ergebenden Verpflichtung nicht entgehen, der Gesellschaft zu erstatten, was diese aufgewandt hat, um die gesicherte Darlehensschuld zu tilgen. (...) Wählt der

664 Lwowski, Rn. 195; Staudinger/Horn, § 771 Rn. 11.

665 HandbuchKapErsR/Fleischer, Rn. 6.40; Fastrich, NJW 1983, 260, 263; Lutter/Hommelhoff, §§ 32a,b Rn. 127.

666 BGH NJW 1988, 824, 825 m. zustimmender Anm. Fleck, EWiR 1988, 67, 68; BGHZ 105, 168, 185 = NJW 1988, 3143, 3147; NJW 1997, 3171, 3172 = ZIP 1997, 1648, 1650 f. = EWiR 1997, 893 (Pape); OLG Düsseldorf ZIP 1995, 465, 466; OLG Hamm, NZG 1999, 1163, 1165; Baumbach/Hueck/Fastrich, § 32a Rn. 65; HandbuchKapErsR/Fleischer, Rn. 6.18; Scholz/Karsten Schmidt, §§ 32a, 32b Rn. 148, 150.

667 BGH NJW 1988, 824, 825 = EWiR 1988, 67 (Fleck).

Gesellschafter eine Finanzierungsweise, bei der er der an sich gebotenen Einbringung von Eigenkapital dadurch ausweicht, dass er der Gesellschaft das zur Fortführung des Unternehmens erforderliche Kapital durch Übernahme einer Bürgschaft verschafft, so darf er daraus nach den Kapitalerhaltungsvorschriften keinen Vorteil zum Schaden der Gläubiger ziehen. Er hat der Gesellschaft die Kapitalleistung zu belassen oder nach Rückzahlung zu erstatten, solange jene nicht nachhaltig so viel eigenes Vermögen angesammelt hat, dass die Stammkapitalziffer wieder gedeckt ist."

Auch wenn es in der Entscheidung um einen Erstattungsanspruch ging, so ist die Urteilsbegründung auch auf einen Freistellungsanspruch übertragbar, weil die eigenkapitalersatzrechtliche Verpflichtung des Gesellschafters grundsätzlich nicht vom Vorgehen des Gläubigers aus seiner Forderung (gegen die Gesellschaft) oder aus der Sicherheit (gegen den Gesellschafter) abhängig ist.[668]

Der BGH hätte allerdings statt mit allgemeinen Überlegungen zum Gläubigerschutz seine im Ergebnis richtige Aussage treffender mit dem Freistellungsanspruch der Gesellschaft begründen können, den er inhaltlich schon in der bereits erwähnten Entscheidung[669] vom 14.10.1985 anerkannt hatte. In dieser älteren Entscheidung hatte der BGH die Funktionsweise des Eigenkapitalersatzrechts auf Gesellschaftersicherheiten damit beschrieben, dass der Gesellschafter im Verhältnis zur Gesellschaft zum Primärschuldner werde und die Gesellschaft folglich von der Inanspruchnahme durch den Dritten freigestellt werden müsse. Die an sich vorgegebene Haftungsreihenfolge z.B. nach Bürgschaftsrecht (vgl. §§ 771, 772, 774, 775 BGB) wird insoweit inhaltlich geändert bzw. genauer für die Dauer der Krise überlagert.[670] Die Vereinbarung einer Ausfallsicherheit oder vergleichbare Subsidiaritätsabreden sind aber letztlich nur eine „Steigerung" der z.B. in der Einrede der Vorausklage des § 771 BGB zum Ausdruck kommenden nachrangigen Haftung des Sicherungsgebers und müssen deshalb ebenso durch die eigenkapitalersatzrechtliche Primärhaftung des Gesellschafters überlagert werden! Die Unbeachtlichkeit von Subsidiaritätsabreden für die Haftung des Gesellschafters ist also letztlich eine zwingende Konsequenz seiner Freistellungspflicht

668 Vgl. BGH NJW-RR 1986, 834, 835.

669 BGH NJW 1986, 429, 430 = ZIP 1986, 30, 31.

670 Vgl. zum Regressanspruch des Gesellschafters Karsten Schmidt, ZIP 1999, 1821, 1824.

Dem § 32a Abs. 2 GmbHG kommt insoweit nur ergänzende Bedeutung zu, weil dieser (erst in der Insolvenz der Gesellschaft) auch zur Unbeachtlichkeit von Subsidiaritätsabreden gegenüber dem Drittgläubiger führt (vgl. § 4 III 2 b) cc)). Allerdings könnte man argumentieren, dass diese dann „erst recht" gegenüber der Gesellschaft keine Wirkung haben können. Jedoch wird dies durch die Freistellungspflicht des Gesellschafters auch schon vor einer Insolvenz der Gesellschaft bewirkt.

§ 6 Der Freistellungsanspruch der Gesellschaft aufgrund eigenkapitalersetzender Gesellschaftersicherheit

I. Anspruchsvoraussetzungen

1. Umqualifizierung der Gesellschaftersicherheit

Nach dem zur Begründung der Freistellungspflicht Gesagten folgt der Anspruch grundsätzlich bereits aus der Umqualifizierung der Gesellschaftersicherheit. Sobald die Gesellschaftersicherheit in der Krise bestellt oder mit entsprechender Wirkung stehengelassen wurde, ist dem Grunde nach auch ein Freistellungsanspruch der Gesellschaft entstanden.[671]

Das Haftungsrisiko für den Gesellschafter zeigt sich dabei besonders im Falle der nachträglichen Umqualifizierung. Bei Eintritt der Krise hätte der Gesellschafter z.B. als Bürge seinerseits noch Freistellung von der Gesellschaft nach § 775 Abs. 1 Nr. 1 BGB verlangen können. Durch die Nichtgeltendmachung dieses Anspruchs geht ihm also nicht nur der eigene Freistellungsanspruch „wirtschaftlich" verloren,[672] sondern er sieht sich nunmehr selbst in der „Freistellungspflicht" gegenüber seiner Gesellschaft.[673] Darin kommt auch die Umkehrung der Haftungsreihenfolge zum Ausdruck; der Gesellschafter wird im Innenverhältnis zur Gesellschaft „Primärschuldner".

Die Freistellungspflicht besteht unabhängig davon, ob ein Insolvenzverfahren über das Vermögen der Gesellschaft eröffnet wurde.[674] Letzteres ist allerdings für etwaige Rechtsfolgen bedeutsam, die sich außerhalb eines Insol-

671 Vgl. BGH NJW 1997, 3171, 3172 = ZIP 1997, 1648, 1650; OLG Hamm NZG 1999, 1163, 1165.

672 Rechtlich bleibt der Anspruch ebenso wie ein Regress aus § 774 Abs. 1 BGB erhalten. Die Rechte des Gesellschafterbürgen sind aber nicht (mehr) durchsetzbar; vgl. Karsten Schmidt, ZIP 1999, 1821, 1824.

673 Vgl. OLG Hamm NZG 1999, 1163, 1165.

674 Vgl. BGH NJW 1986, 429, 430 = ZIP 1986, 30, 31; NJW 1992, 1166 = ZIP 1992, 108 f.; G.H. Roth, LM § 30 GmbHG Nr. 34; Roth/Altmeppen, § 32a Rn. 140.

venzverfahrens aus den Rechtsprechungsgrundsätzen zu §§ 30, 31 GmbHG herleiten und dementsprechend auf den Stammkapitalschutz begrenzt sind.[675]

2. Fälligkeit des Freistellungsanspruchs und der Hauptverbindlichkeit

Auch wenn die Umqualifizierung der Gesellschaftersicherheit die Grundlage der Freistellungspflicht des Gesellschafters ist, so muss davon die Durchsetzbarkeit bzw. Fälligkeit des konkreten Anspruchs unterschieden werden. Dies beruht zum einen auf der Abhängigkeit von Freistellungsanspruch und Hauptverbindlichkeit, von der die Befreiung erfolgen soll. Aber nicht nur aus Besonderheiten bezüglich der Hauptverbindlichkeit, sondern insbesondere auch aus dem Innenverhältnis zwischen Befreiungsschuldner (Gesellschafter) und Befreiungsgläubiger (Gesellschaft) können sich Konsequenzen für die Fälligkeit und den konkreten Inhalt eines eigenkapitalersatzrechtlichen Freistellungsanspruchs ergeben.

Für den gesetzlichen Befreiungsanspruch z.B. aus § 257 Satz 1 BGB geht das Gesetz davon aus, dass der Befreiungsschuldner auch schon vor Fälligkeit der Hauptverbindlichkeit zur Befreiung des Befreiungsgläubigers verpflichtet ist und er diese Pflicht nur vorübergehend durch Sicherheitsleistung abwenden kann (vgl. § 257 Satz 2 BGB). Die Abwendungsbefugnis endet mit der Fälligkeit der Hauptverbindlichkeit.[676] Ob dieses grundsätzlich für alle gesetzlichen Befreiungsansprüche gilt, hat der 8. Zivilsenat BGH in einer Entscheidung vom 11.4.1984 offen gelassen, dabei aber auch auf die Regel des § 271 Abs. 1 BGB hingewiesen, wonach im Zweifel die sofortige Fälligkeit der Leistung anzunehmen ist.[677] Schon wegen der Abhängigkeit von Hauptverbindlichkeit und Freistellungsanspruch sollte allerdings jeder schematische Rückgriff auf diese Regel vermieden werden.

In dem Freistellungs-Urteil vom 9.12.1991 hat der 2. Zivilsenat des BGH ausgeführt:[678]

> „Darüber hinaus waren die Gesellschafter, …, der Gesellschaft gegenüber schon vorher verpflichtet, sie von der Rückzahlungsforderung der Kreissparkasse bei deren Fälligkeit freizustellen."

Mit der Wendung „schon vorher" bezog sich der BGH auf die bereits erfolgte Rückzahlung des Darlehens aus Mitteln der Gesellschaft. Ansonsten läuft die Begründung darauf hinaus, dass erst bei Fälligkeit der Darlehensforde-

675 Beck'schesHdB-GmbH/Jung, § 8 Rn. 287; Lutter/Hommelhoff, §§ 32a,b Rn. 130; Michalski/Heidinger, §§ 32a, 32b Rn. 344; G.H. Roth, LM § 30 GmbHG Nr. 34.

676 Vgl. dazu Gerhardt, S. 19 ff., 25 ff.; Staudinger/Bittner, § 257 Rn. 19.

677 BGHZ 91, 73, 78 ff. = NJW 1984, 2151, 2153 f.

678 BGH NJW 1992, 1166 = ZIP 1992, 108, 109 = EWiR 1992, 277 (Hunecke).

rung auch der Freistellungsanspruch der Gesellschaft fällig bzw. durchsetzbar sein soll. In anderen Urteilen war nicht ausdrücklich von der Fälligkeit der Rückzahlungsforderung des Drittgläubigers, sondern nur allgemein von der Pflicht des Gesellschafters die Rede, die Gesellschaft von der Verpflichtung bzw. Inanspruchnahme durch den Dritten freizustellen.[679] Außerdem wird in keiner der Entscheidungen die Fälligkeit des Freistellungsanspruchs unter Berücksichtigung der Rechtsprechung zum allgemeinen Befreiungsanspruch – insbesondere zu § 257 BGB – besonders problematisiert. Umgekehrt findet sich in der neueren Kommentarliteratur[680] zur Fälligkeit des Befreiungsanspruchs aus § 257 BGB auch kein Hinweis auf die Rechsprechung zum Freistellungsanspruch aufgrund eigenkapitalersetzender Gesellschaftersicherheit.

Die gesellschaftsrechtliche Literatur übernimmt teilweise die Formulierung zur Fälligkeit aus dem Freistellungs-Urteil[681] oder spricht nur allgemein vom Freistellungsanspruch der Gesellschaft, ohne die Fälligkeitsfrage zu problematisieren.[682] Andere formulieren dahingehend, die Gesellschaft könne „spätestens dann Freistellung verlangen, wenn der Dritte die Gesellschaft auf Rückzahlung oder darauf in Anspruch nimmt, die Verwertung einer von der Gesellschaft (zusätzlich) gestellten Sicherheit zu dulden.“[683] Der Begriff „spätestens“ lässt dabei den genauen Zeitpunkt der Fälligkeit zwar im Unklaren, weist aber immerhin auf die in diesem Zusammenhang bedeutsame funktionale Parallele des Freistellungsanspruchs zum Auszahlungsverbot nach § 30 Abs. 1 GmbHG hin.

Eine konkrete Aussage zur Frage der Fälligkeit des Freistellungsanspruchs der Gesellschaft ist danach nur dem Urteil des 2. Senats des BGH vom 9.12.1991 zu entnehmen,[684] und selbst diese erfolgte im Kontext der Entscheidung eher beiläufig. Es ist deshalb zu fragen, ob die Prämisse, der Freistellungsanspruch der Gesellschaft werde erst bei Fälligkeit der Hauptverbindlichkeit der Gesellschaft fällig, zutrifft oder ob auch dieser gesetzliche

679 Vgl. BGH NJW 1986, 429, 430 = ZIP 1986, 30, 31; NJW 1997, 3171, 3172 = ZIP 1997, 1648, 1650; OLG Hamm NZG 1999, 1163, 1165.

680 MünchKommBGB/Krüger, § 257 Rn. 7; Palandt/Heinrichs, § 257 Rn. 3; Staudinger/Bittner, § 257 Rn. 19.

681 Hunecke, EWiR 1992, 277.

682 Beck'schesHdB-GmbH/Jung, § 8 Rn. 287; HandbuchKapErsR/Fleischer, Rn. 6.46; Michalski/Heidinger, §§ 32a, 32b Rn. 344; Rowedder/Schmidt-Leithoff/Pentz, 3 32a Rn. 223; Scholz/Karsten Schmidt, §§ 32a, 32b Rn. 165; vgl. aber ders., ZIP 1999, 1821, 1823 (mit Zitat aus dem Freistellungs-Urteil des BGH).

683 Lutter/Hommelhoff, §§ 32a,b Rn. 130 (unter Hinweis auf das Freistellungs-Urteil des BGH).

684 BGH NJW 1992, 1166 = ZIP 1992, 108, 109 = EWiR 1992, 277 (Hunecke).

Befreiungsanspruch zugleich mit seiner Entstehung auch fällig ist, selbst wenn die Hauptverbindlichkeit erst später fällig werden sollte.[685]

Vergegenwärtigt man sich die Zwecke des Eigenkapitalersatzrechts im vorliegenden Zusammenhang, so zielt dieses auf die Belassung der „Gesellschafterleistung" im Vermögen der Gesellschaft bis zur Überwindung der Krise. Eine Nachschusspflicht wird nicht begründet und insbesondere ist die Haftung bei eigenkapitalersetzenden Gesellschaftersicherheiten auf den tatsächlich beanspruchten Kredit sowie den Umfang und Wert der gestellten Sicherheiten begrenzt (§ 32b GmbHG).[686] Die Freistellungspflicht ist somit im Gegensatz zu anderen Fällen von Befreiungsansprüchen keine endgültige, und zumindest außerhalb eines Insolvenzverfahrens der Gesellschaft kann der Gesellschafter darauf hoffen, dass seine Sicherheit mit Überwindung der Krise wieder frei wird. Ein Grund für die Annahme der sofortigen Fälligkeit eines Befreiungsanspruchs liegt aber gerade darin, dass der Befreiungsschuldner die Verbindlichkeit ohnehin endgültig zu tragen hat.[687] Rechtstechnisch geht es bei der Freistellungspflicht des Gesellschafters also nicht um eine per se endgültige Belastung des Gesellschafters, sondern eher präventiv um eine Vermeidung der Inanspruchnahme der Gesellschaft, weil diese den Rückzahlungsanspruch des Drittgläubigers bei dessen Fälligkeit nicht unter Hinweis auf § 30 Abs. 1 GmbHG abwehren kann.

Eine weitere Besonderheit des eigenkapitalersatzrechtlichen Freistellungsanspruchs besteht darin, dass der Gesellschafter schon aufgrund seiner Sicherheit für die Hauptverbindlichkeit haftet. Bei entsprechenden Konstellationen kann es auch im allgemeinen Zivilrecht zu besonderen Rechtsfolgen z.B. hinsichtlich der Umwandlung des Befreiungs- in einen direkten Zahlungsanspruch kommen.[688] Bei einem sofort fälligen Freistellungsanspruch sähe sich der Gesellschafter – insbesondere im Falle der Bestellung von Sachsicherheiten – schnell zusätzlichen Belastungen ausgesetzt, die mit den skizzierten Grundsätzen der kapitalersatzrechtlichen Haftung nur schwer zu vereinbaren sind. Der Drittgläubiger wird unter Umständen nicht bereit sein, das Kreditengagement vorzeitig abzuwickeln. Dies mag auf den ersten Blick unwahrscheinlich sein, aber wenn eine Bank z.B. aufgrund von Parallelsicherheiten der Gesellschaft von einer insgesamt auskömmlichen Besicherung ausgeht, wird sie einen früher einmal vereinbarten hohen Festzins für das Darlehen bis zum Ende der Laufzeit weiter kassieren wollen und

685 So für alle Befreiungsansprüche grundsätzlich Gerhardt, S. 21 ff.

686 Vgl. Karsten Schmidt, ZIP 1999, 1821, 1823 der in diesem Zusammenhang von einer „materiellen Kreditbelassungspflicht des Gesellschafters" spricht.

687 Vgl. Gerhardt, S. 9 f., 21 ff.; MünchKommBGB/Krüger, § 257 Rn. 1, 7.

688 Vgl. MünchKommBGB/Krüger, § 257 Rn. 10.

nur gegen eine hohe Vorfälligkeitsentschädigung der vorzeitigen Darlehensablösung zustimmen.[689] Der Gesellschafter wäre faktisch gezwungen, dem Drittgläubiger vorzeitige Befriedigung in bar anzubieten,[690] obwohl weder er selbst noch die Gesellschaft zu diesem Zeitpunkt zur Leistung an ihn verpflichtet gewesen wäre. Kann er dies nicht, so drohen ihm weitere Kosten aufgrund von Zwangsvollstreckungsmaßnahmen der Gesellschaft.

Schließlich muss der Drittgläubiger eine ihm bestellte Sachsicherheit des Gesellschafters auch erst bei Rückzahlung des Darlehens freigeben, so dass sie dem Gesellschafter vorher zur Aufbringung der zur Darlehensrückzahlung erforderlichen Mittel (ohne Mitwirkung des Drittgläubigers) nicht zur Verfügung steht. Durch die vom Eigenkapitalersatzrecht grundsätzlich nicht beeinträchtigte Rechtsstellung des Drittgläubigers und Sicherungsnehmers kommt es somit zu nicht unerheblichen Beeinträchtigungen des Gesellschafters und Sicherungsgebers, denn dessen Haftung könnte sich faktisch schärfer darstellen, als im Falle seiner Erstattungspflicht nach § 32b GmbHG. Auch die Zubilligung einer vorläufigen Abwendungsbefugnis analog § 257 Satz 2 BGB hilft dem Gesellschafter nur bedingt, wenn er seinen einzigen wertvollen Vermögensgegenstand (z.B. privates Grundstück) als Sicherheit für ein Darlehen der Gesellschaft zur Verfügung gestellt hat und über keine weiteren Sicherheiten verfügt. Schließlich verträgt sich ein solcher faktischer Zwang zur Sicherheitsleistung, wenn der Drittgläubiger eine vorzeitige Darlehensablösung verweigert, auch kaum mit dem Grundsatz der lediglich schuldrechtlichen Erstattungspflicht[691] des Gesellschafters.

Steht zudem, wie bereits angedeutet, bei der Rechtfertigung eines Freistellungsanspruchs die funktionale Erweiterung des Schutzes des Gesellschaftsvermögens durch § 30 Abs. 1 GmbHG im Vordergrund, so spricht diese Funktion eher dafür, der Gesellschaft erst dann einen fälligen Freistellungsanspruch zuzubilligen, wenn sie selbst eine Inanspruchnahme durch den Drittgläubiger nicht mehr verhindern kann oder – in der Insolvenz der Gesellschaft – die Inanspruchnahme des Gesellschafters praktisch unvermeidbar ist. Die Rückzahlung eines Darlehens vor Fälligkeit kann die Gesellschaft aber ohne weiteres verhindern und solange selbst eine drohende Beeinträchtigung ihres Vermögens abwenden. Die gleichzeitige Fälligkeit von Darlehens- und Freistellungsanspruch hätte auch praktische Vorteile, denn

689 Eventuell kann dann aber schon eine (fällige) Freistellungs- oder Erstattungspflicht für die fälligen Zinszahlungen bestehen, soweit sich die Sicherheit des Gesellschafters auch auf diese erstreckte.

690 Vgl. allgemein zu dieser Problematik auch Staudinger/Bittner, § 257 Rn. 7.

691 Vgl. BGH NJW 1986, 429, 430 = ZIP 1986, 30, 32 = EWiR 1986, 67 (Karsten Schmidt).

bis zur Fälligkeit des Darlehens ist der „Kreditbelassungspflicht“ des Gesellschafters[692] ohnehin Genüge getan. Solange alle Beteiligten insbesondere zum Zwecke eines Sanierungsversuchs „stillhalten“, kann es der Gesellschaft genügen, wenn ihr Gesellschafter aufgrund der ihm „latent drohenden Freistellungspflicht“ seinen Teil dazu beiträgt, die Bank zur Prolongation des bisherigen Kreditengagements zu veranlassen. Gelingt dieses nicht mehr, so wird für den Gesellschafter mit der Fälligkeit des Darlehens regelmäßig auch der Sicherungsfall eingetreten sein; jedenfalls kann er sich dann aber aufgrund der eigenkapitalersatzrechtlichen Bindung seiner Sicherheit und wegen der unmittelbar drohenden Vermögenseinbuße bei der Gesellschaft nicht mehr darauf berufen, ein fälliger Freistellungsanspruch würde ihn entgegen den Haftungsgrundsätzen des Eigenkapitalersatzrechts übermäßig belasten. Denn ein weiteres „Hinausschieben“ der Fälligkeit des Freistellungsanspruchs hätte die Konsequenz, dass im Innenverhältnis die Chancen einer Realisierung der „Primärhaftung“ des Gesellschafters – außerhalb des Anwendungsbereichs von § 32a Abs. 2 GmbHG – weitgehend vom Verhalten des Drittgläubigers abhängig wäre; und das wäre mit den Zwecken des Eigenkapitalersatzrechts noch weniger vereinbar.[693]

Bedenkt man die ohnehin bestehende Mithaftung des Gesellschafters und die insoweit bestehenden immanenten Grenzen für diese Haftung (vgl. § 32b GmbHG) sowie den begrenzten funktionalen Zweck einer eigenkapitalersatzrechtlichen Freistellungspflicht, so spricht dieses für die Richtigkeit der Aussage des Freistellungs-Urteils des BGH,[694] wonach der Freistellungsanspruch erst bei Fälligkeit der Hauptverbindlichkeit selbst fällig wird.

II. Anspruchsinhalt

1. Befreiung der Gesellschaft von der besicherten Verbindlichkeit

Der Anspruch ist – wie in anderen Fällen auch – grundsätzlich nicht auf Zahlung eines entsprechenden Geldbetrages an den Befreiungsgläubiger, sondern auf die Herstellung des Zustands gerichtet, der ohne die Belastung der Gesellschaft mit der Rückzahlungsverbindlichkeit bestehen würde.[695] Die Art und Weise der Freistellung bleibt grundsätzlich dem Gesellschafter überlassen. Er kann die Verbindlichkeit insbesondere schuldbefreiend übernehmen (§ 414 BGB) oder unmittelbar an den Drittgläubiger (§ 267 Abs. 1

692 Vgl. Karsten Schmidt, ZIP 1999, 1821, 1823.
693 Vgl. dazu allgemein BGH NJW-RR 1986, 834, 835.
694 BGH NJW 1992, 1166 = ZIP 1992, 108, 109 = EWiR 1992, 277 (Hunecke).
695 Vgl. allgemein Gerhardt, S. 11; Staudinger/Bittner, § 257 Rn. 7.

BGB) zahlen.[696] Beim allgemeinen Befreiungsanspruch soll ferner ein *pactum de non petendo* genügen, mit dem der Drittgläubiger auf die Inanspruchnahme des Befreiungsgläubigers verzichtet.[697] Diese Möglichkeit zur Erfüllung des Freistellungsanspruchs bedarf allerdings im Hinblick auf die Besonderheiten des Eigenkapitalersatzrechts genauerer Präzisierung: Damit eine solche Vereinbarung dem Befreiungsgläubiger zugute kommt, muss er sich – wie im Falle einer „wirklichen" Erfüllung im Sinne von §§ 267, 362, 364 BGB – auch darauf berufen können. Deshalb muss dem Befreiungsgläubiger in einem pactum de non petendo das Recht eingeräumt werden, sich auf diese Vereinbarung im Sinne eines Vertrages zugunsten Dritter unmittelbar zu berufen (§ 328 Abs. 1 BGB). Andererseits bedarf es im Hinblick auf die Zwecke des Eigenkapitalersatzrechts keines endgültigen Verzichts auf die Inanspruchnahme der Gesellschaft. Der Freistellungsanspruch beruht auf der fortdauernden Umqualifizierung der Gesellschaftersicherheit und endet mit Überwindung der Krise der Gesellschaft. Demnach kann sich auch ein pactum de non petendo – insoweit einem Rangrücktritt vergleichbar – darauf beschränken, dass der Drittgläubiger die Gesellschaft bis zur Überwindung der Krise nicht in Anspruch nimmt.

a) Berechtigung des Gesellschafters zur Zahlung an die Gesellschaft?

Vereinzelt wird in der gesellschaftsrechtlichen Literatur angenommen, der Gesellschafter könne seiner Freistellungspflicht auch dadurch nachkommen, dass er dem Befreiungsgläubiger (hier also der Gesellschaft) die zur Tilgung erforderlichen Mittel zur Verfügung stellt.[698] Dem wird bereits für andere zivilrechtliche Befreiungsansprüche entgegengehalten, dass durch eine solche „Erfüllungsmöglichkeit" z.B. das Kosten- und Übermittlungsrisiko (§ 270 Abs. 1 BGB) für die endgültige Erfüllung gegenüber dem Drittgläubiger auf den Befreiungsgläubiger verlagert würde.[699] Schließlich bestünde die Gefahr, dass der bezweckte Erfolg auch dadurch vereitelt wird, das die an den Befreiungsgläubiger geleistete Zahlung bei diesem von einem anderen

---

696 HandbuchKapErsR/Fleischer, Rn. 6.48; Staudinger/Bittner, § 257 Rn. 7; abwegig dagegen Beck'schesHdB-GmbH/Jung, § 8 Rn. 287 wonach der Gesellschafter die zur Befriedigung des Dritten *erforderlichen Mittel* zur Verfügung stellen *müsse*. Hierfür geben auch die aaO. in Fn. 755 angeführten Belege nichts her.

697 Staudinger/Bittner, § 257 Rn. 7; vgl. RGZ 127, 126, 128 f.; BGH LM § 328 BGB Nr. 15; NJW 1994, 2483, 2484.

698 So HandbuchKapErsR/Fleischer, Rn. 6.48; weitergehend (aber abwegig) Beck'sches-HdB-GmbH/Jung, § 8 Rn. 287 (*Pflicht* des Gesellschafters, der Gesellschaft den erforderlichen Betrag zur Verfügung zu stellen).

699 Gerhardt, S. 17 f.; Staudinger/Bittner, § 257 Rn. 10.

Vollstreckungsgläubiger gepfändet wird, bevor der Befreiungsschuldner damit den Drittgläubiger befriedigt.

Aus der Sicht des Eigenkapitalersatzrechts spricht noch eine weitere Erwägung gegen eine derartige „Bezahlung des Freistellungsanspruchs“ gegenüber der Gesellschaft. Verfolgt der Gesellschafter mit einer Leistung gegenüber der Gesellschaft einen bestimmten Zweck (hier also z.B. die Verwendung zum Zwecke der Tilgung des gesicherten Drittdarlehens durch die Gesellschaft), so ist dieses für die Möglichkeit der Umqualifizierung als kapitalersetzende Leistung grundsätzlich unerheblich.[700]

Schließlich kann die Weiterleitung solcher „zweckgebundenen“ Gelder an einen bestimmten Drittgläubiger zumindest bei Insolvenzreife der Gesellschaft nach der Rechtsprechung des BGH auch zu einer Ersatzpflicht des Geschäftsführers nach § 64 Abs. 2 GmbHG führen.[701] Der Geschäftsführer könnte sich daher haftungsrechtlich daran gehindert sehen, die Gelder absprachegemäß weiterzuleiten. Davon unabhängig könnte eine gleichwohl erfolgte Weiterleitung gegenüber dem Empfänger nach allgemeinen Regeln (§§ 129 ff. InsO) ohnehin anfechtbar sein.[702] Unabhängig davon, ob es überhaupt zur Befriedigung des gesellschafterbesicherten Drittdarlehens durch die vom Gesellschafter zu diesem Zweck geleistete Zahlung kommt, dürfte einem Rückforderungsanspruch des Gesellschafters (zumindest aus § 812 Abs. 1 Satz 2, 2. alt. BGB) der Einwand der Umqualifizierung als kapitalersetzende Leistung entgegengehalten werden. Folglich käme ihm eine etwaige Zahlung an den Drittgläubiger nicht zugute und er würde riskieren, letztlich zweimal aufgrund seiner Gesellschaftersicherheit leisten zu müssen.

Der Befreiungsschuldner hat also nicht nur kein Recht, statt Befreiung zu bewirken einen entsprechenden Geldbetrag an den Befreiungsgläubiger zu leisten,[703] ihm ist sogar aus Gründen des Eigenkapitalersatzrechts von einer solchen Leistung dringend abzuraten, weil er dadurch – trotz Mehrung des Gesellschaftsvermögens – weder die geschuldete Befreiung der Gesellschaft gegenüber dem Drittgläubiger unmittelbar bewirkt, noch eine gesicherte Aussicht auf eine entsprechende Verwendung seiner Leistung durch die Gesell-

---

700 BGHZ 81, 311, 315; 105, 168, 176 = NJW 1988, 3143, 3145 m. Anm. Karsten Schmidt ebd., S. 3148 = EWiR 1988, 1095 (Fleck); BGHZ 133, 298, 304; OLG Düsseldorf ZIP 1995, 465, 466; OLG Zweibrücken GmbHR 2002, 740, 741 m. Anm. Blöse ebd., S. 742; Scholz/Karsten Schmidt, §§ 32, 32b Rn. 40, 45.

701 BGH ZIP 2003, 1005, 1006 (Vorabbefriedigung von Aufwendungsersatzansprüchen für von der Muttergesellschaft zu leistende Steuervorauszahlungen aufgrund steuerlicher Organschaft zwischen Mutter- und Tochtergesellschaft).

702 Vgl. BGH ZIP 2003, 1005, 1006 f. m.w.N.

703 A.A. wohl HandbuchKapErsR/Fleischer, Rn. 6.48 (jedoch ohne nähere Begründung).

schaft hätte. Verfügt der Gesellschafter über ausreichende Mittel zur Befriedigung des Drittdarlehens, so kann er ohnehin den „sicheren" Weg der direkten Zahlung an den Drittgläubiger (§ 267 Abs. 1 BGB) oder erforderlichenfalls die Hinterlegung nach § 372 BGB wählen.

b) Ersetzungsbefugnis des Gesellschafters analog § 32b Satz 3 GmbHG?

Hat der Gesellschafter eine Sachsicherheit bestellt, so gibt ihm § 32b Satz 3 GmbHG eine Ersetzungsbefugnis gegenüber einem *Erstattungsanspruch* der Gesellschaft.[704] Er kann der Gesellschaft den Sicherungsgegenstand „zu ihrer Befriedigung zur Verfügung stellen." Das bedeutet nicht notwendigerweise die Übereignung der Sicherheit, sondern es genügt nach Sinn und Zweck der Bestimmung auch die Einräumung eines Sicherungsrechts (z.B. Pfandrecht oder Grundschuld), das der Gesellschaft – wie dem bisherigen Drittgläubiger/Sicherungsnehmer – ein Verwertungsrecht in entsprechender Höhe an dem Gegenstand verschafft.[705]

Fraglich ist, ob eine solche Ersetzungsbefugnis auch gegenüber einem Freistellungsanspruch anzuerkennen ist, soweit dieser auf der Bestellung einer Sachsicherheit des Gesellschafters beruht.[706] Dies kann aber nicht etwa auf eine Parallele zu § 257 Satz 2 BGB gestützt werden, denn dabei handelt es sich nicht um eine (endgültige) Ersetzungs- sondern nur um eine vorübergehende Abwendungsbefugnis des Befreiungsschuldners bis zur Fälligkeit der Hauptverbindlichkeit.[707] Geht man außerdem von einer gleichzeitigen Fälligkeit von Hauptverbindlichkeit und Freistellungsanspruch aus, so ist für die analoge Anwendung von § 257 Satz 2 BGB im Bereich des eigenkapitalersatzrechtlichen Freistellungsanspruchs der Gesellschaft ohnehin kein Raum.

Für die analoge Anwendung von § 32b Satz 3 GmbH spricht scheinbar auch die Erwägung, dass der Gesellschafter nicht weitergehend haften soll, als im Falle eines Erstattungsanspruchs; aber die Ersetzungsbefugnis durch zur

704 Vgl. BGH NJW 1986, 429, 430 = ZIP 1986, 30, 32; Baumbach/Hueck/Fastrich, § 32b Rn. 5; HandbuchKapErsR/Fleischer, Rn. 6.57; Rowedder/Schmidt-Leithoff/Pentz, § 32b Rn. 9.

705 Scholz/Karsten Schmidt, §§ 32a, 32b Rn. 174.

706 Hat er sich zusätzlich noch für die Verbindlichkeit der Gesellschaft persönlich verbürgt, so entfällt die Ersetzungsbefugnis auch gegenüber einem Erstattungsanspruch, so dass sich die Frage für den Freistellungsanspruch nicht mehr stellt (Ausnahme: Bei einer betragsmäßig begrenzten Personalsicherheit kann der Gesellschafter diesen Betrag erstatten und bezüglich einer etwaigen Restforderung dann von seiner Ersetzungsbefugnis Gebrauch machen.).

707 Vgl. eingehend Gerhardt, S. 19 ff.

Verfügung stellen der Sachsicherheit ist ihrem Inhalt nach eigentlich nur auf den Erstattungsfall anwendbar. Erst durch die Darlehensrückzahlung wird nämlich regelmäßig auch die Gesellschaftersicherheit wieder frei und kann erst dann vom Gesellschafter zur „Befriedigung zur Verfügung" gestellt werden. Dieses Problem könnte noch dadurch überwunden werden, dass man dem Gesellschafter die Einräumung eines nachrangigen Sicherungsrechts an dem Gegenstand gestattet. Dann würde die Gesellschaftersicherheit z.B. eine Grundschuld entweder vom erstrangigen Drittgläubiger verwertet oder die Gesellschaft könnte nach Freigabe bzw. Erlöschen des Sicherungsrechts des Drittgläubigers für ihren Erstattungsanspruch auf die Sicherheit zugreifen. Auf diesem Wege wäre allenfalls im „Endergebnis" die primäre Haftung der Gesellschaftersicherheit für die Darlehensverbindlichkeit gewährleistet. Die Zubilligung einer derartigen Ersetzungsbefugnis kann aber ebenso wie die zuvor unter a) behandelte Zahlung eines entsprechenden Geldbetrages an die Gesellschaft den eigentlich im Rahmen des Freistellungsanspruchs geschuldeten Erfolg nämlich die Befreiung der Gesellschaft von ihrer Verbindlichkeit gegenüber dem Drittgläubiger nicht bewirken und ist deshalb abzulehnen.

Keine Frage der Ersetzungsbefugnis gegenüber der Gesellschaft ist es, wenn sich Gesellschafter und Drittgläubiger im Rahmen der Freistellungspflicht des Gesellschafters über die *Verwertung der Sicherheit* einigen. In diesem Falle bewirkt der Befreiungsschuldner im Rahmen der übernommenen Sachhaftung die ihm obliegende Befreiung der Gesellschaft von ihrer Verbindlichkeit gegenüber dem Dritten.

Problematisch ist dabei allenfalls die Frage des *Wertes* der Sicherheit. Im Falle des § 32b Sätze 2 und 3 GmbHG erfolgt die Inanspruchnahme des Gesellschafters bzw. seiner Sicherheit durch die Gesellschaft selbst bzw. deren Insolvenzverwalter und im übrigen obliegt dem Gesellschafter die Beweislast für den Wert seiner Sicherheit, wenn dieser niedriger als der Betrag des Darlehens gewesen ist.[708] Wird das Sicherungsgut nicht im Rahmen eines üblichen Versteigerungsverfahrens verwertet (z.B. §§ 1147, 1235 ff. BGB), sondern z.B. an Erfüllungs statt vom Gläubiger angenommen (§ 364 Abs. 1 BGB) und auf die Darlehensverbindlichkeit der Gesellschaft angerechnet, so muss der Gesellschafter im Streitfall beweisen, dass der verrechnete auch dem tatsächlichen (Markt-) Wert der Sache entspricht, wenn die Darlehensverbindlichkeit nicht vollständig erfüllt wurde. Ansonsten hätte er damit aber seiner Freistellungspflicht genügt.

708 Hachenburg/Ulmer, § 32a,b Rn. 155; Scholz/Karsten Schmidt, §§ 32, 32b Rn. 173.

2. Begrenzung der Freistellungspflicht durch den Umfang der eigenkapitalersetzenden Bindung der Gesellschaftersicherheit und der „hypothetischen" Erstattungspflicht

Die Freistellungspflicht des Gesellschafters beruht auf der Umqualifizierung der Gesellschaftersicherheit und damit auf demselben Umstand, der die Grundlage für das Rückzahlungsverbot (§ 30 GmbHG) sowie den Erstattungsanspruch (§§ 31, 32b GmbHG) ist. Außerdem dient sie einer vorbeugenden Vermeidung der Inanspruchnahme der Gesellschaft, die ansonsten erst anschließend beim Gesellschafter Regress nehmen könnte.[709] Freistellungs- und Erstattungsanspruch sind also gewissermaßen zwei Seiten „derselben Medaille", und aus diesem Umstand folgt selbstverständlich, dass der Umfang der Freistellungspflicht durch den nach Inanspruchnahme der Gesellschaft bestehenden „hypothetischen" Erstattungsanspruch der Gesellschaft begrenzt ist.[710] Anders ausgedrückt darf der Gesellschafter durch einen Freistellungsanspruch nicht mehr belastet werden, als er im selben Zeitpunkt aufgrund einer Leistung der Gesellschaft auf Erstattung haftete. Dafür sind auch die unterschiedlichen Rechtsfolgen nach Rechtsprechungs- und Novellenregeln, wie sie bereits für den Erstattungsanspruch dargelegt wurden, von Bedeutung. Für die konkreten Rechtsfolgen muss somit wieder zwischen der Situation im eröffneten Insolvenzverfahren über das Vermögen der Gesellschaft und außerhalb eines Insolvenzverfahrens unterschieden werden.

a) Außerhalb eines Insolvenzverfahrens

In diesem Stadium kommen nur Ansprüche nach den sog. Rechtsprechungsregeln (§§ 30, 31 GmbHG) in Betracht, so dass eine Erstattungspflicht stets auf die zur Wiederherstellung des Stammkapitals erforderliche Summe begrenzt ist.[711] Demnach könnte auch ein Freistellungsanspruch nur den Anteil einer Darlehensverbindlichkeit, der betragsmäßig zur Wiederherstellung des Stammkapitals der Gesellschaft erforderlich ist, umfassen.[712] Geht der Betrag des besicherten Darlehens darüber hinaus, könnte der Gesellschafter für

709 Vgl. BGH NJW 1992, 1166 = ZIP 1992, 108, 109; HandbuchKapErsR/Fleischer, Rn. 6.46.

710 Der Sache nach auch (für die Begrenzung auf den Stammkapitalschutz nach den Rechtsprechungsregeln) Beck'schesHdB-GmbH/Jung, § 8 Rn. 287, 292; Lutter/Hommelhoff, §§ 32a,b Rn. 130; Michalski/Heidinger, §§ 32a, 32b Rn. 344; Karsten Schmidt, ZIP 1999, 1821, 1823 f.

711 Vgl. nur BGHZ 76, 326, 333 ff. = NJW 1980, 1524, 1525 f.

712 Vgl. Beck'schesHdB-GmbH/Jung, § 8 Rn. 287, 292; Lutter/Hommelhoff, §§ 32a,b Rn. 130; Michalski/Heidinger, §§ 32a, 32b Rn. 344.

den überschießenden Betrag sogar seinen Regressanspruch geltend machen, falls er aus seiner Sicherheit in Anspruch genommen wird.[713] Ein Freistellungsanspruch der Gesellschaft wäre insoweit also „erst recht" nicht gegeben. Daraus ergibt sich auch, dass eine Krise der Gesellschaft zwar eine notwendige aber keineswegs allein ausreichende Voraussetzung für einen (konkreten) Freistellungsanspruch der Gesellschaft außerhalb eines Insolvenzverfahrens ist.[714]

Da eine betragsmäßige Begrenzung der Sicherheit (z.B. Höchstbetragsbürgschaft; vgl. § 32b Satz 2 GmbHG) die Erstattungspflicht des Gesellschafters auch nach den Rechtsprechungsregeln[715] begrenzt, kann auch ein Freistellungsanspruch nicht darüber hinaus gehen. Hat der Gesellschafter eine betragsmäßig unbegrenzte Sachsicherheit gewährt, so trifft ihn auch die Freistellungspflicht in voller Höhe des in Anspruch genommenen Darlehens. Entsprechendes gilt bei einer unbeschränkten Bürgschaft. Aber auch insoweit kann trotz unbeschränkter Haftung des Gesellschafters aus der Sicherheit im Anwendungsbereich der Rechtsprechungsregeln die Beschränkung auf den Schutz des Stammkapitals eingreifen und den Freistellungsanspruch dementsprechend begrenzen.

b) Im eröffneten Insolvenzverfahren

Soweit für den zivilrechtlichen Befreiungsanspruch von der herrschenden Meinung angenommen wird, dass dieser sich in der Insolvenz des Befreiungsgläubigers (hier also der Gesellschaft) in einen unmittelbaren Zahlungsanspruch umwandelt, wird davon jedenfalls dann eine Ausnahme gemacht, wenn der Befreiungsschuldner dem Gläubiger gegenüber auch unmittelbar haftet.[716] Dies ist bei der eigenkapitalersetzenden Gesellschaftersicherheit aber gerade der Fall. Schon nach allgemeinen Grundsätzen käme es also nicht zu einer Änderung des Anspruchsinhalts des Freistellungsanspruchs. Dieser ist weiterhin auf Herstellung des einer Befreiung des Schuldners von seiner Verbindlichkeit entsprechenden Zustands gerichtet.[717] Das die Gesellschaftersicherheit auch im Insolvenzverfahren über das Vermögen der Gesellschaft dem Drittgläubiger zugute kommen soll, zeigt sich im

713 Lutter/Hommelhoff, §§ 32a,b Rn. 135.

714 Michalski/Heidinger, §§ 32a, 32b Rn. 344.

715 Vgl. nur BGH NJW 1990, 2260; GmbHR 2004, 898, 902 = WM 2004, 1075, 1078.

716 MünchKommBGB/Krüger, § 257 Rn. 10; Staudinger/Bittner, § 257 Rn. 15. Der Befreiungsschuldner soll dadurch nicht dem Risiko einer doppelten Inanspruchnahme ausgesetzt werden (Weiterleitungsrisiko).

717 Vgl. allgemein Gerhardt, S. 11.

Eigenkapitalersatzrecht speziell an der Abwicklungsregel des § 32a Abs. 2 GmbHG und der daraus nach richtiger Ansicht[718] folgenden Vollberücksichtigung seiner Forderung im Verteilungsverfahren entsprechend § 43 InsO. Diese Regelung machte keinen Sinn, würde man der Gesellschaft einen unmittelbaren Zahlungsanspruch gegen den Gesellschafter geben.[719]

Im Insolvenzverfahren über das Vermögen der Gesellschaft kann sich eine Erstattungspflicht des Gesellschafters neben den Rechtsprechungsregeln auch aus § 32b GmbHG ergeben. Da die Bestimmung nach ihrer Anpassung an die Insolvenzordnung[720] auch bei Rückzahlungen *nach Stellung des Insolvenzantrags bzw. Verfahrenseröffnung* noch zu einem „anfechtungsrechtlichen" Erstattungsanspruch der Gesellschaft führt,[721] besteht in entsprechendem Umfang auch ein Freistellungsanspruch der Gesellschaft.

Die Unterschiede zwischen Novellen- und Rechtsprechungsregeln wirken sich bekanntlich vor allem in zweierlei Hinsicht aus: Erstattungsansprüche nach den Rechtsprechungsregeln bestehen wegen § 31 Abs. 5 GmbHG auch bei Rückzahlungen, die bis zu 5 Jahre zurückliegen, während § 32b Satz 1 GmbHG nur auf Rückzahlungen bis maximal 1 Jahr vor Insolvenzantrag anwendbar ist. Allerdings sind diese Fristen für den Freistellungsanspruch unerheblich, weil dieser ja nur solange besteht, wie es noch nicht zu einer Rückzahlung durch die Gesellschaft gekommen ist. Voraussetzung ist allein die Gewährung oder Belassung einer Gesellschaftersicherheit in der Krise der Gesellschaft, und diese kann theoretisch sogar länger als 5 Jahre andauern. Der zweite wesentliche Unterschied betrifft die Begrenzung von Ansprüchen nach den Rechtsprechungsregeln auf die Wiederherstellung der Stammkapitalziffer, während Erstattungsansprüche nach § 32b GmbHG das

718 So insbesondere Karsten Schmidt/Bitter, ZIP 2000, 1077, 1088; MünchKommInsO/Lwowski/Bitter, § 43 Rn. 27; Scholz/Karsten Schmidt, §§ 32a, 32b Rn. 156a (anders noch Karsten Schmidt, Insolvenzgesetze, § 68 KO Anm. 3); Roth/Altmeppen, § 32a Rn. 125.

719 Auch eigenkapitalersatzrechtlich ist der Gesellschafter vor dem Risiko einer doppelten Inanspruchnahme zu schützen. Selbst wenn ausnahmsweise keine Haftung des Gesellschafters aus seiner Sicherheit mehr besteht (z.B. aufgrund Sicherheitenfreigabe) sollte der Anspruch weiterhin nur auf „Befreiung" gerichtet sein, damit die Leistung des Gesellschafters immer auch dem Drittgläubiger zugute kommt und gleichzeitig jede weitere Haftung des Gesellschafters beendet.

720 Vgl. Einführungsgesetz zur Insolvenzordnung (EGInsO) v. 5.10.1994, BGBl. I 2911, Art. 48.

721 HanbuchKapErsR/Fleischer, Rn. 6.55; Roth/Altmeppen, § 32b Rn. 8, 10; Scholz/Karsten Schmidt, §§ 32a, 32b Rn. 171; im Ergebnis auch v. Gerkan, FS Ulmer, S. 1293, 1301.

gesamte zurückgezahlte Drittdarlehen erfassen, soweit es vom Gesellschafter besichert war.[722]

Nur dieser betragsmäßige Unterschied kann für die Höhe des Freistellungsanspruchs der Gesellschaft überhaupt relevant werden. Somit ist ein Freistellungsanspruch im eröffneten Insolvenzverfahren über das Vermögen der Gesellschaft nicht auf die zur Wiederherstellung des Stammkapitals erforderliche Summe begrenzt.[723]

c) Zum Erfordernis der „Enthaftung" des Gesellschafters auf Kosten der Gesellschaft

Unabhängig von der Eröffnung eines Insolvenzverfahrens setzt ein eigenkapitalersatzrechtlicher Erstattungsanspruch grundsätzlich voraus, dass der Gesellschafter durch die Leistung der Gesellschaft haftungsrechtlich entlastet wird.[724] Für den Freistellungsanspruch folgt daraus, dass er nur insoweit bestehen würde, als eine hypothetische Zahlung der Gesellschaft zu einer Befreiung des Gesellschafters führte, weil der Gesellschafter auch nur in diesem Falle erstattungspflichtig wäre.

Dieser Grundsatz kommt für die Novellenregeln in § 32b GmbHG indirekt zum Ausdruck, wenn der Gesellschafter nach Darlehensrückzahlung durch die Gesellschaft nur bis zu dem Betrag, mit dem er „als Bürge haftete", zur Erstattung verpflichtet ist. Entsprechendes hat der BGH aber auch für die Rechtsprechungsregeln angenommen, wenn er z.B. im Leitsatz des Urteils vom 13.7.1981 zur Erstattungspflicht des Gesellschafters nach Rückzahlung des kapitalersetzend besicherten Drittdarlehens formuliert, der „dadurch von seiner Bürgschaft frei gewordene frühere Gesellschafter" müsse der Gesellschaft das Geleistete erstatten.[725] Auch wenn diese Voraussetzungen meistens unproblematisch erfüllt sein werden, so gibt es doch bestimmte Konstellationen, in denen es an einer solchen „unmittelbaren Kausalität" zwischen der (für den Freistellungsanspruch hypothetischen) Leistung der Gesell-

722 Vgl. die allgemeine Kritik bei Roth/Altmeppen, § 32a Rn. 84 ff., § 32b Rn. 5 der zutreffend auf die weitgehend theoretische Bedeutung dieses Unterschieds hinweist.

723 Vgl. Beck'schesHdB-GmbH/Jung, § 8 Rn. 287; Michalski/Heidinger, § 32a Rn. 344. Allerdings ist dieser Unterschied eher theoretischer Art, zumal es an einer Rückzahlung durch die Gesellschaft fehlt und somit auch nach den Rechtsprechungsregeln keine Notwendigkeit besteht, für einen Zeitpunkt vor Insolvenzeröffnung die Beeinträchtigung des Stammkapitals nachzuweisen, und in der Insolvenz wird in der Praxis meistens auch eine Überschuldung der Gesellschaft vorliegen.

724 Vgl. nur BGH NJW 1990, 2260, 2261 (Höchstbetragsbürgschaft).

725 BGHZ 81, 252 = NJW 1981, 2570; vgl. BGH NJW 1990, 2260, 2261.

schaft an den Dritten und der Befreiung des Gesellschafters aus seiner Sicherungsverpflichtung fehlt.

Das hängt insbesondere damit zusammen, dass es um verschiedene Rechtsverhältnisse zwischen den drei Beteiligten geht, die zivilrechtlich grundsätzlich nicht gehindert sind, ihre wechselseitigen Rechtsverhältnisse unter Umständen nachträglich zu ändern oder von vornherein inhaltlich derart auszugestalten, dass z.B. die Haftung des Sicherungsgebers (Gesellschafters) auch aus anderen Gründen als durch die Leistung des Hauptschuldners (der Gesellschaft) erlöschen oder nicht mehr durchsetzbar sein kann. Allerdings sind schon zivilrechtlich bestimmte Rechtsfolgen von Sicherungsabreden – allerdings zum Schutz des Sicherungsgebers – der Disposition von Gläubiger und Schuldner entzogen. Ausdruck dessen sind z.B. die §§ 767 Abs. 1 Satz 3 und 768 Abs. 2 BGB. Nach diesen Bestimmungen kann die Verpflichtung des Bürgen durch ein Rechtsgeschäft des Schuldners, das dieser nach Bürgschaftsübernahme vornimmt, grundsätzlich nicht erweitert werden und kann der Bürge Einreden des Schuldners auch dann noch geltend machen, wenn dieser darauf verzichtet hat.

Das Eigenkapitalersatzrecht überlagert das Recht der jeweiligen Sicherungsabrede und dient dem Schutz der Gesellschaft und ihrer Gläubiger. Es ist grundsätzlich zwingendes Recht,[726] und deshalb müssen Abreden, die darauf zielen, den Gesellschafter auch unabhängig von einer Leistung der Gesellschaft aus seiner Haftung als Sicherungsgeber zu entlasten, darauf geprüft werden, inwieweit sie auch auf die eigenkapitalersatzrechtlichen Verpflichtungen des Gesellschafters „durchschlagen". Dabei ist zu berücksichtigen, dass das Eigenkapitalersatzrecht selbst bestimmte Begrenzungen der Haftung des Sicherungsgebers ausdrücklich akzeptiert, weil diese auch Ausdruck allgemeiner Prinzipien sind (z.B. die Begrenzung auf den gewährten Kredit und die Höhe der übernommenen Haftung,[727] vgl. § 32b GmbHG). Andererseits hat der Gesetzgeber durch die Generalklausel in § 32a Abs. 3 Satz 1 GmbH zum Ausdruck gebracht, dass die Geltung des Eigenkapitalersatzrechts auch im Bereich von gesellschafterbesicherten Drittdarlehen (vgl. die ausdrückliche Verweisung auf Absatz 2) gegen Umgehungsversuche geschützt werden soll.[728]

---

726 Vgl. Lutter/Hommelhoff, §§ 32a,b Rn. 38; Scholz/Karsten Schmidt, §§ 32a, 32b Rn. 46.

727 Karsten Schmidt, ZIP 1999, 1821, 1823.

728 Vgl. Beschlußempfehlung und Bericht des Rechtsausschusses (6. Ausschuß), BT-Drs. 8/3908, S. 74.

Vor diesem Hintergrund sollen anhand einiger Fallgruppen die Auswirkungen bestimmter Abreden zwischen Drittgläubiger und Sicherungsgeber auf die eigenkapitalersatzrechtlichen Verpflichtungen des Gesellschafters und insbesondere den Freistellungsanspruch der Gesellschaft überprüft werden.

aa) Gesellschafterbesicherung für Verbindlichkeiten verschiedener Schuldner

Besonderheiten ergeben sich etwa dann, wenn die Gesellschaftersicherheit (von Anfang an oder zumindest bereits vor Eintritt der Krise[729]) für Verbindlichkeiten verschiedener Schuldner haftete. Wie bereits ausgeführt, setzt eine Erstattungspflicht in diesem Falle grundsätzlich voraus, dass eine Rückführung aus dem Gesellschaftsvermögen konkret zu einer Entlastung des Gesellschafters geführt hätte. Hier kann unter Umständen die immanente Begrenzung der Erstattungspflicht des Gesellschafters auch die Konkretisierung der dem Grunde nach bestehenden Freistellungspflicht des Gesellschafters verzögern oder sogar verhindern.

Dies soll an folgendem Beispiel verdeutlicht werden:

> *Der Gesellschafter G ist an drei Gesellschaften A-, B- und C-GmbH maßgeblich beteiligt. Eine Bank steht allen drei Gesellschaften mit einem voll in Anspruch genommenen Kredit von jeweils 100 TEUR pro Gesellschaft zur Verfügung. Zur Besicherung hat die Bank von allen Gesellschaften Globalzessionen und von G (für alle Kredite zusammen) eine Höchstbetragsbürgschaft bis zu 100 TEUR erhalten.*

Gerät die A-GmbH in die Krise, so wäre der Gesellschafter an sich nach Umqualifizierung seiner Bürgschaft verpflichtet, seine Gesellschaft bis zur Höhe der Bürgschaft freizustellen. Da allerdings im Falle einer Rückzahlung des Darlehens durch A die Bürgschaftshaftung des Gesellschafters wegen der Kredite bei B und C noch in voller Höhe weiter besteht, kommt es nicht zu einer vom Eigenkapitalersatzrecht grundsätzlich vorausgesetzten Entlastung des Gesellschafters auf Kosten seiner Gesellschaft.[730] Eine einseitige „Zurechnung" der Bürgschaft zugunsten der A würde das Haftungsrisiko

---

729 Vgl. OLG Dresden ZInsO 2003, 227, 288. In diesem Fall war die Haftung des Gesellschafters aufgrund kapitalersetzender Nutzungsüberlassung begrenzt, weil die Nutzungsmöglichkeit der Immobilie von vornherein durch die Grundschuld belastet war und der Gesellschafter trotz Zwangsverwaltung keinen Ersatz für entgangene Nutzungen mehr schuldete. Dem entspricht bei der Gesellschafterbesicherung der Fall, dass die Sicherheit von Anfang an eingeschränkt oder für verschiedene Verbindlichkeiten gewährt wurde.

730 Vgl. BGH NJW 1990, 2260; NJW 1997, 3171, 3172 = ZIP 1997, 1648, 1650.

des Gesellschafters unzulässig erweitern. Dies zeigt sich insbesondere dann, wenn eine weitere Gesellschaft (B) in die Krise gerät und der Gesellschafter auch dort seine Sicherheit „stehenlässt". Dann sähe er sich möglicherweise einer doppelten Freistellungspflicht (2 x 100 TEUR) ausgesetzt, obwohl er dem Gläubiger gegenüber zu keinem Zeitpunkt höher als bis zu 100 TEUR haftete. In diesen Fällen muss es grundsätzlich dem Drittgläubiger überlassen bleiben, in welchem Umfang er welche Sicherheiten zur Kreditrückführung in Anspruch nimmt. Dies erscheint aus der Sicht der in der Krise befindlichen Gesellschaft misslich, ist aber als immanente Grenze des Eigenkapitalersatzrechts hinzunehmen, da die Finanzierungsleistung des Gesellschafters in einem solchen Fall nach Umfang und Bedeutung für den Drittgläubiger und damit letztlich auch für die Gesellschaft ohnehin nur von eingeschränktem Wert ist. Damit stellt sich unter Umständen erst nach einer zumindest teilweisen Rückführung der gesicherten Kredite heraus, ab wann der Gesellschafter durch weitere Rückzahlungen aus dem Vermögen der Gesellschaften konkret entlastet wird.

Solange eine Kreditrückführung durch eine Gesellschaft nicht auch zu einem Erstattungsanspruch der jeweiligen Gesellschaft führen würde, ist der dem Grunde nach (wegen der Umqualifizierung) gegebene Freistellungsanspruch[731] der Höhe nach noch nicht bestimmt und insoweit auch noch nicht durchsetzbar entstanden. Wegen weiterer Einzelheiten wird auf die Ausführungen zum Erstattungsanspruch der Gesellschaft verwiesen (§ 4 IV 1 a) cc)). Die rechtliche Situation ist einer Schadensersatzpflicht vergleichbar, die dem Grunde nach feststeht und sich auf alle künftig adäquat kausal entstehenden Nachteile beim Geschädigten bezieht. Auch dort konkretisieren sich einzelne Ansprüche erst aufgrund zukünftiger Entwicklungen.

bb) Auswirkungen der Sicherheitenfreigabe auf die eigenkapitalersatzrechtliche Verpflichtung des Gesellschafters

Der Drittgläubiger ist auch nicht gehindert, den Gesellschafter aus einer Bürgschaft zu entlassen oder eine von diesem bestellte Sicherheit freizugeben.[732] Erfolgt dieses, weil ausreichende Sicherheiten der Gesellschaft selbst vorhanden sind, so ist zunächst festzustellen, ob damit nicht von einer Kreditwürdigkeit der Gesellschaft ausgegangen werden muss,[733] mithin der Ge-

731 Insoweit könnte man von einer (allgemeinen) „Freistellungspflicht" sprechen.

732 BGH NJW 1997, 3171, 3172 = ZIP 1997, 1648, 1650 f. = EWiR 1997, 893 (Pape); OLG Hamm NZG 1999, 1163, 1165; Fastrich, NJW 1983, 260, 263; HandbuchKapErsR/Fleischer, Rn. 6.43.

733 Vgl. OLG Hamburg ZIP 1990, 1262, 1263 f. m. zust. Anm. Gehling, EWiR 1990, 1095, 1096; HandbuchKapErsR/Fleischer, Rn. 6.13.

sellschafter auch im Verhältnis zur Gesellschaft von seiner Verpflichtung aus einer vormals kapitalersetzenden Sicherheit frei geworden sein könnte. Entlässt der Gläubiger den Gesellschafter in der Krise aber noch vor einer Insolvenz der Gesellschaft aus seiner Haftung als Sicherungsgeber, so führt dieses nach der hier vertretenen Ansicht gleichwohl nicht zur Anwendung des § 32a Abs. 2 GmbHG zum Nachteil des Gläubigers.

Mit dem bereits erwähnten Urteil vom 2.6.1997 hatte der BGH den entsprechenden Fall einer Tilgung des Darlehens durch die Gesellschaft nach Freigabe der Gesellschafterbürgschaften trotz fortdauernder Kreditunwürdigkeit zu entscheiden, in dem der spätere Konkursverwalter die Gesellschafter auf Rückgewähr verklagte. Dabei versuchten sich die Gesellschafter erfolglos mit dem Argument gegen ihre Inanspruchnahme zu wehren, sie seien nicht durch die Tilgungsleistungen der Gesellschaft, sondern bereits vorher durch die Freigabe ihrer Sicherheiten durch die Bank aus ihrer Haftung befreit worden:[734]

> „Der weitere Einwand der Beklagten, daß die G-Bank die Bürgschaften zum Teil schon vor den Tilgungsleistungen der Gemeinschuldnerin freigegeben habe, geht dagegen ins Leere. Diese Tilgungsleistungen hätten nicht zu einer Befreiung der Beklagten geführt. Da ihre Bürgschaften eigenkapitalersetzenden Charakter hatten, waren sie gehalten, die Gemeinschuldnerin von der Verpflichtung zur Darlehensrückzahlung freizustellen (...) Im Innenverhältnis hatten also die Beklagten – in Höhe der jeweils gewährten Sicherheit – für die Rückzahlung des Darlehens aufzukommen. Daran hat die Freigabe der Sicherheiten nichts geändert. Die kreditgebende Bank konnte zwar auf ihre Rechte aus den Bürgschaften verzichten, die Beklagte jedoch nicht von der Verantwortung entlasten, die sie mit ihren eigenkapitalersetzenden Leistungen übernommen hatten. Der Erstattungsanspruch, den die Gemeinschuldnerin mit der Tilgung des Darlehens erlangte, beruht auf §§ 32a, 32b und den nach der Senatsrechtsprechung analog anzuwendenden §§ 30, 31 GmbHG, aber nicht auf dem Übergang der Bürgschaftsforderung, die durch die Tilgung der Hauptschuld ohnehin erloschen wäre (...).“

Die Urteilsgründe zur Wirkung der Sicherheitenfreigabe durch den Gläubiger zeigen – trotz der eher missverständlichen Überlegungen zum fehlenden Forderungsübergang – die Konsequenzen der einmal eingetretenen Umqualifizierung der Gesellschaftersicherheit. Diese bewirkt eine besondere Verantwortlichkeit des Gesellschafters, das durch seine Haftung „beschaffte“ Dar-

734 BGH NJW 1997, 3171, 3172 = ZIP 1997, 1648, 1650 f. = EWiR 1997, 893 (Pape); vgl. auch OLG Hamm NZG 1999, 1163, 1165.

lehen der Gesellschaft bis zur Wiederherstellung ihrer Kreditwürdigkeit zu belassen.[735] Diese wurde zwar durch das Zusammenwirken von Gläubiger und Gesellschafter bei der Sicherheitenbestellung begründet, doch sprechen der Schutzzweck und das Erfordernis eines Umgehungsschutzes im Eigenkapitalersatzrecht (vgl. § 32a Abs. 3 Satz 1 GmbHG) dafür, die Fortdauer der einmal wirksam begründeten Freistellungspflicht des Gesellschafters nur von der andauernden Krise der Gesellschaft abhängig zu machen. Das entspricht nicht nur einem allgemeinen Erfordernis des Eigenkapitalersatzrechts, sondern verhindert auch die Umgehung der Freistellungspflicht des Gesellschafters durch Vereinbarungen mit dem Drittgläubiger zum Nachteil der Gesellschaft. Dies kommt auch in den weiteren Urteilsgründen des BGH zur Frage der Enthaftung des Gesellschafters und zur Dauer seiner Freistellungs- bzw. Erstattungspflicht zutreffend zum Ausdruck:[736]

> „Daß die Bürgschaftsforderung nicht mehr bestand, weil die kreditgebende Bank sie schon zuvor erlassen hatte, ist daher ohne Belang. Jedenfalls dann, wenn die Bürgschaft ihren kapitalersetzenden Charakter in der Zeit zwischen der Freigabe und der Darlehenstilgung durch die Gesellschaft nicht durch eine nachhaltige Überwindung der Krise verloren hat, ist der Gesellschafter der Gesellschaft in dem Umfang zur Erstattung verpflichtet, in dem er ohne Freigabe der Sicherheiten verpflichtet gewesen wäre."

Im Innenverhältnis zwischen Gesellschaft und Gesellschafter wird also für Zwecke des Eigenkapitalersatzrechts die andauernde Haftung der Gesellschaftersicherheit bis zum Ende der Krise unterstellt. Daraus folgt zunächst eine Pflicht zur Freistellung der Gesellschaft von ihrer Verbindlichkeit, aus der – schon nach allgemeinen Regeln des Befreiungsanspruchs[737] – ein Zahlungs- bzw. Erstattungsanspruch (§§ 31, 32b GmbHG) wird, wenn die Gesellschaft auf die Verbindlichkeit selbst leistet. Sind aber sowohl Freistellungs- als auch Erstattungsansprüche von einer Fortdauer der Krise der Gesellschaft abhängig und zugleich von einer Freigabe der Gesellschaftersicherheit durch den Gläubiger unabhängig,[738] so genügt jede Überwindung der Krise, um die eigenkapitalersatzrechtliche Verpflichtung des Gesellschafters – gleich welcher Art – zum Erlöschen zu bringen.

---

735 Vgl. Karsten Schmidt, ZIP 1999, 1821, 1823 f.

736 BGH NJW 1997, 3171, 3172 = ZIP 1997, 1648, 1650 f. = EWiR 1997, 893 (Pape).

737 Vgl. RGZ 70, 257, 260 f.; Gerhardt, S. 34 f.; MünchKommBGB/Krüger, § 257 Rn. 5; Sergel/Wolf, § 257 Rn. 6; Staudinger/Bittner, § 257 Rn. 8.

738 OLG Hamm NZG 1999, 1163, 1165; vgl. BGH NJW 1997, 3171, 3172 = ZIP 1997, 1648, 1650 f.

Die Freigabe der Gesellschaftersicherheit hat auf Inhalt und Fälligkeit des Freistellungsanspruchs keinen Einfluss. Ist die Hauptverbindlichkeit selbst noch nicht fällig, so ist der „Kreditbelassungspflicht" des Gesellschafters[739] bereits dann Genüge getan, wenn die Gesellschaft das Darlehen nicht vor Wiedererlangung ihrer Kreditwürdigkeit zurückzahlen muss. Andernfalls wäre der Gesellschafter zur Freistellung bzw. Erstattung verpflichtet. Ob der Gläubiger die Gesellschaftersicherheit schon vorher freigegeben hat, ist dafür unerheblich.

Dieses Ergebnis ist auch mit den Überlegungen zur Gesellschafterbesicherung verschiedener Verbindlichkeiten in Einklang zu bringen. Zum einen betreffen die sich daraus ergebenden Einschränkungen der Haftung des Gesellschafters nur Fälle, in denen die Haftung der Sicherheit von Anfang an oder zumindest vor Eintritt der Krise in entsprechender Weise vereinbart wurde, und zum anderen ging es nicht um die grundsätzliche Verneinung einer Freistellungspflicht, sondern nur um die Höhe konkreter Freistellungsansprüche nach Maßgabe immanenter Begrenzungen durch das Eigenkapitalersatzrecht selbst.

cc) Zeitliche Begrenzung der Gesellschaftersicherheit (Bürgschaft auf Zeit § 777 BGB)

Statt einer nachträglichen Sicherheitenfreigabe können Kreditgeber und Gesellschafter bereits bei Abschluss etwa eines Bürgschaftsvertrages die Haftung des Gesellschafters zeitlich beschränken, indem dieser z.B. nur für die Anlaufphase einer Investition die Finanzierung persönlich mit absichert, aber nach einer bestimmten Zeit nur noch das fertiggestellte Investitionsgut selbst (Immobilie, Maschine o.ä.) für die Rückzahlung des Darlehens haften soll. Die Zweckbindung eines Gesellschafterdarlehens oder einer entsprechenden Sicherheit ist für dessen eigenkapitalersatzrechtliche Umqualifizierung dabei grundsätzlich unerheblich.[740]

Es kann aber gleichwohl Inhalt der Bürgschaftsvereinbarung sein, dass der Bürge nur für eine bestimmte Zeit haftet. Nach den §§ 163, 158 Abs. 2 BGB würde an sich die Bürgschaft mit Ablauf der vereinbarten Zeit automatisch erlöschen. Im Interesse des Gläubigers bestimmt aber die Auslegungsregel des § 777 Abs. 1 BGB, dass der Bürge von seiner Verpflichtung nur dann frei wird, wenn der Gläubiger nicht unverzüglich die Einziehung der Haupt-

739 Vgl. Karsten Schmidt, ZIP 1999, 1821, 1823.

740 BGHZ 81, 311, 315; 133, 298, 304; zur Gesellschafterbesicherung zwecks Finanzierung bestimmten Anlagevermögens der Gesellschaft vgl. OLG Zweibrücken GmbHR 2002, 740, 741 m. zust. Anm. Blöse ebd., S. 742.

forderung betreibt bzw. dem Bürgen die Inanspruchnahme anzeigt.[741] Durch die Erfüllung bestimmter Obliegenheiten kann sich also der Gläubiger trotz Zeitablaufs seine Rechte aus der Bürgschaft erhalten.[742]

Kein Fall des § 777 BGB ist die zeitlich-gegenständliche Begrenzung der Bürgschaft, bei der sich der Bürge nur für die innerhalb eines bestimmten Zeitraums entstehenden Hauptforderungen verbürgt.[743] Für alle innerhalb dieses Zeitraums entstandenen Forderungen haftet der Bürge dann nämlich unbefristet,[744] so dass insoweit auch die Grundsätze über eigenkapitalersetzende Gesellschaftersicherheiten uneingeschränkt anwendbar sind. Forderungen des Drittgläubigers, die außerhalb des maßgeblichen Zeitraums entstehen, sind dagegen nicht verbürgt und unterliegen deshalb auch keiner Bindung als eigenkapitalersetzende Gesellschafterleistungen. Streiten Gläubiger und Bürge darüber, ob eine vereinbarte Befristung als Zeitbürgschaft oder nur als gegenständliche Beschränkung der Haftung zu verstehen ist, trägt der Gläubiger die Beweislast für den von ihm behaupteten Inhalt der Bürgschaft.[745]

Liegt eine Bürgschaft auf Zeit nach § 777 BGB vor, so kann dieses ähnlich den Fällen der Subsidiaritätsabreden und der Sicherheitenfreigabe zu Konflikten zwischen der Haftung des Gesellschafterbürgen nach Bürgschaftsrecht einerseits sowie Kapitalersatzrecht andererseits führen.

Dies zeigt folgendes Beispiel:

Gesellschafter G lässt im Falle einer nachträglich eintretenden Krise der A-GmbH seine zeitlich befristete Bürgschaft für ein Darlehen der D Bank an die GmbH stehen. Die Bürgschaft läuft in drei Monaten ab. Die Bank macht den Bürgschaftsanspruch nicht unverzüglich geltend, weil sie aufgrund einer Fehlkalkulation ihres Kreditsachbearbeiters annimmt, die zusätzlich für das Darlehen aus dem Vermögen der GmbH bestellten Sicherheiten seien ausreichend. Nach einem halben Jahr wird die GmbH insolvent. Kurz zuvor wird das Darlehen von der GmbH noch zurückge-

741 BGH WM 1966, 275, 276; Lwowski, Rn. 388; Palandt/Sprau, § 777 Rn. 1.

742 Staudinger/Horn, § 777 Rn. 1. Die formularmäßige Freizeichnung von der Anzeigeobliegenheit ist überraschend und damit nach § 305c BGB unwirksam (BGH ZIP 2004, 843, 845 – noch zu § 3 AGBG).

743 OLG Zweibrücken WM 1994, 788; Palandt/Sprau, § 777 Rn. 2; zur Abgrenzung näher BGH ZIP 2004, 843, 845; Lwowski, Rn. 388; Staudinger/Horn, § 777 Rn. 7 ff.

744 Staudinger/Horn, § 777 Rn. 5; vgl. OLG Zweibrücken WM 1994, 788, 789; Lwowski, Rn. 390.

745 BGH ZIP 2004, 843, 845. Sichert die Bürgschaft einen Kontokorrentkredit, soll dies regelmäßig ein Beweisanzeichen für eine gegenständliche Beschränkung der Haftung darstellen (BGH aaO.).

zahlt. Der Insolvenzverwalter verlangt von G Erstattung. Dieser macht geltend, dass er nicht durch Rückzahlung, sondern bereits lange vorher durch Zeitablauf von seiner Bürgschaftsverpflichtung frei geworden sei.

Wenn sich eine Bank von vornherein auf eine derartige Befristung der Gesellschaftersicherheit einlässt, könnte dieses zunächst dafür sprechen, dass schon die parallel aus dem Gesellschaftsvermögen bestellten Sicherheiten den Kredit schon ausreichend besichern und die Gesellschaft somit – außerhalb einer Insolvenzreife – für das konkrete Darlehen noch kreditwürdig ist. Mithin wäre die Gesellschafterbürgschaft eine unschädliche „gewohnheitsmäßig" verlangte Gesellschaftersicherheit.

Ist im vorliegenden Beispiel nach den Maßstäben eines objektiven und sorgfältigen Kreditgebers eine Krise zu bejahen, so folgt daraus im Innenverhältnis von Gesellschafter und Gesellschaft grundsätzlich die Pflicht des Gesellschafters, für die Dauer der Krise primär für die Rückzahlung des Kredits einzustehen (Freistellungspflicht). Dieses entspricht auch den bereits dargelegten Grundsätzen der Rechtsprechung in den Fällen der nachträglichen Sicherheitenfreigabe und bei Vereinbarung von Ausfallsicherheiten.[746]

Dem könnte entgegengehalten werden, dass die Bürgschaftshaftung entsprechend den aus § 32b Satz 2 GmbHG abzuleitenden Haftungsgrundsätzen nicht über die sich von vornherein ergebenden zeitlichen Beschränkungen hinaus ausgedehnt werden sollte. Dann würde der Ablauf der Bürgschaft zugleich zum Erlöschen einer etwaigen Einstandspflicht des Gesellschafters führen. Eine solche Argumentation hätte aber die Konsequenz, dass die einmal in der Krise eingetretene Freistellungspflicht des Gesellschafters auch bei fortbestehender Kreditunwürdigkeit allein durch Zeitablauf und Untätigkeit des Gläubigers (vgl. § 777 Abs. 1 BGB) gegenüber der Gesellschaft erlöschen könnte. Die eigenkapitalersatzrechtliche Verpflichtung des Gesellschafters im Verhältnis zur Gesellschaft sollte aber grundsätzlich nicht durch das nachträgliche Verhalten des Gläubigers beeinträchtigt werden können.

Dies steht auch nicht im Widerspruch zu den Konsequenzen einer betragsmäßigen oder gegenständlichen Haftungsbeschränkung oder einer Haftung der Gesellschaftersicherheit für verschiedene Verbindlichkeiten. Dort wird nicht die grundsätzliche Freistellungspflicht durch nachträgliche Umstände beseitigt, sondern es geht äußerstenfalls darum, die Höhe eines konkreten Freistellungsanspruchs an die im Eigenkapitalersatzrecht selbst ausdrücklich normierten Grenzen (§ 32b Satz 2 GmbHG) anzupassen. Die im Gesetz ausdrücklich genannte betragsmäßige und gegenständliche Beschränkung der

746 BGH NJW 1988, 824, 825; NJW 1997, 3171, 3172 = ZIP 1997, 1648, 1650 f.

Haftung des Gesellschafters nach § 32 b Satz 2 GmbHG sollte auch deshalb eher eng ausgelegt werden, weil eine Erweiterung auf zeitliche oder anderweitige Begrenzungen der Bürgschaft dazu verleiten würde, das Eigenkapitalersatzrecht durch entsprechende Vertragsgestaltungen zu unterlaufen.[747] Der Grund für den Vorrang des Eigenkapitalersatzrechts liegt in diesen Fällen ebenso wie bei einer befristeten Bürgschaft nach § 777 Abs. 1 BGB letztlich in der einmal begründeten Freistellungspflicht des Gesellschafters, die im Verhältnis zur Gesellschaft nur durch eine Überwindung der Krise der Gesellschaft wieder aufgehoben werden kann.[748]

Es sollte deshalb auch nicht entscheidend darauf ankommen, ob die Bürgschaft ausgelaufen war, bevor das Darlehen zurückgezahlt oder Insolvenzantrag gestellt wurde.[749] Richtig ist zwar, dass der Wortlaut von § 32b GmbHG an sich von einer Befreiung des Bürgen aufgrund Befriedigung des Gläubigers durch die Zahlung der Gesellschaft ausgeht.[750] Aber wie bereits das Beispiel der nachträglichen Sicherheitenfreigabe zeigt, kann es erforderlich sein, für Zwecke des Eigenkapitalersatzrechts den Fortbestand einer Gesellschaftersicherheit zu unterstellen, um z.B. die genaue Höhe der Erstattungspflicht des Gesellschafters bestimmen zu können.[751]

Das Abstellen auf das Erfordernis einer *Darlehensrückzahlung vor Zeitablauf* (mit der Konsequenz eines dann bereits entstandenen Erstattungsanspruchs) überzeugt auch deshalb nicht, weil der Erstattungsanspruch der Gesellschaft eigentlich nur eine andere „Erscheinungsform" des zuvor bereits bestehenden Freistellungsanspruchs ist. Ist dieser aber wegen der Krise der Gesellschaft einmal entstanden, kann die „unterbliebene Umwandlung" des Freistellungs- in einen Erstattungsanspruch nicht das Erlöschen der eigenkapitalersatzrechtlichen Verpflichtungen des Gesellschafters allein wegen Zeitablaufs der Bürgschaft rechtfertigen, selbst wenn sie von Anfang an zwischen Gesellschafter und Drittgläubiger vereinbart war. Die Freistel-

747 Insoweit zutreffend Bormann, ZInsO 2001, 308, 309. Beispiel: Bei Ablauf einer Zeitbürgschaft in der Krise kann der Gläubiger den Gesellschafter vor die Alternative stellen, die Forderung sofort durchzusetzen oder sich mit einer Verlängerung der Bürgschaftsdauer einverstanden zu erklären. Bei einer (unterstellten) Maßgeblichkeit für das Eigenkapitalersatzrecht hätte es der Gläubiger dann faktisch in der Hand, auch über die kapitalersatzrechtliche Haftung des Gesellschafters gegenüber der Gesellschaft zu entscheiden.

748 Vgl. zur Sicherheitenfreigabe BGH NJW 1997, 3171, 3172 = ZIP 1997, 1648, 1650 f.

749 So aber Bormann, ZInsO 2001, 308, 309 (ausdrücklich zumindest für § 32 b GmbH).

750 Vgl. LG Kiel ZIP 2001, 978, 980; Bormann, ZInsO 2001, 308, 309.

751 Dieses war der Grund, warum der BGH in seiner Entscheidung vom 2.6.1997 (NJW 1997, 3171, 3172 = ZIP 1997, 1648, 1650 f.) zur Sicherheitenfreigabe trotz grundsätzlich bejahter Freistellungspflicht die Sache an die Vorinstanz zurückverwies.

lungs- oder Erstattungspflicht des Gesellschafters kann deshalb im Falle einer andauernden Krise der Gesellschaft nicht davon abhängen, ob das Darlehen vor oder nach Zeitablauf der Bürgschaft zurückgezahlt wurde.[752]

Im Falle einer befristeten Bürgschaft im Sinne von § 777 BGB ist der Gesellschafter eigenkapitalersatzrechtlich gebunden, wenn die allgemeinen Voraussetzungen während der Laufzeit der Bürgschaft eingetreten sind. Die Bindung endet nicht mit Zeitablauf der Bürgschaft nach Maßgabe des § 777 BGB, sondern erst bei Überwindung der Krise der Gesellschaft. Solange ist der Gesellschafter gegenüber der Gesellschaft zur Freistellung bzw. Erstattung in Höhe der übernommenen Bürgschaft verpflichtet. Entsprechendes hätte für den Fall zu gelten, dass der Gesellschafter eine Sachsicherheit für das Darlehen eines Dritten an die Gesellschaft bestellt und die „Laufzeit" der Sicherheit in entsprechender Weise (vgl. § 777 BGB) begrenzt.

III. Durchsetzung des Freistellungsanspruchs der Gesellschaft

1. Verjährung des Freistellungsanspruchs

Die Verjährung des Freistellungsanspruchs folgt aus dem jeweiligen Rechtsverhältnis, dem der Anspruch entspringt.[753] Deshalb ist für den eigenkapitalersatzrechtlichen Freistellungsanspruch auf die allgemeinen Verjährungsregeln des Eigenkapitalersatzrechts abzustellen und folglich die fünfjährige Frist wie für Erstattungsansprüche nach den Rechtsprechungsregeln analog § 31 Abs. 5 GmbHG maßgeblich. Soweit die Freistellungspflicht über den zur Wiederherstellung des Stammkapitals erforderlichen Betrag hinausgeht, entsteht ein konkreter Freistellungsanspruch nach den Novellenregeln erst mit Insolvenzeröffnung und gilt für diesen die anfechtungsrechtliche Verjährungsfrist von 2 Jahren ab Insolvenzeröffnung (§§ 32b Satz 1 GmbHG, 146 InsO).

Die Verjährung beginnt grundsätzlich mit der Anspruchsentstehung, was schon nach allgemeinem Verständnis auch die Fälligkeit und damit Durchsetzbarkeit des Anspruchs voraussetzt.[754] Dies sollte nach dem Rechtsgedanken des § 147 Abs. 2 InsO auch für die anfechtungsrechtliche Verjährung entsprechend gelten, wenn ausnahmsweise die Hauptverbindlichkeit erst nach Insolvenzeröffnung fällig werden sollte. Die Verjährung des Frei-

752 A. A. wohl LG Kiel ZIP 2001, 978, 980; vgl. auch Bormann, ZInsO 2001, 308, 309.

753 Vgl. Bischof, ZIP 1984, 1444, 1447.

754 Vgl. BGHZ 55, 340, 341 f.; 113, 188, 191 f. st.Rspr.; Palandt/Heinrichs, § 199 Rn. 3; eingehend zur Entstehungsgeschichte des § 199 BGB n. F. (Schuldrechtsmodernisierung) Soergel/Niedenführ, § 199 Rn. 9.

stellungsanspruchs hat ohnehin eher theoretische Bedeutung, denn sie würde nur eingreifen, wenn bei einer fortdauernden Krise weder der Drittgläubiger seine fällige Verbindlichkeit noch die Gesellschaft ihren Freistellungsanspruch 5 Jahre lang nicht geltend macht. Zudem beginnt im Falle einer Zahlung der Hauptverbindlichkeit durch die Gesellschaft für den dann entstehenden Erstattungsanspruch (§§ 31 Abs. 1, § 32b Satz 1 GmbHG) eine neue Verjährungsfrist von 2 bzw. 5 Jahren zu laufen.[755]

2. Prozessuale Geltendmachung

Wie der allgemeine Befreiungsanspruch[756] ist auch der eigenkapitalersatzrechtliche Freistellungsanspruch durch Leistungsklage auf Befreiung der Gesellschaft von einer genau bezeichneten Verbindlichkeit gegenüber dem Drittgläubiger geltend zu machen. Da dem Gesellschafter gegenüber dem Freistellungsanspruch weder eine Abwendungsbefugnis gemäß § 257 Satz 2 BGB noch eine Ersetzungsbefugnis analog § 32b Satz 3 GmbHG zusteht, bedarf es auch keiner diesbezüglichen Berücksichtigung im Klageantrag.[757] Dieser könnte wie folgt lauten:[758]

> Der Beklagte (Gesellschafter) wird verurteilt, den Kläger (Gesellschaft) von seiner Verbindlichkeit gegenüber ... (Drittgläubiger) aus dem Darlehensvertrag vom ... in Höhe von ... Euro zu befreien.

Kommt es während des Prozesses zur Zahlung der Gesellschaft an den Drittgläubiger (z.B. aufgrund einer von der h.M. zugelassenen Verwertung von Parallelsicherheiten der Gesellschaft), so wird aus dem Freistellungs- ein Erstattungsanspruch, der auf Zahlung des entsprechenden Geldbetrages an die Gesellschaft gerichtet ist. Die Gesellschaft kann dann den Antrag auf Zahlung an sich ändern. Dies ist aufgrund von § 264 Nr. 3 ZPO nicht als Klageänderung anzusehen und folglich nicht von den Voraussetzungen des § 263 ZPO abhängig.[759] Ist der konkrete Freistellungsanspruch der Höhe nach noch unbestimmt – insbesondere im Falle einer Haftung der Gesellschaf-

755 Vgl. zum Aufwendungsersatzanspruch BGH NJW 1983, 1729; Bischof, ZIP 1984, 1444, 1447.

756 Vgl. BGH NJW 1996, 2725, 2726; OLG Naumburg InVo 2004, 201; Gerhardt, S. 13; MünchKommBGB/Krüger, § 257 Rn. 17.

757 Zur Berücksichtigung dieser Rechte im Antrag des Klägers vgl. Wieser, „Wahlmöglichkeiten" Rn. 9 ff., § 257 Rn. 3.

758 Vgl. den Antrag bei Wieser, § 257 Rn. 3.

759 Ebenso Görmer, MDR 1995, 240, 241; Zöller/Greger, § 264 Rn. 5. Die Rechtsprechung wendet § 264 Nr. 2 ZPO an; vgl. RGZ 139, 315, 322; BGH NJW 1994, 944, 945; a.A. Bischof, ZIP 1984, 1444, 1448 (Klageänderung gemäß § 263 ZPO – unter Hinweis auf BGHZ 29, 337, 342).

tersicherheit für Verbindlichkeiten verschiedener Schuldner (vgl. oben § 6 II 2 c) aa)) – so kann die Gesellschaft allenfalls eine *Feststellungsklage* (§ 256 ZPO)[760] dahingehend erheben, dass der Gesellschafter zur Freistellung von der Verbindlichkeit gegenüber dem Drittgläubiger verpflichtet ist, soweit eine Zahlung der Gesellschaft zur Befreiung des Gesellschafters führen würde. Auch hier kann es im Laufe des Prozesses zu einem Übergang von der Feststellungs- zur Leistungsklage kommen, der nach § 264 Nr. 2 ZPO nicht den Voraussetzungen des § 263 ZPO für keine Klageänderung unterliegt.[761] Die Rechtsprechung verlangt für die Erhebung einer Leistungs- oder Feststellungsklage allerdings die Fälligkeit des geltend gemachten Anspruchs.[762]

Auch der Freistellungsanspruch wird grundsätzlich wie ein Befreiungsanspruch[763] entsprechend den Bestimmungen über die Vollstreckung *vertretbarer Handlungen* gemäß § 887 ZPO vollstreckt. Beantragt die Gesellschaft aufgrund ihres Befreiungstitels, den Gesellschafter gemäß § 887 Abs. 2 ZPO zur Vorauszahlung der Kosten für die Befriedigung des Drittgläubigers zu verurteilen, so kann der Gesellschafter gleichwohl noch eine andere Form der Ablösung bewirken.[764]

In diesem Falle entsteht vollstreckungsrechtlich erneut das Problem einer doppelten Inanspruchnahme des Gesellschafters. Materiell-rechtlich wird der Befreiungsschuldner davor geschützt, indem sich der Befreiungsanspruch z. B. auch in einer Insolvenz des Befreiungsgläubigers nicht in einen Zahlungsanspruch umwandelt.[765] Der so bezweckte Schutz des Gesellschafters vor einer doppelten Inanspruchnahme würde aber praktisch ausgehebelt, wenn der Gesellschafter über die Vollstreckung nach § 887 Abs. 2 ZPO faktisch doch eine Zahlung an die Gesellschaft leisten müsste, die dann unter

---

760 Vgl. allgemein zur Feststellungsklage bei Befreiungsansprüchen BGH NJW 1980, 1450 (insoweit nicht in BGHZ 76, 249, 250 abgedruckt); NJW 1996, 2725, 2726; MünchKommZPO/Lüke, § 253 Rn. 146; Wiesner, „Befreiung" Rn. 4; h. M.

761 Vgl. allgemein Zöller/Greger, § 256 Rn. 15c m. w. N.

762 BGH NJW 1990, 1170, 1171; BGHZ 113, 188, 193. Ist der Freistellungsanspruch aber zugleich mit der Hauptverbindlichkeit fällig, so ist auch erst bei deren Fälligkeit eine Klage zulässig, soweit nicht ausnahmsweise die §§ 257–259 ZPO eingreifen.

763 Vgl. nur Staudinger/Bittner, § 257 Rn. 13; Zöller/Stöber, § 887 Rn. 3 „Befreiung" jeweils m. w. N. zur heute ganz h. M.

764 Vgl. RGZ 104, 15, 17; KG MDR 1970, 1018, 1019; Bischof, ZIP 1984, 1444, 1450; Staudinger/Bittner, § 257 Rn. 13.

765 Vgl. OLG Hamburg NJW-RR 1995, 673, 674 = EWiR 1994, 371 (Gerhardt); der Sache nach auch schon BGH NJW 1994, 49, 51 (alle noch zur KO); MünchKomm-BGB/Krüger, § 257 Rn. 10; MünchKommInsO/Lwowski/Bitter, § 44 Rn. 7; Palandt/Heinrichs, § 257 Rn. 1.

Umständen nicht an den Drittgläubiger gelangt, sondern stattdessen möglicherweise in der Insolvenzmasse der Gesellschaft landet, ohne dass der Gesellschafter zugleich aus seiner Haftung als Sicherungsgeber befreit würde. Deshalb sollte der Gesellschaft (abgesehen von eigenen Verfahrens- und Vollstreckungskosten) nur eine Geldvollstreckung *zugunsten des Drittgläubigers* im Wege des § 887 Abs. 2 ZPO ermöglicht werden.[766]

Dafür spricht aus vollstreckungsrechtlicher Sicht schon die zweifelhafte Eignung einer Vorschusszahlung zur Befriedigung des Drittgläubigers, wenn sich eine Gesellschaft in der vom Eigenkapitalersatzrecht vorausgesetzten „Krise" befindet und z.B. der Geschäftsführer aus haftungsrechtlichen Gründen (§ 64 Abs. 2 GmbHG) von der bestimmungsgemäßen Verwendung der Zahlung absieht. Die Zwangsvollstreckung ist außerdem kein Selbstzweck, sondern sie dient der Durchsetzung des titulierten Anspruchs (vgl. § 704 ZPO) und unterliegt insoweit Beschränkungen hinsichtlich der Geeignetheit und Erforderlichkeit von Vollstreckungsmaßnahmen, wie dies z.B. im Verbot der Überpfändung und der zwecklosen Pfändung gemäß § 803 ZPO zum Ausdruck kommt.

Nach § 887 Abs. 2 ZPO hat das Gericht die voraussichtlichen Kosten nach billigem Ermessen festzusetzen und dafür durch Auslegung des Titels Inhalt und Umfang der vorzunehmenden Handlung zu schätzen.[767] Zuständig ist gemäß § 887 Abs. 1 ZPO das Prozessgericht des ersten Rechtszuges. Da diesem der rechtliche Hintergrund des Freistellungsanspruchs – mithin auch die doppelte Haftung des Gesellschafters und die „Krise" der Gesellschaft – bekannt sein dürfte, kann es nicht nur Inhalt und Umfang der Leistungspflicht, sondern auch die Notwendigkeit einer Einschränkung der Vorschusspflicht auf Leistung zugunsten des Drittgläubigers ohne weiteres erkennen. Allein eine solche Lösung harmoniert auch mit der von § 32a Abs. 2 GmbHG bezweckten Abwicklung der Haftung des Gesellschafters und entspricht außerdem im Falle der Insolvenz des Befreiungsschuldners dem

766 Vgl. zum allgemeinen Befreiungsanspruch Wieser, „Befreiung" Rn. 14; Lange NJW 1958, 497. Lange nimmt sogar nur eine Verpflichtung zur Hinterlegung des Vorschusses an, was bei einem Geldzahlungsanspruch des Drittgläubigers regelmäßig ein vermeidbarer Umweg ist. Der BGH (NJW 1958, 497) hatte in der von Lange kritisch besprochenen Entscheidung die Anordnung einer Vorauszahlung nach § 887 Abs. 2 ZPO an den Befreiungsgläubiger im Rahmen eines Gesamtschuldnerausgleichs als eine „Besonderheit des Vollstreckungsrechts" bezeichnet und für zulässig gehalten. Dies wird aber dem Doppelleistungsrisiko eines Gesellschafters gegenüber einer meist kurz vor der Insolvenz stehenden Gesellschaft nicht gerecht.

767 Zöller/Stöber, § 887 Rn. 10.

dann überwiegend angenommenen Anspruch des Befreiungsgläubigers auf Zahlung (nur) an den Drittgläubiger.[768]

Geht die Gesellschaft nach § 887 Abs. 2 ZPO vor, so ordnet das Gericht des ersten Rechtszuges keine Vorschusszahlung an die Gesellschaft, sondern unmittelbar die Zahlung an den Drittgläubiger an, die der Gesellschaft eine Geldvollstreckung zugunsten des Drittgläubigers ermöglicht, solange der Gesellschafter nicht auf andere Weise die Befreiung der Gesellschaft von ihrer Verbindlichkeit bewirkt hat.[769]

3. Zuständigkeit und Verantwortlichkeit des Geschäftsführers

In dem „Freistellungs-Urteil" vom 9.12.1991 hat der BGH[770] neben der Freistellungspflicht des Gesellschafters aufgrund eigenkapitalersetzender Besicherung insbesondere auch die Verpflichtung des Geschäftsführers betont, den Freistellungsanspruch rechtzeitig geltend zu machen:

> „Der Beklagte zu 2 war seinerseits als Geschäftsführer grundsätzlich gehalten, diesen Freistellungsanspruch rechtzeitig gegen die Gesellschafter geltend zu machen, damit das Gesellschaftsvermögen geschont wurde. Die Verletzung einer solchen Pflicht kann ebenso wie sonst die gegen § 30 I GmbHG verstoßende Auszahlung selbst zu einem Schadensersatzanspruch der Gesellschaft gegen den Geschäftsführer nach § 43 II und III GmbHG führen. Die daneben bestehende Erstattungsforderung gegen die Gesellschafter dürfte einem solchen Anspruch unabhängig von deren Zahlungsfähigkeit nicht entgegenstehen. (…)"

Die Verpflichtung des Geschäftsführers zur Geltendmachung des Freistellungsanspruchs ist in der Literatur ebenso anerkannt wie eine etwaige Schadensersatzpflicht des Geschäftsführers aus § 43 Abs. 2 und 3 GmbHG im Falle pflichtwidrig unterlassener Einforderung gegenüber dem Gesellschafter.[771] Ein entgegenstehender Gesellschafterbeschluss wäre nach § 43 Abs. 3 Satz 3 GmbHG regelmäßig unbeachtlich. Nach Insolvenzeröffnung obliegt

---

768 Vgl. zu letzterem nur MünchKommInsO/Lwowski/Bitter, § 45 Rn. 8 m.w.N.

769 Im Ergebnis ähnlich Lange, NJW 1958, 497(allerdings nur Hinterlegung bei Gesamtgläubigerausgleich); teilweise weitergehend Wieser, „Befreiung" Rn. 14 (bei allen Befreiungsansprüchen unabhängig von doppelter Haftung des Befreiungsschuldners); a. A. (zumindest für den Gesamtgläubigerausgleich) BGH NJW 1958, 497.

770 BGH NJW 1992, 1166 = ZIP 1992, 108, 109 = EWiR 1992, 277 (Hunecke) = LM § 30 GmbHG Nr. 34 (G.H. Roth).

771 Hunecke, EWiR 1992, 277 f.; G.H. Roth, LM § 30 GmbHG Nr. 34; Goette, § 4 Rn. 145; HandbuchKapErsR/Fleischer, Rn. 6.49; Lutter/Hommelhoff, §§ 32a,b Rn. 137; Michalski/Heidinger, §§ 32a, 32b Rn. 345; Roth/Altmeppen, § 32a Rn. 140; Scholz/Karsten Schmidt, §§ 32a, 32b Rn. 165.

die Geltendmachung des Freistellungsanspruchs wegen § 80 Abs. 1 InsO dem Insolvenzverwalter.[772]

Problematisch ist aber jeweils die Feststellung der Pflichtwidrigkeit des Geschäftsführers sowie deren Kausalität für einen Schaden der Gesellschaft. Dem Freistellungs-Urteil des BGH[773] lag keine Leistungsklage des Geschäftsführers auf Freistellung zugrunde, sondern eine Schadensersatzklage des Konkursverwalters gegen den Geschäftsführer wegen Verletzung der Geschäftsführerpflichten im Zusammenhang mit der Rückzahlung eigenkapitalersetzend besicherter Drittdarlehen. Dabei stellte der BGH zunächst fest, dass eine Pflichtwidrigkeit nicht in der Befriedigung des Drittdarlehens liege, weil die Bank nicht durch das Eigenkapitalersatzrecht an der Realisierung ihrer fälligen Ansprüche gegenüber der Gesellschaft gehindert sei. In der Insolvenz gelte dieses (auf der Basis der herrschenden Meinung zu § 32a Abs. 2 GmbHG) auch für die Verwertung von Parallelsicherheiten der Gesellschaft.[774]

Eine Pflichtverletzung des Geschäftsführers liegt vielmehr allein in der *nicht rechtzeitigen Geltendmachung* des Freistellungsanspruchs. Der nach einer Inanspruchnahme der Gesellschaft bestehende Erstattungsanspruch (§ 31 Abs. 1 GmbHG) kann deshalb nach Aussage des BGH auch einer Ersatzpflicht des Geschäftsführers nicht entgegenstehen.[775] Allerdings sollte der Erstattungsanspruch gegen den frei gewordenen Gesellschafter dann dem in Anspruch genommenen Geschäftsführer zustehen (§ 255 BGB analog).[776] Im Falle des BGH scheiterte die Haftung des Geschäftsführers aber schon daran, dass die Gesellschaft (bzw. deren Konkursverwalter) nicht ausreichend dargelegt und bewiesen hatte, dass durch die rechtzeitige Geltendmachung des Freistellungsanspruchs eine Inanspruchnahme der Gesellschaft durch den Drittgläubiger vermieden worden wäre.[777]

Zwar sollte sich der Geschäftsführer grundsätzlich vor der Rückzahlung gesellschafterbesicherter Drittdarlehen über das Bestehen einer etwaigen Freistellungspflicht vergewissern und den Gesellschafter dementsprechend zur Freistellung auffordern; die praktische Gefahr einer eigenen Haftung des

772 Vgl. Michalski/Heidinger, §§ 32a, 32b Rn. 345.

773 BGH NJW 1992, 1166 = ZIP 1992, 108 = EWiR 1992, 277 (Hunecke) = LM § 30 GmbHG Nr. 34 (G.H. Roth).

774 BGH NJW 1992, 1166 = ZIP 1992, 108, 109.

775 BGH NJW 1992, 1166 = ZIP 1992, 108, 109; vgl. Hunecke, EWiR 1992, 277, 278.

776 Insoweit zutreffend G.H. Roth, LM § 30 GmbHG Nr. 34, der aber weitergehend den Geschäftsführer generell nur nachrangig haften lassen will.

777 BGH NJW 1992, 1166, 1167 = ZIP 1992, 108, 109; vgl. G.H. Roth, LM § 30 GmbHG Nr. 34.

Geschäftsführers ist im Hinblick auf die vom BGH vorgenommene Beweislastverteilung aber auf das Risiko begrenzt, dass der zunächst noch leistungsfähige Gesellschafter insolvent wird, nachdem die Gesellschaft den Drittgläubiger befriedigt hat.[778] Ist der Gesellschafter auch nach Darlehensrückzahlung noch leistungsfähig (z.B. aufgrund einer freigewordenen Sachsicherheit), so kann der auf Schadensersatz in Anspruch genommene Geschäftsführer zumindest den Regressanspruch (§§ 31 Abs. 1, 32b GmbHG) mit Aussicht auf Erfolg gegen den Gesellschafter geltend machen.

Eine Schadensersatzpflicht des Geschäftsführers aus § 43 Abs. 3 GmbHG besteht folglich nur dann, wenn die Gesellschaft bzw. der Insolvenzverwalter darlegen und beweisen kann, dass bei pflichtgemäßer Geltendmachung des Freistellungsanspruchs eine Inanspruchnahme der Gesellschaft vermieden worden wäre. Daran fehlt es, wenn der Gesellschafter weder bereit noch in der Lage gewesen wäre, den Freistellungsanspruch rechtzeitig zu erfüllen.[779]

4. „Freistellungspflicht" von Mitgesellschaftern analog § 31 Abs. 3 GmbHG?

Haftet der Gesellschafter wegen Rückzahlung eines eigenkapitalersetzend besicherten Darlehens nach § 31 Abs. 1 GmbHG analog auf Erstattung, so ist auch die Ausfallhaftung von Mitgesellschaftern gemäß § 31 Abs. 3 GmbHG anwendbar.[780] Zur Vermeidung systematischer Widersprüche sollten von dieser Haftung allerdings solche Mitgesellschafter, die unter das Kleinanteils- und Sanierungsprivileg gemäß § 32a Abs. 3 Satz 2 und 3 GmbHG fallen, ausgenommen werden.[781]

778 Vgl. Hunecke, EWiR 1992, 277, 278; G.H. Roth, LM § 30 GmbHG Nr. 34.

779 Vgl. BGH NJW 1992, 1166, 1167 = ZIP 1992, 108, 109; HandbuchKapErsR/Fleischer, Rn. 6.49; Lutter/Hommelhoff, §§ 32a,b Rn. 137.

780 BGH NJW 1990, 1730, 1731; Lutter/Hommelhoff, §§ 32a,b Rn. 137; Scholz/Karsten Schmidt, §§ 32a, 32b Rn. 176; Rowedder/Schmidt-Leithoff/Pentz, § 32b Rn. 15; vgl. Goette, § 4 Rn. 145.

781 Vgl. Bormann, S. 43; Rowedder/Schmidt-Leithoff/Pentz, § 32a Rn. 219 jeweils m.w.N. (str.). Die grundsätzliche Erstreckung des Kleinanteils- und Sanierungsprivilegs auf die Rechtsprechungsregeln zu §§ 30, 31 GmbHG entspricht der ganz h.M.; Baumbach/Hueck/Fastrich, § 32a Rn. 75; Dörrie, ZIP 1999, 12, 15; Früh, GmbHR 1999, 842, 847; Scholz/Karsten Schmidt, §§ 32a, 32b Rn. 189, 190 f.; BankR-Handbuch/Stodolkowitz, § 84 Rn. 18, 95; HandbuchKapErsR/v. Gerkan, Rn. 3.17; Lehner, S. 188; Schouler, S. 232, 246.

Die Haftung der Mitgesellschafter aus § 31 Abs. 3 GmbHG ist nach einer neueren Entscheidung des BGH[782] vom 25.2.2002 aber der Höhe nach zumindest auf den Betrag der Stammkapitalziffer der Gesellschaft beschränkt, wobei der BGH die Streitfrage, ob die Haftung weitergehend auf die Stammeinlagebeträge der nach § 31 Abs. 1 GmbHG primär haftenden Gesellschafter begrenzt ist, zunächst offen gelassen hat.[783] Das kann von erheblicher Bedeutung sein, wenn das besicherte Darlehen deutlich höher war als das Stammkapital der Gesellschaft, wie das folgende Beispiel zeigt:

Die Gesellschafter A, B und C sind mit jeweils 10 TEUR am Stammkapital einer GmbH beteiligt. Die GmbH erhält von einer Bank ein Darlehen über 100 TEUR, für das der Gesellschafter A eine eigenkapitalersetzende Bürgschaft übernimmt.

Wird das gesamte Darlehen in der Krise zurückgezahlt, haftet A – bei einer entsprechenden Unterbilanz – auf Erstattung von 100 TEUR an die Gesellschaft, da er in dieser Höhe von seiner Bürgschaft durch die Leistung der Gesellschaft frei geworden ist. Nach der neueren Rechtsprechung des BGH haften die Mitgesellschafter B und C nach § 31 Abs. 3 GmbHG maximal auf die Stammkapitalziffer der Gesellschaft von vorliegend 30 TEUR. Eine Erstattungspflicht in Höhe der *gesamten Stammkapitalziffer* der Gesellschaft – entsprechend dem neueren BGH-Urteil vom 22.9.2003[784] – ließe aber unberücksichtigt, dass die Mitgesellschafter B und C ihren Anteil am Stammkapital von 20 TEUR ordnungsgemäß aufgebracht haben. Erkennt man aber richtigerweise die Notwendigkeit einer Haftungsbegrenzung der Mitgesellschafter an, so sprechen systematische Erwägungen im Hinblick auf die Parallele zur Haftung bei der Kapitalaufbringung (§ 24 GmbHG) dafür, die Ausfallhaftung der Mitgesellschafter auf die Stammeinlage des primär haf-

---

782 BGHZ 150, 61, 65 = NJW 2002, 1803, 1804 = GmbHR 2002, 549, 550 m. Anm. Bender ebd., S. 552.

783 Dafür Karsten Schmidt, DB 1992, 1917 f.; ders., GesR, S. 1143; zustimmend Geißler, GmbHR 1996, 565, 573; a.M. Bender, GmbHR 2002, 552, 553 und jetzt auch BGH GmbHR 2003, 1420 m. zust. Anm. Blöse ebd., S. 1424, 1426 = ZIP 2003, 2068 (Ausfallhaftung bis zur *gesamten Stammkapitalziffer* der Gesellschaft – bislang offen gelassen von BGHZ 150, 61, 66 = NJW 2002, 1803, 1804 = GmbHR 2002, 549, 551; vgl. auch Henze, BB 2002, 1011; Görner/Kling, GmbHR 2004, 714, 717 ff. m.w.N.). Gegen eine Beschränkung der Solidarhaftung auf die Stammkapitalziffer aber Ehricke, S. 299 f. Für den Abzug der eigenen Einlage des haftenden Mitgesellschafters plädieren Lutter/Hommelhoff, § 31 Rn. 21.

784 BGH GmbHR 2003, 1420, 1424 m. Anm. Blöse = ZIP 2003, 2068, 2071.

tenden Gesellschafters zu begrenzen.[785] Folglich würden die Mitgesellschafter B und C nur auf Erstattung von 10 TEUR haften.

Im Zusammenhang mit dem Freistellungsanspruch und der Pflicht des Geschäftsführers, diesen rechtzeitig geltend zu machen, stellt sich vorliegend die Frage, ob es neben der („nachträglichen") Erstattungspflicht der Mitgesellschafter aus § 31 Abs. 3 GmbHG auch eine *Freistellungspflicht der Mitgesellschafter* analog § 31 Abs. 3 GmbHG gibt?

Dann müsste ein Geschäftsführer nach erfolgloser Geltendmachung des Freistellungsanspruchs gegenüber dem primär haftenden Gesellschafter sogleich versuchen, auch die Mitgesellschafter auf „Freistellung" in Anspruch zu nehmen. Allerdings wird das Problem aus Sicht der Mitgesellschafter nur dann relevant, wenn sich der Drittgläubiger in der Zwischenzeit nicht bereits auf Kosten der Gesellschaft befriedigt hat, weil danach ohnehin nur noch Erstattungsansprüche nach § 31 Abs. 1 und 3 GmbHG gegeben wären. Zumindest für den Geschäftsführer ist die Frage aber deshalb bedeutsam, weil ihm unter Umständen eine persönliche Schadensersatzpflicht auch im Hinblick auf die Geltendmachung einer etwaigen Freistellungspflicht der Mitgesellschafter droht.

Gegen die Anerkennung einer Freistellungspflicht der Mitgesellschafter in analoger Anwendung von § 31 Abs. 3 GmbHG bestehen allerdings durchgreifende Bedenken.

Zunächst steht einer solchen Freistellungspflicht von Mitgesellschaftern die Struktur der Haftungsabwicklung gemäß § 31 GmbHG entgegen. Das Gesetz geht von einer bereits bestehenden Vermögenseinbuße der Gesellschaft aus, die primär vom begünstigten Gesellschafter zu ersetzen ist. Greift danach die Ausfallhaftung der Mitgesellschafter ein, so können diese bei denjenigen Geschäftsführern, die schuldhaft an der verbotenen Leistung an die begünstigten Gesellschafter mitgewirkt haben, nach § 31 Abs. 6 GmbHG Regress nehmen.[786] In der Situation eines Freistellungsanspruchs gegen den ein Drittdarlehen sichernden Gesellschafter *droht* aber nur ein Verlust von zur Stammkapitalerhaltung erforderlichem Vermögen. Ob und in welchem Umfang es zu einer Vermögenseinbuße bei der Gesellschaft kommt, ist also noch unbestimmt.

785 Vgl. Geißler, GmbHR 1996, 565, 573; Karsten Schmidt GesR, S. 1143; a. A. BGH GmbHR 2003, 1420, 1424 = ZIP 2003, 2068, 2071; Überblick zum Streitstand bei Görner/Kling, GmbHR 2004, 714, 717 ff.

786 Zur Haftung des Geschäftsführers aus § 31 Abs. 6 GmbHG bei unterlassener Geltendmachung des Freistellungsanspruchs vgl. Goette, § 4 Rn. 145.

Eine „vorbeugende“ Freistellungspflicht der Mitgesellschafter zur Vermeidung einer Vermögenseinbuße bei der Gesellschaft wäre aber nicht nur systematisch, sondern auch inhaltlich eine bedenkliche Belastung der Mitgesellschafter. Der Freistellungsanspruch resultiert aus einer Umqualifizierung der für einen konkreten Anspruch übernommenen Gesellschaftersicherheit. Zu diesem Anspruch und zu dem betreffenden Drittgläubiger, auf den sich eine Freistellungspflicht ja bezieht, stehen die Mitgesellschafter aber in keinerlei Beziehung. Dies kann auch dazu führen, das eine Befreiung für die Mitgesellschafter mit einem höheren Aufwand verbunden wäre als eine Erstattung an die Gesellschaft nach § 31 Abs. 3 GmbHG.[787]

Da es zudem an der für den sichernden Gesellschafter typischen originären und primären Verantwortlichkeit für die Belassung des Drittdarlehens im Vermögen der Gesellschaft fehlt, können Freistellungs- und Erstattungsansprüche in Bezug auf die nur subsidiär haftenden Mitgesellschafter nicht einfach als zwei Erscheinungsformen derselben Verpflichtung angesehen werden. Der § 31 Abs. 3 i. V. m. Abs. 1 GmbHG normiert nur eine Pflicht der Mitgesellschafter zur *Zahlung an die eigene Gesellschaft*, und demgegenüber bedeutet die Verpflichtung zur Freistellung der Gesellschaft von einer Verbindlichkeit gegenüber einem Drittgläubiger eine andere und zusätzliche Belastung. Schließlich besteht in diesem Zusammenhang auch das – allerdings eher theoretische – Problem, dass die von § 31 Abs. 3 GmbHG vorausgesetzte „Erforderlichkeit zur Befriedigung aller Gesellschaftsgläubiger“ nach einer Zahlung der Gesellschaft zwar ohne weiteres hinsichtlich der verbleibenden Gläubiger festzustellen ist, diese jedoch bis dahin auch von der Realisierbarkeit hypothetischer Freistellungsansprüche gegen alle Mitgesellschafter in Bezug auf die noch offene gesellschafterbesicherte Drittforderung abhängig wäre.

Außerdem spricht auch der Zweck der vom BGH[788] vorgenommenen Begrenzung der Mitgesellschafterhaftung auf die Stammkapitalziffer der Gesellschaft dafür, die Mitgesellschafter nicht für die Freistellung von einer ihnen nicht zuzurechnenden Drittforderung haften zu lassen, sondern ihre Haftung auf den (nachträglichen) Ausgleich einer im Vermögen der Gesellschaft tatsächlich eingetretenen Einbuße zu beschränken.

787 Z. B. durch Transaktions- und Übermittlungskosten bei einem im Ausland ansässigen Drittgläubiger.

788 Vgl. BGHZ 150, 61, 65 ff. = NJW 2002, 1803, 1804 = GmbHR 2002, 549, 551; GmbHR 2003, 1420, 1424 m. Anm. Blöse = ZIP 2003, 2068, 2071; Görner/Kling, GmbHR 2004, 714, 718 m. w. N.

Die Haftung der Mitgesellschafter gemäß § 31 Abs. 3 GmbHG ist deshalb auf die Erstattung von Zahlungen der Gesellschaft beschränkt, die diese nicht von dem nach § 31 Abs. 1 GmbHG primär haftenden Gesellschafter zurückerlangen kann. Dagegen begründet § 31 Abs. 3 GmbHG keine Freistellungspflicht der Mitgesellschafter in Bezug auf die Forderung eines Drittgläubigers gegen die Gesellschaft.

5. Aufeinandertreffen mit anderen Eigenkapitalersatzansprüchen

Probleme des Inhalts und der Durchsetzung des Freistellungsanspruchs können sich auch dadurch ergeben, dass der Freistellungsanspruch oder andere Rechtsfolgen aufgrund eigenkapitalersetzender Gesellschafterbesicherung mit anderen Eigenkapitalersatzrechten der Gesellschaft selbst oder anderer Beteiligter zusammentreffen. Die dabei entstehenden Konflikte und deren Konsequenzen für die jeweiligen Beteiligten sollen anhand einzelner Fallgruppen aufgezeigt werden.

a) Kapitalersetzende Nutzungsüberlassung des Sicherungsgegenstands

Bestellt der Gesellschafter für ein Darlehen der Gesellschaft eine Sachsicherheit (Grundschuld) an seinem Vermögen, so kann der betreffende Gegenstand (Grundstück) auch noch auf andere Weise einer eigenkapitalersetzenden Bindung unterliegen. Der BGH[789] und die ihm folgende Literatur[790] erkennen auch die Gebrauchsüberlassung als besondere Fallgruppe eigenkapitalersetzender Gesellschafterleistungen im Sinne des § 32a Abs. 3 Satz 1 GmbHG an. Ein häufiger Anwendungsfall ist die Vermietung einer dem Gesellschafter gehörenden Immobilie an die Gesellschaft. Eigenkapitalersetzend gebunden soll in diesem Fall nur das Nutzungsrecht in seiner konkret gewährten Form nicht aber die Substanz der überlassenen Sache (z.B. Grundstückseigentum) sein.[791]

---

789 BGHZ 109, 55, 58 ff. („Lagergrundstück I") krit. dazu Karsten Schmidt, ZIP 1990, 69 ff.; BGHZ 121, 31; NJW 1993, 2179; BGHZ 127, 1; 127, 17; NJW 1997, 3026; NJW 1998, 3200; BGHZ 140, 147 = ZIP 1999, 65; NJW-RR 2000, 925 = ZIP 2000, 455; NJW 2000, 3565; NJW 2001, 1136 = GmbHR 2001, 197 m. Anm. Bormann ebd., S. 198 = DStR 2001, 139 m. Anm. Goette ebd.; st. Rspr.

790 Baumbach/Hueck/Fatsrich, § 32a Rn. 59c; Drygala, S. 48 ff.; Goette, § 4 Rn. 83; Hachenburg/Ulmer, § 32a, b Rn. 106; Lutter/Hommelhoff, § 32a, b Rn. 139 f.; Rowedder/Schmidt-Leithoff/Pentz, § 32a Rn. 166; a. A. Roth/Altmeppen, § 32a Rn. 202 ff.; Altmeppen, ZIP 1995, 26, 28; Scholz/Karsten Schmidt, §§ 32a, 32b Rn. 127; ders., ZIP 1990, 69; ders., GesR, S. 1160; unentschieden Michalski/Heidinger, §§ 32a, 32b Rn. 174 ff.

791 BGHZ 127, 1, 10 = ZIP 1994, 1261, 1265 („Lagergrundstück III"); BGHZ 127, 17, 26 = ZIP 1994, 1441, 1444 („Lagergrundstück IV"); Baumbach/Hueck/Fastrich,

Ist eine zur Nutzung überlassene Immobilie mit der Grundschuld eines Drittgläubigers belastet, so geht die herrschende Meinung davon aus, dass dessen Rechte nicht durch eine eigenkapitalersetzende Nutzungsüberlassung beschränkt werden. Der Drittgläubiger kann grundsätzlich die Zwangsversteigerung des Grundstücks betreiben und damit die weitere Nutzung des Grundstücks durch die Gesellschaft beenden.[792] Soweit dies dazu führt, dass der Gesellschaft die ihr gegenüber dem Gesellschafter und bisherigen Eigentümer zustehende unentgeltliche Nutzungsmöglichkeit vorzeitig entzogen wird, kommen allenfalls schuldrechtliche Ersatzansprüche gegen den Gesellschafter in Betracht.[793]

aa) Besicherung für Drittverbindlichkeiten vor Umqualifizierung der Nutzungsüberlassung

Das OLG Dresden hat in einem Urteil vom 10.7.2002 für den Fall der Nutzungsentziehung durch Zwangsverwaltung bzw. Zwangsversteigerung entscheidend auf den Zeitpunkt der Umqualifizierung der Nutzungsüberlassung sowie der Belastung des Grundstücks mit Grundpfandrechten abgestellt.[794] War das Grundstück bereits vor der eigenkapitalersetzenden Nutzungsüberlassung mit Grundschulden belastet, so „belasteten" diese Grundschulden von Anfang an auch die Nutzungsmöglichkeiten der Gesellschaft. Dann kann aber die Verwertung durch den Grundschuldgläubiger keine Ersatzansprüche des Gesellschafters wegen Nutzungsentziehung auslösen, denn die Gesellschaft dürfe nicht besser behandelt werden, als wenn ihr der Gesellschafter das Grundstück (mit den bereits bestehenden Belastungen) übereignet hätte. Auch wenn die vergleichende Argumentation mit den Folgen einer Eigentumsübertragung an die Gesellschaft letztlich für die Lösung des OLG Dresden spricht, so ist doch nicht zu übersehen, dass bei Belastungen

§ 32a Rn. 59c–d; Lutter/Hommelhoff, § 32a, b Rn. 146 f.; Rowedder/Schmidt-Leithoff/Pentz, § 32a Rn. 165; h. M.; speziell zur Belastung des Gesellschafters auch mit Mietnebenkosten vgl. BGH NJW 2000, 3565, 3566. Zur *Sacheinlagefähigkeit* von obligatorischen Nutzungsrechten bei fester Laufzeit oder konkret bestimmter Mindestdauer vgl. BGH GmbHR 2004, 1219 m. zust. Anm. Manger ebd., S. 1222 f.

792 BGHZ 140, 147, 155 f. = ZIP 1999, 65, 68; NJW-RR 2000, 925 = ZIP 2000, 455; OLG Dresden, ZInsO 2003, 227, 228.

793 Vgl. BGHZ 127, 1, 14 = ZIP 1994, 1261, 1266 („Lagergrundstück III"); BGHZ 127, 17, 31 = ZIP 1994, 1441, 1445 („Lagergrundstück IV"); OLG Dresden ZIP 2002, 1194, 1196 = EWiR 2002, 345 (Blöse); ZInsO 2003, 227, 228; Baumbach/Hueck/Fastrich, § 32a Rn. 59e; Goette, § 4 Rn. 142; HandbuchKapErsR/Haas/Dittrich, Rn. 8.71, 8.101.

794 OLG Dresden ZInsO 2003, 227, 228; vgl. auch OLG Dresden ZIP 2002, 1194, 1196 m. zust. Anm. Blöse, EWiR 2002, 345, 346.

des Grundstücks zugunsten von *Gläubigern des Gesellschafters oder Dritter* die Entziehung der Nutzung unter Umständen vom Verhalten des Gesellschafters abhängt und die Verwertung des Grundstücks diesen mittelbar entlastet.[795] Allerdings sind das keine Fälle eigenkapitalersetzender Gesellschaftersicherheiten, solange Sicherungsrechte an dem der Gesellschaft zur Nutzung überlassenen Gegenstand (in der Regel also Grundschulden auf vermieteten Immobilien) nur Verbindlichkeiten Dritter und nicht (auch) der Gesellschaft besichern. Zu einer Kollision mit einer Freistellungspflicht des Gesellschafters kommt es insoweit nicht (zur Besicherung für eine Verbindlichkeit der Gesellschaft vgl. nachfolgend bb).

bb) Belastung des Nutzungsgegenstands nach Umqualifizierung der Nutzungsüberlassung

Grundsätzlich kann der Gesellschafter einer Ersatzpflicht für die Entziehung der eigenkapitalersetzenden Nutzungsüberlassung aber jedenfalls dann nicht entgehen, wenn die Belastung z.B. des vermieteten Grundstücks erst nach Umqualifizierung des Nutzungsverhältnisses erfolgte.[796]

Zur Bestimmung des Zeitpunktes der Umqualifizierung im Falle einer eigenkapitalersetzenden Nutzungsüberlassung stellte der BGH zunächst ausgehend von der allgemeinen Kreditwürdigkeit darauf ab, ob die Gesellschaft aus eigener Kraft in der Lage wäre, den vom Gesellschafter überlassenen Gegenstand von einem Dritten am Markt zu erwerben und insbesondere einen entsprechenden Kredit aus eigener Kraft zu finanzieren.[797] Aufgrund der Besonderheiten der Nutzungsüberlassung, bei der das Eigentum an dem Gegenstand gerade nicht – wie bei einer Darlehensgewährung – auf die Gesellschaft übergeht, entwickelte der BGH das Kriterium der Überlassungs-

---

795 Deshalb geht die überwiegende Literatur wohl auch dann von Erstattungspflicht des Gesellschafters aus, wenn die Belastung des Nutzungsgegenstands vor dessen Umqualifizierung erfolgt ist; vgl. Baumbach/Hueck/Fastrich, § 32a Rn. 59e; HandbuchKapErsR/Haas/Dittrich, Rn. 8.101, 8.106 jeweils m.w.N.

796 Das Risiko der tatsächlichen Verwertungsmöglichkeit der Nutzungsüberlassung (z.B. Untervermietung solange die Gesellschaft Räumlichkeiten nicht mehr selbst benötigt) trägt aber grundsätzlich die Gesellschaft; vgl. BGHZ 127, 1, 14 = ZIP 1994, 1261, 1266 („Lagergrundstück III"); BGHZ 127, 17, 31 = ZIP 1994, 1441, 1445 („Lagergrundstück IV"); OLG Dresden ZInsO 2003, 227, 228; Goette, § 4 Rn. 141.

797 BGHZ 109, 55, 62; Lutter/Hommelhoff, § 32a, b Rn. 142. Diese Fragestellung unterstellt allerdings eine Mittelzufuhr des Gesellschafters, die gerade nicht erfolgt ist; vgl. Karsten Schmidt, ZIP 1990, 69, 75; Knobbe-Keuk, BB 1984, 1, 2 f.; für alleinige Maßgeblichkeit der Überlassungswürdigkeit deshalb HandbuchKapErsR/Haas/Dittrich, Rn. 8.29.

unwürdigkeit.[798] Diese bemisst sich danach, ob ein vernünftig handelnder Dritter (z.B. als Vermieter oder Verpächter) der Gesellschaft die entsprechenden Gegenstände zu denselben Bedingungen überlassen hätte.[799] Jedenfalls bei Standardwirtschaftsgütern, die der Eigentümer ohne weiteres anderweitig verwenden kann, ist das Schadensrisiko des „Überlassenden“ (z.B. Vermieters eines Bürogebäudes) grundsätzlich auf das geschuldete Nutzungsentgelt beschränkt.[800] Statt der Kreditwürdigkeit zur Finanzierung der Anschaffung des Nutzungsgegenstandes genügt es für die Überlassungswürdigkeit bei Standardwirtschaftsgütern aus der Sicht eines unabhängigen Dritten, wenn die Gesellschaft bei Vertragsabschluß liquide genug ist, für die vereinbarte Nutzungsperiode das vereinbarte Nutzungsentgelt (insbesondere Miete) zu zahlen und eventuelle Schäden an dem überlassenen Gegenstand zu ersetzen.[801] Die Gesellschaft könnte also nach diesen Maßstäben noch als „überlassungswürdig“ einzustufen sein, weil sie die laufenden Mietzahlungen „gerade noch“ aufbringen kann, obwohl sie für ein Gelddarlehen unter Umständen schon als kreditunwürdig zu gelten hätte.[802]

Wenn es bei der eigenkapitalersetzenden Nutzungsüberlassung das besondere Kriterium der Überlassungswürdigkeit als „minus“ zur allgemeinen Kreditwürdigkeit gibt, so im Hinblick auf die tatsächlich unterschiedlichen Kreditrisiken bzw. Bonitätsanforderungen aus der Sicht eines unabhängigen Dritten. Bei der *eigenkapitalersetzenden Gesellschaftersicherheit* geht es im Verhältnis zur Gesellschaft wie zum Gesellschafter aus der Sicht des Kreditgebers um dasselbe Darlehen und damit dasselbe Kreditrisiko. Wirtschaftlich ist zudem die gewerbliche Sicherheitenbestellung auch eine Kreditgewährung, bei der es – neben Besonderheiten des konkreten Sicherungsgeschäfts (z.B. Aval, Gewährleistungsbürgschaft) – letztlich darauf ankommt, ob der Kreditgeber sicher sein kann, im Falle seiner Inanspruchnahme bei

798 Vgl. BGHZ 109, 55, 63 f.; Baumbach/Hueck/Fastrich, § 32a Rn. 48a; Goette, § 4 Rn. 84 f.; Habersack, ZHR 161 (1997) 457, 486; Hachenburg/Ulmer, § 32a,b Rn. 108 f.; Knobbe-Keuk, FS Kellermann, S. 227, 237; Lutter/Hommelhoff, §§ 32a, b Rn. 142; Schouler, S. 270 f.; krit. Karsten Schmidt, ZIP 1990, 69, 75: „terminologischer Trick“.

799 BGHZ 109, 55, 63 f.; 121, 31, 38 f.; Baumbach/Hueck/Fastrich, § 32a Rn. 48a; Habersack, ZHR 161 (1997) 457, 486; HandbuchKapErsR/Haas/Dittrich, Rn. 8.22; Drygala, S. 56 f.

800 Vgl. Baumbach/Hueck/Fastrich, § 32a Rn. 48a; Goette, § 4 Rn. 85; HandbuchKapErsR/Haas/Dittrich, Rn. 8.25; Knobbe-Keuk, FS Kellermann, S. 227. 237 f.

801 BGHZ 109, 55, 63; Lutter/Hommelhoff, §§ 32a,b Rn. 142.

802 BGHZ 109, 55, 63; vgl. OLG Brandenburg GmbHR 1998, 1229 (LS); Baumbach/Hueck/Fastrich, § 32a Rn. 48a; Hachenburg/Ulmer, § 32a, b Rn. 109; HandbuchKapErsR/Haas/Dittrich, Rn. 8.25; Schouler, S. 271.

der Gesellschaft Regress nehmen zu können.[803] Das Risiko des bürgenden Gesellschafters wie eines (fiktiven) Dritten als Bürgen ist das Bonitätsrisiko der Gesellschaft und beurteilt sich folglich nach deren Kreditwürdigkeit. Aufgrund der leicht divergierenden Maßstäbe für die Umqualifizierung von Nutzungsüberlassungen bzw. Gesellschaftersicherheiten können auch die Umqualifizierungszeitpunkte auseinanderfallen. Im Falle der Überschuldung oder Zahlungsunfähigkeit der Gesellschaft kommt es dagegen für die Umqualifizierung nicht mehr auf die Unterschiede zwischen Kredit- bzw. Überlassungswürdigkeit an.[804]

Kommt es zunächst zu einer Umqualifizierung der Nutzungsüberlassung, so stellt die nachträgliche Belastung des Nutzungsgegenstandes zumindest mit Sicherungsrechten *für Verbindlichkeiten des Gesellschafters oder Dritter* gewissermaßen die Vorstufe der sich durch eine Zwangsverwaltung bzw. Zwangsversteigerung realisierenden Nutzungsentziehung dar und löst grundsätzlich eine Ersatzpflicht des Gesellschafters aus, weil dieser das bereits bestehende „unbelastete“ Nutzungsrecht der Gesellschaft beeinträchtigt hat.[805]

Fraglich ist allerdings, welche Rechtsfolgen sich ergeben, wenn z.B. das an die Gesellschaft vermietete Grundstück auch *für eine Verbindlichkeit der Gesellschaft* belastet wurde. Dann wäre der Gesellschafter an sich sowohl zur Nutzungsüberlassung als auch zur Freistellung von der Drittverbindlichkeit verpflichtet. Aus Sicht der Gesellschaft erfolgte im Idealfalle zunächst die Befreiung von der Verbindlichkeit gegenüber dem Drittgläubiger, und anschließend könnte die Gesellschaft das dann unbelastete Grundstück aufgrund der Nutzungsüberlassung weiter unentgeltlich nutzen.

Käme es – z.B. im Rahmen von Verhandlungen des Gesellschafters mit dem Drittgläubiger zur Ablösung des besicherten Darlehens – zur vollständigen

---

803 Deshalb wird es im Kreditvertrag dem Kreditnehmer häufig freigestellt sein, ob er einen zugesagten Kreditrahmen als Geld- oder Avalkredit in Anspruch nimmt, und auch hinsichtlich der Eigenmittelausstattung und der Kreditbeschränkungen z.B. nach §§ 13, 14 KWG (vgl. die Definition in § 19 KWG) werden die verschiedenen Kreditarten prinzipiell gleich bewertet (BankR-Handbuch/Lwowski, § 77 Rn. 1; BankR-Handbuch/Fischer, § 129 Rn. 35 f., § 130 Rn. 9 f.).

804 Vgl. nur Lutter/Hommelhoff, § 32a, b Rn. 141 f. Goette, § 4 Rn. 84; Handbuch-KapErsR/Haas/Dittrich, Rn. 8.22; BGH NJW 1993, 2179, 2180; a.A. bezüglich Illiquidität OLG Karlsruhe, ZIP 1994, 1183, 1184 (mit unzutreffender Berufung auf BGHZ 109, 55, 63).

805 So wohl OLG Dresden ZIP 2002, 1194, 1196 = EWiR 2002, 345, 346 (Blöse); ZInsO 2003, 227, 228. Die Literatur macht dagegen meist keinen Unterschied danach, ob die Belastung vor oder nach der Umqualifizierung erfolgt ist; vgl. Baumbach/Hueck/Fastrich, § 32a Rn. 59e; HandbuchKapErsR/Haas/Dittrich, Rn. 8.101, 8.106 jeweils m.w.N.

Verwertung des Grundstücks zwecks Tilgung der Verbindlichkeit der Gesellschaft, so begegnet eine daneben fortbestehende (volle) Ersatzverpflichtung aus dem Gedanken der Nutzungsüberlassung jedoch Bedenken. Die Nutzung des Grundstücks ist ebenso wie dessen Belastung zum Zwecke einer Kreditbesicherung ein „Ausschnitt" aus der umfassenden Rechtsstellung des Eigentümers und Gesellschafters. Dessen Haftung soll aber auf den Wert der Sicherheit begrenzt sein (§ 32b Satz 2 GmbHG). Da die Belastung des Grundstücks aber zum Zwecke der Darlehensgewährung an die Gesellschaft erfolgte, kann man insoweit nicht von einer Nutzungsentziehung oder Belastung des Nutzungsrechts zum Nachteil der Gesellschaft sprechen. Hier greift sinngemäß auch die Überlegung aus dem bereits erwähnten Urteil des OLG Dresden vom 10.7.2002 ein, dass die Gesellschaft nicht besser gestellt werden darf, als wenn der Gesellschafter das Grundstück der Gesellschaft übereignet hätte.[806] Wäre eine Übereignung an die Gesellschaft erfolgt, so hätte sich die Gesellschaft ein Darlehen auch selbst durch die Belastung „ihres" Grundstücks beschaffen können. Ersatzansprüche wegen „Nutzungsentziehung" wären dann aber von vornherein nicht mehr in Betracht gekommen und es käme auch nicht mehr auf den Zeitpunkt einer Umqualifizierung an. Das spricht aber dafür, den Gesellschafter grundsätzlich nicht über die Verwertung des Grundstücks zugunsten der Gesellschaft hinaus – zumindest unter dem Gesichtspunkt der „Nutzungsentziehung" – haften zu lassen.

Für die Haftungsabwicklung beim Zusammentreffen von eigenkapitalersetzender Gesellschafterbesicherung und Nutzungsüberlassung des Sicherungsgegenstands folgt daraus, dass der Gesellschafter seine Freistellungspflicht auch durch Verwertung des genutzten Gegenstands (insbesondere eines Grundstücks) zwecks Befriedigung des Drittgläubigers erfüllen kann und hinsichtlich einer daraus folgenden Nutzungsentziehung zum Nachteil der Gesellschaft nur insoweit zu Ersatz verpflichtet ist, als bei der Verwertung noch ein Überschuss über die gesicherte Verbindlichkeit hinaus erzielt wurde (analog § 32b GmbHG).[807] Dies sollte unabhängig davon gelten, ob zu-

806 OLG Dresden ZInsO 2003, 227; vgl. zuvor bereits OLG Dresden ZIP 2002, 1194, 1196.

807 Für die einverständliche Verwertung des Sicherungsgegenstands hatte BGHZ 127, 1, 15 f. = ZIP 1994, 1261, 1266 f. die Auskehrung eines dem Restnutzungswert entsprechenden Erlösanteils von der Auslegung der entsprechenden Vereinbarung zwischen Gesellschaft und Gesellschafter abhängig gemacht. Darum geht es aber nicht, soweit der Geschäftsführer bzw. Insolvenzverwalter den Gesellschafter nur zur Freistellung von einer durch Grundpfandrecht besicherten Verbindlichkeit auffordert. Denn dadurch stimmt die Gesellschaft nicht automatisch auch der Verwertung der Grundschuld, geschweige denn dem Untergang ihres Nutzungsrechts an dem Grundstück zu.

erst die Nutzungsüberlassung oder die Sicherheit an dem Nutzungsgegenstand umqualifiziert wurde.[808]

b) Eigenkapitalersetzende Gesellschaftersicherheiten zwischen verbundenen Unternehmen

Zur Vermeidung von Umgehungen des Eigenkapitalersatzrechts sind nach § 32a Abs. 3 Satz 1 GmbHG unter Umständen auch Finanzierungsleistungen von Dritten, die selbst nicht unmittelbar an der betroffenen Gesellschaft beteiligt sind, wie Gesellschafterleistungen im Sinne des § 32a Abs. 1 oder 2 GmbHG zu behandeln. Entsprechendes galt auch schon für die Rechtsprechungsregeln.[809] Besondere Relevanz hat dabei die Anwendbarkeit des Eigenkapitalersatzrechts zwischen verbundenen Unternehmen, wobei die Rechtsfolgen auch davon abhängen, ob die betroffenen Gesellschaften einander „hierarchisch" untergeordnet sind oder als sogenannte Schwestergesellschaften „nebeneinander" stehen und nur über eine gemeinsame Obergesellschaft (z.B. Holding) miteinander verbunden sind.[810] Dies kann sich auch auf die Durchsetzung von Freistellungs- oder Erstattungsansprüchen aufgrund eigenkapitalersetzender Gesellschafterbesicherung auswirken.

aa) Besicherung zugunsten untergeordneter Tochter- oder Enkelgesellschaften

Eine „mittelbare" Gesellschafterstellung liegt regelmäßig dann vor, wenn die „finanzierte" Gesellschaft durch eine vertikale Kette von maßgeblichen Beteiligungen[811] der die Finanzierungsleistung gewährenden Gesellschaft untergeordnet ist. Ein Beispiel dafür ist die 100 % Beteiligung einer Muttergesellschaft (M) an einer Tochtergesellschaft (T), die ihrerseits 100 % der Geschäftsanteile an der Enkelgesellschaft (E) hält. In diesem Falle werden der mittelbaren Gesellschafterin M durch die Beteiligungskette gesellschaftsrechtliche Einwirkungsmöglichkeiten eröffnet und ihr kommen außerdem die Vorteile einer eventuell erfolgreichen Finanzierung bei E zu-

808 Insoweit wohl a. A. Blöse, EWiR 2002, 345, 346.

809 Vgl. zur Anwendbarkeit auf verbundene Unternehmen BGHZ 81, 311, 315 f. („Sonnenring"); BGHZ 122, 333, 337; GmbHR 1999, 916. Allgemein zur Gleichstellung Dritter mit Gesellschaftern im Bereich der Rechtsprechungsregeln Orth, S. 156 f.

810 Vgl. zu dieser differenzierenden „hierarchischen" Betrachtung auch Orth, S. 146 ff.; Hommelhoff, WM 1984, 1105, 1116 f.; Rowedder/Schmidt-Leithoff/Pentz, § 32a Rn. 82.

811 Zur erforderlichen Beteiligungshöhe näher HandbuchKapRErsR/Fleischer, Rn. 12.11 ff. Die Rechtsprechung sieht jedenfalls eine durchgehende Mehrheitsbeteiligung als ausreichend an; so BGH GmbHR 1999, 916; 2001, 106.

gute, weil diese zu Gewinnausschüttungen an T und damit letztlich auch an M selbst führen kann. In einer solchen Konstellation entspricht es der herrschenden Ansicht, dass die Muttergesellschaft auch gegenüber der Enkelgesellschaft wie eine Gesellschafterin zu behandeln ist.[812]

Selbst wenn man bei Anwendung des Eigenkapitalersatzrechts auf mittelbar beteiligte Unternehmen nur von einer Vermutung für die Gleichbehandlung als Gesellschafter ausgeht[813] oder einem (mittelbaren) Gesellschafter generell den Nachweis zubilligen wollte, seine Finanzierungsleistung sei ein normales Drittgeschäft gewesen,[814] wird dieses in der Praxis nur ausnahmsweise zu anderen Ergebnissen führen. Hat also in dem obigen Beispiel die M eine Sicherheit für ein Bankdarlehen der E bestellt, so erfolgt dessen Umqualifizierung genauso wie bei einer Besicherung durch deren unmittelbare Gesellschafterin T. Die M wäre demnach in der Krise der E auch zu deren Freistellung bei Fälligkeit der Bankverbindlichkeit verpflichtet.[815]

In umgekehrter Richtung fehlt es freilich an diesen Einflussmöglichkeiten, und mögliche mittelbare Vorteile, die einer Tochter- oder Enkelgesellschaft aus der Gewährung von Darlehen oder Sicherheiten für ihre Muttergesellschaft erwachsen könnten, sind allein jedenfalls nicht geeignet, die Anwendbarkeit des Eigenkapitalersatzrechts zu Lasten der abhängigen bzw. untergeordneten Enkelgesellschaft zu rechtfertigen.[816] Bestellt die E eine Sicherheit

812 Vgl. allgemein BGHZ 81, 311, 315; Baumbach/Hueck/Fastrich, § 32a Rn. 24; Goette, § 4 Rn. 116 ff.; im Ergebnis wohl auch Hommelhoff, WM 1984, 1105, 1116; Roth/Altmeppen, § 32a Rn. 161.

813 Vgl. Lutter/Hommelhoff, §§ 32a,b Rn. 63 f. der eine „wirtschaftliche Einheit" verlangt, die im Vertragskonzern unwiderleglich zu vermuten sei. Orth, S. 150 f. verlangt die Ausübung von Mitverwaltungsrechten durch den mittelbaren Gesellschafter oder das Bestehen einer wirtschaftlichen Einheit (z. B. Betriebsaufspaltung).

814 Scholz/Karsten Schmidt, §§ 32a, 32b Rn. 136.

815 Eine zusätzliche eigenkapitalersatzrechtliche Haftung der T gegenüber E besteht aber nicht automatisch, da es dafür sowohl an einer Finanzierungsleistung (Sicherheitenbestellung) als auch an einem Vermögensvorteil der T (durch etwaige Tilgung der Bankverbindlichkeiten) fehlt. Bei der Kreditgewährung durch Enkelgesellschaften an andere Konzernunternehmen wird aber teilweise die Haftung der unmittelbar beteiligten Gesellschaft nach § 31 Abs. 1 GmbHG unter Zurechnungsgesichtspunkten bejaht; vgl. Sotiropoulos, S. 88; a. A. Fleck, FS 100 Jahre GmbHG, S. 391, 416. Näherliegend wäre eine Ausfallhaftung der T nach § 31 Abs. 3 GmbHG analog; vgl. Ehricke, S. 300 (der jedoch gegen die Beschränkung auf die Stammkapitalziffer ist).

816 HandbuchKapErsR/Fleischer, Rn. 12.19; Cahn, S. 238; möglicherweise anders bzw. unklar Fleck, FS 100 Jahre GmbHG, S. 391, 417 dessen Erwägung (zu § 30 GmbHG), bei Alleingesellschafterstellung des herrschenden Unternehmens wären durch Rückgewähransprüche „die Interessen dritter Personen nicht beeinträchtigt", schon im Hinblick auf den Schutz von Drittgläubigern der abhängigen Gesellschaft nicht überzeugt.

für den Kredit einer Bank an die M, so wird die Sicherheit in einer Krise der M nicht umqualifiziert.[817] Vielmehr besteht ein Freistellungs- bzw. Regressanspruch der E als Sicherungsgeberin gegen M z.B. nach Bürgschaftsrecht. Außerdem greifen zum Schutz der E die Grundsätze der Kapitalerhaltung ein. Überwiegend wird auf die Sicherheitenbestellung von GmbH's für Kredite an ihre (mittelbaren) Gesellschafter §§ 30, 31 GmbHG[818] angewendet, während die Gegenansicht in der Literatur den Schutz der Gesellschaft über eine analoge Anwendung von § 43a GmbHG gewährleisten will.[819] Voraussetzung dafür ist aber jedenfalls, dass bei verbundenen Unternehmen Kapitalerhaltungs- wie Kapitalersatzvorschriften grundsätzlich die abhängige bzw. untergeordnete Gesellschaft gegen die übergeordnete Gesellschaft schützen und nicht umgekehrt.

bb) Besicherung zugunsten von Schwestergesellschaften

Zwischen Schwestergesellschaften fehlt es an einem Über- oder Unterordnungsverhältnis, dass eine eindeutige Zuordnung der eigenkapitalersatzrechtlichen Verantwortung ermöglicht. Andererseits handelt es sich aber doch um verbundene Unternehmen, weil an beiden Gesellschaften eine übergeordnete (Konzern-) Mutter beteiligt ist. Deshalb besteht auch in diesen Fällen grundsätzlich ein Bedürfnis, Umgehungen des Eigenkapitalersatzrechts vorzubeugen. Dies ist insbesondere dann erforderlich, wenn sich die Muttergesellschaft ihrer Tochtergesellschaft „bedient", damit diese ihrer Schwestergesellschaft ein Darlehen oder eine Sicherheit zwecks Kreditaufnahme bei einem Drittgläubiger gewährt. Dies sei an folgendem Beispiel verdeutlicht:

Die Muttergesellschaft M-GmbH ist zu jeweils 100 % an zwei Tochtergesellschaften T-GmbH und S-GmbH beteiligt. In der Krise der S weist M die T an, den von einer Bank an die S gewährten Kredit durch eine Bürgschaft abzusichern.

---

817 Vgl. Roth/Altmeppen, § 32a Rn. 173.

818 Die im Vordringen befindliche Auffassung will schon die Sicherheitenbestellung bei Bestehen einer Unterbilanz als Verstoß gegen § 30 GmbHG behandeln; Baumbach/Hueck/Fastrich, § 30 Rn. 19; Lutter/Hommelhoff, § 30 Rn. 10, 35; Roth/Altmeppen, § 30 Rn. 98; Rowedder/Schmidt-Leithoff/Pentz, § 30 Rn. 37; Stimpel, FS 100 Jahre GmbHG, S. 335, 357. Nach der Gegenansicht liegt ein Verstoß erst bei (drohender) Inanspruchnahme der Sicherheit vor; vgl. Hachenburg/Goerdeler/Müller, § 30 Rn. 66; Scholz/H. P. Westermann, § 30 Rn. 31a.

819 Scholz/Uwe H. Schneider, § 43a Rn. 63; Karsten Schmidt GesR, S. 1149; Sotiropoulos, S. 87 f., 106; gegen die Analogie zu § 43a GmbHG eingehend Ehricke, S. 301 ff.

Welche Anforderungen genau an das Verhältnis von Schwestergesellschaften zu stellen sind, um sie als Gesellschafter zu behandeln ist streitig.

Die Rechtsprechung und die ihr folgenden Stimmen in der Literatur gelangen zu dieser Einordnung durch die entsprechende Anwendung der §§ 15–19 AktG und berufen sich dafür insbesondere auf die Entstehungsgeschichte der Novellenregeln.[820] Der noch im Regierungsentwurf von 1977 vorgesehene § 32a Abs. 5 GmbHG[821] habe ausdrücklich die Gleichstellung von Darlehen und Sicherheiten verbundener Unternehmen vorgesehen und sei später aus Vereinfachungsgründen in der allgemeinen Umgehungsklausel des § 32a Abs. 3 Satz 1 GmbHG aufgegangen. In Betriebsaufspaltungsfällen stützte sich der BGH außerdem auf die Erwägung, dass die (Schwester-) Gesellschaften – obwohl nicht unmittelbar aneinander beteiligt – als „wirtschaftliche Einheit" anzusehen und folglich wie unmittelbare Gesellschafter zu behandeln seien.[822]

Andere Stimmen in der Literatur verlangen – mit Unterschieden im einzelnen – entweder eine wirtschaftliche Einheit zwischen den Schwestergesellschaften (Beispiel: Betriebsaufspaltung) oder doch ein gesellschaftsrechtliches Interesse an der Finanzierungsleistung, was im Falle mittelbarer Stellvertretung bzw. beim Handeln auf Rechnung der Muttergesellschaft bejaht werden könne.[823] In einigen Fällen wie z.B. einem Vertragskonzern könne außerdem eine Vermutung für die Behandlung als Gesellschafter sprechen.[824] Die Vertreter dieser Ansicht berufen sich dabei auf die Notwendigkeit, die nach der Definition der verbundenen Unternehmen zu weit geratene Gleichstellung von allen verbundenen Unternehmen mit Gesellschaftern einer bestimmten Gesellschaft unter wertenden Gesichtspunkten zu begrenzen.[825]

Tatsächliche Unterschiede ergeben die Auffassungen in solchen Konstellationen, wo zwischen den Beteiligungsunternehmen normale Leistungsbezie-

---

820 BGHZ 81, 311, 315; GmbHR 1999, 916; 2001, 106; vgl. auch KG NZG 2000, 1224, 1225; OLG Düsseldorf GmbHR 2003, 947, 950 m. krit. Anm. Blöse ebd., S. 950 f.; Ehricke, S. 163 f.; Baumbach/Hueck/Fastrich, § 32a Rn. 24; Hachenburg/Ulmer, § 32a,b Rn. 120; Meyer-Landrut, § 32a Rn. 12; Roth/Altmeppen, § 32a Rn. 169.

821 Vgl. RegE 1977, BT-Drs. 8/1347, S. 10.

822 BGHZ 121, 31, 35; 127, 1, 5; zustimmend Orth, S. 153.

823 HandbuchKapErsR/Johlke/Schröder, Rn. 5.45 ff.; HandbuchKapErsR/Fleischer, Rn. 12.24 f.; Lutter/Hommelhoff, §§ 32a,b Rn. 64; Lutter, ZIP 1989, 477, 480.

824 Vgl. Lutter/Hommelhoff, §§ 32a,b Rn. 64; Rowedder/Schmidt-Leithoff/Pentz, § 32a Rn. 82.

825 Vgl. Michalski/Heidinger, §§ 32a, 32b Rn. 203; Rowedder/Schmidt-Leithoff/Pentz, § 32a Rn. 82; Cahn, S. 240 verlangt eine Leistung „causa societatis".

hungen ohne Mitwirkung der gemeinsamen Muttergesellschaft bestehen, z.B. Warenlieferungen unter Eigentumsvorbehalt mit Zahlungsziel oder entgeltliche Nutzungsüberlassungen zu marktüblichen Konditionen. In derartigen Fällen stellt sich die Leistung aus Sicht beider Schwestergesellschaften als normales Drittgeschäft dar, und selbst das „Stehenlassen" der Leistung in einer späteren Krise kann als normales Gläubigerverhalten zur Stützung eines „guten Kunden" erscheinen, zumal wenn die leistende Gesellschaft über Sicherungsrechte wie z.B. einen verlängerten Eigentumsvorbehalt an gelieferten Waren verfügt. Die herrschende Meinung führt in solchen Fällen nämlich allein aufgrund des Vorhandenseins einer Beteiligungskette zur Einordnung der leistenden Gesellschaft als Gesellschafterin der Schwestergesellschaft. Selbst Äußerungen von BGH-Richtern im Schrifttum weisen aber darauf hin, dass etwa der Begriff einer „wirtschaftlichen Einheit" nicht bedeutet, dass jede Leistung zwischen zwei Konzernunternehmen auch allen anderen verbundenen Unternehmen zuzurechnen sei.[826] Diese Zurechnung kann sich vorliegend aber nur aus einer Mitverantwortung der (gemeinsamen) Muttergesellschaft ergeben. Die herrschende Meinung muss hier regelmäßig mit der Unterstellung arbeiten, dass die Leistung von der Muttergesellschaft veranlasst wurde.[827] Solange aber Konstellationen denkbar sind, in denen Schwestergesellschaften unabhängig von den Interessen der übergeordneten Muttergesellschaften miteinander Geschäfte machen, rechtfertigt sich aus dem Gesichtspunkt des Umgehungsschutzes nur eine durch die Beteiligungsverhältnisse begründete widerlegliche Vermutung dafür, dass Geschäfte der Schwestergesellschaften durch die Muttergesellschaft veranlasst sind.[828]

Eine solche Veranlassung der Muttergesellschaft führt aber regelmäßig dazu, dass die Leistung der Tochtergesellschaft an eine Schwestergesellschaft letztlich für Rechnung der Muttergesellschaft erfolgt und diese der leistenden Gesellschaft auf Erstattung haftet (z.B. nach §§ 667, 670, 778 BGB).[829] Dann würde die Schwestergesellschaft aber schon nach allgemeinen Grundsätzen ohne Rücksicht auf die Beteiligungsverhältnisse zwischen ihr und der Muttergesellschaft einem Gesellschafter gleichgestellt, weil ihre Leistung im

826 Vgl. Fleck, FS 100 Jahre GmbHG, S. 391, 415 (allgemein zur Kapitalerhaltung).

827 Vgl. etwa Roth/Altmeppen, § 32a Rn. 169 ff.

828 Im Ergebnis ähnlich HandbuchKapErsR/Johlke/Schröder, Rn. 5.47; Rowedder/Schmidt-Leithoff/Pentz., § 32a Rn. 82; Scholz/Karsten Schmidt, §§ 32a, 32b Rn. 136; zum Vertragskonzern HandbuchKapErsR/Fleischer, Rn. 12.25; vgl. zum Parallelproblem der Einlagenrückgewähr auch Rust, S. 210 ff.

829 Insoweit zutreffend Roth/Altmeppen, § 32a Rn. 169 ff.; vgl. zu § 778 BGB eingehend Rust, S. 223 ff.

Sinne des § 32a Abs. 3 Satz 1 GmbHG der Finanzierungsleistung eines Gesellschafters entspricht.[830]

Eine Sicherheitenbestellung wird sich aber kaum als „normales" Drittgeschäft darstellen, so dass in dem Ausgangsbeispiel die Bürgschaft der T für ein Bankdarlehen an S wohl nach beiden Ansichten umqualifiziert wird und demnach auch eine Freistellungspflicht der T gegenüber der in der Krise befindlichen S besteht. Der denkbare Einwand, dass damit das Vermögen der Tochtergesellschaft belastet werde, ohne dass sie selbst von der Finanzierung ihrer Schwestergesellschaft profitiert habe,[831] überzeugt aus zwei Gründen nicht: Zum einen besteht ja nach dem zuvor Gesagten grundsätzlich ein Erstattungsanspruch gegen die Muttergesellschaft und zum anderen sind auch die Gläubiger der Tochtergesellschaft nicht generell davor geschützt, dass Ansprüche „ihrer" Schuldnerin aus tatsächlichen (z.B. Insolvenz der Mutter) oder rechtlichen Gründen (Eigenkapitalersatzrecht zum Schutz der Schwester) nicht durchsetzbar sind.

Anders als bei hierarchisch übergeordneten mittelbaren Gesellschaftern kann in dem Beispielsfall zwar nicht die *Entstehung* wohl aber die *Durchsetzbarkeit des Freistellungsanspruchs* der S durch deren Stellung als Schwestergesellschaft der T beeinträchtigt sein. Bejaht man einmal die Gesellschafterstellung der T gegenüber S und bewertet deren Bürgschaft als causa societatis veranlasst, so ist es aufgrund der Gleichrangigkeit der Schwestergesellschaften nicht nur möglich, sondern im Rahmen derselben Leistungsbeziehung sogar geboten, auch umgekehrt die S als (mittelbare) Gesellschafterin der T anzusehen.[832] Dann wäre aber aus Sicht der T (und ihrer Gläubiger!) eine Leistung an ihre Schwestergesellschaft S – selbst wenn es um eigenkapitalersatzrechtliche Freistellungs- oder Erstattungsansprüche geht – bei Beeinträchtigung des Stammkapitals der T eine verbotene Auszahlung im Sinne der §§ 30, 31 GmbHG. Der Freistellungsanspruch von S wäre folglich nicht durchsetzbar.

In gleicher Weise hatte das Kammergericht mit Urteil vom 3.4.2000[833] einen Fall zum Auszahlungsverbot nach §§ 30, 31 GmbHG entschieden, in dem Warenlieferungen zwischen Schwestergesellschaften zu niedrig abgerechnet

830 Vgl. Orth, S. 152; allgemein zur Leistung auf Rechnung eines Gesellschafters BGHZ 75, 334, 335 f.; 81, 365, 368; Baumbach/Hueck/Fastrich, § 32a Rn. 26. Entsprechendes sollte auch im Vertragskonzern gelten, weil dort die Leistung wegen der Verlustausgleichspflicht nach § 302 AktG zumindest „auf Risiko" des herrschenden Unternehmens geht; HandbuchKapErsR/Fleischer, Rn. 12.25.

831 Vgl. Scheel, S. 406; dagegen schon zutreffend Ehricke, S. 164.

832 Vgl. Cahn, S. 242; Rowedder/Schmidt-Leithoff/Pentz, § 32a Rn. 82 (offen gelassen).

833 KG NZG 2000, 1224, 1225 (n.rkr.).

wurden. Dies könne zwar grundsätzlich einen Rückgewähranspruch aus § 31 GmbHG begründen, doch sei dieser nach den Grundsätzen der unzulässigen Rechtsausübung nicht durchsetzbar, wenn die an sich zur Erstattung verpflichtete begünstigte Schwestergesellschaft ihrerseits nicht mehr über das volle Stammkapital verfüge:[834]

> „Denn mit der Erstattung wäre sogleich ein neuer Erstattungsanspruch gegen die B-GmbH entstanden, den wiederum diese nicht hätte erfüllen können. In einem Fall (...), wo also Stammkapital zwischen zwei Schwestergesellschaften hin- und hergeschoben wird, trifft die Erstattungspflicht nicht die beiden gleichermaßen unterkapitalisierten Gesellschaften, sondern den hinter ihnen stehenden Gesellschafter. (...)"

In der Literatur wird dagegen vorgeschlagen, derartige Konflikte zwischen Kapitalerhaltungs- und Kapitalersatzrecht durch wertende Betrachtungen im Einzelfall zu lösen und danach die Durchsetzung entsprechender Ansprüche in einigen Fällen zu gestatten.[835] Dafür fehlt es aber an überzeugenden und eindeutigen Kriterien. Der Versuch, etwa das Eigenkapitalersatzrecht als „gläubigerschützender" anzusehen als die Kapitalerhaltungsvorschriften überzeugt für sich allein kaum, wenn umgekehrt eingeräumt wird, dass beide Rechtsinstitute die prinzipiell gleichrangigen Interessen der Gläubiger der jeweiligen Gesellschaft schützen.[836] Auch die Beurteilung der „Dispositionen", die zwischen Mittelüberlassung und Rückforderung erfolgt sind,[837] kann die Stammkapitalbeeinträchtigung im Zeitpunkt der Geltendmachung eines konkreten Anspruchs nicht aufheben. Allenfalls kann eine solche Überlegung für die Haftung der Geschäftsführer (§ 43 Abs. 3 GmbHG) bedeutsam sein, wenn diese bestehende und durchsetzbare Ansprüche gegen eine zunächst „gesunde" Schwestergesellschaft nicht rechtzeitig geltend machen und später beide Schwestergesellschaften kreditunwürdig werden bzw. nicht mehr über genügend Stammkapital verfügen. Bei eigenkapitalersetzenden Gesellschaftersicherheiten entspricht dies der Geschäftsführerhaftung für die nicht rechtzeitige Geltendmachung des Freistellungsanspruchs.

Die überzeugendere Lösung derartiger Konflikte bleibt daher, das Bestehen entsprechender Ansprüche grundsätzlich anzuerkennen, deren Durchsetzbarkeit aber von der Vereinbarkeit mit den Kapitalerhaltungsvorschriften der jeweils anderen Gesellschaft abhängig zu machen.[838] Ein Freistellungsan-

834 KG NZG 2000, 1224, 1226 (n. rkr.).
835 Cahn, S. 244.
836 Vgl. Cahn, S. 243.
837 Vgl. Cahn, S. 244.
838 Ebenso KG NZG 2000, 1224, 1225 (n. rkr.).

spruch gegen eine Schwestergesellschaft ist folglich nur dann durchsetzbar, wenn dadurch nicht deren Stammkapital entgegen § 30 GmbHG beeinträchtigt wird.[839]

Dass die Besicherung von Krediten an Schwestergesellschaften aus Sicht der besichernden Gesellschaft möglicherweise einen Verstoß gegen § 30 GmbHG (nach der Gegenansicht § 43a GmbHG) darstellt, beeinträchtigt aber – ebenso wie die eigenkapitalersetzende Gesellschafterbesicherung selbst[840] – nach herrschender Ansicht grundsätzlich nicht die *Stellung des Drittgläubigers*. Der BGH hat Entsprechendes in seinem Grundsatzurteil vom 19.3.1998 sogar für den Fall der Besicherung von Krediten der Muttergesellschaft durch die Tochtergesellschaft ausgesprochen.[841] Zutreffend ist insbesondere die Begründung, dass sich Kapitalerhaltungsvorschriften nicht an Drittgläubiger wenden und außerdem bei Krediten an verbundene Unternehmen eine Weiterleitung von Darlehen an andere Konzerngesellschaften erfolgen kann, so dass eine Bank auch an deren Mithaftung ein anzuerkennendes Interesse hat.[842] Eine Sittenwidrigkeit des Sicherungsgeschäfts kommt deshalb nur in Betracht, wenn Kreditnehmer und Bank kollusiv zum Schaden der sicherungsgebenden Gesellschaft und deren Gläubiger zusammenwirken.[843]

cc) Gesamtschuldnerische Freistellungspflicht der Muttergesellschaft

Hat eine Tochtergesellschaft für ihre Schwestergesellschaft eine eigenkapitalersetzende Gesellschaftersicherheit bestellt, haftet sie zunächst einmal selbst auf Freistellung der Schwestergesellschaft von deren Verbindlichkeit gegenüber dem Drittgläubiger. Weil dieser Anspruch, wie zuvor dargelegt, unter Umständen nicht durchsetzbar sein kann, stellt sich die Frage, ob neben der Tochtergesellschaft auch die Muttergesellschaft auf Freistellung bzw. Erstattung etwaiger Rückzahlungen haftet.

---

839 Besteht sogar eine Überschuldung, gilt das Verbot des § 30 GmbHG ebenfalls; BGH NJW 1990, 1730, 1731 f.; Roth/Altmeppen, § 30 Rn. 17.

840 Vgl. dazu nur BGH NJW 1985, 858, 859 = ZIP 1985, 158, 159; HandbuchKapErsR/Fleischer, Rn. 6.5.

841 BGHZ 138, 291, 299 ff. = NJW 1998, 2592, 2594 ff. = EWiR 1998, 699 (Eckardt) = WuB I F 4.-4.98 (Wittig).

842 Vgl. BGHZ 138, 291, 298, 301 = NJW 1998, 2592, 2594 f.; Eckardt, EWiR 1998, 699, 700; zustimmend Wittig, WuB I F 4.-4.98.

843 Vgl. BGHZ 138, 291, 300 = NJW 1998, 2592, 2595; Eckardt, EWiR 1998, 699, 700; Wittig, WuB I F 4.-4.98. Dafür stellt der BGH u.a. auf die Kriterien für „eigennützige Sanierungskredite“ (§ 826 BGB) ab.

Soweit diese Frage ganz allgemein für eigenkapitalersetzende Leistungen oder Ansprüche nach § 31 GmbHG erörtert wird, gehen einige Stimmen in Rechtsprechung und Literatur grundsätzlich davon aus, dass die Muttergesellschaft als Gesamtschuldnerin derselben Haftung unterliegt wie die Tochtergesellschaft.[844] Dabei wird allgemein auf das Näheverhältnis und auf die Verantwortung der Muttergesellschaft für die Finanzierung der Schwestergesellschaft abgestellt. Teilweise wird für eine gesamtschuldnerische Mithaftung auf eine „Veranlassung der Auszahlung" abgestellt.[845]

Gegen eine solche eigenkapitalersatzrechtliche Haftung wird eingewandt, dass die Zurechnung über § 32a Abs. 3 Satz 1 GmbH nur die Behandlung der Schwestergesellschaften als Gesellschafter rechtfertige. Eine etwaige „Einwirkung" der Muttergesellschaft auf die Leistungsbeziehung zwischen ihren Tochtergesellschaften begründe keine Eigenkapitalersatzhaftung der Mutter, sondern sei gegebenenfalls über die Grundsätze der Haftung für existenzvernichtende Eingriffe auszugleichen.[846] Der BGH konnte die Frage der gesamtschuldnerischen Mithaftung der Muttergesellschaft für eigenkapitalersetzende Leistungen zwischen Schwestergesellschaften in seinem Urteil vom 27.11.2000 offen lassen, weil dort nur über die Haftung einer Tochtergesellschaft zu entscheiden war.[847]

Eine bloße „wirtschaftliche Nähe" zwischen verbundenen Unternehmen kann eine Mithaftung allein nicht begründen, weil dies die rechtliche Eigenständigkeit der einzelnen Gesellschaften nicht ausreichend respektieren würde.[848] Das zeigt auch der Blick auf die Systematik der Haftung von § 31 GmbHG. Nur der unmittelbar begünstigte Gesellschafter haftet nach Absatz 1 auf Erstattung der empfangenen Leistung, während die Mitgesellschafter – allein aufgrund ihrer Gesellschafterstellung – nur der auf das Stammkapital begrenzten Ausfallhaftung nach Absatz 3 unterliegen. Eine Haftung der Muttergesellschaft[849] auf Freistellung kann demnach nur auf weiteren Zurechnungskriterien des Eigenkapitalersatzrechts beruhen.

---

844 OLG Düsseldorf GmbHR 2003, 947 m. krit. Anm. Blöse ebd., S. 950 ff.; Hommelhoff, WM 1984, 1105, 1117; a. A. wohl Hachenburg/Goerdeler/Müller, § 31 Rn. 21(Dritte haften nur, soweit sie als Zahlungsempfänger anzusehen sind).

845 Rowedder/Schmidt-Leithoff/Pentz, § 31 Rn. 10; Scholz/H.P.Westermann, § 31 Rn. 13.

846 Blöse, GmbHR 2003, 950, 951.

847 BGH GmbHR 2001, 106, 106. Die Haftung der Tochtergesellschaft wurde bejaht. Grundlegend zum Haftungsdurchgriff gegen Schwestergesellschaften vgl. Raiser, FS Ulmer, S. 493, 509.

848 Vgl. Fleck, FS 100 Jahre GmbHG, S. 391, 415 (zur Kapitalerhaltung).

849 Vgl. Ehricke, S. 300 der § 31 Abs. 3 GmbHG auf die Muttergesellschaft anwenden will. Das kommt aber nur in Betracht, wenn die Muttergesellschaft unmittelbare Gesellschafterin ist. Eine Ausdehnung auf „mittelbare Mitgesellschafter" würde die

Für die hier interessierende Konstellation der Sicherheitenbestellung zugunsten einer Schwestergesellschaft wurde die Haftung der Tochtergesellschaft letztlich mit der auf einer Veranlassung beruhenden wirtschaftlichen Haftung der Muttergesellschaft für die eigenkapitalersetzende Besicherung begründet. Diese kann sich aus §§ 670 oder § 778 (analog) BGB ergeben.[850]

Eine solche wirtschaftliche Einstandspflicht der Mutter, die genauso wie die Haftung der Tochtergesellschaft letztlich von der Bonität der Schwestergesellschaft und Darlehensnehmerin abhängt, ist wirtschaftlich der Situation eines „gesellschafterbesicherten Gesellschafterdarlehens" vergleichbar. Das Darlehen des Gesellschafters wird dabei wie üblich nach § 32a Abs. 1 GmbHG umqualifiziert. Die Sicherheit, die der andere Gesellschafter seinem Mitgesellschafter bestellt hat, z.B. um auf diese Weise einen Teil des Risikos der Krisenfinanzierung mit zu übernehmen, ist keine eigenkapitalersetzende Sicherheit im eigentlichen Sinne von § 32a Abs. 2 GmbHG, denn es fehlt an einem *Drittgläubiger*, der aufgrund der Gesellschaftersicherheit erst ein Darlehen gewährt. Gleichwohl ist aber doch auch die Darlehensgewährung durch einen Mitgesellschafter in gewisser Verweise durch die Sicherheitenbestellung mit veranlasst und rechtfertigt daher zumindest die Einordnung als gleichgestellte Leistung im Sinne von § 32a Abs. 3 Satz 1 GmbHG.[851] Im Falle einer Rückzahlung des besicherten Gesellschafterdarlehens haften dann beide Gesellschafter gesamtschuldnerisch auf Erstattung.[852] Strukturell gibt es aber dann im Innenverhältnis von Gesellschaft und sichernden Gesellschafter keinen Grund, nicht genauso wie beim Drittdarlehen auch einen Freistellungsanspruch der Gesellschaft zu bejahen.

Wirtschaftlich ist die Haftung der Muttergesellschaft gegenüber der Tochtergesellschaft, die eine Sicherheit für ein Darlehen ihrer Schwestergesellschaft bestellt hat, mit derjenigen beim gesellschafterbesicherten Gesellschafterdarlehen durchaus vergleichbar. So würde etwa eine Darlehensrückzahlung durch die Schwestergesellschaft nicht nur die Tochtergesellschaft hinsichtlich der Sicherheit (vgl. § 32b GmbHG) entlasten, sondern mittelbar auch der Muttergesellschaft zugute kommen. Das Unterordnungsverhältnis zwi-

---

Grenzen dieses Haftungsinstitut sprengen. Wenn man mit der neueren Rechtsprechung – entgegen Ehricke – die Haftung außerdem maximal auf den Betrag der Stammkapitalziffer begrenzt, deckt diese häufig nur einen Teil der nach § 31 Abs. 1 GmbHG uneinbringlichen Forderung ab. Außerdem würde dadurch kein Freistellungsanspruch, sondern nur ein subsidiärer Erstattungsanspruch begründet.

850 Vgl. Roth/Altmeppen, § 32a Rn. 169; Rust, S. 223 ff.

851 HandbuchKapErsR/Fleischer, Rn. 6. 10; Roth/Altmeppen, § 32a Rn. 220; Scholz/Karsten Schmidt, §§ 32a, 32b Rn. 62, 133.

852 Scholz/Karsten Schmidt, §§ 32a, 32b Rn. 133.

schen Mutter- und Tochtergesellschaft spräche außerdem dagegen, der Mutter im Verhältnis zur Tochter zu gestatten, einer Inanspruchnahme mit dem Einwand der Kapitalersatzfunktion der bestellten Sicherheit entgegenzutreten.[853] Da sich außerdem die „Veranlassung" der Muttergesellschaft auf eine konkrete Sicherheitenbestellung für ein Drittdarlehen bezieht, erscheint es durchaus angemessen, die Muttergesellschaft (anders als im Rahmen der Haftung nach § 31 Abs. 3 GmbHG) nicht nur einer Erstattungs-, sondern auch einer Freistellungspflicht gegenüber der Schwestergesellschaft auszusetzen. Die Muttergesellschaft ist damit auch nicht unbillig belastet, weil sie der Freistellungsanspruch keinem höheren Risiko aussetzt, als dem bereits im Verhältnis zur Tochtergesellschaft z. B. nach Auftrags- oder Bürgschaftsrecht bestehenden.

Somit rechtfertigt die Veranlassung bzw. wirtschaftliche Zurechenbarkeit der eigenkapitalersetzenden Sicherheitenbestellung neben der Haftung der sichernden Tochtergesellschaft auch eine gesamtschuldnerische Freistellungs- bzw. Erstattungspflicht der Muttergesellschaft gegenüber der das Darlehen aufnehmenden Schwestergesellschaft.

§ 7 Der eigenkapitalersatzrechtliche Freistellungsanspruch als Gegenstand rechtsgeschäftlicher Vereinbarungen und Verfügungen

I. Abtretbarkeit, Pfändbarkeit und Aufrechnungsmöglichkeit

1. Abtretung nur an den zu befriedigenden Drittgläubiger

Nach herrschender Meinung ist die Abtretung eines Erstattungsanspruchs aus § 31 Abs. 1 GmbHG an einen Drittgläubiger der Gesellschaft zulässig, und zwar unabhängig von den Chancen des Gläubigers auf Befriedigung aus dem Gesellschaftsvermögen.[854] Aus eigenkapitalersatzrechtlichen Gründen bestehen gegen die Möglichkeit einer *Abtretung des Freistellungsanspruchs* erst recht keine Bedenken, denn dieser ist anders als der Anspruch aus § 31 Abs. 1 GmbHG nicht auf eine Zahlung in das Gesellschaftsvermögen gerich-

853 Für das gesellschafterbesicherte Gesellschafterdarlehen wird überwiegend ebenfalls angenommen, dass sich der Sicherungsgeber gegenüber dem Darlehensgeber nicht auf die Kapitalersatzfunktion des Darlehens berufen kann; vgl. Roth/Altmeppen, § 32a Rn. 220; BGH NJW 1996, 1341, 1342 = EWiR 1996, 501 (v. Gerkan).

854 BGHZ 69, 274, 282 ff.; NJW 1995, 326, 330 (insoweit nicht in BGHZ 127, 336, 347 abgedruckt); Baumbach/Hueck/Fastrich, § 31 Rn. 7; Roth/Altmeppen, 31 Rn. 8; Scholz/Karsten Schmidt, §§ 32a, 32b Rn. 82; krit. Scholz/H.P. Westermann, § 31 Rn. 9.

tet. Vielmehr wird durch die Leistung des Gesellschafters an den Drittgläubiger dafür gesorgt, dass die Gesellschaft nicht mehr selbst an diesen leisten muss und sich gegenüber Rückgriffsansprüchen des Gesellschafters unmittelbar auf die Kapitalersatzfunktion seiner Sicherheiten und der daraus resultierenden Ansprüche berufen kann. Auf die Befriedigungschancen aus dem Vermögen der Gesellschaft kann es aus der Sicht des Drittgläubigers auch deshalb nicht ankommen, weil das durch eine Abtretung des Freistellungsanspruchs ermöglichte Vorgehen gegen den Gesellschafter den – für die Insolvenz ausdrücklich in § 32a Abs. 2 GmbHG normierten – Intentionen des Gesetzgebers entspricht und wirtschaftlich zu keinem anderen Ergebnis führt, als die Durchsetzung des Freistellungsanspruchs durch die Gesellschaft.

Der besondere Inhalt des Freistellungsanspruchs, der grundsätzlich nicht auf Zahlung, sondern auf Befreiung von einer bestimmten Verbindlichkeit gerichtet ist, spricht wie bei anderen zivilrechtlichen Befreiungsansprüchen dafür, eine *Abtretung* des Anspruchs nur an den zu befriedigenden Drittgläubiger zuzulassen. Die Verknüpfung des Freistellungsanspruchs mit einer ganz bestimmten Schuld verhindert die Möglichkeit, den auf Befreiung von einer bestimmten Verbindlichkeit gerichteten Anspruch in seiner Rechtszuständigkeit von jener Verbindlichkeit zu trennen.[855] Wollte ein anderer „Zessionar" zudem aufgrund einer solchen „Abtretung" nunmehr Befreiung von einer eigenen Verbindlichkeit verlangen, ergäbe sich die Unwirksamkeit der Abtretung schon aus § 399 BGB wegen einer unzulässigen Inhaltsänderung des Freistellungsanspruchs.[856] Praktische Relevanz hat die Abtretungsmöglichkeit für den Darlehensgeber aber nur dann, wenn er nicht mehr aus eigenem Recht auf den Gesellschafter zugreifen kann (z.B. nach einer Sicherheitenfreigabe).[857] Im Falle einer Abtretung des Freistellungsanspruchs wird dann der Gesellschaft gegenüber einer Inanspruchnahme durch den Darlehensgeber zumindest eine Einrede – vergleichbar einer erfüllungshalber erbrachten Leistung[858] – zustehen. Diese sollte auch gegenüber der Verwertung von Sicherheiten der Gesellschaft durchgreifen.[859]

855 Vgl. allgemein Gerhardt, S. 45.

856 Vgl. RGZ 80, 183, 184; BGHZ 41, 203, 205; Staudinger/Bittner, § 257 Rn. 11.

857 Teilweise a. A. Fastrich, NJW 1983, 260, 263 der auch bei Ausfallsicherheiten dem Gläubiger keinen Direktanspruch gegen den Gesellschafter gibt und ihn auf die Abtretung des Freistellungsanspruchs durch die Gesellschaft verweist.

858 Vgl. zum Anspruch aus § 31 Abs. 1 GmbHG BGHZ 69, 274, 283. Die Erfüllung des Freistellungsanspruchs führt allerdings nicht unbedingt zum Erlöschen des Darlehensanspruchs. Dieser kann auch z. B. nach § 774 Abs. 1 BGB auf den Gesellschafter übergehen.

859 Die h. M. verweist die Gesellschaft in der Insolvenz auf die Geltendmachung des Freistellungsanspruchs gegen den Gesellschafter, weil § 32a Abs. 2 GmbHG den

2. Pfändung nur durch den zu befriedigenden Drittgläubiger

Da der Freistellungsanspruch nur an den zu befriedigenden Drittgläubiger abtretbar ist, kann er gemäß § 851 Abs. 1 ZPO auch nur durch diesen gepfändet werden.[860] Ein Rückgriff auf §§ 851 Abs. 2, 857 Abs. 3 ZPO kommt aus der Sicht anderer Gläubiger auch nicht in Betracht, weil die Ausübung eines Freistellungs- bzw. Befreiungsanspruchs durch einen außenstehenden Dritten nicht zu der vom Zwangsvollstreckungsrecht bezweckten Befriedigung *seines* Anspruchs führen kann und dieses auch der Einordnung als „geschuldeter Gegenstand" im Sinne von § 851 Abs. 2 ZPO entgegensteht.[861]

Der Erwerb eines bereits titulierten Freistellungsanspruchs des Befreiungsgläubigers durch den zu befriedigenden Drittgläubiger führt zwar zu einer „Umwandlung" in einen direkten Zahlungsanspruch gegen den Befreiungsschuldner, doch kann der Befreiungstitel im Wege des § 727 ZPO nur auf den Drittgläubiger als Rechtsnachfolger umgeschrieben, nicht aber in einen Zahlungstitel „geändert" werden. Deshalb wird in der Literatur eine neuerliche Zahlungsklage des Drittgläubigers für notwendig gehalten.[862] Aufgrund der besonderen Situation beim eigenkapitalersatzrechtlichen Freistellungsanspruch führt ein Antrag der Gesellschaft nach § 887 Abs. 2 ZPO aber zur Anordnung einer „Vorschusszahlung" an den *Drittgläubiger*,[863] um den Gesellschafter wegen der gefährdeten Weiterleitung bei Zahlung an die Gesellschaft nicht dem Risiko der mehrfachen Inanspruchnahme auszusetzen (vgl. oben § 6 III 2). Deshalb sollte schon aus Gründen der Verfahrensökonomie auch dem Drittgläubiger auf diesem Wege eine Zahlungsvollstreckung aus dem auf ihn umgeschriebenen Befreiungstitel ermöglicht werden.

3. Aufrechnung zwischen Drittgläubiger und Gesellschafter

Hat sich der Freistellungsanspruch in der Person des Drittgläubigers in einen Zahlungsanspruch umgewandelt,[864] so kann der Gesellschafter mit eigenen

---

Zugriff des Drittgläubigers auf Parallelsicherheiten der Gesellschaft nicht verhindert; vgl. nur HandbuchKapErsR/Fleischer, Rn. 6.47. Selbst wenn man dem folgt, spricht dies im Falle einer Abtretung des Freistellungsanspruch nicht gegen die Anwendung der hier angenommenen Einrede auch auf Sicherheiten der Gesellschaft.

860 Vgl. BGHZ 7, 244, 246; 41, 203, 205 f.; Gerhardt, S. 70; MünchKommBGB/Krüger, § 257 Rn. 8.

861 Vgl. Gerhardt, S. 44 f.

862 Bischof, ZIP 1984, 1444, 1447 f.; Staudinger/Bittner, § 257 Rn. 11.

863 Ähnlich Wieser, „Befreiung" Rn. 14; vgl. auch Lange, NJW 1958, 497 (Hinterlegung). Die Zahlungsvollstreckung wegen eigener Prozess- und Vollstreckungskosten bleibt davon aber unberührt.

864 Vgl. nur Fastrich NJW 1983, 260, 263 m. w. N.

Zahlungsansprüchen gegen den Anspruch des Drittgläubigers aufrechnen.[865] Überwiegend wird dem Befreiungsschuldner entsprechend § 406 BGB auch die Aufrechnung gegenüber dem Drittgläubiger mit eigenen Ansprüchen gegen den Befreiungsgläubiger gestattet.[866] Im Falle eines Freistellungsanspruchs aufgrund eigenkapitalersetzender Gesellschafterbesicherung hat diese Möglichkeit aber deswegen kaum praktische Bedeutung, weil andere Ansprüche des Gesellschafters gegen die in der Krise befindliche Gesellschaft häufig nicht durchsetzbar sein werden und deshalb auch nicht aufgerechnet werden können (vgl. § 387 BGB). Nach der „Umwandlung" in einen Zahlungsanspruch in der Person des Drittgläubigers bestehen auch keine Bedenken dagegen, dem Gesellschafter zu gestatten, die im Erstattungsfall eigentlich gegenüber der Gesellschaft bestehenden Rechte aus § 32b Satz 2 und 3 GmbHG nunmehr dem Drittgläubiger entsprechend entgegenzuhalten.[867]

Im Verhältnis zwischen Gesellschaft und Gesellschafter scheitert eine Aufrechnung gegen den Freistellungsanspruch schon an der fehlenden Gleichartigkeit mit einem Zahlungsanspruch des Gesellschafters.[868]

4. Konsequenzen der Insolvenzeröffnung über das Gesellschaftsvermögen

In der Insolvenz über das Vermögen der Gesellschaft kommt eine Verfügung über den Freistellungsanspruch nur noch durch den Insolvenzverwalter in Betracht (vgl. §§ 80, 129 InsO). Eine vorher erfolgte Abtretung kann gegenüber dem Zessionar unter Umständen nach allgemeinen Grundsätzen angefochten werden.[869] Wie bereits dargelegt, lässt sich ein Freistellungsanspruch sowohl auf Grundlage der Rechtsprechungsregeln (§§ 30, 31 GmbHG) als auch aus dem Regelungszusammenhang der §§ 32a Abs. 2, 32b GmbHG begründen. Insoweit kann man durchaus davon sprechen, dass durch die In-

865 Bischof, ZIP 1984, 1444, 1448; Gerhardt, S. 79; Staudinger/Gursky, § 387 Rn. 84 f.

866 BGHZ 12, 136, 144; Gerhardt, S. 82.

867 Wurde seine Sicherheit zunächst vom Drittgläubiger freigegeben und geht dieser anschließend aus dem abgetretenen Freistellungsanspruch gegen den Gesellschafter vor, sollte der Drittgläubiger grundsätzlich nicht besser gestellt werden, als wenn er die Sicherheit noch hätte. Dieser Zustand wird aber durch die Möglichkeit einer Wiedereinräumung der ursprünglichen Sicherheit durch den Gesellschafter analog § 32b Satz 3 GmbHG wiederhergestellt.

868 Vgl. allgemein zum Befreiungsanspruch Gerhardt, S. 72 ff. Zu (vertraglichen) Aufrechnungsmöglichkeiten zwischen Befreiungsschuldner und Drittgläubiger vor Übergang des Befreiungsanspruchs vgl. Staudinger/Bittner, § 257 Rn. 9 (str.).

869 Vgl. Scholz/Karsten Schmidt, §§ 32a, 32b Rn. 74 zum Rückgewähranspruch aus § 31 Abs. 1 GmbHG. Wegen des besonderen Inhalts des Freistellungsanspruchs wird es aber regelmäßig an einer Benachteiligung der übrigen Gläubiger fehlen.

solvenzeröffnung ein zusätzlicher „anfechtungsrechtlicher“ Freistellungsanspruch entsteht, dem wegen der Beschränkung der Rechtsprechungsregeln auf den Stammkapitalschutz eine eigenständige – wenngleich meist theoretische – Bedeutung zukommt.[870]

In der Insolvenz wird von der bislang herrschenden Meinung die Abtretbarkeit eines *insolvenz- bzw. anfechtungsrechtlichen Rückgewähranspruchs* verneint.[871] Die Rechtsprechung hat in diesem Zusammenhang insbesondere darauf abgestellt, dass die Insolvenzmasse im Zuge der Abtretung regelmäßig einen geringeren Gegenwert vom Zessionar erhalte und umgekehrt die volle Forderung des Rückgewährschuldners als Insolvenzforderung wiederauflebe. Außerdem sei der Anfechtungsanspruch untrennbar mit dem Amt des Verwalters verbunden, weil dieser mit Verfahrenseröffnung entstehe und bei einer Beendigung des Insolvenzverfahrens entfalle.[872] In der neueren Literatur wird dagegen die Abtretbarkeit der konkreten Anfechtungsansprüche im Rahmen einer ordnungsgemäßen Verwertung des Schuldnervermögens prinzipiell für zulässig gehalten.[873] Dafür spricht insbesondere, dass § 146 InsO das Anfechtungsrecht als ein normales der Verjährung unterliegendes Forderungsrecht ausgestaltet hat.[874] Dann sollte der Insolvenzverwalter diese Anfechtungsansprüche wie sonstige Vermögensrechte gegebenenfalls durch Übertragung auf Dritte verwerten können, zumal eine möglicherweise dem Insolvenzverwalter vorbehaltene Entscheidung über die *Geltendmachung* von Anfechtungsansprüchen konkludent in der Abtretung enthalten ist.[875]

Für die hier interessierende Frage einer Abtretbarkeit des Freistellungsanspruchs in der Insolvenz der Gesellschaft sind die Bedenken der bislang herrschenden Meinung gegen die Abtretung von Anfechtungsansprüchen noch weniger überzeugend. Denn vorliegend begibt sich die Gesellschaft keines Anspruchs auf Zahlung in ihr eigenes Vermögen. Ihrem eigenen Interesse ist damit genügt, dass der Drittgläubiger aufgrund von § 32a Abs. 2 GmbHG, einer Einrede („erfüllungshalber“ erbrachte Leistung) oder einer entsprechenden Vereinbarung nicht mehr Befriedigung aus dem Gesell-

---

870 Vgl. zur Herleitung des Freistellungsanspruchs ähnlich Michalski/Heidinger, §§ 32a. 32b Rn. 344; HandbuchKapErsR/Kleindiek, Rn. 7.41.

871 RGZ 30, 71, 73 ff.; BGHZ 83, 102, 105; differenzierend Jaeger/Henckel, 9. Aufl., § 37 Rn. 83; Karsten Schmidt, Insolvenzgesetze, § 36 KO Anm. 2 (alle noch zur KO).

872 Vgl. (noch zur KO) BGHZ 83, 102, 105.

873 MünchKommInsO/Kirchhof, § 129 Rn. 214 m. w. N.; Uhlenbruck/Hirte, § 129 Rn. 18; zu § 135 InsO Scholz/Karsten Schmidt, §§ 32a, 32b Rn. 74; a. A. Zeuner, Rn. 313.

874 MünchKommInsO/Kirchhof, § 129 Rn. 214 m. w. N. (str.).

875 MünchKommInsO/Kirchhof, § 129 Rn. 214.

schaftsvermögen beanspruchen kann, soweit er diese aus der Inanspruchnahme des Gesellschafters erlangen kann. Das Argument, die „zurückzugewährende Leistung" komme im Falle der Abtretung nicht mehr der Insolvenzmasse zugute,[876] läuft angesichts des besonderen Inhalts des Freistellungsanspruchs hier leer. Somit bestehen auch gegen die Abtretung eines mit Insolvenzeröffnung entstehenden Freistellungsanspruchs (analog § 32a Abs. 2, 32b GmbHG) keine Bedenken.

II. Verzichts- und Vergleichsmöglichkeiten

1. Vor Eröffnung eines Insolvenzverfahrens

Der Geschäftsführer ist nicht befugt, auf Ansprüche der Gesellschaft aufgrund zwingenden Eigenkapitalersatzrechts zu verzichten. Dies ergibt sich für die Rechtsprechungsregeln aus § 31 Abs. 4 GmbHG. Folglich wäre auch ein gegenüber dem Gesellschafter erklärter Verzicht auf den Freistellungsanspruch grundsätzlich unwirksam. In der Literatur wird dazu vertreten, dass der Freistellungsanspruch im Hinblick auf die §§ 30, 31 GmbHG unabdingbar sei, soweit die Befriedigung des Gläubigers nur aus dem zur Erhaltung des Stammkapitals erforderlichen Gesellschaftsvermögen erfolgen kann.[877]

Für darüber hinausgehende Beträge besteht aber außerhalb einer Insolvenz noch gar kein Freistellungsanspruch, so dass eigentlich kein Bedürfnis für eine Vereinbarung zwischen Gesellschafter und Gesellschaft besteht.[878] Andererseits kann sich ja durch eine negative Geschäftsentwicklung eine Unterbilanz der Gesellschaft weiter vertiefen, so dass sich auch ein Freistellungs- oder (fiktiver) Erstattungsanspruch entsprechend erhöhen würde. Ein „vorauseilender" Verzicht auf zukünftige Freistellungsansprüche sollte deshalb ebenso unwirksam sein, weil er jedenfalls im Zeitpunkt der Vertiefung einer Unterbilanz bzw. Erhöhung des Freistellungsanspruchs mit § 31 Abs. 4 GmbHG (analog) unvereinbar wäre. Nichts anderes sollte aber auch gelten, wenn später ein Insolvenzverfahren eröffnet wird. Dann entsteht ein betragsmäßig unbeschränkter Freistellungsanspruch, der sich schon nach allgemeinen Grundsätzen des Anfechtungs- und des Eigenkapitalersatzrechts gegen entgegenstehende Verzichtsabreden zwischen Gesellschafter und Gesellschaft aus der Zeit vor Insolvenzeröffnung durchsetzen muss.[879] Somit ist ein Verzicht auf einen eigenkapitalersatzrechtlichen Freistellungsanspruch

876 Vgl. etwa Zeuner, Rn. 313.
877 Scholz/Karsten Schmidt, §§ 32a, 32b Rn. 165.
878 Vgl. Michalski/Heidinger, §§ 32a, 32b Rn. 344.
879 Vgl. allgemein Lutter/Hommelhoff, §§ 32a,b Rn. 38.

durch den Gesellschafter grundsätzlich unwirksam, weil er entweder (soweit bereits ein Freistellungsanspruch objektiv begründet ist) gegen § 31 Abs. 4 GmbHG (analog) verstößt oder darauf hinausläuft, zukünftig das Entstehen von Freistellungsansprüchen unter Verstoß gegen §§ 31 Abs. 4 oder 32b GmbHG zu verhindern.

Ein besonderes Problem stellen in diesem Zusammenhang *Vergleichsabschlüsse* zwischen der Gesellschaft und dem Gesellschafter dar. Hier ist – wie im unmittelbaren Anwendungsbereich des § 31 GmbHG – streitig, ob ein vor Insolvenzeröffnung geschlossener Vergleich die Rechtslage hinsichtlich eigenkapitalersatzrechtlicher Ansprüche auch gegenüber dem späteren Insolvenzverwalter bindend klärt.[880] Es sind in der Praxis durchaus Konstellationen denkbar, in denen sich auch ein sorgfältiger Geschäftsführer dazu entschließen würde, statt einen langen Prozess mit ungewissem Ausgang zu führen, sich mit dem Gesellschafter in einer nach den gesamten Umständen angemessenen Weise z. B. auf eine Teilleistung zu einigen. Dabei wird es jedoch weniger um den Freistellungsanspruch als solchen gehen, sondern eher um die Frage, ob und in welchem Umfang die Gesellschaftersicherheit umqualifiziert wurde.[881]

Teilweise wird vertreten, ein angemessener Vergleich könne auch eigenkapitalersatzrechtliche Ansprüche zwischen Gesellschafter und Gesellschaft verbindlich regeln.[882] Die Gegenansicht beruft sich darauf, dass aufgrund von § 31 Abs. 4 GmbHG den Beteiligten die Dispositionsbefugnis für eine Vereinbarung fehle, die potentiell zum Nachteil anderer Gläubiger wirkt.[883]

880 Offen gelassen bei Scholz/Karsten Schmidt, §§ 32a, 32b Rn. 46. Die *Schiedsfähigkeit* von Rechtsstreitigkeiten über die Wirksamkeit der Kapitalaufbringung – auch mit Wirkung gegenüber einem späteren Insolvenzverwalter – wird vom BGH bejaht (BGH GmbHR 2004, 1214 m. zust. Anm. Papmehl ebd., S. 1217 ff.).

881 Beispiel: Gesellschafter erhebt Befreiungsklage aus § 775 BGB, und die Gesellschaft macht widerklagend Freistellung gegenüber dem Drittgläubiger geltend. Das Bestehen des einen oder anderen Anspruchs hängt im wesentlichen davon ab, ob die Gesellschaftersicherheit z. B. aufgrund Stehenlassens bereits eigenkapitalersetzend geworden ist.

882 LG Frankenthal, ZIP 1991, 1594, 1595; vgl. einschränkend zu § 31 GmbHG Baumbach/Hueck/Fastrich, § 31 Rn. 18; Michalski/Heidinger, § 31 Rn. 78; Rowedder/Schmidt-Leithoff/Pentz, § 31 Rn. 45; zum Eigenkapitalersatzrecht auch Handbuch-KapErsR/Johlke/Schröder, Rn. 14.108.

883 Vgl. OLG Frankfurt a.M. GmbHR 1993, 436, 438; Timm/Geuting, ZIP 1992, 525, 530; Lutter/Hommelhoff, §§ 32a, 32b Rn. 38, § 31 Rn. 23 (ausnahmsweise soll zur Abwendung einer Insolvenz des Gesellschafters ein Vergleich über Ansprüche nach § 31 GmbHG analog § 93 Abs. 4 Satz 4 AktG zulässig sein).

Dass Verfügungen über eigenkapitalersatzrechtliche Ansprüche nicht gänzlich ausgeschlossen sind, zeigt etwa das Beispiel der zulässigen Abtretung des Freistellungsanspruchs an den Drittgläubiger. Außerdem ist in § 31 Abs. 4 GmbHG nur ein Erlass ausdrücklich untersagt und eine Verweisung auf das Vergleichsverbot in § 9b Abs. 1 GmbHG (anders als z.B. in § 43 Abs. 3 GmbHG) nicht ausdrücklich enthalten. Angesichts des praktischen Bedürfnisses für vergleichsweise Regelungen sollte deshalb ein „echter" Vergleich zwischen Gesellschaft und Gesellschafter bei entsprechend unsicheren Prozessaussichten der Gesellschaft und gegebenenfalls unter Einbeziehung betroffener Mitgesellschafter nicht grundsätzlich ausgeschlossen sein.[884] Enthielte dieser allerdings eine Feststellung über die „Nichtumqualifizierung" von Gesellschafterleistungen, so wäre bereits der Charakter eines Vergleichs fraglich, da es ja gerade diese Unsicherheit ist, die meist dazu führen wird, dass man sich mit dem Gesellschafter zumindest auf eine Teilleistung einigt.

Ein Problem ergibt sich aber aus dem Nebeneinander von Ansprüchen nach Rechtsprechungs- und Novellenregeln. Letztere entstehen erst im eröffneten Insolvenzverfahren und können nur vom Insolvenzverwalter geltend gemacht werden. Mit dieser Kompetenzzuordnung und den Zwecken der anfechtungsrechtlich ausgestalteten Novellenregeln wäre aber ein Vorrang eines vor Insolvenzeröffnung geschlossenen Vergleichs nicht vereinbar.[885] Deshalb sollte eine etwaige Vergleichsmöglichkeit – auch hinsichtlich des Freistellungsanspruchs der Gesellschaft – zumindest auf Ansprüche nach den Rechtsprechungsregeln beschränkt bleiben. In einer späteren Insolvenz kann dem Insolvenzverwalter insbesondere nicht die Möglichkeit abge-

884 Vgl. Rowedder/Schmidt-Leithoff/Pentz, § 31 Rn. 45; ähnlich HandbuchKapErsR/Johlke/Schröder, Rn. 14.108.

885 Missverständlich HandbuchKapErsR/Johlke/Schröder, Rn. 14.109 der Insolvenzanfechtungsansprüche ohne weiteres für vergleichsfähig hält. Das Zitat von Zeuner (Rn. 448) bezieht sich aber auf einen Prozessvergleich über Ansprüche nach dem Anfechtungsgesetz zwischen Anfechtungsgläubiger und Anfechtungsschuldner. Lehnt der Insolvenzverwalter die Fortführung eines solchen Anfechtungsprozesses ab, ist er nach § 17 Abs. 3 Satz 2 AnfG nicht an der Geltendmachung entsprechender Insolvenzanfechtungsansprüche durch erneute Klageerhebung gehindert; vgl. Zeuner, Rn. 451 f. Selbst ein Prozessvergleich oder ein klageabweisendes Urteil im Individualanfechtungsprozess stehen einer späteren Insolvenzanfechtungsklage nicht entgegen (so noch zum alten Anfechtungsgesetz Jaeger Gläubigeranfechtung, § 13 Anm. 19–20 [= S. 355 f.]; zur InsO vgl. Uhlenbruck/Hirte, § 129 Rn. 21). Die postulierte Vergleichsfähigkeit von Insolvenzanfechtungsansprüchen bezieht sich nur auf Vergleiche, die der Insolvenzverwalter selbst abschließt.

schnitten werden, das Vorliegen einer Krise der Gesellschaft nachzuweisen und dabei z.B. von einer Vermutungsregel in § 32b GmbHG zu profitieren.[886]

Zudem könnte selbst ein zulässiger Vergleich über einen Freistellungsanspruch der Gesellschaft ja nur im konkreten Augenblick die Rechtslage zwischen den Beteiligten regeln. Verlangt die Gesellschaft nach einem Vergleich nur noch Freistellung in Höhe eines Teils der gesellschafterbesicherten Darlehensforderung, so bliebe ja der Rest der Gesellschaftersicherheit möglicherweise bestehen. Dann müsste es aber selbst dem Geschäftsführer möglich sein, unter Hinweis auf eine *nach Vergleichsabschluss* eingetretene Krise der Gesellschaft erneut Freistellung in Höhe der verbliebenen Sicherheit zu verlangen. Die praktische Relevanz von Vergleichsabschlüssen über Freistellungsansprüche der Gesellschaft dürfte deshalb außerhalb von Insolvenzverfahren eher gering sein.

2. Im eröffneten Insolvenzverfahren

In der Insolvenz über das Vermögen der Gesellschaft können ein Verzicht oder Vergleich über den Freistellungsanspruch nur noch durch den Insolvenzverwalter erfolgen (vgl. §§ 80, 129 InsO). Kein Verzicht in diesem Sinne stellt die Durchsetzbarkeit einer an sich eigenkapitalersetzenden Forderung aufgrund uneingeschränkter Anmeldung zur Insolvenztabelle und Nichtwiderspruch des Verwalters dar. Diese Wirkung ist verfahrensrechtlicher Art und letztlich durch die Obliegenheit der übrigen Gläubiger legitimiert, der Anmeldung rechtzeitig zu widersprechen.[887]

Soweit in der Kommentarliteratur ein Verzicht des Insolvenzverwalters allgemein für zulässig gehalten wird, ist diese Befugnis aber durch die Zwecke des Verfahrens begrenzt.[888] Denn selbstverständlich ist es dem Insolvenzverwalter verboten, auf Vermögen aus der Masse „freigiebig" zu verzichten.[889] Auch die Entscheidungen des BGH vom 14.5.1975[890] und vom 18.5.1995[891] betrafen Fälle, in denen ein möglicher Verzicht des Verwalters

886 Diese ist nach zutreffender Ansicht aber widerlegbar; vgl. Roth/Altmeppen, § 32a Rn. 50 f. (str.).

887 Vgl. Scholz/Karsten Schmidt, §§ 32a, 32b Rn. 46, 58; noch zur KO Timm/Geuting, ZIP 1992, 525, 530.

888 Vgl. MünchKommInsO/Kirchhof, § 129 Rn. 223; Uhlenbruck/Hirte, § 129 Rn. 23; noch zur KO BGH NJW 1995, 2783, 2784 (insoweit nur teilweise in BGHZ 130, 38, 40 abgedruckt).

889 Vgl. allgemein Karsten Schmidt, KTS 2001, 373, 379; zu § 64 Abs. 2 GmbHG deutlich Michalski/Nerlich, § 64 Rn. 52.

890 BGH WM 1975, 534, 536 (insoweit nicht in BGHZ 64, 312, 316 abgedruckt).

891 BGH NJW 1995, 2783, 2784 (insoweit nur teilweise in BGHZ 130, 38, 40 abgedruckt).

auf ein Anfechtungsrecht z.B. mit der Durchführung eines Austauschvertrages oder der Vereinbarung eines Wertersatzes – anstatt Rückgewähr des Erlangten – verbunden war. Ein Insolvenzverwalter darf also nur insoweit auf Anfechtungsrechte „verzichten" oder sich über diese vergleichen, wie dieses auf einer sachgerechten Beurteilung des Prozessrisikos beruht.[892] Wegen der besonderen Rechtsstellung des Insolvenzverwalters und dessen primärer Verpflichtung zur Wahrung der Gläubigerinteressen erstreckt sich diese Befugnis aber auch auf gesellschaftsrechtliche Ansprüche. Er unterliegt insbesondere nicht den für Geschäftsführer der GmbH geltenden Vergleichsverboten (vgl. §§ 9b Abs. 1, 43 Abs. 3, 64 Abs. 2 GmbHG).[893]

Somit kann sich der Insolvenzverwalter mit einem Gesellschafter umfassend über Eigenkapitalersatzansprüche vergleichen und im Rahmen des Insolvenzzwecks auch auf Ansprüche (aufgrund Rechtsprechungs- und Novellenregeln) verzichten. Dies gilt dann ohne weiteres auch für den Freistellungsanspruch aufgrund eigenkapitalersetzender Gesellschaferbesicherung.

Betrifft ein Vergleich Ansprüche in erheblichem Umfang und ist er deshalb für das Insolvenzverfahren von besonderer Bedeutung, muss der Insolvenzverwalter nach § 160 Abs. 1 i.V.m. Abs. 2 Nr. 3 InsO die Zustimmung des Gläubigerausschusses oder der Gläubigerversammlung einholen.[894] Verstöße gegen die Zustimmungspflicht haben allerdings nur haftungsrechtliche Konsequenzen für den Verwalter (§ 60 InsO) und führen grundsätzlich nicht zur Unwirksamkeit eines Vergleichs.[895]

III. Freistellungspflicht und Rangrücktritt des Gesellschafters

1. Grundlagen zum Rangrücktritt und Überschuldungsstatus

Die Feststellung einer Überschuldung der Gesellschaft erfolgt durch einen Überschuldungsstatus, in welchem die Vermögenswerte und Verbindlichkeiten der Gesellschaft mit ihren aktuellen Verkehrs- bzw. Liquidationswerten auszuweisen sind.[896] Der Regierungsentwurf von 1977 ordnete in

892 Karsten Schmidt, KTS 2001, 373, 379 f.

893 Karsten Schmidt, KTS 2001, 373, 379; Baumbach/Hueck/Schulze-Osterloh, § 64 Rn. 78; Hachenburg/Ulmer, § 64 Rn. 44; Michalski/Nerlich, § 64 Rn. 52; Scholz/Karsten Schmidt, § 64 Rn. 51 f.; zum Aktienrecht (dort z.B. §§ 50, 93 Abs. 4 AktG) vgl. Hüffer, § 50 Rn. 3, § 93 Rn. 35.

894 Vgl. HandbuchKapErsR/Johlke/Schröder, Rn. 14.112.

895 HandbuchKapErsR/Johlke/Schröder, Rn. 14.114; MünchKommInsO/Görg, § 160 Rn. 34.

896 BGHZ 146, 264, 268 = NJW 2001, 1280 spricht von „Überschuldungsbilanz"; Budde/Förschle/Hoffmann, Rn. N 72.

§ 32a Abs. 1 Satz 5 RegE-GmbHG an, dass eigenkapitalersetzende Gesellschafterdarlehen im Überschuldungsstatus der Gesellschaft als Verbindlichkeiten zu passivieren sind, solange sich der Darlehensgeber nicht der Gesellschaft gegenüber verpflichtet, seinen Anspruch in der Insolvenz der Gesellschaft nicht geltend zu machen.[897] Diese ausdrückliche Regelung ist aufgrund der Kürzungen des Gesetzestextes während der Beratungen des Rechtsausschusses gestrichen worden,[898] ohne dass damit erkennbar eine sachliche Änderung bezweckt worden wäre.

Für die Praxis ist diese Frage erst durch das Rangrücktrittsurteil des BGH vom 8.1.2001 geklärt worden, mit dem der BGH die ursprünglichen Absichten des Gesetzgebers im ersten Leitsatz der Entscheidung bestätigte:[899]

> „Forderungen eines Gesellschafters aus der Gewährung eigenkapitalersetzender Leistungen sind, soweit für sie keine Rangrücktrittserklärung abgegeben worden ist, in der Überschuldungsbilanz der Gesellschaft zu passivieren."

Dafür spricht insbesondere, dass derartige Forderungen auch durch die Umqualifizierung ihren Charakter als Verbindlichkeiten der Gesellschaft nicht verlieren und nur besonderen Beschränkungen hinsichtlich der Durchsetzbarkeit unterliegen.[900] Außerdem schafft der dadurch bewirkte Erklärungszwang für Gesellschafter und Geschäftsführer (Insolvenzantragspflicht) Rechtssicherheit. Dem wurde von Gegenstimmen bislang entgegengehalten, dass die Feststellung der Umqualifizierung von Gesellschafterdarlehen mit nicht weniger Unsicherheitsfaktoren belastet sei, als die Bewertung anderer Positionen in einem Überschuldungsstatus.[901] Es genüge deshalb, dass die Gesellschafterleistung objektiv eigenkapitalersetzend ist, um sie nicht im Überschuldungsstatus passivieren zu müssen.[902] Allerdings ist es den Gesellschaftern aufgrund ihrer besonderen Finanzierungsverantwortung ohne weiteres zuzumuten, sich über die Behandlung gegenüber dem Geschäftsführer verbindlich zu erklären. Ansonsten würde regelmäßig eine „Spekulation"

897 RegE 1977, BT-Drs. 8/1347, S. 9.

898 Insoweit berechtigte Kritik bei Karsten Schmidt, NJW 1980, 1769, 1772.

899 BGHZ 146, 264 = NJW 2001, 1280; zustimmend die h.M. Budde/Förschle/Hoffmann, Rn. N 122; Michalski/Nerlich, § 60 Rn. 110; Roth/Altmeppen, vor § 64 Rn. 28; Roweddęr/Schmidt-Leithoff, § 63 Rn. 68; Scholz/Karsten Schmidt, vor § 64 Rn. 32; Uhlenbruck, in: K. Schmidt/Uhlenbruck, Rn. 919.

900 BGHZ 146, 264, 272 = NJW 2001, 1280, 1281 f.

901 Vgl. Baumbach/Hueck/Schulze-Osterloh, § 64 Rn. 18; HandbuchKapErsR/Kleindiek, Rn. 7.30.

902 So noch Lutter/Hommelhoff, 15. Aufl., § 64 Rn. 17d; mit der h.M. jetzt Lutter/Kleindiek, in: Lutter/Hommelhoff, § 64 Rn. 21.

auf Kosten der Gläubiger der Gesellschaft ermöglicht, weil sich im Falle einer späteren Insolvenz der Geschäftsführer stets auf eine Umqualifizierung berufen würde, während der Gesellschafter dieses regelmäßig bestreiten und die Anerkennung seiner Ansprüche als Insolvenzforderung (§ 38 InsO) verlangen wird.[903]

Ein Rangrücktritt ist somit zur Vermeidung der Passivierung einer Forderung im Überschuldungsstatus grundsätzlich erforderlich.[904] Entgegen Erwägungen in der Gesetzesbegründung zur Insolvenzordnung[905] ist darüber hinaus aber kein Verzicht des Gesellschafters auf seine Ansprüche notwendig.[906] Ein Verzicht hätte in der Regel das Entstehen eines „unerwünschten" steuerlichen Sanierungsgewinns bei der Gesellschaft zur Folge.[907] Ein Rangrücktritt zur Vermeidung einer Überschuldung führt dagegen steuerlich nicht zu einer gewinnerhöhenden Auflösung der Verbindlichkeit bei der Gesellschaft.[908] Dem Schutz der Insolvenzgläubiger ist außerdem durch die per Rangrücktrittserklärung „abgesicherte" Nachrangigkeit der Gesellschafterforderungen genügt. Dann können ausdrücklich mit Rangrücktritt belegte Forderungen aber nicht mehr Grundlage einer Insolvenzantragspflicht sein, soweit das Gesellschaftsvermögen zur Deckung der übrigen Verbindlichkeiten ausreicht.[909] Ein weitergehender Verzicht des Gesellschafters ist insolvenzrechtlich auch deshalb nicht erforderlich, weil er allenfalls – für den unwahrscheinlichen Fall eines Liquidationsüberschusses – den Mitgesellschaftern zugute käme.[910]

Die Grundsätze der herrschenden Meinung zur Passivierung von Gesellschafterforderungen im Überschuldungsstatus können auf die Situation einer

---

903 Vgl. Rowedder/Schmidt-Leithoff, § 63 Rn. 68. Zu einem ähnlichen Ergebnis gelangen auch Vertreter der Gegenansicht, die dem Geschäftsführer zur Einforderung eines Rangrücktritts raten und bei Weigerung der Gesellschafter die Bildung einer Rückstellung (Prozessrisiko) empfehlen; vgl. Baumbach/Hueck/Schulze-Osterloh, § 64 Rn. 18; HandbuchKapErsR/Kleindiek, Rn. 7.30.

904 Zur Bilanzierung (im einzelnen str.) vgl. Budde/Förschle/Heinz, Rn. O 57; Knobbe-Keuk, S. 108, 111; Rowedder/Schmidt-Leithoff/Pentz, § 32a Rn. 260 m.w.N. Beim Vorliegen einer Rangrücktrittserklärung ist die Verbindlichkeit zumindest als Verbindlichkeit mit Rangrücktritt kenntlich zu machen.

905 Begr. RegE InsO, BT-Drs. 12/2443, S. 115 (zu § 23 RegE = § 19 InsO).

906 BGHZ 146, 264, 271 = NJW 2001, 1280, 1281; Budde/Förschle/Heinz, Rn. O 55; Rowedder/Schmidt-Leithoff, § 63 Rn. 65; Scholz/Karsten Schmidt, vor § 64 Rn. 32.

907 Rowedder/Schmidt-Leithoff, § 63 Rn. 65 (Fn. 144); Uhlenbruck, in: K. Schmidt/Uhlenbruck, Rn. 917.

908 Crezelius, in: K. Schmidt/Uhlenbruck, Rn. 659.

909 Vgl. Scholz/Karsten Schmidt, vor § 64 Rn. 32.

910 BGHZ 146, 264, 271 = NJW 2001, 1280, 1281.

eigenkapitalersetzender Gesellschaftersicherheit aber nur modifiziert angewendet werden, denn eine etwaige Rangrücktrittserklärung des Gesellschafters kann nicht automatisch die Ansprüche des Drittgläubigers zu nachrangigen Forderungen z.B. im Sinne von § 39 Abs. 2 InsO machen (Vertrag zu Lasten Dritter).[911] In Betracht kommt aber eine „Kompensation" der Darlehensforderung des Drittgläubigers aufgrund der Freistellungspflicht des Gesellschafters. Zunächst soll deshalb die Frage der Bilanzierung des Freistellungsanspruchs der Gesellschaft geklärt werden, weil sich daraus Anhaltspunkte für die Behandlung im Überschuldungsstatus ergeben können.

2. Bilanzierung des Freistellungsanspruchs bei der Gesellschaft

Beim gesellschafterbesicherten Drittdarlehen erhält die Gesellschaft einen Vermögenswert auf der Aktivseite ihrer Bilanz (z.B. Gutschrift der Darlehensvaluta auf einem Konto), dem als Passivposten die Verbindlichkeit gegenüber dem Drittgläubiger gegenübersteht. Dieser ist in der Bilanz der Gesellschaft ungekürzt zu passivieren.[912] Die Bestellung einer Gesellschaftersicherheit für das Darlehen hat hingegen auf die Bilanz der Gesellschaft keine Auswirkungen. Selbst in einer Bilanz des Gesellschafters wäre eine derartige Eventualverpflichtung nämlich nach § 251 HGB nur unter der Bilanz auszuweisen, solange nicht mit einer Inanspruchnahme zu rechnen und deshalb eine Rückstellung in der Bilanz zu bilden ist.[913] Kommt es in einer Krise der Gesellschaft zur Umqualifizierung der Gesellschaftersicherheit, so entsteht in Höhe der Besicherung und begrenzt durch die Beeinträchtigung des Stammkapitals der Gesellschaft ein Freistellungsanspruch der Gesellschaft gegen den Gesellschafter auf Befreiung von der Verbindlichkeit gegenüber dem Drittgläubiger.

Im Hinblick darauf wird in der Literatur vertreten, der *Freistellungsanspruch* sei in der Bilanz der Gesellschaft zu *aktivieren*.[914] Dafür spreche neben der Aktivierung von Erstattungsansprüchen im Falle einer verbotenen Rückzahlung durch die Gesellschaft auch die Möglichkeit, über den Anspruch wie ein Vermögensrecht durch Abtretung an den Gläubiger zu verfügen.[915] Allerdings müsse dann zum Ausgleich der Bilanz der Aufwendungsersatzanspruch des Gesellschafters passiviert werden, selbst wenn die-

911 Vgl. Karsten Schmidt, ZIP 1999, 1821, 1825; im Ergebnis aus Meyer-Löwy, ZIP 2003, 1920, 1923.

912 Bormann, S. 183; HandbuchKapErsR/Kleindiek, Rn. 7.39.

913 Vgl. allgemein Knobbe-Keuk, S. 113.

914 Bormann, S. 183 m.w.N.; HandbuchKapErsR/Kleindiek, Rn. 7.40; Kurth/Delhaes, DB 2000, 2577, 2584.

915 Bormann, S. 183.

ser infolge der Krise der Gesellschaft (wie beim unmittelbaren Gesellschafterdarlehen) nicht durchsetzbar sei.[916]

Die Gegenansicht lehnt eine Aktivierung des Freistellungsanspruchs in der Bilanz der Gesellschaft ab.[917] Seinem Inhalt nach sei der Freistellungsanspruch nicht einzeln zu verwerten und deshalb auch nicht bilanzierungsfähig.[918] Eine allenfalls in Betracht zu ziehende Verminderung der zu passivierenden Darlehensverpflichtung komme ebenfalls nicht in Betracht, weil diese in der Person des Drittgläubigers nicht beeinträchtigt werde.[919] Und selbst nach Erfüllung des Freistellungsanspruchs bliebe der Aufwendungsersatzanspruch des Gesellschafters bestehen, weil nur dessen Durchsetzung während der Krise der Gesellschaft eingeschränkt sei.[920]

Entgegen der erstgenannten Ansicht kann von einer Aktivierbarkeit von Erstattungsansprüchen der Gesellschaft (§ 31 Abs. 1 GmbHG) nicht ohne weiteres auf die Behandlung des Freistellungsanspruchs geschlossen werden. Denn dieser richtet sich seinem Inhalt nach gerade nicht auf eine Zahlung an die Gesellschaft,[921] sondern auf Befreiung von der Verbindlichkeit gegenüber dem Drittgläubiger, und selbst diese erfolgt nicht regresslos.[922] Die Aktivierung des Freistellungsanspruchs zwingt deren Befürworter außerdem zur Passivierung des Aufwendungsersatzanspruchs des Gesellschafters, obwohl dieser mit der (bereits passivierten!) Darlehensforderung eigentlich wirtschaftlich identisch ist. Im Ergebnis führt die Bilanzierung des Freistellungsanspruchs zu einer nicht gerechtfertigten Bilanzverlängerung. Der aktivierte Freistellungsanspruch führt im Falle der Erfüllung gar nicht zu einer (auch nur vorübergehenden) Vermögensmehrung bei der Gesellschaft, sondern nur zu einem „Wechsel der Gläubigerstellung" bezüglich des längst passivierten Drittdarlehens. Eine zusätzliche Bilanzierung des Regressanspruchs des Gesellschafters würde dagegen Verbindlichkeiten in nicht existenter Höhe vortäuschen, denn die Gesellschaft leistet höchstens einmal in Höhe der Darlehenssumme, entweder an den Drittgläubiger (§ 488 Abs. 1 BGB) oder aufgrund Forderungsübergangs oder Aufwendungsersatz

---

916 Bormann, S. 184; HandbuchKapErsR/Kleindiek, Rn. 7.40; Kurth/Delhaes, DB 2000, 2577, 2584.

917 Hock, S. 74 ff.; Karsten Schmidt, ZIP 1999, 1821, 1825; krit. zur Aktivierung im Überschuldungsstatus auch Pape, ZIP 1996, 1409, 1413.

918 Hock, S. 74 f.

919 Hock, S. 75.

920 Vgl. Karsten Schmidt, ZIP 1999, 1821, 1825.

921 Unzutreffend insoweit Bormann, S. 183 der mit einer möglichen Zahlung an die Gesellschaft argumentiert.

922 Karsten Schmidt, ZIP 1999, 1821, 1825.

(§§ 774, 670 BGB) an den Gesellschafter. Der Freistellungsanspruch der Gesellschaft ist somit in der Bilanz nicht zu aktivieren. Allenfalls kommt ein Hinweis auf die Gesellschafterbesicherung bei der entsprechenden Darlehensverbindlichkeit oder in den Erläuterungen zur Bilanz in Betracht.[923]

3. Die Vermeidung der Überschuldung durch Rangrücktritt und Freistellungsverpflichtung des Gesellschafters

Die Bilanzierung von Ansprüchen in der Handels- und Steuerbilanz muss mit deren Behandlung im Überschuldungsstatus der Gesellschaft nicht übereinstimmen, weil dieser eine Sonderbilanz ist, dessen Wertansätze dem besonderen Zweck der Überschuldungsprüfung der Gesellschaft dienen.[924] Ein wichtiger Unterschied ist etwa die Aufdeckung stiller Reserven z.B. aus Immobilienvermögen der Gesellschaft, das in der Bilanz vielleicht nur mit „historischen" Buchwerten bilanziert ist, aber für Zwecke der Überschuldungsfeststellung mit seinem tatsächlichen Wert aktiviert werden kann.[925]

Unterwirft man die Gesellschaftersicherheit wie ein Gesellschafterdarlehen den Bindungen des Eigenkapitalersatzrechts, so ist nicht einzusehen, warum nicht auch in diesem Falle dem Gesellschafter ermöglicht werden soll, seine Haftung mittels Rangrücktrittserklärung zur Vermeidung einer Überschuldung der Gesellschaft zu nutzen.[926] Allerdings ist der Drittgläubiger regelmäßig nicht zur Abgabe einer Rangrücktrittserklärung hinsichtlich seiner Darlehensforderung gegen die Gesellschaft bereit, und seine Forderung kann, da sie im Verhältnis zur Gesellschaft durchsetzbar ist, auch nicht einfach aufgrund einer Erklärung des *Gesellschafters* aus dem Status „gestrichen" werden.[927]

Aufgrund einer Rangrücktrittserklärung des Gesellschafters steht aber im Verhältnis zur Gesellschaft verbindlich fest, dass dessen Rückgriffsansprüche während einer Krise bzw. Unterbilanz der Gesellschaft nicht geltend gemacht werden können. Allerdings genügt ein auf einen bestimmten Anspruch begrenzter Rangrücktritt nicht zur Vermeidung einer Überschuldung, denn dadurch würde die jederzeit mögliche Inanspruchnahme der Gesell-

---

923 Vgl. allgemein Rowedder/Schmidt-Leithoff/Pentz, § 32 a Rn. 260; Scholz/Karsten Schmidt, §§ 32a, 32b Rn. 108 (str.).

924 Vgl. Wittig, in: K. Schmidt/Uhlenbruck, Rn. 521; Scholz/Karsten Schmidt, vor § 64 Rn. 20; BGH NJW 2001, 1136 = GmbHR 2001, 197, 198 (Handelsbilanz beweist keine Überschuldung).

925 Vgl. BGH GmbHR 1999, 973, 974 f. = NJW 1999, 3120, 3121; NJW-RR 2001, 1043, 1044 = GmbHR 2001, 473; Uhlenbruck, in: K. Schmidt/Uhlenbruck, Rn. 899.

926 OLG Hamburg ZIP 1986, 1113, 1116 = EWiR 1986, 901 (Priester).

927 Karsten Schmidt, ZIP 1999, 1821, 1825; vgl. Meyer-Löwy, ZIP 2003, 1920, 1923 ff.

schaft durch den Drittgläubiger nicht ausreichend kompensiert.[928] Dieses kann vielmehr dadurch erfolgen, dass der Gesellschafter hinsichtlich sämtlicher Rückgriffsansprüche gegen die Gesellschaft einen Rangrücktritt erklärt und sich damit zur Freistellung der Gesellschaft verpflichtet.[929] Zwar führt die Freistellungspflicht nicht zu einem Vermögenszufluss bei der Gesellschaft, aber ihre tatsächliche Erfüllung bewirkt in Kombination mit dem Rangrücktritt, dass die Gesellschaft von der (durchsetzbaren) Drittverbindlichkeit befreit wird und nur noch nachrangigen Regressansprüchen des Gesellschafters ausgesetzt ist, die nach allgemeinen Regeln im Überschuldungsstatus nicht zu passivieren sind.

Dem steht auch nicht entgegen, dass trotz der Vereinbarung zwischen Gesellschafter und Gesellschaft nicht ausgeschlossen werden kann, dass sich der Drittgläubiger z.B. aus Parallelsicherheiten der Gesellschaft befriedigt, bevor es zur Freistellung durch den Gesellschafter kommt. In diesem Falle hätte die Gesellschaft einen durch die Freistellungs- und Rangrücktrittsvereinbarung ebenfalls abgedeckten Erstattungsanspruch, den sie entsprechend aktivieren könnte.[930] Entscheidend ist für die Vermeidung einer Überschuldung dann die Werthaltigkeit des Freistellungs- bzw. Erstattungsanspruchs gegenüber dem Gesellschafter.[931]

Umstritten ist nur, ob der Anspruch gegen den Gesellschafter die Darlehensverbindlichkeit auf der Passivseite kompensiert[932] oder als Aktivposten im Überschuldungsstatus anzusetzen ist.[933] Der BGH hatte diese Frage in einer Entscheidung vom 9.2.1987 nicht eindeutig entschieden.[934] Gegen eine

928 Vgl. OLG München GmbHR 1998, 281 f.; vgl. Meyer-Löwy, ZIP 2003, 1920, 1925.

929 Vgl. BGH NJW 1987, 1697, 1698; OLG Düsseldorf NJW 1997, 1455, 1456; OLG München GmbHR 1998, 281, 282; Bormann, S. 328 ff.; Karsten Schmidt, ZIP 1999, 1821, 1825; Wittig, in: K. Schmidt/Uhlenbruck, Rn. 522; Meyer-Löwy, ZIP 2003, 1920, 1925; zur Bestellung einer Sicherheit für den Anspruch der Gesellschaft auch OLG Hamburg ZIP 1986, 1113, 1116 = EWiR 1986, 901 (Priester).

930 Vgl. im Ergebnis auch BGH NJW 1987, 1697, 1698; OLG Hamburg, ZIP 1986, 1113, 1116; Priester, EWiR 1986, 901, 902.

931 BGH NJW 1987, 1697, 1698; Karsten Schmidt, ZIP 1999, 1821, 1825; Wittig, in: K. Schmidt/Uhlenbruck, Rn. 522; vgl. auch Bormann, S. 329 der missverständlich von der Liquidität des Gesellschafters spricht aber wohl Bonität meint (vgl. aaO., Fn. 346).

932 So wohl Baumbach/Hueck/Schulze-Osterloh, § 64 Rn. 18; Budde/Förschle/Hoffmann, Rn. N 121; Wittig, in: K. Schmidt/Uhlenbruck, Rn. 522; vgl. auch OLG Hamburg ZIP 1986, 1113, 1117.

933 Bormann, S. 328 f.; Scholz/Karsten Schmidt, vor § 64 Rn. 26; ders., ZIP 1999, 1821, 1825; vgl. OLG München GmbHR 1998, 281, 282; Meyer-Löwy, ZIP 2003, 1920, 1925.

934 Vgl. BGH NJW 1987, 1697, 1698.

„Streichung" des Drittdarlehens spricht dessen Durchsetzbarkeit im Verhältnis von Drittgläubiger und Gesellschaft. Für eine Aktivierung des Freistellungsanspruchs gegen den Gesellschafter spricht, dass er wirtschaftlich wegen der regresslosen Haftung für Zwecke der Überschuldungsfeststellung wie ein Vermögenszufluss bei der Gesellschaft wirkt. Wird die Gesellschaft zudem vom Drittgläubiger zuerst in Anspruch genommen, so wäre der Erstattungsanspruch ohnehin auf der Aktivseite anzusetzen. Anders als in der Handelsbilanz käme es aber gleichwohl nicht zu einer sachwidrigen Verlängerung der Passivseite, weil Rückgriffsansprüche des Gesellschafters aufgrund des Rangrücktritts im Überschuldungsstatus entfallen.[935]

Die Feststellung, ob der Freistellungsanspruch gegen den Gesellschafter werthaltig ist, obliegt dem *Geschäftsführer*, der z. B. den Wert einer vom Gesellschafter bestellten Sachsicherheit nach allgemeinen Grundsätzen zu ermitteln hat.[936] Übertriebenes Misstrauen sollte man allerdings bei der Bewertung der Gesellschaftersicherheit nicht verlangen. Hat etwa eine Bank allein aufgrund einer Gesellschafterbürgschaft einen Kredit an die Gesellschaft gewährt, so kann der Geschäftsführer grundsätzlich davon ausgehen, dass die Bank die Bonität des Gesellschafters geprüft und für ausreichend befunden hat. Intensivere Prüfungen wird man jedoch dann verlangen müssen, wenn die Besicherung durch den Gesellschafter schon einige Zeit zurückliegt und dem Geschäftsführer konkrete Anhaltspunkte für wirtschaftliche Probleme des Gesellschafters bekannt sind.

---

935 Zum richtigen Ergebnis würde freilich auch die Behandlung als Abzugsposten auf der Passivseite des Status führen, z. B. „Bankverbindlichkeiten ... davon gesellschafterbesichert mit Rangrücktritt ...".

936 Vgl. OLG Hamburg ZIP 1986, 1113, 1116; Priester, EWiR 1986, 901, 902; allgemein Bormann, S. 329.

Zusammenfassung der Ergebnisse in Thesen

1. Schon vor der GmbH-Novelle von 1980 (mit ausdrücklicher Erwähnung der Gesellschaftersicherheit in §§ 32a Abs. 2, 32b GmbHG) hatte der BGH[937] für die Rechtsprechungsregeln zum Eigenkapitalersatzrecht bereits in mehreren Entscheidungen anerkannt, dass die für ein Drittdarlehen bestellte Gesellschaftersicherheit im Falle der Darlehensrückzahlung in der Krise zur Erstattungspflicht des Gesellschafters analog § 31Abs. 1 GmbHG führt (Umgehungsschutz).

2. Den §§ 32a Abs. 2, 32b GmbHG in der Fassung der Novelle von 1980 entsprachen im Kern bereits die für eigenkapitalersetzende Gesellschaftersicherheiten im GmbHG-Entwurf von 1939 vorgesehenen Regeln. Das 1998 eingeführte Kleinanteils- und Sanierungsprivileg (§ 32a Abs. 3 Sätze 2 und 3 GmbHG) nimmt Gesellschafter pauschal von den „Regeln über den Eigenkapitalersatz aus", was schon nach der Gesetzesbegründung[938] auch vor Anwendung der Rechtsprechungsregeln schützen soll. Dies gilt auch für Gesellschaftersicherheiten.

3. Wichtigster Umqualifizierungsgrund für Gesellschafterdarlehen und Gesellschaftersicherheiten ist die „Kreditunwürdigkeit" der Gesellschaft. Die eigenkapitalersetzende Besicherung eines Drittdarlehens durch einen Gesellschafter ist dadurch gekennzeichnet, dass der Gesellschafter der Gesellschaft das Darlehen durch seine Sicherheit verschafft. Die fehlende Kreditwürdigkeit der Gesellschaft wird gewissermaßen durch die (noch) vorhandene Kreditwürdigkeit des Gesellschafters ersetzt. Auch für den Begriff der „Krise" in § 32a GmbHG kann auf das Kriterium der Kreditunwürdigkeit zurückgegriffen werden.

4. Die Rechtsprechung sieht in den „zwingenden" Insolvenzgründen Zahlungsunfähigkeit bzw. Überschuldung (Antragspflicht gemäß § 64 Abs. 1 GmbHG) eigenständige Umqualifizierungsgründe neben der Kreditunwürdigkeit. Die Gesetzesmaterialien[939] zu den Novellenregeln sprechen dafür, auch im Falle drohender Zahlungsunfähigkeit (§ 18 InsO) grundsätzlich von der Umqualifizierung der Gesellschafterleistung auszugehen. In der Regel wird zugleich Kreditunwürdigkeit vorliegen.

5. Gesellschaftersicherheiten können auch nachträglich durch „Stehenlassen" umqualifiziert werden, wenn die Krise für den Gesellschafter zu-

937 BGHZ 67,171; 81, 252.

938 Vgl. zum Kleinanteilsprivileg Begr. RegE KapAEG, BT-Drs. 13/7141, S. 12.

939 Vgl. Referentenentwurf 1969, S. 18 (zu § 47 Abs. 2 RefE 1969).

mindest erkennbar war. Die Umqualifizierung beruht häufig darauf, dass der Gläubiger die anfangs vielleicht nur „gewohnheitsmäßig" verlangte Gesellschaftersicherheit nunmehr als entscheidende Unterlegung seines Kreditengagements ansieht.[940]

6. Auch bei einer beabsichtigten Krisenfinanzierung bedarf es zur eigenkapitalersatzrechtlichen Umqualifizierung stets des Vorliegens einer Krise der Gesellschaft. Eine Besonderheit besteht beim Stehenlassen derartiger Leistungen nur insoweit, als es keiner erneuten zurechenbaren Finanzierungsentscheidung (Stehenlassen trotz Erkennbarkeit der Krise) mehr bedarf, sondern hierfür auf die antizipierte Finanzierungsentscheidung des Gesellschafters zurückgegriffen wird. In diesem Sinne kann deshalb von einer „automatischen Umqualifizierung" bei Eintritt der Krise gesprochen werden. Eine im vorhinein beabsichtigte Krisenfinanzierung kann bei Bestellung einer Bürgschaft oder Grundschuld des Gesellschafters für ein Drittdarlehen an die Gesellschaft aber nicht allein aus einer fehlenden Befristung oder Einschränkung bei ihrer Bestellung gefolgert werden.

7. Der Begriff der Sicherheit ist im Eigenkapitalersatzrecht grundsätzlich weit zu verstehen und umfasst z.B. auch „harte" Patronatserklärungen mit „Ausstattungsverpflichtung", soweit sie dem Kreditgeber einen unmittelbaren Anspruch gegen den Erklärenden gewähren. Eine Warenlagerankaufsverpflichtung des Gesellschafters kann in dem Umfang der darin enthaltenen Werthaltigkeitsgarantie als Gesellschaftersicherheit anzusehen sein.

8. Der Verlustausgleichsanspruch analog § 302 AktG schließt die Anwendbarkeit des Eigenkapitalersatzrechts auf Sicherheiten des herrschenden Unternehmens für Kredite an das abhängige Unternehmen nicht aus. Dieser ist aber selbst – insbesondere mangels Rückzahlbarkeit – keine eigenkapitalersetzende Gesellschaftersicherheit, sondern er ist nur ein Faktor, der bei der Feststellung der Kreditunwürdigkeit der abhängigen Gesellschaft zu berücksichtigen ist. Die bei Beendigung eines GmbH-Vertragskonzerns gemäß § 303 AktG analog bestellten Bürgschaften und anderen Sicherheiten eines Gesellschafters sollten grundsätzlich erst nach Ablauf der Sechsmonatsfrist und nach den Grundsätzen über stehengelassene Gesellschaftersicherheiten als eigenkapitalersetzend behandelt werden.

940 Vgl. Pape, ZIP 1996, 1409, 1411.

9. Die Beweislast richtet sich im Eigenkapitalersatzrecht nach den allgemeinen Grundsätzen. Das bloße „Verlangen“ nach Gesellschaftersicherheiten ist als notwendige Tatbestandsvoraussetzung eigenkapitalersetzender Gesellschaftersicherheiten kein Indiz für eine Krise der Gesellschaft. Entgegen Aussagen in der BGH-Rechtsprechung[941] enthält § 32b GmbHG keine *unwiderlegliche Vermutung* für das Fortbestehen einer Krise bis zur Insolvenz. Für Novellen- und Rechtsprechungsregeln kann der Gesellschafter den späteren Wegfall einer zunächst von der Gesellschaft behaupteten Krise nachweisen. Bei Ansprüchen nach den Rechtsprechungsregeln muss jeweils im Zeitpunkt der Auszahlung(-en) die Gesellschaft eine Unterbilanz (nicht auch die fortdauernde Krise[942]) nachweisen. Ansprüche nach den Rechtsprechungsregeln entfallen auch dann, wenn das Stammkapital der Gesellschaft nachhaltig wiederhergestellt wird.

10. In der Insolvenz der Gesellschaft wird – entgegen dem an § 64 KO angelehnten Wortlaut des § 32a Abs. 2 GmbHG – die dem Darlehensgeber zustehende Quote im Verteilungsverfahren auf die volle Forderung berechnet, weil der Gläubiger beim Zugriff auf die Gesellschaftersicherheit sich anders als im Regelfall des § 52 InsO noch nicht auf Kosten der Masse befriedigt hat.[943] Er erhält jedoch maximal die Differenz zwischen seiner Gesamtforderung und dem Verwertungserlös aus der Sicherheit ausbezahlt. Soweit eine Parallelsicherheit der Gesellschaft verwertet wurde, ist dagegen § 52 InsO anzuwenden, d.h. es wird nur auf den Ausfall eine Quote berechnet.

11. Entgegen der h.M. ist § 32a Abs. 2 GmbHG auch auf die Verwertung einer Parallelsicherheit der Gesellschaft anzuwenden, d.h. auch dann muss der Darlehensgeber zunächst die Gesellschaftersicherheit verwerten, bevor er auf die Gesellschaftssicherheit zugreifen kann.[944] Nur diese Lösung wird dem Gesetzeszweck gerecht und sichert insbesondere den Zugriff auf eine Sachsicherheit des Gesellschafters, weil die Gesellschaft

941 BGHZ 90, 370, 381 (obiter dictum); a.A. Scholz/Karsten Schmidt, §§ 32a, 32b Rn. 54.

942 Insoweit abweichend Goette, DStR 1999, 553 ff.; Lutter/Hommelhoff, §§ 32a,b Rn. 22, 90; missverständlich BGH DStR 1999, 553 (LS).

943 Bitter/Karsten Schmidt, ZIP 2000, 1077, 1088; a.A. Marx, ZInsO 2003, 262, 264 m.w.N.

944 Scholz/Karsten Schmidt, §§ 32a, 32b Rn. 163; ders. ZIP 1999, 1821, 1827; Kübler, EWiR 1985, 105, 106; a.A. BGH NJW 1985, 858, 859; Lutter/Hommelhoff, §§ 32a,b Rn. 126.

für ihren Erstattungsanspruch – nach insoweit zutreffender h. M.[945] – nicht unmittelbar auf die Gesellschaftersicherheit zugreifen kann (vgl. § 32b Satz 3 GmbHG).

12. Die Befugnis des Gläubigers, sich in der Insolvenz der Gesellschaft durch Aufrechnung gegen eine Forderung der Gesellschaft zu befriedigen, bleibt unberührt. Verzichtet er dagegen auf die Gesellschaftersicherheit, so muss er sich nach § 32a Abs. 2 GmbH so behandeln lassen, als hätte er aus der Gesellschaftersicherheit Befriedigung erlangt. Dieses gilt aber grundsätzlich nicht bei einer Sicherheitenfreigabe vor Insolvenzeröffnung,[946] weil der Sicherungsgeber hierfür regelmäßig anerkennenswerte Gründe haben wird (z. B. Übertragung der Sicherheit auf einen Gläubigerpool o. ä.) und nicht ohne weiteres mit dem Risiko einer späteren Anwendung des § 32a Abs. 2 GmbHG auf seine Forderung belastet werden darf.

13. Im Insolvenzeröffnungsverfahren ist die Zielsetzung des § 32a Abs. 2 GmbHG beim Erlass von Sicherungsanordnungen des Gerichts nach § 21 Abs. 1 InsO zu beachten. Zumindest insoweit sollte auch ein Einziehungsverbot für sicherungshalber abgetretene Forderungen an den Gläubiger (Zessionar) zulässig sein.[947] Der Konstruktion einer Einrede aus § 32a Abs. 2 GmbHG bedarf es dann nicht.

14. In der Insolvenz kann sich der Gesellschafter wegen des zwingenden Grundsatzes des § 32a Abs. 2 GmbHG nicht auf eine in der Sicherungsabrede vereinbarte nachrangige Haftung seiner Sicherheit berufen (z. B. Ausfallbürgschaft).[948] Da nur die Haftungsreihenfolge im Einklang mit dem Kapitalersatzrecht geändert wird, ist der damit verbundene Eingriff in den Inhalt der Sicherungsabrede dem Gesellschafter zuzumuten. Er muss sich so behandeln lassen, als habe der Gläubiger die Gesellschaft erfolglos in Anspruch genommen. Der Gläubiger muss sich nicht auf die Abtretung eines (ungesicherten) Freistellungsanspruchs der Gesellschaft verweisen lassen.

---

945 BGH NJW 1986, 429, 430; Karsten Schmidt, EWiR 1986, 67, 68; krit. Kübler, EWiR 1985, 105 f.

946 So auch Jaeger/Henckel, 9. Aufl., § 32a Rn. 49; ähnlich aber teilw. widersprüchlich Uhlenbruck/Hirte, § 135 Rn. 30; a. A. Lutter/Hommelhoff, §§ 32a,b Rn. 129; Scholz/Karsten Schmidt, §§ 32a, 32b Rn. 159.

947 A. A. Obermüller, DZWIR 2000, 10, 14; vgl. BGHZ 154, 72, 83 = ZIP 2003, 632, 636 (offen gelassen).

948 Scholz/Karsten Schmidt, §§ 32a, 32b Rn. 160 (h. M.); a. A. Fastrich, NJW 1983, 260, 263.

15. Haften die eigenkapitalersetzende Gesellschafterbürgschaft oder andere betragsmäßig beschränkte Sicherheiten des Gesellschafters für Verbindlichkeiten verschiedener Schuldner (Gesellschaften), so muss die klagende Gesellschaft für den Erstattungsanspruch aus §§ 31 Abs. 1 bzw. 32b Satz 1 GmbHG grundsätzlich den konkreten Nachweis erbringen, dass die Summe aller gesicherten Verbindlichkeiten den Höchstbetrag der Gesellschaftersicherheit unterschreitet und in welcher Höhe Zahlungen der klagenden Gesellschaft jeweils zu einer Reduzierung der Haftung des Gesellschafters geführt haben. Bei Sachsicherheiten, für die kein Haftungshöchstbetrag vereinbart wurde, sollte dem Gesellschafter ermöglicht werden, eine auf den Wert der Sachsicherheit begrenzte „anteilige Enthaftung" durch die Rückzahlung von Verbindlichkeiten verschiedener Schuldner nachzuweisen.

16. Haftet die Gesellschaftersicherheit außer für die Forderung gegen die Gesellschaft auch noch für andere Forderungen des Gläubigers gegen Dritte, so ist § 32a Abs. 2 GmbHG nur solange anwendbar, als nur hinsichtlich der Insolvenzforderung die Verwertungsreife der Gesellschaftersicherheit eingetreten ist. Ansonsten bestimmt sich die Anrechnung von Verwertungserlösen primär nach dem Inhalt der Sicherungsabrede.

17. Ein Gesellschafter ist aufgrund der kapitalersetzenden Besicherung eines Drittkredits verpflichtet, die Gesellschaft von der Verbindlichkeit gegenüber dem Drittgläubiger bei deren Fälligkeit freizustellen.[949] Die durch Umqualifizierung in der Krise bewirkte Bindung der Gesellschaftersicherheit führt zu einer primären Verpflichtung des Gesellschafters und ist damit im Verhältnis zur Gesellschaft die Grundlage für die Freistellungspflicht des Gesellschafters sowie für Rückzahlungsverbote und Erstattungsansprüche der Gesellschaft. Eine zeitliche Begrenzung der Sicherheit (z.B. § 777 BGB) oder deren nachträgliche Freigabe können den aufgrund der Umqualifizierung entstandenen Freistellungsanspruch nicht beeinträchtigen, solange nicht auch die Krise der Gesellschaft überwunden wird.

18. Der Freistellungsanspruch besteht unabhängig von der Eröffnung eines Insolvenzverfahrens. Dem Umfang nach ist er aber auf den hypothetischen Erstattungsanspruch im Falle einer Darlehensrückzahlung durch die Gesellschaft begrenzt. Der Freistellungsanspruch wird zugleich mit der Hauptverbindlichkeit fällig. Die Gesellschaft kann (vor Darlehensrückzahlung) aufgrund des Freistellungsanspruchs keine Zahlung an sich

949 BGH NJW 1992, 1166; vgl. bereits BGH NJW 1986, 429.

verlangen, und dem Gesellschafter steht insoweit keine Ersetzungsbefugnis analog § 32b Satz 3 GmbHG zu.

19. Die *Verjährung* des Freistellungsanspruchs richtet sich nach den für etwaige Erstattungsansprüche geltenden Regeln (§ 31 Abs. 5 GmbHG analog). Mit Zahlung der Hauptverbindlichkeit der Gesellschaft beginnt für den dann bestehenden Erstattungsanspruch eine neue Verjährungsfrist zu laufen. Der Anspruch wird durch *Leistungsklage* („auf Befreiung") geltend gemacht und grundsätzlich nach § 887 ZPO wie eine vertretbare Handlung vollstreckt. Dabei sollte der Gesellschaft über § 887 Abs. 2 ZPO aber nur eine Geldvollstreckung zugunsten des Drittgläubigers ermöglicht werden (Doppelzahlungsrisiko).

20. Die Geltendmachung des Freistellungsanspruchs obliegt dem Geschäftsführer (im Insolvenzverfahren dem Insolvenzverwalter, § 80 Abs. 1 InsO). Macht dieser den Freistellungsanspruch nicht rechtzeitig geltend, so können daraus Schadensersatzansprüche aus § 43 Abs. 2 und 3 GmbHG entstehen, soweit bei rechtzeitiger Geltendmachung die Inanspruchnahme der Gesellschaft vermieden worden wäre. *Mitgesellschafter* haften nach § 31 Abs. 3 GmbHG nur auf Erstattung geleisteter Zahlungen der Gesellschaft, nicht jedoch auf Freistellung von einer Drittverbindlichkeit.

21. Bei gleichzeitiger eigenkapitalersetzender Gesellschafterbesicherung und *Nutzungsüberlassung des Sicherungsgegenstands* kann der Gesellschafter seine Freistellungspflicht auch durch Verwertung des genutzten Gegenstands (z.B. eines Grundstücks) zwecks Befriedigung des Drittgläubigers erfüllen und ist hinsichtlich einer daraus folgenden Nutzungsentziehung zum Nachteil der Gesellschaft nur insoweit zu Ersatz verpflichtet, als bei der Verwertung noch ein Überschuss über die gesicherte Verbindlichkeit hinaus erzielt wurde (analog § 32b GmbHG – Die Gesellschaft soll nicht besser gestellt werden, als wenn der Gesellschafter ihr den Gegenstand übereignet hätte.[950]). Dies sollte unabhängig davon gelten, ob zuerst die Nutzungsüberlassung oder die Sicherheit an dem Nutzungsgegenstand umqualifiziert wurde.

22. Bei *verbundenen Unternehmen* schützen die Kapitalerhaltungs- und Kapitalersatzvorschriften grundsätzlich die abhängige bzw. untergeordnete Gesellschaft gegen die übergeordnete Gesellschaft und nicht umgekehrt. Bei der Sicherheitenbestellung für Drittdarlehen an *Schwestergesellschaften* kann eine Freistellungspflicht der sichernden (Schwester-) Ge-

950 Vgl. OLG Dresden ZInsO 2003, 227.

sellschaft bestehen. Diese ist aber nur durchsetzbar, wenn dadurch nicht deren Stammkapital beeinträchtigt wird (§ 30 GmbHG). Die „veranlassende" Muttergesellschaft haftet grundsätzlich gesamtschuldnerisch auf Erstattung bzw. Freistellung gegenüber der das Darlehen aufnehmenden Schwestergesellschaft.

23. Der Freistellungsanspruch kann nur an den zu befriedigenden Drittgläubiger abgetreten und auch nur von diesem gepfändet werden (vgl. § 851 Abs. 1 ZPO). Die Vollstreckung durch den Befreiungsgläubiger erfolgt nach den Grundsätzen über die Vollstreckung vertretbarer Handlungen (§ 887 ZPO). Zahlungen können aber, soweit nicht der Befreiungsgläubiger bereits geleistet hat, nur zugunsten des Drittgläubigers verlangt werden (Einschränkung zu § 887 Abs. 2 ZPO).

24. Auch der zwingende Charakter des Eigenkapitalersatzrechts steht einem „echten" Vergleich zwischen Gesellschafter und Gesellschaft z.B. über den Freistellungsanspruch nicht grundsätzlich entgegen. Allerdings kann ein solcher nicht die dem Insolvenzverwalter vorbehaltene Geltendmachung von Ansprüchen nach den Novellenregeln ausschließen. Der Insolvenzverwalter kann dagegen im Rahmen des Verfahrenszweckes umfassende Vergleichsvereinbarungen mit dem Gesellschafter treffen.

25. Im *Überschuldungsstatus der Gesellschaft* kann die zu passivierende Darlehensforderung des Dritten nur durch einen „doppelten Rangrücktritt" des Gesellschafters ausgeglichen werden: Rangrücktritt mit allen Regressansprüchen gegenüber der Gesellschaft sowie Werthaltigkeit der Freistellungsverpflichtung des Gesellschafters. Der Freistellungsanspruch ist in der *Bilanz der Gesellschaft* – anders als im Überschuldungsstatus – nicht aktivierbar.

Literaturverzeichnis

Altmeppen, Holger, Anmerkung zu BGH, Urt. v. 7.11.1994 – II ZR 270/93, ZIP 1994, 1939.

Ders., Anmerkung zu BGH, Urt. v. 28.11.1994 – II ZR 77/93, ZIP 1995, 26.

Ders., Die Auswirkungen des KonTraG auf die GmbH, ZGR 1999, 291.

Ders., Anmerkung zu BGH, Urt. v. 28.6.1999 – II ZR 272/98, NJW 1999, 2812.

Bankrechts-Handbuch, Hrsg. Herbert Schimansky, Hermann-Josef Bunte, Hans-Jürgen Lwowski, Band II, 2. Auflage, München 2001; Band III, 2. Auflage, München 2001 (zit.: BankR-Handbuch/Bearbeiter).

Baumbach, Adolf/Hueck, Alfred, GmbH-Gesetz: Gesetz betreffend die Gesellschaften mit beschränkter Haftung, 17. Auflage, München 2000 (zit.: Baumbach/Hueck/Bearbeiter).

Beck'sches Handbuch der GmbH, Hrsg. Welf Müller, Burkhard Hense, 3. Auflage, München 2002 (zit.: Beck'schesHdB-GmbH/Bearbeiter).

Beinert/Hennerkes/Binz, Kapitalersetzende Darlehen und GmbH-Novelle, GmbHR 1981, 10.

Bender, Gregor, Anmerkung zu BGH, Urt. v. 25.2.2002 – II ZR 196/00, GmbHR 2002, 552.

Bezzenberger, Tilman, Kapitalersetzende Gesellschafterdarlehen im Recht der GmbH, in: Festschrift für Gerold Bezzenberger zum 70. Geburtstag am 13. März 2000, Hrsg. Harm Peter Westermann, Klaus Mock, Berlin 2000, S. 23 (zit.: FS Bezzenberger).

Bischof, Hans Helmut, Der Freistellungsanspruch, ZIP 1984, 1444.

Bitter, Georg, Konzernrechtliche Durchgriffshaftung bei Personengesellschaften, Köln 2000.

Ders., Das „TBB"-Urteil und das immer noch vergessene GmbH-Vertragskonzernrecht, ZIP 2001, 265.

Blöse, Jochen, Anmerkung zu OLG Zweibrücken, Urt. v. 20.12.2001 – 4 U 131/00, GmbHR 2002, 742.

Ders., Anmerkung zu OLG Dresden, Urt. v. 6.3.2002 – 11 U 2463/01, EWiR 2002, 345.

Ders., Anmerkung zu OLG Düsseldorf, Urt. v. 26.6.2003 – 6 U 181/02, GmbHR 2003, 950.

Ders., Darlegungs- und Beweislast bei Ansprüchen aus Eigenkapitalersatz, ZIP 2003, 1687.

Ders., Anmerkung zu BGH, Urt. v. 22.9.2003 – II ZR 229/02, GmbHR 2003, 1424.

Böcker, Philipp, Die Überschuldung im Recht der Gesellschaft mit beschränkter Haftung – Harmonisierung von Insolvenzverschleppungshaftung und Eigenkapitalersatzrecht, Baden-Baden 2002.

Bormann, Michael, Eigenkapitalersetzende Gesellschafterleistungen in der Jahres- und Überschuldungsbilanz, Heidelberg 2001.

Ders., Anmerkung zu BGH, Urt. v. 18.12.2000 – II ZR 191/99, GmbHR 2001, 198.

Ders., Anmerkung zu LG Kiel, Urt. v. 23.1.2001 – 16 O 93/00, ZInsO 2001, 308.

Ders., Umdenken im Kapitalersatzrecht? – Die Auswirkungen der „Balsam/Procedo" – Entscheidungen auf eigenkapitalersetzende Gesellschafterdarlehen, DB 2001, 907.

Ders., Anmerkung zu BGH, Urt. v. 23.2.2004 – II ZR 207/01, GmbHR 2004, 902.

Brandes, Helmut, Grundsätze der Kapitalerhaltung im Vertragskonzern, in: Festschrift für Alfred Kellermann zum 70. Geburtstag am 29. November 1990, Hrsg. Reinhard Goerdeler u.a., Berlin 1991, S. 25 (zit.: FS Kellermann).

Brauer, Ulrich G.H., Anmerkung zu BGH, Urt. v. 12.7.1999 – II ZR 87/98, GmbHR 1999, 975.

Braun, Eberhard (Hrsg.), Insolvenzordnung (InsO) – Kommentar, 2. Auflage, München 2004 (zit.: Braun/Bearbeiter).

Budde, Wolfgang Dieter/Förschle, Gerhart (Hrsg.), Sonderbilanzen, 3. Auflage, München 2002 (zit.: Budde/Förschle/Bearbeiter).

Bundesministerium der Justiz (Hrsg.), Referentenentwurf eines Gesetzes über Gesellschaften mit beschränkter Haftung, Köln 1969 (zit.: Referentenentwurf 1969).

Ders., Entwurf eines Gesetzes zur Änderung der Insolvenzordnung, des Bürgerlichen Gesetzbuches und anderer Gesetze, ZInsO 2003, 359 (zit.: Diskussionsentwurf 2003).

Ders., Entwurf eines Gesetzes zur Änderung der Insolvenzordnung, des Kreditwesengesetzes und anderer Gesetze, NZI 2004, 549 (zit.: Referentenentwurf 2004).

Cahn, Andreas, Kapitalerhaltung im Konzern, Köln 1998.

Dörrie, Robin, Das Sanierungsprivileg des § 32a Abs. 3 Satz 3 GmbHG, ZIP 1999, 12.

Drygala, Tim, Der Gläubigerschutz bei der typischen Betriebsaufspaltung, Köln 1991.

Eckardt, Diederich, Anmerkung zu BGH, Urt. v. 19.3.1998 – IX ZR 22/97, EWiR 1998, 699.

Eckhold, Thomas, Materielle Unterkapitalisierung, Köln 2002.

Ehricke, Ulrich, Das abhängige Konzernunternehmen in der Insolvenz, Tübingen 1998.

Emmerich, Volker/Habersack, Mathias, Aktien- und GmbH-Konzernrecht – Kommentar, 3. Auflage, München 2003.

Fastrich, Lorenz, Ausfallsicherheiten als eigenkapitalersetzende Leistungen, NJW 1983, 260.

Ders., Ketzerisches zur sogenannten Finanzierungsverantwortung, in: Festschrift für Wolfgang Zöllner zum 70. Geburtstag, Hrsg. Manfred Lieb, Ulrich Noack, Harm Peter Westermann, Köln 1998, Bd. I, S. 143 (zit.: FS Zöllner).

Feuerborn, Sabine, Darlehen Dritter gemäß § 32a Abs. 2 GmbHG bei Doppelbesicherung durch Gesellschafter und GmbH, BB 1982, 401.

Fischer, Lothar/Lepper, Martin, Das Belassen von Gesellschafterdarlehen im Zeitpunkt der Krise – neue Rechtsprechung zu § 32a GmbHG, ZIP 1986, 1.

Fleck, Hans-Joachim, Anmerkung zu BGH, Urt. v. 27.9.1976 – II ZR 162/75, LM § 30 GmbHG Nr. 6.

Ders., Das kapitalersetzende Bankdarlehen in der GmbH, in: Festschrift für Winfried Werner zu, 65 Geburtstag am 17.10.1984, Hrsg. Walter Hadding u. a., Berlin 1984, S. 107 (zit.: FS Werner).

Ders., Die Drittanstellung des GmbH-Geschäftsführers, ZHR 149 (1985), 387.

Ders., Anmerkung zu BGH, Urt. v. 28.9.1987 – II ZR 28/87, EWiR 1988, 67.

Ders., Anmerkung zu BGH, Urt. v. 19.9.1988 – II ZR 255/87, EWiR 1988, 1095.

Ders., Mißbrauch der Vertretungsmacht oder Treubruch des mit Einverständnins aller Gesellschafter handelnden GmbH-Geschäftsführers aus zivilrechtlicher Sicht, ZGR 1990, 31.

Ders., Der Grundsatz der Kapitalerhaltung – seine Ausweitung und seine Grenzen, in: Festschrift 100 Jahre GmbH-Gesetz, Hrsg. Marcus Lutter, Peter Ulmer, Wolfgang Zöllner, Köln 1992, S. 391 (zit.: FS 100 Jahre GmbHG).

Ders., Anmerkung zu BGH, Urt. v. 28.11.1994 – II ZR 77/93, EWiR 1995, 367.

Ders., Anmerkung zu BGH, Urt. v. 4.12.1995 – II ZR 181/94, EWiR 1996, 217.

Fleischer, Holger, Anmerkung zu BGH, Urt. v. 19.9.1996 – IX ZR 249/95, JR 1997, 293.

Ders., Gegenwartsprobleme der Patronatserklärung im deutschen und europäischen Privatrecht, WM 1999, 666.

Flume, Werner, Allgemeiner Teil des Bürgerlichen Rechts, Erster Band – zweiter Teil: Die Juristische Person, Berlin 1983 (zit.: Jur. Person).

Früh, Andreas, Eigenkapitalersetzende Gesellschafterkredite – Eine kurze Bestandsaufnahme nach Inkrafttreten des KapAEG, des KonTraG und der InsO, GmbHR 1999, 842.

Gehling, Christian, Anmerkung zu OLG Hamburg, Urt. v. 25.5.1990 – 11 U 77/90, EWiR 1990, 1095.

Geißler, Markus, Rechtsfragen um die Eigenkapiatlersatzfunktion des in der Krise belassenen Gesellschafterdarlehens, GmbHR 1994, 152.

Ders., Stationen der Rechtsentwicklung zur eigenkapitalersetzenden Gesellschafterbürgschaft, GmbHR 1996, 565.

Gerhardt, Walter, Der Befreiungsanspruch – zugleich ein Beitrag zum arbeitsrechtlichen Freistellungsanspruch, Göttingen 1966.

Ders., Anmerkung zu BGH, Urt. v. 16.9.1993 – IX ZR 255/92, EWiR 1993, 1165.

Ders., Anmerkung zu OLG Hamburg, Urt. v. 25.2.1994 – 11 U 208/93, EWiR 1994, 371.

Gerkan, Hartwin v., Schwerpunkte und Entwicklungen im Recht der kapitalersetzenden Gesellschafterleistungen, GmbHR 1986, 218.

Ders., Zum Stand der Rechtsentwicklung bei den kapitalersetzenden Gesellschafterleistungen, GmbHR 1990, 384.

Ders., Anmerkung zu BGH, Urt. v. 6.2.1995 – II ZR 41/94, EWiR 1995, 475.

Ders., Zur Umqualifizierung stehengelassener Gesellschafterkredite zu Eigenkapiatlersatz, GmbHR 1996, 400.

Ders., Anmerkung zu BGH, Urt. v. 11.12.1995 – II ZR 128/94, EWiR 1996, 171.

Ders., Anmerkung zu BGH, Urt. v. 15.2.1996 – IX ZR 245/94, EWiR 1996, 501.

Ders., Das Recht des Eigenkapitalersatzes in der Diskussion, ZGR 1997, 173.

Ders., Anmerkung zu BGH, Urt. v. 17.11.1997 – II ZR 224/96, EWiR 1998, 179.

Ders., Anmerkung zu OLG Hamm, Urt. v. 26.1.1998 – 31 U 90/97, EWiR 1998, 419.

Ders., Anmerkung zu OLG Hamm, Urt. v. 18.3.1999 – 27 U 240/98, EWiR 1999, 605.

Ders., Die Verwirklichung von Anfechtungstatbeständen des Eigenkapitalersatzrechts nach Eröffnung des Insolvenzverfahrens, in: Festschrift für Peter Ulmer zum 70. Geburtstag am 02. Januar 2003, Hrsg. Mathias Habersack, Uwe Hüffer, Peter Hommelhoff, Karsten Schmidt, Berlin 2003, S. 1293 (zit.: FS Ulmer).

Geßler, Ernst, Die GmbH-Novelle, BB 1980, 1385.

Ders., Zur Problematik bei kapitalersetzenden Gesellschafterdarlehen, ZIP 1981, 228.

Görmer, Gerald, Erweiterung des Klageantrages bei Übergang von Befreiungs- auf Zahlungsanspruch? MDR 1995, 240.

Görner, André/Kling, Michael, Die Ausfallhaftung des GmbH-Gesellschafters (I), GmbHR 2004, 714.

Goette, Wulf, Anmerkung zu BGH, Urt. v. 17.11.1997 – II ZR 224/96, DStR 1998, 427.

Ders., Anmerkung zu BGH, Beschl. v. 1.3.1999 – II ZR 362/97, DStR 1999, 553.

Ders., Anmerkung zu BGH, Beschl. v. 5.7.1999 – II ZR 260/98, DStR 1999, 1409.

Ders., Anmerkung zu BGH, Urt. v. 18.12.2000 – II ZR 191/99, DStR 2001, 139.

Ders., Die GmbH: Darstellung anhand der Rechtsprechung des BGH, 2. Auflage, München 2002.

Groß, Wolfgang, Anmerkung zu LG Frankenthal, Urt. v. 25.1.1996 – 2 HK O 24/95, WuB II C. § 56a GmbHG 1.96.

Haas, Ulrich, Anmerkung zu OLG Celle, Urt. v. 14.7.1999 – 9 U 333/98, DStR 2000, 698.

Ders., Anmerkung zu OLG Frankfurt a.M., Urt. v. 22.12.1999 – 21 U 58/99, DStR 2000, 1576.

Habersack, Mathias, Patronatserklärungen ad incertas personas, ZIP 1996, 257.

Ders., Der Finanzplankredit und das Recht der eigenkapitalersetzenden Gesellschaferhilfen, ZHR 161 (1997), 457.

Ders., Eigenkapitalersatz im Gesellschaftsrecht – Überlegungen zum Anwendungsbereich der Regeln über eigenkapialersetzende Gesellschafterhilfen, ZHR 162 (1998), 201.

Hachenburg, Max, Gesetz betreffend die Gesellschaften mit beschränkter Haftung (GmbHG) – Großkommentar, Hrsg. Peter Ulmer, 1. Band

(§§ 1–34), 8. Auflage, Berlin 1992; 3. Band (§§ 53–85), 8. Auflage, Berlin 1997 (zit.: Hachenburg/Bearbeiter).

Häsemeyer, Ludwig, Insolvenzrecht, 3. Auflage, Köln 2003.

Häuselmann, Holger/Rümker, Dietrich/Westermann, Harm Peter, Die Finanzierung der GmbH durch ihre Gesellschafter, Gesellschaftsrecht – Bilanzrecht – Steuerrecht (WM-Script), Frankfurt a.M. 1992.

Handbuch des Kapitalersatzrechts, Hrsg. Hartwin v. Gerkan, Peter Hommelhoff, 2. Auflage, Köln 2002 (zit.: HandbuchKapErsR/Bearbeiter).

Heidelberger Kommentar zum GmbH-Recht, Bearbeiter: Harald Bartl, Helmar Fichtelmann, Eberhard Schlarb, Hans-Jürgen Schulze, 5. Auflage, Heidelberg 2002 (zit.: HK-GmbHR/Bearbeiter).

Heinert, Ingo, Die Kritik am Eigenkapitalersatzrecht und die Veränderungen durch das KapAEG, KonTraG und die InsO, Münster 2002.

Hellner, Thorwald/Steuer, Stephan/Schröter, Jürgen/Weber, Ahrend (Hrsg.), Bankrecht und Bankpraxis, Loseblattsammlung, Köln, Stand: 62. Lfg. 06/2003 (zit.: Hellner/Steuer/Bearbeiter).

Hengeler, Hans/Hoffmann-Becking, Michael, Insolvenz im Vertragskonzern, in: Festschrift für Wolfgang Hefermehl zum 70. Geburtstag am 18. September 1976, Hrsg. Robert Fischer u.a., München 1976, S. 283 (zit.: FS Hefermehl).

Henze, Hartwig, Ausfallhaftung des GmbH-Gesellschafters, BB 2002, 1011.

Hill, Norbert/Schäfer, Berthold, Das Stehenlassen von GmbH-Gesellschafterdarlehen bis zum Eintritt der Krise, BB 1989, 458.

Himmelsbach, Rainer/Thonfeld, Henning, Gegen die Verschärfung des Begriffs der Zahlungsunfähigkeit nach § 17 II InsO, NZI 2001, 11.

Hock, Burkhard, Gesellschafter-Fremdfinanzierung der GmbH, Wiesbaden 1995.

Hoffmann, Jochen, Anmerkung zu BGH, Urt. v. 11.10.1999 – II ZR 120/98, NZG 2000, 205.

Ders., Anmerkung zu OLG Frankfurt a.M., Urt. v. 16.2.2000 – 19 U 226/98, NZG 2000, 935.

Hommelhoff, Peter, Eigenkapital-Ersatz im Konzern und in Beteiligungsverhältnissen, WM 1984, 1105.

Hommelhoff, Peter/Goette, Wulf/Kleindiek, Detlef, Eigenkapitalersatzrecht in der Praxis, 3. Auflage, Köln 2003.

Huber, Michael, Anfechtungsgesetz (AnfG), 9. Auflage, München 2000.

Hueck, Götz, Die Behandlung von Nutzungsüberlassungen im Rahmen einer Betriebsaufspaltung als Gesellschafterdarlehen? ZGR 1989, 216.

Hüffer, Uwe, Kapitalersatz und Gesellschafterdarlehen einer Landesbank und durch Landesbürgschaft im Konkurs der illiquiden GmbH, ZHR 153 (1989), 322.

Ders., Aktiengesetz, 6. Auflage, München 2004.

Hunecke, Heinrich, Anmerkung zu OLG Hamburg, Urt. v. 25.5.1990 – 11 U 77/90, WuB II G § 30 GmbHG 1.91.

Ders., Anmerkung zu BGH, Urt. v. 9.12.1991 – II ZR 43/91, EWiR 1992, 277.

Jaeger, Ernst, Die Gläubigeranfechtung außerhalb des Konkursverfahrens, Berlin 1938 (zit. Jaeger Gläubigeranfechtung).

Ders., Konkursordnung – Großkommentar, §§ 1–42, 9. Auflage, Berlin 1997; Erster Band, §§ 1–70, 8. Auflage, Berlin 1958 (zit.: Jaeger/Bearbeiter, 8./9.Aufl.).

Ders., Insolvenzordnung – Großkommentar, Hrsg. Wolfram Henckel, Walter Gerhardt, Erster Band (§§ 1–55), Berlin 2004 (zit.: Jaeger/Bearbeiter, InsO).

Johlke, Horst M., Anmerkung zu OLG Köln, Urt. v. 19.10.1988 – 11 U 7/88, EWiR 1989, 589 .

Ketzer, Axel, Eigenkapitalersetzende Aktionärsdarlehen, Köln 1989.

Kleindiek, Detlef, Entstehung und Fälligkeit des Verlustausgleichsanspruchs im Vertragskonzern, ZGR 2001, 479.

Knobbe-Keuk, Brigitte, Die Verpachtung von Anlagevermögen des Gesellschafters an die GmbH und § 32a GmbH-Gesetz, BB 1984, 1.

Dies., Die Verpachtung von Anlagevermögen und § 32a GmbHG, in: Festschrift für Alfred Kellermann zum 70. Geburtstag am 29. November 1990, Hrsg. Reinhard Goerdeler, Peter Hommelhoff, Marcus Lutter, Walter Odersky, Herbert Wiedemann, Berlin 1991, S. 227 (zit.: FS Kellermann).

Dies., Bilanz- und Unternehmenssteuerrecht, 9. Auflage, Köln 1993.

Kölner Kommentar zum Aktiengesetz, Hrsg. Wolfgang Zöllner, Band 1 (§§ 1–75), 2. Auflage, Köln 1986 ff.; Band 6, 1. Lfg. (§§ 291–328), 2. Auflage, Köln 1987 (KK-AktG/Bearbeiter).

Kort, Michael, Der Abschluß von Beherrschungs- und Gewinnabführungsverträgen im GmbH-Recht, Köln 1986.

Ders., Zur Vertragsfreiheit bei Unternehmensverträgen, BB 1988, 79.

Ders., Das Verhältnis von Auszahlungsverbot (§ 30 Abs. 1 GmbHG) und Erstattungspflicht (§ 31 GmbHG), ZGR 2001, 615.

Kowalski, André, Anmerkung zu LG Frankenthal, Urt. v. 25.1.1996 – 2 HK O 24/95, EWiR 1996, 607.

Kropff, Bruno, Aktiengesetz – Textausgabe des Aktiengesetzes vom 6.9.1965 (...) mit Begründung des Regierungsentwurfs, Bericht des Rechtsausschusses des Deutschen Bundestags, Verweisungen und Sachverzeichnis, Düsseldorf 1965.

Ders., Der GmbH-Beherrschungsvertrag: Voraussetzung für den Vorrang von Konzerninteressen? In: Festschrift für Johannes Semler zum 70. Geburtstag am 28. April 1993, Hrsg. Marcus Bierich, Peter Hommelhoff, Bruno Kropff, Berlin 1993, S. 517 (zit.: FS Semler).

Kübler, Bruno M., Anmerkung zu BGH, Urt. v. 19.11.1984 – II ZR 84/84, EWiR 1985, 105.

Kübler, Bruno M./Prütting, Hanns, InsO – Kommentar zur Insolvenzordnung, Band I (§§ 1–128), Köln, 19. Lfg. März 2004 (zit.: Kübler/Prütting/Bearbeiter).

Kurth, Thomas/Delhaes, Wolfgang, Die Entsperrung kapitalersetzender Darlehen – Die Auswirkungen des Procedo-Urteils in rechtlicher, bilanzieller und steuerlicher Hinsicht –, DB 2000, 2577.

Kußmaul, Rolf, Kapitalersatz: Der Rangrücktritt in der Krise? DB 2002, 2258.

Lange, Heinrich, Anmerkung zu BGH, Urt. v. 22.10.1957 – VI ZR 231/56, NJW 1958, 497.

Larenz, Karl/Canaris, Claus-Wilhelm, Lehrbuch des Schuldrechts, Zweiter Band – Besonderer Teil, 2. Halbband, 13. Auflage, München 1994.

Lehner, Andrea, Sanierungsprivileg (§ 32a Abs. 3 S. 3 GmbHG) für Gesellschaften mit beschränkter Haftung, Frankfurt a.M. 2001.

Lutter, Marcus, Verdeckte Leistungen und Kapitalschutz, in: Festschrift für Ernst C. Stiefel zum 80. Geburtstag, Hrsg. Marcus Lutter u.a., München 1987, S. 505 (zit.: FS Stiefel).

Ders., Neues zum Gesellschafterdarlehen? ZIP 1989, 477.

Lutter, Marcus/Hommelhoff, Peter, GmbH-Gesetz Kommentar, 15. Auflage, Köln 2000 (zit.: Lutter/Hommelhoff, 15. Aufl.).

Dies., GmbH-Gesetz Kommentar, 16. Auflage, Köln 2004 (zit.: [ggf. Bearbeiter, in:] Lutter/Hommelhoff).

Lwowski, Hans-Jürgen, Das Recht der Kreditsicherung, 8. Auflage, Berlin 2000.

Lwowski, Hans-Jürgen/Groeschke, Peer, Die Konzernhaftung der §§ 302, 303 AktG als atypische Kreditsicherheit? WM 1994, 613.

Lwowski, Hans-Jürgen/Tetzlaff, Christian, Übertragung der Befugnis zum Einzug sicherungshalber abgetretener Forderungen auf den vorläufigen Verwalter durch Anordnung des Insolvenzgerichts? NZI 1999, 395.

Manger, Robert, Anmerkung zu BGH, Urt. v. 14.6.2004 – II ZR 121/02, GmbHR 2004, 1222.

Martens, Klaus-Peter, Anmerkung zu BGH, Urt. v. 14.11.1988 – II ZR 115/88, EWiR 1989, 369.

Marx, Philip, Die Konsequenzen des § 32a Abs. 2 GmbHG für den Darlehensgeber bei der Haftungsabwicklung der Gesellschaft – ein Überblick, ZInsO 2003, 262.

Meister, Burkhardt W., Der Ausgleichsanspruch nach § 302 Abs. 1 AktG bei Beherrschungs- und Gewinnabführungsverträgen als Kreditsicherheit, WM 1976, 1182.

Meyer-Landrut, Joachim/Miller, F. Georg u. a., Gesetz betreffend die Gesellschaften mit beschränkter Haftung (GmbHG) – Kommentar, Berlin 1987 (zit.: Meyer-Landrut/Bearbeiter).

Meyer-Löwy, Bernd, Eigenkapitalersetzende Sicherheiten und Überschuldung, ZIP 2003, 1920.

Michalski, Lutz (Hrsg.), Kommentar zum Gesetz betreffend die Gesellschaften mit beschränkter Haftung (GmbH-Gesetz), Band I (§§ 1–34), München 2002; Band II (§§ 35–84), München 2002 (zit.: Michalski/Bearbeiter).

Michalski, Lutz/Barth, Wolfgang, Anmerkung zu OLG Dresden, Urt. v. 3.12.1998 – 9 U 1087/98, NZG 1999, 348.

Michalski, Lutz/De Vries, Kolja, Anmerkung zu OLG Köln, Urt. v. 12.8.1998 – 11 U 12/98, NZG 1999, 315.

Möhring, Ludwig, Schutz der Gläubiger einer konzernabhängigen GmbH, Berlin 1992.

Monßen, Hans-Georg, Darlehen Dritter gemäß § 32a Abs. 2 GmbHG bei Doppelbesicherung durch Gesellschaft und Gesellschafter, DB 1981, 1603.

Mosthaf, Oliver, Die Reformen des Rechts der Gesellschaften mit beschränkter Haftung, Frankfurt a.M. 1994.

Müller, Andreas, Regeln für eigenkapitalersetzende Gesellschafterdarlehen bei der GmbH und ihre Übertragbarkeit auf die AG, Frankfurt a.M. 1987.

Münchener Kommentar zum Aktiengesetz, Hrsg. Bruno Kropff, Johannes Semler, Band 8 (§§ 278–328 AktG), 2. Auflage, München 2000 (zit.: MünchKommAktG/Bearbeiter).

Münchener Kommentar zum Bürgerlichen Gesetzbuch, Hrsg. Kurt Rebmann, Franz Jürgen Säcker, Roland Rixecker, Band 2a, Schuldrecht Allgemeiner Teil §§ 241 – 432, 4. Auflage, München 2003 (zit.: MünchKommBGB/Bearbeiter).

Münchener Kommentar zur Insolvenzordnung, Hrsg. Hans-Peter Kirchhof, Hans-Jürgen Lwowski, Rolf Stürner, Band 1 (§§ 1–102 InsO), München 2001; Band 2 (§§ 103–269 InsO), München 2002 (zit.: MünchKomm-InsO/Bearbeiter).

Münchener Kommentar zur Zivilprozessordnung, Hrsg. Gerhard Lüke, Peter Wax, Band 1 (§§ 1–354), 2. Auflage, München 2000 (zit.: MünchKomm-ZPO/Bearbeiter).

Noack, Ulrich/Bunke, Caspar, Zur Stellung gesamtschuldnerisch oder akzessorisch Mithaftender im Insolvenzverfahren, in: Insolvenzrecht in Wissenschaft und Praxis – Festschrift für Wilhelm Uhlenbruck zum 70. Geburtstag, Hrsg. Hanns Prütting, Heinz Vallender, Köln 2000, S. 335 (zit.: FS Uhlenbruck).

Obermüller, Manfred, Insolvenzrecht in der Bankpraxis, 6. Auflage, Köln 2002.

Ders., Patronatserklärungen und kapitalersetzende Darlehen, ZIP 1982, 915.

Ders., Anmerkung zu BGH, Urt. v. 30.1.1992 – IX ZR 112/91, WuB I F 1c – 1.92.

Ders., Verwertung von Mobiliarsicherheiten im Insolvenzantragsverfahren, DZWIR 2000, 10.

Orth, Robert, Die Gesellschafterstellung im Sinne des Eigenkapitalersatzrechts, Diss. Köln 1998.

Palandt, Otto, Bürgerliches Gesetzbuch, 63. Auflage, München 2004 (zit. Palandt/Bearbeiter).

Pape, Gerhard, Die Umqualifizierung stehengelassener Gesellschafterbürgschaften in Eigenkapitalersatz, ZIP 1996, 1409.

Ders., Anmerkung zu BGH, Urt. v. 2.6.1997 – II ZR 211/95, EWiR 1997, 893.

Ders., Einziehungsrecht des Insolvenzverwalters bei sicherungshalber abgetretenen Forderungen, NZI 2000, 301.

Papmehl, Markus A., Anmerkung zu BGH, Urt. v. 19.7.2004 – II ZR 65/03, GmbHR 2004, 1217.

Peters, Klaus, Die Verfahrensrechtliche Stellung des Kreditgebers im Falle gesellschafterbesicherter qualifizierter Darlehen (§ 32a Abs. 2 GmbHG), ZIP 1987, 621.

Pfeiffer, Thomas, Anmerkung zu BGH, Urt. v. 14.2.2000 – II ZR 155/98, EWiR 2001, 267.

Priester, Hans-Joachim, Anmerkung zu OLG Hamburg, Urt. v. 18.7.1986 – 11 U 77/84, EWiR 1986, 901.

Ders., Liquiditätsausstattung der abhängigen Gesellschaft und unterjährige Verlustdeckung bei Unternehmensverträgen, ZIP 1989, 1301.

Raiser, Thomas, Recht der Kapitalgesellschaften, 3. Auflage, München 2001.

Ders., Die Haftung einer Schwestergesellschaft für die Schulden einer anderen Schwester nach dem Urteil „Bremer Vulkan" des BGH, in: Festschrift für Peter Ulmer zum 70. Geburtstag am 02. Januar 2003, Hrsg. Mathias Habersack, Uwe Hüffer, Peter Hommelhoff, Karsten Schmidt, Berlin 2003, S. 493 (zit.: FS Ulmer).

Reinersdorff, Wolfgang v., Anmerkung zu BGH, Urt. v. 17.11.1997 – II ZR 224/96, NZG 1998, 224.

Rittner, Fritz, Die Sicherheitsleistung bei der ordentlichen Kapitalherabsetzung, in: Festschrift für Walter Oppenhoff zum 80. Geburtstag, Hrsg. Walter Jagenburg, Georg Maier-Reimer, Thomas Verhoeven, München 1985, S. 317 (zit.: FS Oppenhoff).

Roth, Günter H., Anmerkung zu BGH, Urt. v. 9.12.1991 – II ZR 43/91, LM § 30 GmbHG Nr. 34.

Roth, Günter H./Altmeppen, Holger, Gesetz betreffend die Gesellschaften mit beschränkter Haftung (GmbHG), 4. Auflage, München 2003.

Rowedder, Heinz/Schmidt-Leithoff (Hrsg.), Gesetz betreffend die Gesellschaften mit beschränkter Haftung (GmbHG), 4. Auflage, München 2002 (zit.: Rowedder/Schmidt-Leithoff/Bearbeiter).

Rümker, Dietrich, Anmerkung zu BGH, Urt. v. 9.10.1986 – II ZR 58/86, WuB II C. § 30 GmbHG 1.87.

Ders., Überlegungen zur gesellschafterlichen Finanzierungsverantwortung, ZGR 1988, 494.

Ders., Anmerkung zu BGH, Urt. v. 30.1.1992 – IX ZR 112/91, EWiR 1992, 335.

Rust, Brigitte, Verdeckte Einlagenrückgewähr durch Leistung an Dritte in der Kapitalgesellschaft, Baden-Baden 1999.

Sabel, Oliver, Änderungen des Insolvenzrechts im Dikussionsentwurf eines Gesetzes zur Änderung der InsO, des BGB und anderer Gesetzes, ZIP 2003, 781.

Saenger, Ingo, Die Kreditbürgschaft des GmbH-Gesellschafters – eine unentrinnbare „Haftungsfalle"? GmbHR 1999, 837.

Schäfer, Carsten, Die harte Patronatserklärung – vergebliches Streben nach Sicherheit?, WM 1999, 153.

Scheel, Hansjörg, Konzerninsolvenzrecht – Eine rechtsvergleichende Darstellung des US-amerikanischen und des deutschen Rechts, Köln 1995.

Schmidt, Karsten, Anmerkung zu BGH, Urt. v. 27.9.1976 – II ZR 162/75, NJW 1977, 107.

Ders., Fortschritte und Abgrenzungsprobleme im Recht der kapitalersetzenden Gesellschafterdarlehen, ZGR 1980, 567.

Ders., Grundzüge der GmbH Novelle, NJW 1980, 1769.

Ders., Gesellschafterdarlehen als Insolvenzrechtsproblem, ZIP 1981, 689.

Ders., Kapitalersetzende Bankenkredite? ZHR 147 (1983), 165.

Ders., Die konzernrechtliche Verlustübernahmepflicht als gesetzliches Dauerschuldverhältnis, ZGR 1983, 513.

Ders., Zum Haftungsdurchgriff wegen Sphärenvermischung und zur Haftungsverfassung im GmbH-Konzern, BB 1985, 2074.

Ders., Anmerkung zu BGH, Urt. v. 14.10.1985 – II ZR 280/84, EWiR 1986, 67.

Ders., Anmerkung zu BGH, Urt. v. 19.9.1988 – II ZR 255/87, NJW 1988, 3148.

Ders., § 32a GmbHG: ein Allheilmittel gegen unerwünschten Eigenkapitalersatz? ZIP 1990, 69.

Ders., Grenzen der Ausfallhaftung von Mitgesellschaftern wegen Rückgewähr eigenkapitalersetzender Finanzierungsleistungen, DB 1992, 1917.

Ders., Gesellschaftsrecht, 3. Auflage, Köln 1997 (zit.: Karsten Schmidt GesR, 3. Aufl.).

Ders., Insolvenzgesetze, 17. Auflage, München 1997 (zit.: Karsten Schmidt, Insolvenzgesetze).

Ders., Die Rechtsfolgen der „eigenkapitalersetzenden Sicherheiten", ZIP 1999, 1821.

Ders., Haftungsrealisierung in der Gesellschaftsinsolvenz, KTS 2001, 373.

Ders., Gesellschaftsrecht, 4. Auflage, Köln 2002 (zit.: Karsten Schmidt GesR).

Schmidt, Karsten/Bitter, Georg, Doppelberücksichtigung, Ausfallprinzip und Gesellschafterhaftung in der Insolvenz, ZIP 2000, 1077.

Schmidt, Karsten/Uhlenbruck, Wilhelm (Hrsg.), Die GmbH in Krise Sanierung und Insolvenz, 3. Auflage, Köln 2003 (zit.: Bearbeiter, in: K. Schmidt/Uhlenbruck).

Scholz, Franz, Kommentar zum GmbH-Gesetz, I. Band (§§ 1–44), 9. Auflage, Köln 2000; II. Band (§§ 45–87), 9. Auflage, Köln 2002 (zit.: Scholz/Bearbeiter).

Schouler, Oliver, Grundlagen des Eigenkapitalersatzrechts – Eine Untersuchung zur dogmatischen Legitimation der eigenkapitalähnlichen Sonderbehandlung von Gesellschafterfremdkapital in der Unternehmenskrise, Frankfurt a.M. 2001.

Schubert, Werner (Hrsg.), Akademie für Deutsches Recht 1933–1945, Protokolle der Ausschüsse, Band II: Ausschuss für GmbH-Recht, Berlin 1986 (zit.: Schubert, Protokolle).

Ders. (Hrsg.), Entwurf des Reichsjustizministeriums zu einem Gesetz über Gesellschaften mit beschränkter Haftung von 1939 (ZHR-Beiheft 58), Heidelberg 1985 (zit.: Schubert, Entwurf).

Soergel, Hans Theodor, Bürgerliches Gesetzbuch mit Einführungsgesetz und Nebengesetzen, Band 2, Schuldrecht I (§§ 241–432), 12. Auflage, Stuttgart 1990 Band 2a, Allgemeiner Teil 3 (§§ 13, 14, 126a–127, 194–225), 13. Auflage, Stuttgart 2002 (zit.: Soergel/Bearbeiter).

Sotiropoulos, Georgios, Kredite und Kreditsicherheiten der GmbH zugunsten ihrer Gesellschafter und nahestehender Dritter, Heidelberg 1996.

Staudinger, Julius v., Kommentar zum Bürgerlichen Gesetzbuch mit Einführungsgesetz und Nebengesetzen, Zweites Buch, Recht der Schuldverhältnisse: §§ 255–304, Neubearbeitung, Berlin 2004; §§ 362–396, Neubearbeitung, Berlin 2000; §§ 765–778, 13. Bearbeitung, Berlin 1997 (zit.: Staudinger/Bearbeiter).

Stephan, Guido, Das InsO-Änderungsgesetz 2005, NZI 2004, 521.

Stimpel, Walter, Zum Auszahlungsverbot des § 30 Abs. 1 GmbHG ..., in: Festschrift 100 Jahre GmbH-Gesetz, Hrsg. Marcus Lutter, Peter Ulmer, Wolfgang Zöllner, Köln 1992, S. 335 (zit.: FS 100 Jahre GmbHG).

Timm, Wolfram/Geuting, Markus, Kapitalersatz im Unternehmensverbund und Disponibilität der Kapitalersatzregeln, ZIP 1992, 525.

Treffer, Christian, Lieferanten-Insolvenz – Richtiges Drittschuldner-Verhalten gegenüber Sicherungsgläubigern, MDR 2003, 301.

Uhlenbruck, Wilhelm (Hrsg.), Insolvenzordnung – Kommentar, 12. Auflage, München 2003 (zit.: Uhlenbruck/Bearbeiter).

Ulmer, Peter, Umstrittene Fragen im Recht der Gesellschafterdarlehen (§ 32a GmbHG), ZIP 1984, 1163.

Vervessos, Nikolaos, Das Eigenkapitalersatzrecht, Baden-Baden 2000.

Weisang, Andreas, Eigenkapitalersetzende Gesellschafterleistungen in der neueren Rechtsprechung – Teil I, WM 1997, 197.

Wiedemann, Herbert, Gesellschaftsrechtliche Probleme der Betriebsaufspaltung, ZIP 1986, 1293.

Wieser, Eberhard, Prozessrechts-Kommentar zum BGB, 2. Auflage, Köln 2002.

Willemsen, Reinhard/Coenen, Tilman, Kapitalersetzende Gesellschafterleistungen nach den Procedo-Urteilen des BGH, DB 2001, 910.

Wittig, Arne, Anmerkung zu BGH, Urt. v. 19.3.1998 – IX ZR 22/97, WuB I F 4.-4.98.

Zeidler, Finn, Ausgewählte Probleme des GmbH-Vertragskonzernrechts, NZG 1999, 692.

Zeuner, Mark, Die Anfechtung in der Insolvenz, München 1999.

Zöller, Richard, Zivilprozessordnung – Kommentar, 24. Auflage, Köln 2004 (zit.: Zöller/Bearbeiter).

Gesetzesmaterialien

- Entwurf eines Gesetzes betreffend die Gesellschaften mit beschränkter Haftung, Stenografische Berichte über die Verhandlungen des Reichstages, 8. Legislaturperiode – I. Session 1890/92, Fünfter Anlagenband (Drs. 660), S. 3715 ff.
- Akademie für Deutsches Recht 1933–1945, Protokolle des Ausschusses für GmbH-Recht, abgedruckt bei: Schubert, Protokolle (s. Literaturverzeichnis)
- Entwurf des Reichsjustizministeriums zu einem Gesetz über Gesellschaften mit beschränkter Haftung von 1939, abgedruckt bei: Schubert, Entwurf (s. Literaturverzeichnis)
- Textausgabe des Aktiengesetzes vom 6.9.1965 mit Begründung des Regierungsentwurfs, Bericht des Rechtsausschusses des Deutschen Bundestags, abgedruckt bei: Kropff (s. Literaturverzeichnis)
- Bundesministerium der Justiz, Referentenentwurf eines Gesetzes über Gesellschaften mit beschränkter Haftung, 1969 (Referentenentwurf 1969 – s. Literaturverzeichnis)
- Entwurf eines Gesetzes über Gesellschaften mit beschränkter Haftung (GmbHG) – Regierungsentwurf 1971, BT-Drs. 6/3088
- Entwurf eines Gesetzes über Gesellschaften mit beschränkter Haftung (GmbHG) – Regierungsentwurf 1973, BT-Drs. 7/253
- Entwurf eines Gesetzes zur Änderung des Gesetzes betreffend die Gesellschaften mit beschränkter Haftung und anderer handelsrechtlicher Vorschriften – Regierungsentwurf 1977, BT-Drs. 8/1347
- Beschlußempfehlung und Bericht des Rechtsausschusses (6. Ausschuß) – zum Regierungsentwurf 1977 –, BT-Drs. 8/3908
- Entwurf einer Insolvenzordnung (InsO) – Regierungsentwurf, BT-Drs. 12/2443
- Entwurf eines Einführungsgesetzes zur Insolvenzordnung (EGInsO) – Regierungsentwurf, BT-Drs. 12/3803
- Entwurf eines Gesetzes zur Verbesserung der Wettbewerbsfähigkeit deutscher Konzerne an Kapitalmärkten und zur Erleichterung der Aufnahme von Gesellschafterdarlehen (Kapitalaufnahmeerleichterungsgesetz – KapAEG) – Regierungsentwurf, BT-Drs. 13/7141

- Beschlußempfehlung und Bericht des Rechtsausschusses – zum Regierungsentwurf eines Gesetzes zur Kontrolle und Transparenz im Unternehmensbereich (KonTraG) –, BT-Drs. 13/10038
- Bundesministerium der Justiz, Entwurf eines Gesetzes zur Änderung der Insolvenzordnung, des Bürgerlichen Gesetzbuches und anderer Gesetze, ZInsO 2003, 359 ff. (Diskussionsentwurf 2003 – s. Literaturverzeichnis)
- Bundesministerium der Justiz, Entwurf eines Gesetzes zur Änderung der Insolvenzordnung, des Kreditwesengesetzes und anderer Gesetze, NZI 2004, 549 ff. (Referentenentwurf 2004 – s. Literaturverzeichnis)

Entscheidungsregister

Gericht	Datum	Az.	Hauptfundstelle	Parallelfundstellen
RG	05.01.1893	VI 228/92	RGZ 30, 71	
	22.09.1904	VI 542/03	RGZ 59, 10	
	05.02.1909	VII 186/08	RGZ 70, 257	
	02.12.1911	V 266/11	RGZ 78, 26	
	08.10.1912	II 302/12	RGZ 80, 183	
	27.01.1922	VII 481/21	RGZ 104, 15	
	27.01.1930	VI 267/29	RGZ 127, 126	
	02.02.1933	VI 346/32	RGZ 139, 315	
	12.01.1934	II 190/33	RGZ 143, 192	
	20.01.1936	VI 345/35	RGZ 150, 77	
	16.11.1937	II 70/37	JW 1938, 862	
	30.11.1937	VII 127/37	RGZ 156, 271	
	27.05.1938	VII 16/38	RGZ 158, 6	
	22.10.1938	II 58/38	RGZ 158, 302	JW 1939, 229
	03.12.1938	II 84/38	JW 1939, 355	
	13.01.1941	II 88/40	RGZ 166, 51	
BGH	08.10.1952	II ZR 309/51	BGHZ 7, 244	
	22.01.1954	I ZR 34/53	BGHZ 12, 136	
	19.06.1957	IV ZR 214/56	BGHZ 25, 1	
	18.09.1957	V ZR 209/55	LM § 328 BGB Nr. 15	
	22.10.1957	VI ZR 231/56	NJW 1958, 497 m. Anm. Lange	
	25.02.1959	V ZR 139/57	BGHZ 29, 337	
	14.12.1959	II ZR 187/57	BGHZ 31, 258	
	27.02.1964	II ZR 179/62	BGHZ 41, 203	
	12.01.1966	VIII ZR 3/64	WM 1966, 275	
	17.02.1971	VIII ZR 4/70	BGHZ 55, 340	
	22.09.1971	VIII ZR 38/70	BGHZ 57, 78	
	14.05.1975	VIII ZR 254/73	BGHZ 64, 312	WM 1975, 534
	27.09.1976	II ZR 162/75	BGHZ 67, 171	NJW 1977, 104 m. Anm. Karsten Schmidt = LM § 30 GmbHG Nr. 6 (Fleck)
	29.09.1977	II ZR 157/76	BGHZ 69, 274	
	20.03.1978	II ZR 19/76	BGHZ 71, 167	
	26.11.1979	II ZR 104/77	BGHZ 75, 334	NJW 1980, 592
	18.03.1980	VI ZR 105/78	BGHZ 76, 249	NJW 1980, 1450

Gericht	Datum	Az.	Hauptfundstelle	Parallelfundstellen
BGH	24.03.1980	II ZR 213/77	BGHZ 76, 326	NJW 1980, 1524
	05.03.1981	III ZR 115/80	NJW 1981, 1666	
	13.07.1981	II ZR 256/79	BGHZ 81, 252	NJW 1981, 2570
	21.09.1981	II ZR 104/80	BGHZ 81, 311	
	28.09.1981	II ZR 223/80	BGHZ 81, 365	
	10.02.1982	VIII ZR 158/80	BGHZ 83, 102	
	07.03.1983	II ZR 82/82	NJW 1983, 1729	
	28.06.1983	VI ZR 285/81	ZIP 1983, 1087	
	26.03.1984	II ZR 14/84	BGHZ 90, 370	NJW 1984, 1891
	26.03.1984	II ZR 171/83	BGHZ 90, 381	
	11.04.1984	VIII ZR 302/82	BGHZ 91, 73	NJW 1984, 2151
	19.11.1984	II ZR 84/84	NJW 1985, 858	ZIP 1985, 158 = EWiR 1985, 105 (Kübler)
	27.11.1984	VI ZR 38/83	NJW 1985, 1152	
	06.05.1985	II ZR 132/84	NJW 1985, 2719	
	08.07.1985	II ZR 269/84	BGHZ 95, 188	
	16.09.1985	II ZR 275/84	BGHZ 95, 330	NJW 1986, 188
	14.10.1985	II ZR 280/84	NJW 1986, 429	ZIP 1986, 30 = EWiR 1986, 67 (Karsten Schmidt)
	25.11.1985	II ZR 93/85	NJW-RR 1986, 834	
	20.03.1986	IX ZR 42/85	NJW 1986, 2426	
	09.10.1986	II ZR 58/86	NJW 1987, 1080	WuB II C. § 30 GmbHG 1.87 (Rümker)
	01.12.1986	II ZR 306/85	NJW 1987, 1194	
	12.01.1987	II ZR 63/86	WM 1987, 284	
	09.02.1987	II ZR 104/86	NJW 1987, 1697	
	11.05.1987	II ZR 226/86	NJW 1988, 139	
	28.09.1987	II ZR 28/87	NJW 1988, 824	ZIP 1987, 1541 = EWiR 1988, 67 (Fleck) = WM 1987, 1488
	14.12.1987	II ZR 170/87	BGHZ 103,1	
	21.03.1988	II ZR 238/87	BGHZ 104, 33	
	19.09.1988	II ZR 255/87	BGHZ 105, 168	NJW 1988, 3143 m. Anm. Karsten Schmidt = EWiR 1988, 1095 (Fleck)
	24.10.1988	II ZB 7/88	BGHZ 105, 324	
	07.11.1988	II ZR 46/88	BGHZ 106, 7	NJW 1989, 982
	14.11.1988	II ZR 115/88	NJW 1989, 1219	EWiR 1989, 369 (Martens)
	12.12.1988	II ZR 378/87	NJW 1989, 1733	
	20.02.1989	II ZR 167/88	BGHZ 107, 7	

Gericht	Datum	Az.	Hauptfundstelle	Parallelfundstellen
BGH	28.09.1989	VII ZR 298/88	NJW 1990, 1170	
	16.10.1989	II ZR 307/88	BGHZ 109, 55	
	27.11.1989	II ZR 310/88	NJW-RR 1990, 230	
	27.11.1989	II ZR 43/89	WM 1990, 182	ZIP 1990, 98
	05.02.1990	II ZR 114/89	NJW 1990, 1730	
	19.02.1990	II ZR 268/88	BGHZ 110, 342	NJW 1990, 1725
	02.04.1990	II ZR 149/89	NJW 1990, 2260	
	19.12.1990	VIII ARZ 5/90	BGHZ 113, 188	
	14.01.1991	II ZR 190/89	NJW 1991, 1052	
	11.11.1991	II ZR 287/90	BGHZ 116, 37	
	18.11.1991	II ZR 258/90	NJW 1992, 1169	
	09.12.1991	II ZR 43/91	NJW 1992, 1166	ZIP 1992, 108 = EWiR 1992, 277 (Hunecke) = LM § 30 GmbHG Nr. 34 (G. H. Roth)
	30.01.1992	IX ZR 112/91	BGHZ 117, 127	NJW 1992, 2093 = EWiR 1992, 335 (Rümker) = WuB I F 1c – 1.92 (Obermüller)
	17.02.1992	II ZR 154/91	NJW 1992, 1764	
	09.03.1992	II ZR 168/91	NJW 1992, 1763	ZIP 1992, 616
	13.07.1992	II ZR 169/91	BGHZ 119, 201	NJW 1992, 2891
	14.12.1992	II ZR 298/91	BGHZ 121, 31	
	29.03.1993	II ZR 265/91	BGHZ 122, 123	NJW 1993, 1200
	10.05.1993	II ZR 74/92	BGHZ 122, 333	
	14.06.1993	II ZR 252/92	NJW 1993, 2179	
	16.09.1993	IX ZR 255/92	NJW 1994, 49	EWiR 1993, 1165 (Gerhardt)
	20.09.1993	II ZR 151/92	GmbHR 1994, 50	
	25.11.1993	IX ZR 51/93	NJW 1994, 944	
	21.06.1994	XI ZR 183/93	NJW 1994, 2483	
	11.07.1994	II ZR 146/92	BGHZ 127, 1	ZIP 1994, 1261
	11.07.1994	II ZR 162/92	BGHZ 127, 17	ZIP 1994, 1441
	07.11.1994	II ZR 270/93	BGHZ 127, 336	NJW 1995, 326 = ZIP 1994, 1934 m. Anm. Altmeppen
	28.11.1994	II ZR 77/93	NJW 1995, 457	ZIP 1995, 23 m. Anm. Altmeppen = EWiR 1995, 367 (Fleck)
	19.12.1994	II ZR 10/94	NJW 1995, 658	
	17.01.1995	XI ZR 192/93	BGHZ 128, 295	NJW 1995, 1085

Gericht	Datum	Az.	Hauptfundstelle	Parallelfundstellen
BGH	06.02.1995	II ZR 41/94	ZIP 1995, 646	EWiR 1995, 475 (v. Gerkan)
	18.05.1995	IX ZR 189/94	BGHZ 130, 38	NJW 1995, 2783
	04.12.1995	II ZR 281/94	NJW 1996, 720	ZIP 1996, 275 = EWiR 1996, 217 (Fleck)
	11.12.1995	II ZR 128/94	NJW 1996, 722	ZIP 1996, 273 = EWiR 1996, 171 (v. Gerkan)
	15.02.1996	IX ZR 245/94	NJW 1996, 1341	ZIP 1996, 538 = EWiR 1996, 501 (v. Gerkan)
	04.06.1996	VI ZR 123/95	NJW 1996, 2725	
	19.09.1996	IX ZR 249/95	BGHZ 133, 298	NJW 1996, 3203 = JR 1997, 290 m. Anm. Fleischer
	02.12.1996	II ZR 243/95	GmbHR 1997, 501	
	02.06.1997	II ZR 211/95	NJW 1997, 3171	ZIP 1997, 1648 = EWiR 1997, 893 (Pape)
	16.06.1997	II ZR 154/96	NJW 1997, 3026	
	17.11.1997	II ZR 224/96	NJW 1998, 1143	NZG 1998, 223 m. Anm. v. Reinersdorff = EWiR 1998, 179 (v. Gerkan) = DStR 1998, 426 m. Anm. Goette
	18.12.1997	IX ZR 271/96	BGHZ 137, 329	
	19.03.1998	IX ZR 22/97	BGHZ 138, 291	NJW 1998, 2592 = EWiR 1998, 699 (Eckardt) = WuB I F 4.-4.98 (Wittig)
	15.06.1998	II ZR 17/97	NJW 1998, 3200	GmbHR 1998, 936
	06.07.1998	II ZR 284/94	NJW 1998, 3273	
	13.11.1998	V ZR 386/97	NJW 1999, 352	
	07.12.1998	II ZR 382/96	BGHZ 140, 147	ZIP 1999, 65
	14.01.1999	IX ZR 208/97	BGHZ 140, 270	NJW 1999, 1182
	01.03.1999	II ZR 362/97	DStR 1999, 553 (LS) m. Anm. Goette	
	12.06.1999	II ZR 70/98	GmbHR 1999, 916	
	28.06.1999	II ZR 272/98	BGHZ 142, 116	NJW 1999, 2809 m. Anm. Altmeppen
	05.07.1999	II ZR 260/98	DStR 1999, 1409 (LS) m. Anm. Goette	
	12.07.1999	II ZR 87/98	GmbHR 1999, 973 m. Anm. Brauer	NJW 1999, 3120
	11.10.1999	II ZR 120/98	BGHZ 142, 382	NZG 2000, 205 (LS) m. Anm. Hoffmann
	31.01.2000	II ZR 309/98	NJW-RR 2000, 925	ZIP 2000, 455

Gericht	Datum	Az.	Hauptfundstelle	Parallelfundstellen
BGH	14.02.2000	II ZR 155/98	ZIP 2000, 716	EWiR 2001, 267 (Pfeiffer)
	16.03.2000	IX ZR 10/99	NJW 2000, 1643	
	06.04.2000	IX ZR 422/98	BGHZ 144, 192	
	29.05.2000	II ZR 118/98	BGHZ 144, 336	ZIP 2000, 1251
	29.05.2000	II ZR 347/97	ZIP 2000, 1256	
	26.06.2000	II ZR 370/98	NJW 2000, 3565	
	27.11.2000	II ZR 179/99	GmbHR 2001, 106	ZIP 2001, 115
	18.12.2000	II ZR 191/99	NJW 2001, 1136	GmbHR 2001, 197 m. Anm. Bormann = DStR 2001, 139 m. Anm. Goette
	08.01.2001	II ZR 88/99	BGHZ 146, 264	NJW 2001, 1280
	02.04.2001	II ZR 261/99	NJW-RR 2001, 1043	GmbHR 2001, 473
	17.09.2001	II ZR 178/99	BGHZ 149, 10	NJW 2001, 3622
	25.02.2002	II ZR 196/00	BGHZ 150, 61	NJW 2002, 1803 = GmbHR 2002, 549 m. Anm. Bender
	24.06.2002	II ZR 300/00	BGHZ 151, 181	NJW 2002, 3024
	11.07.2002	IX ZR 262/01	ZIP 2002, 1630	
	10.12.2002	XI ZR 82/02	NJW 2003, 967	
	17.02.2003	II ZR 281/00	ZIP 2003, 625	
	20.02.2003	IX ZR 81/02	BGHZ 154, 72	ZIP 2003, 632
	31.03.2003	II ZR 150/02	ZIP 2003, 1005	
	20.05.2003	XI ZR 50/02	ZIP 2003, 1336	
	22.09.2003	II ZR 229/02	GmbHR 2003, 1420 m. Anm. Blöse	ZIP 2003, 2068
	24.11.2003	II ZR 171/01	BGHZ 157, 72	NJW 2004, 1111
	13.01.2004	XI ZR 355/02	NJW 2004, 1868	
	15.01.2004	IX ZR 152/00	ZIP 2004, 843	
	23.02.2004	II ZR 207/01	GmbHR 2004, 898 m. Anm. Bormann	WM 2004, 1075
	27.04.2004	XI ZR 49/03	ZIP 2004, 1303	
	14.06.2004	II ZR 121/02	GmbHR 2004, 1219 m. Anm. Manger	
	19.07.2004	II ZR 65/03	GmbHR 2004, 1214 m. Anm. Papmehl	
BayObLG	06.08.2001	4 Z BR 7/01	NZI 2001, 592	
KG	17.07.1970	1 W 6313/70	MDR 1970, 1018	

Gericht	Datum	Az.	Hauptfundstelle	Parallelfundstellen
KG	28.10.1997	7 U 5718/96	GmbHR 1998, 938	
	19.10.1999	7 U 6213/99	NZI 1999, 500	
	20.12.1999	2 U 6691/98	NZG 2000, 688	
	03.04.2000	23 U 865/98 (n. rkr. – Rev. II ZR 158/00)	NZG 2000, 1224	
OLG Brandenburg	21.05.1997	3 U 248/96	GmbHR 1998, 1229 (LS)	
	26.11.1997	7 U 39/97	NZG 1998, 306	
	19.12.2000	6 U 296/98	WM 2003, 132	
OLG Celle	14.07.1999	9 U 332/98	NZG 2000, 145	DStR 2000, 698 (LS) m. Anm. Haas
	05.09.2001	9 U 116/01	NZG 2002, 427	GmbHR 2002, 652 (LS)
OLG Dresden	03.12.1998	9 U 1087/98	NZG 1999, 347 m. Anm. Michalski/ Barth	
	06.03.2002	11 U 2463/01	ZIP 2002, 1194	EWiR 2002, 345 (Blöse)
	10.07.2002	11 U 2032/01	ZInsO 2003, 227	
OLG Düsseldorf	26.01.1989	6 U 23/88	WM 1989, 1642	
	23.09.1994	17 U 210/93	ZIP 1995, 465	
	25.11.1996	5 Ss 303/96 – 93/96 I	NJW 1997, 1455	
	31.08.2000	12 U 27/00	GmbHR 2001, 474	
	06.07.2001	17 U 202/00 (n. rkr. – Rev. II ZR 9/01)	NZG 2001, 1142	
	26.06.2003	6 U 181/02	GmbHR 2003, 947 m. Anm. Blöse	
	19.12.2003	I – 17 U 77/03	GmbHR 2004, 564	ZIP 2004, 508
OLG Frankfurt a.M.	23.06.1992	5 U 69/90	GmbHR 1993, 436	
	22.12.1999	21 U 58/99	NZG 2000, 546	DStR 2000, 1576 (LS) m. Anm. Haas
	16.02.2000	19 U 226/98	NZG 2000, 933 m. Anm. Hoffmann	
OLG Hamburg	30.04.1980	5 U 130/79	ZIP 1980, 911	
	18.07.1986	11 U 77/84	ZIP 1986, 1113	EWiR 1986, 901 (Priester)
	24.07.1987	11 U 182/86	DB 1987, 1778	
	13.10.1989	11 U 108/89	ZIP 1990, 791	
	25.05.1990	11 U 77/90	ZIP 1990, 1262	EWiR 1990, 1095 (Gehling) = WuB II G § 30 GmbHG 1.91 (Hunecke)

Gericht	Datum	Az.	Hauptfundstelle	Parallelfundstellen
OLG Hamburg	25.02.1994	11 U 208/93	NJW-RR 1995, 673	EWiR 1994, 371 (Gerhardt)
OLG Hamm	28.09.1989	27 U 81/88	ZIP 1989, 1398	
	26.01.1998	31 U 90/97	WM 1999, 586	EWiR 1998, 419 (v. Gerkan) = NZG 1998, 551
	18.03.1999	27 U 240/98	ZIP 1999, 1101	GmbHR 1999, 917 = EWiR 1999, 605 (v. Gerkan)
	29.03.1999	8 U 28/96 (n. rkr. – Rev. II ZR 126/99)	NZG 1999, 1163	
	08.02.2001	27 U 85/00	WM 2001, 1111	
	28.10.2003	27 U 85/03 (n. rkr. – Rev. II ZR 357/03)	ZIP 2004, 1153	OLG-Report 2004, 46
OLG Karlsruhe	16.12.1988	14 U 26/86	ZIP 1989, 588	
	29.11.1989	1 U 167/89	WM 1991, 1161	
	17.06.1994	15 U 90/94	ZIP 1994, 1183	
OLG Koblenz	30.11.1990	2 U 317/89	WM 1991, 227	
	19.05.2004	6 U 963/03	ZInsO 2004, 1037	
OLG Köln	19.10.1988	11 U 7/88	ZIP 1989, 523	EWiR 1989, 589 (Johlke)
	12.08.1998	11 U 12/98	NZG 1999, 314 m.Anm. Michalski/ de Vries	
OLG München	20.08.1990	17 U 2798/88	GmbHR 1991, 530	
	15.04.1996	31 U 4886/95	GmbHR 1998, 281	
	07.03.1997	23 W 642/97	ZIP 1997, 1118	
	21.10.1998	7 U 3960/98	WM 1999, 686 (LS)	
	19.01.1999	25 U 2550/98	NZG 1999, 603	
OLG Naumburg	24.07.2003	1 W 28/03	InVo 2004, 201	
OLG Schleswig-Holstein	31.01.2002	5 U 44/01 (n. rkr. – Rev. II ZR 71/02)	GmbHR 2002, 969	
OLG Stuttgart	27.01.1984	2 U 127/83	WM 1984, 835	
	13.03.2002	20 U 67/01	GmbHR 2002, 1072	
OLG Thüringen	28.11.2001	4 U 234/01	GmbHR 2002, 112	
OLG Zweibrücken	07.02.1994	7 U 78/93	WM 1994, 788	
	20.12.2001	4 U 131/00	GmbHR 2002, 740 m. Anm. Blöse	

Gericht	Datum	Az.	Hauptfundstelle	Parallelfundstellen
LG Berlin	21.04.1999	81 T 264/99	NZI 1999, 416	
	18.02.2000	94 O 93/99	WM 2000, 1060	
LG Dortmund	11.06.1985	9 T 274/85	ZIP 1986, 855	
LG Franken-thal	26.09.1991	8 O 507/90	ZIP 1991, 1594	
	25.01.1996	2 HK O 24/95	WM 1996, 726	EWiR 1996, 607 (Kowalski) = WuB II C. § 56a GmbHG 1.96 (Groß)
LG Hamburg	06.05.1981	14 O 40/81	ZIP 1981, 730	
LG Kiel	23.01.2001	16 O 93/00	ZIP 2001, 978	ZinsO 2001, 326
LG München I	02.03.1998	11 HKO 20623/97	WM 1998, 1285	
AG Duisburg	06.07.1999	60 IN 82/99	ZIP 1999, 1366	
FG Köln	10.02.1999	10 K 862/95	EFG 1999, 547	GmbHR 1999, 732 (LS)

Stichwortverzeichnis

Die Zahlen bezeichnen die Seitenzahlen

Schmidt, Karsten / Uhlenbruck (Hrsg.)

Die GmbH in Krise, Sanierung und Insolvenz

Gesellschaftsrecht, Insolvenzrecht, Steuerrecht, Arbeitsrecht, Bankrecht und Organisation bei Krisenvermeidung, Krisenbewältigung und Abwicklung. Herausgegeben von Prof. Dr. Dres. h.c. *Karsten Schmidt* und Prof. Dr. *Wilhelm Uhlenbruck*. Bearbeitet von Prof. Dr. *Georg Crezelius*, WP und StB Dr. *Karl Heinz Maus*, RA Dr. *Wilhelm Moll*, LL.M., Prof. Dr. Dres. h.c. *Karsten Schmidt*, Richter am AG i.R. Prof. Dr. *Wilhelm Uhlenbruck*, Richter am AG Dr. *Heinz Vallender*, RA Dr. *Jobst Wellensiek*, Syndikus *Arne Wittig*. 3., neu bearbeitete Auflage 2003, 1.055 Seiten Lexikonformat, gbd., 112,– € [D].
ISBN 3-504-32208-X

Das Standardwerk für optimale Beratung zur Vermeidung, Früherkennung und Bewältigung der Schieflage einer GmbH. Chronologisch nach den einzelnen Krisenstadien aufgebaut, werden alle beratungsrelevanten Aspekte exakt analysiert. Das heißt: aus betriebswirtschaftlicher, gesellschafts-, steuer-, arbeits-, straf-, insolvenz- und bankrechtlicher Sicht. Höchste Qualität gewährleisten die Autoren, anerkannte Spezialisten in den jeweiligen Rechtsgebieten. Das Werk erleichtert die schwierige Aufgabe, Gestaltungsspielräume der Finanzierung, Krisenvermeidung und Krisenbewältigung zu nutzen und Fehlentscheidungen sowie Haftungsrisiken zu vermeiden.

Verlag Dr. Otto Schmidt · Köln

Centrale für GmbH (Hrsg.)

GmbH-Handbuch

Herausgegeben von der Centrale für GmbH Dr. Otto Schmidt. Gesellschaftsrecht von RA Dr. *Harald Kallmeyer* und RA/StB Dr. *Lambertus J. Fuhrmann*, Rechnungswesen von WP/StB Dipl.-Volksw. Dr. *Paul J. Heuser* unter Mitarbeit von Prof. Dr. *Carsten Theile*, Steuerrecht von Dipl.-Kfm. WP/StB Dr. *Norbert Neu*, Dipl.-Fw. Regierungsrat *Ralf Neumann* und RA/FASt/StB Dr. *Jochen Neumayer* unter Mitarbeit von RA/FASt/StB Dr. *Jochen Honert*, Arbeitsrecht von RA Dr. *Wilhelm Moll*, LL.M., Sozialversicherungsrecht von Präsident des Landessozialgerichts Dr. *Jürgen Brand*, Verträge und Formulare von RA/StB Dr. *Lambertus J. Fuhrmann* und RA Dr. *Harald Kallmeyer*. Loseblattausgabe inkl. CD mit allen Verträgen und Formularen, 6.776 S., in 5 Ordnern, 208,– € [D]. Ergänzungslieferungen erscheinen viermal jährlich. ISBN 3-504-32150-4

Wenn es um die Klärung von Rechts- und Steuerfragen der GmbH geht, ist das GmbH-Handbuch unentbehrliche Informationsquelle und Ratgeber. Das sind die Besonderheiten: umfassende Darstellung des gesamten Gesellschafts- und Steuerrechts, des Rechnungswesens und des Arbeits- und Sozialversicherungsrechts der GmbH; fundierte, dennoch leicht verständliche und prägnante Erläuterung des Stoffes; versehen mit vielen Praxisbeispielen; bearbeitet von Experten des GmbH-Rechts, die hier ihre praktischen Erfahrungen aus langjähriger Beratungstätigkeit einbringen; mit über 250 alle Einzelheiten berücksichtigenden Mustern und Formularen (zugleich auf CD).